天津红桥年鉴（2019）

天津市红桥区地方志编修委员会　编

方志出版社
Publishing House of Local Records

图书在版编目（CIP）数据

天津红桥年鉴：2019 / 大津市红桥区地方志编修委员会编. --北京：方志出版社. 2019. 12
ISBN 978-7-5144-4023-2

Ⅰ. ①天… Ⅱ. ①天… Ⅲ. ①红桥区—2019—年鉴 Ⅳ. ①Z522. 13

中国版本图书馆CIP数据核字（2020）第009895号

天津红桥年鉴（2019）

编　　者：天津市红桥区地方志编修委员会
责任编辑：黄　彦
出 版 者：方志出版社
地址　北京市朝阳区潘家园东里9号（国家方志馆4层）
邮编　100021
网址　http://www/fzph.org
发　　行：方志出版社图书经销中心
电话（010）67110500
经　　销：各地新华书店
印　　刷：方正汇智（天津）彩色印刷股份公司
开　　本：889×1194　1/16
印　　张：20
字　　数：600千
版　　次：2019年12月第1版　2019年12月第1次印刷
ISBN　978-7-5144-4023-2　定价：320.00元

天津市红桥区地方志编修委员会

主　　任：何智能

副 主 任：于鹏洲　孙玉龙　杨宏丽

委　　员：（按姓氏笔画排列）

丁庆波　于　泽　王　佩　王凤英　王亚杰

王建中　王海滨　方　红　尹会久　司玉红

朱兰欣　刘　武　刘绍谦　刘殿良　许　凯

纪志良　苏　青　李　伟　李万青　李铁兵

杨书苓　杨永祥　宋文莲　张　伟　张　欣

张　莹　张洪升　张莉杨　张爱春　张瑞华

张新义　陈　迪　陈　强　陈　瑞　范宝铭

林卫江　周晓杰　郑丹棣　赵　荣　胡鹏程

高　峰　高尚民　郭建胜　郭耀明　韩　珺

樊　辉　穆　岩

《天津红桥年鉴（2019）》编审人员

主　　编：于鹏洲

副 主 编：宋文莲

编　　辑：温　鹏　张　晨

校　　对：张　晨　李悦嘉

天津市红桥区地图

审图号：津S（2019）024

行政界线仅供参考，不作法律依据。

2018年12月8日，中共红桥区委第十一届委员会第十次全体会议在区委礼堂召开

（区委宣传部提供）

2019年1月8日，天津市红桥区第十七届人民代表大会第四次会议在区委礼堂开幕

（区委宣传部提供）

2019年1月7日，中国人民政治协商会议天津市红桥区第十四届委员会第三次会议在区政府礼堂开幕（区委宣传部提供）

2019年2月2日，中共红桥区第十一届纪律检查委员会第六次全体会议在天津市第五中学礼堂召开（区委宣传部提供）

2018年1月11日，天津市红桥区监察委员会正式揭牌成立

（区委宣传部提供）

2018年6月29日，红桥区纪念建党97周年暨城市基层党建工作推进会在区委礼堂召开

（区委宣传部提供）

2018年9月13日，红桥区领导干部警示教育大会召开，观看警示教育专题片《为了政治生态的海晏河清》

（张义摄）

2018年10月12日，区档案局在区委礼堂举行《红桥区志（1979–2010）》首发式

（区方志办提供）

2018年1月17日，红桥区2018年重点经济工作部署会召开
（区委宣传部提供）

2018年3月23日，第28届天津运河桃花文化商贸旅游节天津市红桥区投资贸易洽谈会签约仪式举行
（区招商局提供）

2018年4月13日，天津市红桥区招商引资项目发布会举行
（区委宣传部提供）

2018年9月22日，坐落在大丰路与北马路交口的L+MALL陆家嘴中心开业

（陆家嘴中心提供）

2018年11月，“子牙杯”创新创业大赛暨高层次人才红桥行活动在区举办

（区委宣传部提供）

2018年11月20日，中煤天津地下工程智能研究院揭牌仪式暨创新高峰论坛在区举办

（区科委提供）

夜晚霓虹映衬下，“天津之眼”摩天轮与金钢桥相互辉映
（区委宣传部提供）

桃花堤景色怡人，花香四溢
（区委宣传部提供）

街头街心绿化工程之一——青年路街心公园
（区委宣传部提供）

和苑西区
（区委宣传部提供）

占路市场清撤后的里巷道路
（区委宣传部提供）

建筑立面整修后的勤俭道红勤楼
（区委宣传部提供）

2018年2月8日，区妇联在天津市第五中学举办春节慰问新疆班学生活动

（区妇联提供）

2018年3月8日，红桥区纪念“三八”国际妇女节108周年大会召开

（区妇联提供）

2018年4月28日，红桥区庆祝“五一”国际劳动节大会召开

（区委宣传部提供）

2018年7月7日，京津冀计算机学科群第一届研究生学术会议暨院长高峰论坛会议在河北工业大学召开，红桥区人民政府与中国计算机学会签订战略合作协议

（区委宣传部提供）

2018年9月10日，“做德业双馨好教师　创红桥教育新业绩”红桥区庆祝第三十四个教师节大会召开

（区委宣传部提供）

2018年11月，建校六十周年成果回顾暨天津市红桥区老年人大学成立仪式在红桥职大举办

（区委宣传部提供）

2018年10月13日至15日，第四届中国“互联网+”大学生创新创业大赛总决赛在厦门大学举行，天津商业大学获“青年红色筑梦之旅”赛道金奖

（周大鹏摄）

2018年11月6日至9日，“2018年高校毕业生就业创业研讨会暨2018年度全国高校创新创业典型经验高校经验交流会”在杭州召开，天津商业大学入选2018年度全国创新创业典型经验高校50强

（天津商大提供）

红桥区中小学创客教育研讨课在区实验小学开展

（区委宣传部提供）

天津市第五中学新校舍
（区委宣传部提供）

改造后的芥园街道社区卫生服务中心预防接种门诊
（区委宣传部提供）

社区卫生服务中心安装自助挂号机为居民就医提供便捷
（区委宣传部提供）

2018年3月22日，第28届天津运河桃花文化商贸旅游节开幕

（区委宣传部提供）

2018年4月12日，第二届中华运河文化教育高峰论坛在区职业教育中心举行

（区委宣传部提供）

2018年5月18日，“博物馆连接你和我”——红桥区纪念“5•18”国际博物馆日主题活动在平津战役纪念馆举办

（区委宣传部提供）

2018年6月，红桥区2018年“文化和自然遗产日”非物质文化遗产代表性项目展示暨红桥区第十六届社区文体艺术节开幕式在西沽公园举行

（选自“美丽红桥”微信公众号）

2018年6月11日，“全国非物质文化遗产曲艺周”曲艺进社区展演活动走进和苑街道营和园社区

（石启砺 摄）

2018年9月12日，天津市离退休干部第五届“红桥杯”中国象棋邀请赛在区举办

（区委宣传部提供）

2018年7月8日，天津市第十四届运动会开幕仪式在天津体育馆举行，图为红桥区入场式代表团队伍成员

（区委宣传部提供）

2018年7月11日，天津市第十四届运动会游泳比赛在天津奥林匹克中心游泳跳水馆举办，图为红桥区青少年组参赛队员

（区委宣传部提供）

2018年7月14日，天津市第十四届运动会柔道比赛在天津民航大学举行，图为红桥区少年组参赛获奖人员

（区委宣传部提供）

2018年7月26日，第十五届全国武术之乡套路比赛在山东省菏泽市举办，图为天津市红桥区武术代表团

（区委宣传部提供）

2018年8月3日，天津市第十四届运动会青少年组乒乓球比赛在团泊体育馆进行，图为红桥区乒乓球代表团获奖人员

（区体育局提供）

2018年8月9日，红桥区举办庆祝“全民健身日”10周年活动暨2018年天津市第三套市民广播体操展示活动

（区委宣传部提供）

2018年1月12日，红桥区召开西于庄危陋房屋征收改造“百日会战”总结表彰大会

（区委宣传部提供）

2018年6月，区委书记李清（左一）到结对困难户家中进行慰问

（区委宣传部提供）

2018年5月，区委常委会成员到子牙河北堤岸渔村（郭家菜园段）平房开展专题调研，了解群众困难
（区委宣传部提供）

2018年7月13日，红桥区召开敢担当勇作为暨棚户区改造阶段性表彰大会
（区委宣传部提供）

2018年3月3日，芥园街道组织社区居委会全体工作人员开展“新时代、新概念、新生活”同心共筑社区梦活动

（曹珊摄）

2018年，多派进社区迎双节——创文创卫文艺晚会在三条石街北开花园社区举办

（区委宣传部提供）

2018年，和苑街道举办第二届敬老月暨重阳节爱老敬老活动

（区委宣传部提供）

2018年，红桥区“两新”组织文化艺术节暨红桥区邵公庄街海棠社区文化艺术节开幕

（区委宣传部提供）

2018年，铃铛阁街道万华里社区“五爱”教育阵地开展“争当小小国旗手”活动

（区委宣传部提供）

2018年6月20日，西于庄街道翠溪园社区召开换届大会

（胡岳摄）

2018年6月，丁字沽街道三段社区开展庆祝建党97周年系列活动

（区委宣传部提供）

2018年7月20日，双环邨街道佳园北里社区携手鸿淼艺术培训中心开展青少年主题活动

（区委宣传部提供）

2018年7月，西沽街道湘潭道社区儿童之家开展手工沙画制作活动

（区委宣传部提供）

2018年夏季，咸阳北路街道七0七社区儿童之家联合红星职教党委第四、五、八党支部开展“呵护成长，悦享青春”关爱活动

（区委宣传部提供）

2018年9月9日，庆祝改革开放40周年系列活动“打造绿色城区 建设美丽红桥”红桥区群众文艺创作表演大赛决赛举办

（区委宣传部提供）

2018年9月29日，区委统战部举办“携手奋进新时代 同心共筑中国梦”统战系统庆祝改革开放40周年文艺汇演

（区委宣传部提供）

2018年9月20日，红桥区举办庆祝改革开放40周年暨第八届全民健身运动会广场舞比赛

（区委宣传部提供）

2018年11月26日，区政协举办纪念改革开放40周年“奋进新时代 奋进新征程 政协委员展风采”主题演讲活动

（区委宣传部提供）

2018年12月17日，红桥区举办老干部纪念改革开放40周年迎新春文艺汇演

（区委宣传部提供）

2018年12月20日，“致敬四十载 奋进新时代”红桥区庆祝改革开放40周年文艺演出举办

（石启砺摄）

2018年8月20日，红桥区党政代表团赴甘肃省考察交流
（区委宣传部提供）

2018年9月6日，红桥区对口帮扶监督检查组到甘肃省碌曲县实地查访
（区委宣传部提供）

2018年，区商务委和电商企业赴碌曲县开展助学捐赠活动
（区委宣传部提供）

2018年10月14日，区委组织部组织“专家博士服务团”赴甘肃省开展帮扶
（区委宣传部提供）

2018年10月15日，“专家博士服务团”医疗组专家在甘肃省开展医疗帮扶
（区委宣传部提供）

2018年11月20日，红桥区与甘肃省庆阳市东西部扶贫协作工作对接座谈会召开
（区委宣传部提供）

2018年3月5日，红桥区举行弘扬雷锋精神 助力文明城区创建——“建功新时代 创建文明城 志愿我先行”学雷锋志愿服务活动启动暨全区2018年重点志愿服务项目发布仪式

（区委宣传部提供）

2018年4月10日，区卫生计生委举办第30个爱国卫生月启动仪式暨红桥区创建国家卫生区主题宣传活动

（区卫生计生委提供）

2018年6月27日，红桥区召开创文创卫工作推动会，对红桥区2017年度荣获全国及天津市精神文明建设工作各项荣誉称号的集体和个人进行表彰

（区委宣传部提供）

2018年9月26日，“同心助双创 拾荒健走行”主题活动启动仪式在西沽公园举行

（区委宣传部提供）

2018年11月1日，区文明办会同红桥交警支队组织开展红桥区文明交通志愿者培训

（区委宣传部提供）

2018年3月，芥园街道人大工委组织人大代表开展创文创卫宣传活动

（区委宣传部提供）

2018年3月，邵公庄街道人大工委组织人大代表开展创卫清整活动

（区委宣传部提供）

2018年7月，中小学生志愿者在双环邨街道佳园北里社区开展“文明见于细节 创文创卫从我做起”主题活动

（区委宣传部提供）

2018年7月6日，西于庄街道洪湖里社区商业街占路市场拆除

（区委宣传部提供）

2018年8月9日，和苑街道开展创文创卫宣传活动，向社区居民发放创文创卫宣传品

（区委宣传部提供）

2018年8月9日，咸阳北路街道本溪社区开展创文创卫主题宣传活动，红桥医院第七党支部党员在社区为居民免费测量血压并进行卫生健康知识咨询

（区委宣传部提供）

2018年8月9日，西沽街道开展创文创卫宣传活动

（区委宣传部提供）

三条石街道开展“创文创卫进万家”宣传动员活动

（区委宣传部提供）

丁字沽街道开展卫生清整活动

（区委宣传部提供）

铃铛阁街道开展卫生清整活动

（区委宣传部提供）

编辑说明

一、《天津红桥年鉴(2019)》以马克思列宁主义、毛泽东思想、邓小平理论、"三个代表"重要思想、科学发展观和习近平新时代中国特色社会主义思想为指导,坚持辩证唯物主义和历史唯物主义的立场、观点和方法。深入贯彻落实中共十九大,十九届三中全会及市委十一届三次、四次、五次、六次全会精神,全面系统地反映红桥区经济和社会发展的基本情况,记述各单位、部门主要工作和新情况、新业绩、新经验,为领导决策提供依据,为区域经济发展提供服务,为各部门及企事业单位提供有价值的资料和文献信息,同时为续修《红桥区志》积累资料。

二、《天津红桥年鉴(2019)》是一部系统记述红桥区经济、政治、文化、社会、生态文明等综合情况的年度性资料工具书,是在中共红桥区委领导下,由红桥区地方志编修委员会编纂的综合性年刊。2006 年创刊,逐年出版,本卷为第 14 卷。《天津红桥年鉴(2019)》记述时限为 2018 年 1 月 1 日至 2018 年 12 月 31 日,为保证年鉴的完整性和功能需要,对一些事物的记述时间适当上溯或下延。

三、《天津红桥年鉴(2019)》由类目、分目、条目组成。设特载、专文、大事记、红桥概览、中共红桥区委员会、红桥区人民代表大会、红桥区人民政府、中国人民政治协商会议天津市红桥区委员会、纪检 监察、民主党派与工商联、群众团体、法治、军事、街道、区域经济、综合经济管理、财政 税务、城市建设与管理、社会事业、社会生活、人物、附录类目,除建目录外,另编索引。

四、本年鉴采用的条目、文字资料均由各单位、各部门撰写提供,并经撰稿单位负责人审定。统计数据以区统计局所提供为准,区统计局无法提供的数据以各单位、各部门提供的数据为准,所有数据均使用法定计量单位。

五、本部年鉴力求图文并茂,生动、形象地反映区域发展全貌,彩页所用照片由区委宣传部及区级各单位、各部门提供,内文照片由区级各单位、各部门提供。

目 录

红桥区人民代表大会

红桥区人民政府

中国人民政治协商会议
天津市红桥区委员会

纪检　监察

民主党派与工商联

群众团体

法 治

军　　事

街　　道

区域经济

综合经济管理

财政 税务

城市建设与管理

社会事业

社会生活

人　　物

附　　录

索　　引

特　　载

天津市红桥区政府工作报告

——在红桥区第十七届人民代表大会第四次会议上

2019 年 1 月 8 日

红桥区人民政府区长　袁家健

2018 年工作回顾

过去一年,是红桥发展历程中极不平凡的一年。我们在市委、市政府和区委的坚强领导下,在区人大、区政协的监督支持下,坚持以习近平新时代中国特色社会主义思想为指导,全面贯彻落实党的十九大和十九届二中、三中全会精神,按照习近平总书记对天津工作提出的"三个着力"重要要求,牢固树立新发展理念,坚持稳中求进工作总基调,围绕"打造绿色城区、建设美丽红桥"的发展目标,统筹推进稳增长、促改革、调结构、惠民生、防风险各项工作,全力打好棚户区改造、招商引资、创文创卫、安全稳定四场硬仗,圆满完成了区十七届人大三次会议确定的目标任务。

——棚户区改造取得突破性进展。全年完成棚户区改造 26 万平方米,占全市完成量的 44.07%,连续两年位居全市首位。仅用 13 天实现郭家菜园 563 户危房居民封房搬迁,创下我区棚改史上最短时间清片记录。单家面铺、丁字沽北大街、报春里、群众影院项目实现报捷,西于庄、西菜园项目基本清片,西沽南、运输六场等 5 个项目完成比例均超过 85%,丁字沽平房、航空机电等 5 个项目全面启动。"红桥区多措并举、扎实推进棚户区改造"的经验做法受到国务院通报表扬。

——经济保持稳中向好态势。聚焦高质量发展,加强经济运行综合调度,主要经济指标增速位居全市前列,全年预计地区生产总值同比增长 5%,一般公共预算收入同比增长 5.3%,全社会固定资产投资同比增长 10%,外贸出口增幅全市领先。

——市容环境面貌明显改善。用 71 天平稳顺利完成 10 个占路市场清撤工作,撤销西关大街等 7 个自发市场,成为全市申报创建国家卫生区 9 个区中首个"无占路市场区"。新建和提升改造绿化面积 35.5 万平方米。新创建市级美丽社区 7 个。空气环境质量明显好转,综合指数同比改善 10.6%,PM2.5 年均浓度同比改善 12.7%。

——人民生活水平持续提高。财政支出 87.49%用于民生,20 项民心工程圆满完成。累计新增就业 3.4 万人,居民人均可支配收入增长 6.5%。完成 118 个小区、460 万平方米老旧住房小区提升改造,受益居民 8.5 万户。新建和提升改造 15 个标准化菜市场。深化对困难群众的精准帮扶,发放各类保障和救助金 4.8 亿元。

——平安红桥建设扎实推进。安全生产形势稳中向好,社会大局保持和谐稳定,各类信访问题得到及时化解,重要会议、重大活动期间进京访为零。全区接报"110"刑事警情同比下降 25.7%,治安警情同比下降 6.6%,群众安全感进一步提升。

——城区文明程度进一步提升。广泛开展

社区环境清整、文明交通、文明祭扫、文明旅游等主题志愿活动近2000场次,参与志愿者超过3万人次。全区注册志愿者数达75226人,志愿服务团队435个。社会主义核心价值观更加深入人心,人民群众思想道德水平、科学文化素质、法治意识、文明素养明显提高。

一年来,我们主要做了以下六个方面工作:

一、突出规划引领、项目带动,全力加快旧城区改建步伐

棚户区改造全面加快。面对棚改任务总量大、有效时间紧、甩尾项目多、完成难度大等现实难题,把如期完成"三年清零"目标作为重要政治任务和头号民心工程,咬定目标,提速加压,全力以赴打好攻坚战。积极破解资金难题,主动与各金融机构和大型国企、央企对接,通过发行政府专项债等方式落实资本金75.7亿元,通过政府购买棚改服务实现融资275.2亿元。积极探索融资新模式,成功发行全国首单棚改专项债,累计筹集资金54亿元。着力破解房源难题,在集中调配存量房源基础上,购置安置类公租房1.55万套,协调购买商品房1580套;全面加快推进和苑、双青等安置房建设,筹集房源4700余套,有效缓解了房源压力。主动适应群众多元化、差别化安置需求,在14个项目推广协商搬迁,构建棚改新模式。严格拆迁政策,坚决做到"一把尺子量到底",同时坚持以情促迁,实施"一户一策"精准帮扶,有效破解征迁共性、个性难题,群众参与配合棚改的积极性、主动性进一步增强。全面打好入户动员、强制执行、拆房清违三场战役,形成了助推棚改的强大合力。

规划引领作用不断增强。完成"十三五"规划中期评估。全面深化西于庄地区城市设计,完善重点路网和西站前广场、西沽南等重点区域规划设计方案。完成子牙河红桥区段两岸地区设计方案,并纳入天津市中心城区子牙河两岸地区城市设计。完成城市双修和2平方公里实施片区选定工作。高标准编制海绵城市专项规划和实施方案,和苑C地块试点项目开工建设。

重点工程项目稳步实施。全力推进33个重点项目建设,全区在施工程面积270万平方米,孟春里等5个、共36万平方米项目顺利启动,正融科技大厦等8个、共70万平方米项目实现完工。加快推进海源道西段、团结路、保康东路等6条道路建设,对芥园道等11条道路进行了改造。实施电网发展"1001工程",加快全区电网规划建设。积极破解土地出让瓶颈,光荣道科技产业园5-北-1地块实现出让,五十一中南地块具备挂牌条件,西站前广场、单家面铺等地块加速整理。

二、突出创新驱动、提质增效,全力推动经济高质量发展

营商环境持续优化。深入开展"双万双服促发展"活动,全面落实"天津八条""红桥十条",出台配套产业和人才政策,加快政策兑现,累计发放资金7117万元,在全市营商环境评价指数考核中位居第一。持续推进"一制三化"改革,工程建设联审实现"一网通办",企业设立办理时间压缩至3天以内。在全市率先推出行政许可中心7个工作日制度和注册企业免费刻章服务,实现了企业"零成本"开办。围绕"五减""四办",取消企业群众办事堵点证明350项。认真落实"海河英才"计划,大力实施"子牙人才"计划,成功举办"子牙杯"创新创业大赛和10余场大型人才招聘活动,落户各类人才5729人。

招商引资成果丰硕。深入推进京津冀协同发展,积极承接北京非首都核心功能疏解,主动服务雄安新区建设。组建北京、上海、广州、西安4个招商分局和10个专业招商团队,聘请53名招商顾问,积极开展以商招商、产业链招商,在外埠和本区举办30场大型宣传推介活动,城区知名度、影响力持续提升,中国电子天津数据中心、中煤水文地质局、同程艺龙等一批优质企业落户。新增注册企业2876户,同比增长63.5%,其中注册资金1000万元以上企业260户,同比增长95.5%,招商引资规模和层次实现新提升。

创新要素加速聚集。抢抓智能科技产业发展战略机遇,加快光荣道科技产业园建设,引入第三方成立运营管理公司,创新园区运营模式,注册企业超过600家。依托卓朗科技园和南开大学博士团队,建设启工智能科技创新中心。新增科技型企业421家,国家级、市级高新技术企业各25家。新认定规模超亿元企业2家、天津市战略新兴产业领军企业2家。完成科技型企业股份制改造3家,挂牌上市1家。7人入选天津市企业家队伍建设“111”工程“新型企业家”和创新人才推进计划。天津市评选20名青年创业能手,我区艺点意创、伍创电子商务、卓朗科技3家企业负责人获此殊荣。全力打造陆家嘴金融广场等特色楼宇,盘活空置楼宇和商贸载体12.7万平方米。商贸旅游业持续繁荣,陆家嘴商业中心实现开业,水游城、欧亚达等商业载体经营业态不断优化。

三、突出绿色发展、生态优先,全力提升城市管理水平

创文创卫工作扎实推进。面对城区基础差、底子薄、欠账多等现实困难,牢固树立创则必成的信心,坚持举全区之力打好创文创卫攻坚战,短期内解决了一批城市管理顽疾,考核评分大幅提升。大力开展“厕所革命”,建成曾公祠、明珠公园2座一类等级公厕,提升改造40座公厕,棚户区外的旱厕全部完成改造。加大拆违力度,累计清拆社区各类违法建设2400间、4.7万平方米,彻底解决了一批历史遗留违章建筑问题。着力抓好卫生清整,大力开展“楼道革命”,组织开展雨水井污染、露天烧烤等专项治理行动,病媒生物防制顺利通过市爱卫办评估验收。

绿化美化水平不断提升。加大园林绿化建设投入,完成西沽公园提升改造,对大明道和明珠园、彰武楼、中嘉中心园进行了绿化提升改造,打造了北门外大街、河北大街林荫路。对84条、440万平方米机扫水洗道路开展精细化作业,累计清理杂土杂物8万余吨。成立主干道路环境秩序治理大队,加大巡查力度,沿街2000余家商户全部签订门前三包责任书。提升改造子牙河桥、西站西大桥、西河桥3座桥梁夜景灯光,并以三岔河口地区、子牙河沿线、光荣道科技产业园为重点,推动周边已竣工建筑同步建设、开启夜景灯光。

生态环境治理有效开展。持续推进中央和市环保督察整改落实,切实解决了一批群众关注的环境问题,全年办理环保信访投诉218件。全力打好空气、水、突然污染防治攻坚战。加强扬尘管控,分类治理散乱污企业,完成3个供热站、15台燃气锅炉低氮改造和11家加油站地下储油罐改造,居民生活散煤、商业散煤持续“清零”,餐饮企业油烟净化装置实现全覆盖。全国第二次污染源普查顺利推进。全面推行“河长制”,建成井冈山桥、大红桥断面地表水质自动监测站,持续开展黑臭水体治理、“清四乱”等专项行动,地表水考核断面浓度累计达标。

四、突出精准施策、补齐短板,全力保障和改善民生

民生保障服务取得新成效。认真贯彻以人民为中心的发展思想,持续加大投入,精心组织实施20项民心工程,改革发展成果惠及更多百姓。积极推进历史遗留房地产项目产权证办理工作,全区10个历史遗留房地产项目全部具备发证条件,1.5万户居民受益,全面完成市委、市政府交办任务。发放各类住房保障资格证书5785户,新增受益居民5205户。设立每年100万元的帮扶资金,高效完成转业士官安置,建成3个社区军休干部文化站,为1.2万户烈属、军属和退役军人家庭悬挂“光荣牌”。成功举办第二十五届民族团结月系列活动。加强宗教场所管理,设立每年100万元的专项资金,宗教场所“四进”活动顺利完成。全方位落实东西部扶贫协作计划,对甘肃省碌曲县、合水县的对口帮扶持续深化。

各项社会事业取得新进展。优化教育资源配置,全面启动三条石小学建设,完成老五中等6所校舍加固维修,第二十四幼儿园投入使用。顺利通过第三批全国健康促进区验收。公立医院改革获得市级奖励。“互联网+医疗健康”服务体系更加完善,建立10个不同类别医联体,成立区域远程影像中心、检验中心、心电中心、会诊中心和双向转诊平台,完成二级医院智慧门诊建设,百姓看病更加便捷。家庭医生签约17万人,重点人群覆盖面大幅提升。推动天津市民族文化宫、天津市少年宫等文化载体建设,新建和完善8个图书馆街道分馆、47个社区基层服务点。高水平举办第二十八届天津运河桃花文化商贸旅游节等文化品牌活动。扎实推进“15分钟健身圈”建设。竞技体育取得新突破,在市十四运和第八届少数民族运动会中取得优异成绩。

基层社会治理呈现新亮点。各街道全面履行职能,在棚户区改造、创文创卫、安保维稳等工作中冲在一线、奋战攻坚,发挥了重要作用。在全市率先完成社区“两委”换届选举,122个社区全部实现党组织书记和居委会主任“一肩挑”。发挥和苑街综治网格信息化管理中心试点示范作用,借助互联网、大数据,不断提升基层社会综合治理水平。全市坚持发展新时代“枫桥经验”现场会在我区召开。完成同心楼等5个小区老旧管网改造。公产房小区提升改造任务全部完成。新建大胡同、大丰桥等标准化菜市场,对大同门、红卫桥等菜市场进行提升改造,新增社区菜店、生鲜便民超市71家,实现蔬菜销售网点全覆盖。

五、突出创新治理、齐抓共管,全力维护社会安全稳定

安全监管不断强化。严格落实安全生产责任制,持续推进事故隐患排查治理,集中开展消防、交通、治超、危化、商贸、仓储、物流等专项整治,累计检查企业3.2万家次,全区安全生产形势总体稳定。投入6000余万元,持续推进长庚老年公寓提升改造,实现天鸿大厦集中供暖。严控食品安全监管风险,以防控非洲猪瘟、打击非法添加、食品安全百日整治行动为重点,对全区生产、流通、餐饮领域实施动态监控,未发生食品安全事故。重拳打击前园道、西关大街药品交易市场,非法收售药品行为得到根本遏制。加强野生动物保护,全方位开展排查,严厉打击伤害野生动物行为。

社会保持安定有序。严格落实“战区制、主官上”要求,大力开展信访积案化解攻坚,市里交办的49件信访积案提前一个月实现“清仓见底”,8件进京越级访积案全部实体性化解,我区主动梳理出的56件信访积案已化解53件。深入推进扫黑除恶专项斗争,成功办结以穆某为首的全国首例“套路贷”涉黑案件;破获涉黑涉恶案件82起,采取刑事强制措施173人。始终保持高压态势,严厉打击各类违法犯罪活动。完善应急预案体系,及时稳妥处置各类突发敏感事件,没有发生舆情炒作。

六、突出转变职能、改进作风,全力加强政府自身建设

党建引领作用有效发挥。把落实全面从严治党主体责任和“一岗双责”与政府重点工作同步推进,扎实开展“维护核心、铸就忠诚、担当作为、抓实支部”主题教育实践活动,政府工作人员“四个意识”更加牢固,落实“两个维护”的思想自觉和行动自觉进一步增强。全力抓好市委巡视反馈意见和市委、市政府现场办公会反馈问题整改落实。深入开展圈子文化、好人主义专项整治,进一步肃清黄兴国、张泉芬、赵建国恶劣影响,政府系统政治生态向善向好。广泛开展直奔现场、直奔问题活动,及时回应群众关切,推动问题解决。严格落实中央“八项规定”精神,深入开展不作为不担当问题专项治理,集中整治形式主义、官僚主义,严肃查处了一批违纪违法案件,政风行风持续好转。

依法行政工作扎实开展。严格执行政府重大决策出台前向人大报告制度,自觉接受区人大及其常委会的法律监督、工作监督和区政协的民主监督,共办理人大代表建议和政协提案265件,办复率100%。加快推进依法治区,积极推行政府法律顾问制度,大力开展“七五”普法宣传教育。加大人民调解工作力度,累计调处各类矛盾纠纷1475起,调解成功率达99.7%。认真做好行政复议和应诉工作。大力推进政务公开和信息公开。严格部门绩效管理,持续开展重大政策措施落实情况跟踪审计,促进了各项工作有效落实。

重点领域改革全面推进。加强党的全面领导,不折不扣落实机构改革各项任务。全面启动国有企业改革,着力构建“三公司一中心”国有资产运作架构。完成行政事业单位、国有企业房产摸底清查,实施分类登记、统一监管。街道生产服务管理处改革取得实质性进展。顺利完成“三供一业”物业管理职能移交和市政移交工作。

过去一年来,我们始终不忘初心、牢记使命,履职尽责、担当作为,从一点一滴做起,从难事要事抓起,干成了一些打基础利长远的大事,解决了一批多年想解决而没有解决的难题,形成了积极进取、昂扬向上的良好发展势头。这是以习近平为核心的党中央正确领导的结果,是我们不折不扣贯彻落实市委、市政府和区委决策部署的结果,是全区广大干部群众团结一心、苦干实干的结果。在此,我代表区人民政府,向全区人民,向各位人大代表、政协委员和各民主党派、工商联、人民团体、驻区部队、武警官兵、社会各界人士,向所有关心、支持红桥发展的同志们、朋友们,致以最崇高的敬意和最诚挚的感谢!

同时,我们也清醒地认识到,政府工作还存在一些问题和不足:一是经济转型任务仍然艰巨,支撑高质量发展的动力不足,新增长点和新动能需要加快培育;二是城区精细化管理水平不高,违章建筑、乱摆乱卖等城市管理顽疾还没有彻底根除,一些老旧社区和背街里巷卫生环境状况依然较差;三是公共服务资源配置不够充分,历史欠账较多,民生保障服务与群众日益增长的美好生活需要还有差距;四是城区安全领域还存在一定薄弱环节,从严从紧加强风险防范、依法依规化解矛盾纠纷还需花更大力气;五是转变政府职能、提高服务效能还不够到位,一些政府部门不作为、慢作为问题依然存在,创新精神、开放思维不强,推动发展、狠抓落实的能力有待进一步提升。对于这些问题,我们一定采取有力措施,切实加以解决。

2019年主要工作

2019年是新中国成立70周年,是全面建成小康社会关键之年,也是我们推动高质量发展、加快实现城区转型升级的重要一年。应该看到,国内经济运行稳中有变、变中有忧,下行压力有所加大。我区实现跨越发展各项任务仍很艰巨,棚改尽剩攻坚硬骨头,创文创卫进入冲刺阶段,维护安全稳定责任重大。这些困难都不容忽视,但信心更不可动摇。还应看到,“一带一路”建设、京津冀协同发展等重大国家战略叠加,我市自贸试验区、自主创新示范区等改革开放平台众多,都为我们加快发展提供了良好的支撑条件。更应看到,全区上下思想统一、发展势头良好、信心倍增,积极效应已经形成,只要我们紧扣战略机遇期新内涵,勠力同心、扎实肯干,就一定能够开拓红桥高质量发展的崭新局面。

2019年政府工作的总体思路是：以习近平新时代中国特色社会主义思想为指导，全面贯彻党的十九大、十九届二中、三中全会和中央经济工作会议精神，深入贯彻习近平总书记对天津工作提出的“三个着力”重要要求，落实市委市政府和区委决策部署，坚持新发展理念，把推动高质量发展作为根本要求，统筹推进稳增长、促改革、调结构、惠民生、防风险工作，依托交通、科研、文化、运河、空间等资源条件，全力打好棚户区改造、招商引资、创文创卫、安全稳定四场硬仗，打响红桥服务、创新、人文、生态四个品牌，增强群众获得感、幸福感、安全感，努力打造绿色城区、建设美丽红桥，以优异成绩庆祝新中国成立70周年。

2019年全区经济社会发展的主要预期目标是：地区生产总值增长5%，一般公共预算收入增长5%，全社会固定资产投资增长10%，力争在实际运行中增速更快一些。

为实现上述目标，今年要着力抓好以下五方面重点工作：

一、更加注重高质量发展，加快培育区域经济新动能

深入推进京津冀协同发展战略。加强与北京市、河北省联系，主动服务、全力支持雄安新区建设，推进项目落地与企业迁移，在承接非首都核心功能上取得更大成果。积极融入“一带一路”建设，鼓励驻区院所项目纳入全市项目库。坚持引资引技引智并重、质与量并举，围绕城区产业定位，深化以商招商、平台招商、集群招商，强化招商效果考核，确保全年引进企业3000家。发挥天津西站综合交通枢纽比较优势，全面提升对外开放水平，全年确保完成实际利用外资额同比增长8%。

打造一流营商环境。大力深化“放管服”改革，落实好“天津八条”“红桥十条”。强力推进“一制三化”改革各项任务。按照“五减”“四办”要求，全面推行承诺制审批。梳理事项名称、设定依据、申请条件等要素，编制标准化工作规程和指南，实现服务标准化。建设和苑街等4个“无人超市”，将政务服务网络系统延伸到大型社区、产业园区和金融机构，实现服务智能化。建设全区统一的政务服务大厅，实行柜员制窗口集中审批，实现服务便利化。进一步压缩建设项目联合审批时间。强化网上审批信息共享，确保事中事后监管到位。认真做好第四次全国经济普查工作。鼓励民营经济发展，完善电子商务、智能制造等领域相关政策，用足用好产业扶持资金，构建“亲”“清”政商关系。深入实施“海河英才”和“子牙人才”计划，加快红桥人力资源产业园和人才公寓建设。

突出科技创新引领。加快光荣道科技产业园建设，发挥园区服务公司专业化管理优势。加速园区创新要素聚集，重点发展大数据、云计算、人工智能、检验检测、军民融合等新业态。鼓励龙头骨干企业、科研院所建设专业化众创空间，打造具有影响力的创新基地。提升卓朗科技园、艺点意创网络平台等创新服务水平，推动创新主体与工程技术中心、企业重点实验室联合发展。全年新增专利申请1000件，新增专利授权400件。新增科技型企业165家。

提升服务业层次和规模。建设海河服务经济综合发展带，打造商务商贸、商旅文融合发展的现代化枢纽经济区。积极打造西北角商圈，不断提升陆家嘴广场、水游城综合体业态水平。加大正融科技大厦、大成广场等楼宇招商力度，推动泰达城公建、阿德勒酒店等闲置载体盘活。加强楼宇经济数据库建设，提高数字化管理水平。以“夜津城·寻味红桥”为主题，打造红桥运河新天地夜市经济示范街区，满足人民群众夜间消费经济多元需求。推动津菜培训基地建设，传承发扬津菜饮食文化。

二、更加注重规划建设品质，不断增强跨越

发展新优势

全面实现棚改“三年清零”目标。最大限度用足用好拆迁优惠政策,坚决完成西沽南、丁字沽平房、同义庄、运输六场等13个棚改项目清片收尾,全年完成8500户、15万平方米棚改任务。加大协调保障力度,确保拆迁项目资金及时足额到位。加快推进和苑起步区A地块、和苑西区二期等安置房建设步伐,提供充裕房源保障。

提高规划科学化水平。统筹城市地上地下、近期远期的发展要求,实行全域规划,不断优化产业业态分布,带动城市未来发展。高标准做好西站地区、西于庄、大胡同等重点区域规划设计工作。开展文化、体育、养老等设施专项布局。编制交通专项规划。加快做好杨庄子粮库等地块的规划调整工作,高标准启动“十四五”规划编制工作。

加快重大项目建设。全年计划实施4大类、37个重点项目建设,在施工程面积253万平方米,新启动52万平方米,完工31万平方米。千方百计提高地块整理出让速度,确保51中、单家面铺、西站前广场实现出让并启动项目建设。加快报春里、团结村、电子信息学院等地块土地整理工作,陆续实现挂牌出让。加快推动孟春里、油脂储炼厂等重点项目建设,确保科技园17号地等6个项目如期完工。高质量完成和苑C地块14万平方米海绵城市试点改造任务。确保海源道改扩建、民畅道等5条道路项目完工。全面推进“1001工程”,加强我区电力合作和规划建设。

三、更加注重生态宜居,努力展现中心城区新魅力

全力拆除违法建设。对全区8条主干道路、5条重点支线道路、252处“破窗改门”全部恢复原貌。推动治违工作不断向次干道、社区里巷延伸,强力推进水木天成、亿城堂庭等重点社区拆违工作。全面依法拆除全区各类存量违法建设5.72万平方米。坚决遏制新增违建,做到发现一处、拆除一处。

深入开展创文创卫工作。提升市民素养,进一步提高城区文明程度,广泛发动群众和各行各业共同参与,坚决打好创文创卫硬仗。对照创建测评标准,开展“楼道革命”,深入推动市容环境卫生、重点场所卫生、食品和生活饮用水安全等重点工作,确保今年通过国家卫生城区验收。实施郭家菜园综合提升改造,高标准完成10万平方米子牙滨河公园建设,打造“人—水—城”相依相伴、和谐共生的绿色廊道。实施城区绿化提升工程,完成对唐家湾、千里堤、本溪楼社区小游园等提升改造任务,为百姓营造绿色宜居生活环境。提升重点道路、支线道路环卫作业标准,提高道路清扫保洁质量。加强小型餐厨商户的垃圾集中收运。充分发挥数字城管网格化管理系统作用,提升智能化精细化管理水平。深入实施“厕所革命”,彻底消除旱厕。加强城区停车管理,新增划220个、复划430个公益性停车位,增设80个停车指示牌,着力解决停车难问题。加强西站站区综合管理,提升现代化都市良好形象。

打好污染防治攻坚战。坚持全民共治、源头防治,强化工业、散煤、机动车、扬尘等污染源治理,妥善应对重污染天气,持续改善环境质量,全区PM2.5年均浓度降至54微克/立方米。全面开展河长制、湖长制,继续做好水污染防治工作。全面实施土壤污染防治行动计划,突出重点区域、行业和污染物,有效管控城市建设用地土壤环境风险。推进声环境自动监测站点建设。深入开展环境保护执法,重点打击偷排偷放、监测数据弄虚作假等环境违法行为。

四、更加注重民计民生,扎实履行维护和谐安稳新使命

千方百计保障和改善民生。紧紧抓住老百姓最急最忧最怨的现实利益问题,精心组织落实

20件民生实事。大力促进就业创业,全面实施全民参保计划,提高社会保险覆盖面和保障水平。加快推进菜市场建设,新建一号路、碧春园、佳园东里菜市场,提升一批社区便民菜店,实现新建菜市场农药残留物检测全覆盖,满足百姓菜篮子需求。全力完成老旧小区及远年住房三年改造任务,全年完成80个小区、261万平方米、受益居民3.5万户的改造任务。全面落实各项住房保障政策,确保全年完成2000户住房保障指标任务。下力量解决一批供热管网、燃气和自来水管网、缺失路灯补装维修、二次供水等群众呼吁的热点问题。加强物业企业信用信息和资质等级管理,大幅提升物业和准物业管理水平。改进社区工作者服务群众模式,新创建7个美丽社区。组织开展第二十六届民族团结月活动,进一步做好民族团结进步创建工作。切实做好国防动员和国防教育工作,维护军人军属合法权益。实施精准帮扶行动,加大"救急难"救助力度。加强对口支援和东西部扶贫协作工作。做好残疾人精准康复服务工作。加大法律援助力度。

推动教、卫、文、体等各项事业发展。全力加强学前教育资源建设,大幅度增加优质幼儿园供给,强化政府补贴、费用减免等政策,积极引导社会力量办园。通过规划新建、置换改造、租赁借用、清查回收等举措,新建营和园、北岸中心幼儿园,引进一批民办幼儿园,大力缓解"入园难""入园贵"问题。加快三条石小学、红咸里小学建设步伐。深化课程改革,促进普通高中多样化特色发展,提高办学质量,满足群众需求。参与举办全国职业教育院校技能大赛和全国职业教育活动周。做好天津市慢病综合防控示范区、全国第三轮艾滋病综合防治示范区验收工作。落实医改各项重点任务。启动"优质服务基层行"活动。推动妇女儿童健康促进计划实施。全面实施两孩政策。完善辖区院前医疗急救体系。建设完善2个图书馆街道分馆和20个图书馆社区服务点。举办第二十九届天津运河桃花文化商贸旅游节、第十届天津相声节、第九届天津市老年文化艺术节。设计推介2条精品旅游线路,努力打造"天津溯源在红桥"特色品牌。做好非物质文化遗产保护、开发和利用。广泛开展科学普及活动,实施公民科学素质提升计划。开展第三套市民广播体操等体育技能培训和普及工作。大力做好社区健身园建设。积极承办好第十届残运会象棋比赛项目。全面发展档案、侨务、外事、红十字等各项事业。

提升社会治理能力和水平。认真贯彻地方党政领导干部安全生产责任制规定,持续开展事故隐患排查治理行动,抓好危化品、建筑施工等领域常态化排查,坚决防范和遏制重特大安全事故。加大安全监管执法检查,督促整改落实到位。提升安全保障和应急救援能力。积极创建国家食品安全示范城市。加强劳动保障执法力度,确保完成治欠保支任务目标。坚持发展新时代"枫桥经验",健全预防和化解社会矛盾机制,推动重点难点问题解决。建设区级综治中心,推动街道综治网格信息化建设。深入推进扫黑除恶专项斗争,持续保持严打高压态势,全力打造"无黑城区"。严厉打击各类违法犯罪活动,维护社会大局稳定,努力建设平安红桥。

五、更加注重自身建设,切实提升政府工作新效率

加强政治建设。政府工作人员必须坚守政治属性、扛起政治责任,树牢"四个意识",坚定"四个自信",坚决做到"两个维护"。深入学习贯彻习近平新时代中国特色社会主义思想和党的十九大精神,认真开展"不忘初心、牢记使命"主题教育,推进"两学一做"学习教育常态化制度化。深化贯彻落实习近平总书记重要指示批示精神情况"回头看",切实做好中央巡视"回头看"和市委专项巡视反馈意见整改落实。坚决肃清黄兴国、张泉芬、赵建国恶劣影响,铲除圈子文化、码头文化、好人主义滋生土壤,营造海晏河清的政治生态。

加强能力建设。政府重大决策出台前及时向区人大报告。依法接受区人大及其常委会的法律监督和工作监督,坚决落实各项决议、决定。加强与政协委员、民主党派、无党派人士和人民团体的民主协商,认真办理人大建议和政协提案。支持工会、共青团、妇联各项工作。加大政务公开和信息公开力度。坚持依法治区,深入开展"七五"普法工作。加强法治政府建设,强化行政执法和监督体系,发挥好政府法律顾问作用。全面落实机构改革各项任务,积极构建系统完备、科学规范、运行高效的机构职能体系。扎实推进国有企业改革、社区扫保机制改革、审批制度改革等各项任务。厉行勤俭节约,全面实施预算绩效管理,发挥财政资金最大使用效益。强化审计监督和审计结果运用。加强国有资产监管,实现保值增值。

加强作风建设。严格执行中央"八项规定"和实施细则要求,坚持不懈转作风、驰而不息反"四风"。加强对棚改等关键环节的监督。大兴调查研究之风,察实情、出实招、办实事、求实效。深入开展不作为不担当问题专项治理,大力整治形式主义、官僚主义、好人主义,以疾风厉势治庸治懒治无为。突出问题导向、目标导向、任务导向、效果导向,激励广大干部敢担当、真作为,用优良作风和扎实业绩取信于民。

新时代是奋斗者的时代,蓝图已经绘就,奋进正当其时。让我们以习近平新时代中国特色社会主义思想为指引,在市委、市政府和区委的坚强领导下,发扬钉钉子精神,满怀创业激情,攻坚克难、永不懈怠,久久为功、善作善成,为打造绿色城区、建设美丽红桥而努力奋斗!

专　　文

以人民过上美好生活为目标 奋力打造共建共治共享的社会治理新格局

——天津市红桥区着眼创新基层治理 破解百年危房难题的探索与实践

区委研究室

习近平总书记在党的十九大报告中明确提出:“打造共建共治共享的社会治理格局。”这为新时代社会治理机制创新和体系完善指明了方向,是实现社会治理现代化的必然要求。今年以来,我们认真学习贯彻习近平新时代中国特色社会主义思想和党的十九大精神,深入落实习近平总书记对天津工作提出的“三个着力”重要要求,坚持以人民为中心,按照市委“绝不允许高楼大厦背后还有贫民屋”的工作要求,把郭家菜园危房居民搬迁安置作为社会治理重点工作,围绕群众关注的矛盾焦点,发扬“枫桥经验”,做到小事不出街、大事不出区、矛盾不上交,各级领导干部面对面做群众工作,发动群众做群众工作,着力破解影响人民安居、社会安定和区域发展的突出问题,促进社会和谐稳定,推进基层社会治理现代化。

一、百年危房难题,基层治理困局,亟待化解隐患同步迈入小康

红桥区是天津城市的发祥地,有“津卫摇篮”之称,北运河、子牙河、南运河交汇于此,形成“三河五岸”独特地理风貌。位于子牙河北岸、与天津西站仅一河之隔的郭家菜园,形成于清光绪 十四年(1888),至今已有 130 年历史,占地面积约 2.68 万平方米,占用河坡长度 384 米,居民 563 户,其中坡下居民 163 户,现住 1400 余人,房屋均为自建且年久失修,各类隐患问题非常突出,是全区社会治理的重大短板。

一是行洪隐患突出。郭家菜园位于行洪河道之上,迎水坡房屋窗户下面就是子牙河水面,多数房屋内部举架仅 2 米左右,有的墙体开裂,随时面临倒塌风险。每年汛期子牙河水位大幅上涨,都会淹泡房屋地基,造成严重的安全隐患。

二是消防隐患突出。郭家菜园多数居民使用临时电维持日常生活需求,有严重的跑漏电危险;无法接通天然气,长期使用煤火、罐装液化气取暖做饭;道路里巷狭窄昏暗,缺乏基本安全设施,有的小道仅容一人通过,消防车辆根本无法进入。郭家菜园各种消防隐患交织,一旦发生火灾意外,后果不堪设想。

三是环境隐患突出。密集的房屋让郭家菜园内部几乎“密不透风”,潮气、油烟甚至垃圾腐烂味道长期存在,563 户居民共用一个公共厕所,居民生活垃圾、污水长期直排子牙河,造成水域严重污染,居住环境恶劣,是环境污染治理的难点。

郭家菜园历经百年,居民多为原渔业队渔民及后代,最多五代人生活于此处,最少三代人居住在此。郭家菜园群众饱受住房难题之苦,加上居民收入普遍较低,困难户较多,在 563 户居民中有低保家庭 89 户、残疾 71 人、患癌症及大病家庭 56 户,家家都有本难念的经。多年来,受多种因素影响,搬迁难以实施,成为城区基层治理之殇。

二、扛起政治责任,坚持问题导向,着力实现郭家菜园群众安居梦想

习近平总书记强调:“要改革创新基层治理,提高治理能力,更好地服务于人民群众。”郭家菜园搬迁关系着群众住房、就业、就医、养老、入学等一系列问题,在搬迁安置过程中,我们始终把讲政治摆在首位,坚持以人民为中心的发展思想，围绕问题谋对策，针对困难找出路，以扎实的措施推动搬迁安置顺利开展，实现群众住有所居。

1. 提高政治站位，坚定不移推进郭家菜园搬迁安置。我们认真学习习近平总书记对天津工作提出的"三个着力"重要要求，全区上下在实施郭家菜园危房居民搬迁安置工作上形成了高度共识，直面问题、解决难题。一方面，郭家菜园居民祖祖辈辈在子牙河岸边繁衍生息，由于特殊的年代，特殊的原因，郭家菜园563户居民中仅有38户有企业产权证，没有先例可以借鉴参考。针对这一难题，我们按照鸿忠书记提出的要关注高楼大厦后面的棚户区的要求，敢担当、勇作为，将郭家菜园列入全区"三年清零"棚改计划，结合实际制定郭家菜园居民搬迁安置政策。另一方面，郭家菜园搬迁面临着无资金、房源少、土地无法出让等问题。我们拓宽思路，调配资源，千方百计筹措资金，从全区范围内调配1080套房源，这些措施为搬迁安置提供了保障。从6月21日正式启动至7月3日，仅用13天就实现了563户居民全部封房搬迁，在今年主汛期来临之前消除了多年的安全隐患，为郭家菜园群众与全区人民同步迈入小康社会奠定了坚实的基础。

2. 树牢为民情怀，努力让人民群众有更多获得感、幸福感、安全感。推进社会治理现代化，就是要使社会治理的成效更多、更公平的惠及全体人民。在制定搬迁安置政策过程中，我们把济民困、解民忧作为出发点和落脚点，主动回应郭家菜园百姓多年来的强烈期盼。一是广泛宣传党的关怀。通过入户宣传、发送公开信、召开居民代表座谈会等形式，及时把党中央和习近平总书记对人民群众的关怀，市委和李鸿忠书记对郭家菜园百姓的惦念，传递到每家每户。二是深入群众访民苦、解民忧。两个月内，区委主要负责同志先后19次率队深入郭家菜园开展调研，推动解决群众关心的问题。80余名动迁干部带着感情做工作，将每家每户的基本情况和诉求熟记于心，人人都成了郭家菜园的"活地图"和"户口簿"。全区各级党员干部主动深入郭家菜园走访慰问、问需帮困，区司法、财政、民政、教育、残联、信访和工青妇等部门立足本职，有针对性地解决搬迁群众的生活困难。郭家菜园搬迁以来，共帮扶群众206户，帮助解决家庭矛盾20户，调解邻里纠纷19起，协调解决孩子上学问题5个。三是充分尊重人民意愿。在搬迁安置过程中，我们将沟通协商环节前置，组织群众召开座谈会，广泛征求居民意见，认真倾听群众诉求，耐心解答群众疑问，让群众广泛参与政策制定。比如，搬迁安置方案充分采纳了群众提出的精简办理手续、加大对实际困难户帮扶力度等意见建议，真正做到了把工作落脚到群众关心的"热点"上，得到了群众的拥护。郭家菜园居民刘喜兰的女儿喜极而泣，说道："在这里住了48年，就盼着这一天，要不是赶上党的好政策，我们的苦日子真不知道什么时候才能到头儿啊，真是发自内心地感谢党，感谢政府！"简单朴实的话语反映了郭家菜园全体百姓的共同心声，人民群众感党恩、知党情，万众一心拥戴习近平总书记，坚定不移跟党走。

3. 坚持问题导向，切实在攻坚克难中推动基层社会治理创新发展。搬迁安置是目的，解决问题是关键。围绕影响搬迁进程的突出风险，区委、区政府逐一研究工作方案，细化解决措施，以责任到位、解决问题到位，确保居民搬迁安置效果到位。一是集中研究关键问题。区委、区政府和区棚改总指挥部先后召开31次专题会议，研究部署搬迁安置中的关键环节和主要问题，动迁指挥部平稳高效推进现状调查、测绘面积、方案征询、动迁封房、选房安置、地面清整、河堤加固等工作。针对群众的实际问题，制定可操作性安置方案，确保群众得到妥善安置。比如，在货币补偿和实物安置基础上，对在搬迁范围内实际居住且他处无住房的居民，所获得的补偿款总额不足以购买最小面积安置房的，可以享受托底安置38平方米安置房一套，不需交纳房屋差价。二是深入开展司法调解。搬迁群众有的家庭内部纠纷严重,特别是搬迁后期出现一些调和难度较大的家庭矛盾,解决不好就会产生社会问题。对此,区法院一线调解矛盾纠纷,5 名律师全天候为有需求百姓提供律师鉴定服务。整个郭家菜园搬迁安置过程中,共成功调解 34 起房屋纠纷案件,其中绝大部分为家庭内部纠纷,所占比例近 90%。例如,郭家菜园群众李某去世后,并未明确其两处房屋的分配情况,其妻子因受重男轻女传统观念影响,希望由其长子接受全部两套房子的安置费用,但其女严重反对,家庭内部意见分歧极其严重,矛盾愈演愈烈。后经民警、律师、动迁干部前后 7 天反复上门调解后,终促双方达成共识,最终实现顺利签约搬迁。三是发动群众化解纠纷。坚持为了群众、依靠群众,发动居民代表做群众工作,在党的政策感召下,党心民心深度融为一体,22 户提前搬迁的居民成为带头搬迁的"群众代表",主动帮助指挥部做其他群众工作,真正从社会治理的"旁观者"变为"参与者",社会治理的群众基础不断夯实。

4. 着眼阳光透明,坚决维护公平公正。基层社会治理,必须要充分体现公平正义。在推进搬迁安置工作过程中,我们坚决维护群众合法权益,始终坚持"一把尺子量到底、一个政策贯到底、一个标准做到底",营造阳光搬迁、温情搬迁的良好氛围。一是抓动迁过程阳光透明。主动公示房屋信息、征迁政策、签约情况等基本情况,让百姓全程监督执行过程,打消了部分群众"先签约者吃亏、后签约者吃糖"的心理,最初数十户拒绝搬家的"观望户",主动办理了签约手续。二是抓动迁队伍阳光透明。对动迁干部,区委明确提出要力度加热度,绝不能优亲厚友、网开一面,绝不能徇私舞弊、弄虚作假,要求干部在对待群众问题上,既坚持"铁面无私",以细之又细、慎之又慎的态度为每一户核算补偿款项,又坚持"以真情换真心",帮着算好幸福账,帮着用足用好政策。三是抓制度规定阳光透明。以制度规定为准绳,对个别阻挠搬迁的,在坚持原则的基础上,整合居委会、居民代表、社区民警等多方力量,反复沟通、打开心结、促成签约。阳光透明、公平公正的搬迁安置工作,得到了居民的充分认可,短短 13 天,群众共向区委、区政府、动迁指挥部和一线干部赠送了 19 面锦旗,动迁过程中无一户居民对安置政策提出异议、无一人上访、没有一户真正强制搬迁。

经过深入的探索与实践,郭家菜园搬迁实现告捷,受到了社会各界的持续关注,郭家菜园居民得到妥善安置,党和政府得到了人民群众的信任和支持。在顺利完成 563 户居民封房搬迁后,这个长期困扰人民群众的实际问题,得到了彻底解决,确保群众在主汛期来临前彻底告别百年危房。市委主要领导先后两次就郭家菜园搬迁安置工作作出批示,明确提出向全市推广经验。天津卫视《天津新闻》记者多次走进郭家菜园进行跟踪报道,从项目启动到居民全部搬离,用《百年渔村搬迁进行时》《郭家菜园完成 95%封房 房屋拆除启动》《13 天 563 户居民搬离 130 年渔村》3 期进行专题报道,生动展示红桥党员干部全力推动郭家菜园搬迁的感人故事。《天津日报》《城市快报》、北方网、津云客户端、天津广播等市级权威媒体在头版和首页重要位置予以全面报道。

三、传承发扬"枫桥经验",发掘郭家菜园搬迁启示,努力推动基层治理现代化

习近平总书记强调,各级党委和政府要充分认识"枫桥经验"的重大意义,发扬优良作风,适应时代要求,创新群众工作方法,把党的群众路线坚持好、贯彻好。基层是一切工作的落脚点,社会治理的重点在基层,难点也在基层,群众需求日益增长,检验着基层治理理念,社会矛盾的多元多样,考验着社会治理能力。我们在推动郭家菜园搬迁安置工作中,注重坚持和发扬"枫桥经验",走中国特色社会主义治理之路,对解决基层治理突出问题进行了有益实践。主要有以下启发:

1. 维护核心、善抓落实是抓好基层治理的根本保证。习近平总书记在党的十九大上对推进社会治理现代化作出了明确部署,为我们指明了工作路径。市委书记李鸿忠同志始终要求全市各级党组织和广大党员干部,维护核心要从心开始,见于行动。郭家菜园搬迁安置符合党中央提出的“三大攻坚战”中的“精准脱贫”“污染防治”的有关要求,让困难群众彻底改善居住条件,过上幸福新生活;同时,彻底解决了郭家菜园污水垃圾直排子牙河的环境污染问题,加大河道治理,让水域环境更加干净清澈。因此,整个搬迁安置过程就是习近平新时代中国特色社会主义思想在红桥的生动实践。事实证明,只要我们坚决维护习近平总书记的核心地位,维护党中央权威和集中统一领导,按照党中央的要求开展工作,就一定能够实现社会治理现代化。各级党员干部,特别是基层一线的领导干部要充分发挥“头雁效应”,“提锅上灶”、一线指挥,带领广大干部群众埋头苦干、狠抓落实,真正把维护核心体现在践行以人民为中心的实际行动上。

2. 担当作为、迎难而上是抓好基层治理的关键之举。习近平总书记指出:“山再高,往上攀,总能登顶;路再长,走下去,定能到达”。市委强调,只有面对困难敢于迎难而上、面对危险敢于挺身而出、面对失误敢于承担的干部越来越多,发展列车才能愈发行稳致远,各项事业才能愈发蓬勃发展。郭家菜园搬迁告诉我们,抓好基层治理必须要敢担当、勇作为,千难万难,有滚石上山的勇气就不难;千苦万苦,只要付出辛苦就能解决百姓的疾苦。基层党委要充分发挥在基层社会治理中的领导核心作用,统一思想、凝聚共识,总揽全局、协调各方,推动社会治理融入基层经济社会发展全过程。基层党委、政府要打造内部贯通、执行有力、运行高效的组织体系,推动社会治理更加有序有效开展。各单位、各部门要形成密切协作、齐抓共管的综合治理机制,形成推动工作的强大合力。各级党员干部,特别是领导干部要直面问题不绕不躲,主动作为、盯紧靠上,真正把矛盾和不稳定因素化解在基层。

3. “大账”着眼、细处着手是抓好基层治理的基本方法。习近平总书记指出,民心是最大的政治。市委书记李鸿忠同志提出,要坚决破除为群众办事怕麻烦、生怕老百姓“占便宜”的逻辑观念,最大限度地让利于民。抓基层治理,不但要算经济账,更要算大账、算政治账、算民心账,一切从维护好群众的根本利益出发。实践证明,只有从群众最急最忧最怨最盼的问题入手,爱民惠民利民便民,才能真正把群众工作做到百姓的心坎上。工作中要坚持做细做实,坚持依法决策、依法行政,坚持程序公开化、政策透明化、行为规范化,切实化解群众矛盾、解决社会问题。

4. 将心比心、心心相印是抓好基层治理的重要依靠。习近平总书记指出:“心系群众鱼得水,背离群众树断根。”市委要求全市党员干部,对人民群众要始终怀着一颗菩萨心肠,真正把群众当亲人,把群众的安危冷暖放在心上,倾注感情去办、尽心竭力去办、痛痛快快去办。郭家菜园居民胡富华签署完搬迁协议有感而发写了一首诗:“百年郭家菜园风飘摇,历经沧桑苦乐伴。铮铮公仆秉民意,百姓安居梦终圆。党爱人民民拥党,和谐社会国更强!”实践证明,只有“将心比心”才能“以心换心”,只要对群众掏心窝、动真情、办实事,就一定能够得到群众的理解、信任和支持。抓好基层治理,就要保障人民群众正当的知情权、参与权、表达权、监督权,要坚持人民群众的主体地位,动员群众力量,扩大群众参与,汲取群众智慧,真正做到共建共治共享。要始终做到以情感人,对于人民群众提出的各类实际困难,要站在群众的立场思考问题,切实解决合理诉求,带领人民共同迈入小康社会,实现对美好生活的向往。

关于深化区域功能定位 提高西站利用效率的研究

区政府研究室

天津西站地区是北方现代化大型交通枢纽,多年来为贯彻京津冀协同发展重大国家战略,全力支持对雄安新区开发建设,加快建设“五个现代化天津”,实现我区“打造绿色城区 建设美丽红桥”发展目标等方面发挥了巨大作用,因此,在“十三五”时期深入研究天津西站交通枢纽的再次综合开发利用意义重大,现将相关情况分析如下。

一、基本情况

天津西站交通枢纽自 2011 年 6 月 30 日正式开通运营至今,集京沪、津秦、津保和京津城际四条高铁线路及部分普速客运,贯通了全国东北、华中、华南、西南、西北地区的快速铁路通道,是天津交通运输的重要组成部分。

西站地区综合管理面积为 73.3 万平方米,包括地上 45.6 万平方米,地下 27.7 万平方米。辖区内包括国铁天津西站、交通集团公路客运西站、西站轨道枢纽运营中心、西站邮政枢纽、公安西站派出所、铁路公安处西站所、公交集团物业管理公司(西站管理部)等多个运营管理单位。

目前,西站交通枢纽拥有列车 184 趟、公交路线 24 条、长途客运 100 余线,地铁一号线、六号线途经天津西站(地铁四号线未来途经西站)。日均客流 2014 年 3 万余人次,2015 年 4 万~5 万余人次,2016 年以来达到 7 万~8 万余人次,节假日和客流高峰期日均客流超过 20 万人次。

我区以天津西站地区综合管理办公室为依托,面对站区复杂的形势和管理要求,认真落实属地管理责任,以创建“一流车站,一流服务,一流管理,一流形象”的“四个一流”作为工作目标,结合不同时期的工作任务和特点,全面发挥职能作用,牢固树立区位意识,坚持管理与服务并重,创新工作机制,持续统筹提升,强化日常管理,适时集中整治,有力地维护了站区的安全稳定,取得了一定的工作成效但仍存在相关问题。

二、存在问题

(一)西站交通枢纽地位有待提升

从市外交通来看,天津西铁路客运站是京沪高速铁路的重要节点工程,是京津城际、京沪(连接沪蓉、沪昆高铁)、津秦(连接京哈高铁)、津保(连接京广高铁)四条高速铁路的交会处,但与天津站、天津南站从体制上存在隶属关系不统一、车次安排不协调、功能定位不清等问题。从市内交通来看,虽有多条地铁和公交线路经过,但在高铁与市内交通的衔接通达等方面还存在诸多不完善。

1. 西站交通枢纽的运营能力尚需进一步发挥

西站发展远远没有达到规划中引领区域经济发展的龙头作用,运营能力利用不足是困扰西站综合开发的最大难题。从设计能力来看,同样作为高标准、高起点的新建高铁车站,天津西站从车次、发送旅客数量都远逊于北京南站。每天京津高铁运营班次为 184 班次,仅有 33 班次列车经过天津西站,其中高铁仅有 20 班次,而天津西站始发的京津高铁仅 10 班,其始发率远低于天津站和南站。而京津高铁恰是实现京津冀轨道交通一体化的关键,京津高铁车次的不足也极大地限制了天津西站在服务京津冀协同发展中的作用。

2. 西站交通开发运营模式的定位尚需明确

站区交通的运营模式上有待提升，功能定位有待加强。普通铁路、高铁、地铁与公共交通的无缝衔接运营模式尚未建立完善。西站在结合商业、居住用地建筑统一设置，实现土地效益最大化等方面存在欠缺，没有形成轨道交通枢纽是交通、商业、居住和其他社会公共活动高度复合的综合性城市中心的功能定位。

3. 西站互补性的交通运输网尚未建立起来

天津西站通过地下铁路与天津站紧密相连，除现有的地铁1号线和6号线外，未来地铁4号线也将途经西站，站区内还设有长途客运站、两个公交首末站和大型停车场，30余条公交线路在西站设站，基本能实现铁路、公交、地铁、出租、长途客运等多种交通运输方式的交会。但是受制于地形和规划设计的不尽合理，使得西站交通网络错综复杂，不易明细辨别，车站内部的交通标志不清，交通指引牌不足，这给很多外来游客的出行带来不便。上述规划上的不合理因素以及实际应用中暴露的问题，都有待进一步进行深入研究。

（二）西站交通枢纽功能有待完善

红桥区是天津市内六区距离雄安新区最近、交通最为便捷、交通设施基础最为雄厚的区域。天津西站作为连接雄安新区的重要交通节点，是天津通往雄安新区唯一交通枢纽和京津冀地区的重要交通枢纽，亟须规划具有前瞻性交通战略。

1. 尚未建立京津冀一体化通达的交通系统战略

京津冀协同发展首先要解决交通协同问题，尤其在雄安新区建设的大背景下，要求在天津与京冀之间形成智力资源畅通流动机制。通达的交通系统对人流、物流条件标准要求高，具有环境和时间的敏感性。作为连接天津与京冀地区重要枢纽的天津西站在空间距离与负载能力方面具有得天独厚的优势，以天津西站为核心，打造京津冀便捷、迅速、高效的地面交通网络意义重大，但相应的战略规划还没有跟上。

2. 西站服务雄安新区和京津冀协同的功能差异不突出

天津西站作为京津冀轨道交通网络重要的连接点，其在功能发挥并未有突显出其独特的优势。天津西站、天津站和天津南站之间并没能形成良好的差异化功能布局。这就导致本为分解天津站交通运输压力而定位为高铁交通枢纽的天津西站，并没能承担足够的高铁运力，反而过多分担普通轨道交通任务。这不仅降低了天津西站的硬件利用效率，也导致三个车站之间功能的差异性不突出，造成一种潜在的内部竞争机制，反而降低了轨道交通的运输效率。

三、下一步发展建议

1. 基础设施方面。据了解目前我市正在制订天津至北京新机场联络线相关规划，建议积极呼吁市有关部门将天津西站纳入天津至北京新机场联络线建设范围，如纳入规划，我区将以西站为核心，成为西通雄安新区、北联北京新机场的京津冀重要交通支点。通过现有的京津城铁与规划中的京雄铁路、津雄高铁，建设北京-天津-雄安新区的30分钟高铁交通网络，构建一个以轨道交通为主体、公交化密集化运营的高效高速铁路交通网络体系，全面深化北京、天津与雄安新区的经济联系，使西站在成为“京沪—津保”高铁大动脉十字枢纽之后，进一步凸显其战略地位。

2. 规划方面。一是建议申请市级部门尽快完善并强化西站公共服务中心功能定位，发挥西站地区在京津冀协同发展重要节点的作用，强化其对我市西北地区和中心城区的辐射带动能力。二是紧紧围绕规划定位，强化区域规划引导，提高西站地区核心区域土地开发强度,加大商业用地比例,降低住宅用地密度和比例,为未来站区满负荷运行提供更多优质发展载体资源。三是建议市级部门加大对重点项目的集中安排和摆放,加强市容、市政设施投入力度,使西站地区公共服务中心更好地发挥辐射带动作用,展示"五个现代化天津"的良好形象。

3. 站区建设方面。加大对天津西站闲置站区资源的开发与利用,进一步优化站区的标志布局,提升西站的交通便捷性,也将成为集聚人气的重要方法。通过更加清晰、明确、标准化的交通标识引导游客的出行,实现火车、高铁、地铁与公共交通的无缝衔接,逐步开放西站的闲置站区,提升旅客进出站便捷性。

4. 文化旅游方面。打造一批优质文化旅游和商业贸易载体,依靠自然、亲水的独特生态环境特色,促进全区河岸经济的发展。加快海河思源带状公园、子牙河堤岸公园、北运河桃花堤公园、南运河"天子津渡"遗址公园、竹园、水趣园、水西庄、西沽公园、吕祖堂和曾公祠十大生态景观建设,深入挖掘历史文脉资源,开发旅游休闲功能,促进商旅文协调发展,构建产业完善、形象突出、服务高端的现代都市旅游区。

5. 人才引进方面。全面落实"津八条""红十条",推动京津冀行政审批事项和审批机制协同,落实审批事项统一和互认。落实好海河英才、子牙人才计划,在住房和发展空间方面,规划建设人才公寓,创造有利于引才留才的条件。为优秀人才在户籍、子女入学等方面提供服务。协调相关力量推进红桥人才服务大厦竣工挂牌进度。

大事记

2018年红桥区大事记

1月

6日　中国共产党天津市红桥区第十一届委员会第七次全体会议在区委礼堂召开。会议认真贯彻落实中共十九大精神和中央经济工作会议决策部署,全面贯彻习近平新时代中国特色社会主义经济思想,认真贯彻习近平总书记在中央政治局民主生活会上的重要讲话精神,深入落实市委十一届二次全会、三次全会暨全市经济工作会议部署要求,总结2017年工作,部署2018年工作。会议由区委常委会主持。区委书记曲孝丽代表区委常委会向全会报告工作,区委副书记、区长袁家健传达市委十一届三次全会暨全市经济工作会议精神,区人大常委会主任高树彬、区政协主席杨焕出席。

8-10日　红桥区第十七届人民代表大会第三次会议在区委礼堂开幕。红桥区第十七届人民代表大会第三次会议决定,红桥区第十七届人民代表大会设立内务司法委员会、财政经济委员会、教育科学文化卫生委员会、城市建设环境保护委员会。各专门委员会由主任委员1人、副主任委员2人、委员若干人组成。

8-9日　中国人民政治协商会议天津市红桥区第十四届委员会第二次会议在区政府礼堂开幕。

11日　红桥区监察委员会正式挂牌成立。区委书记曲孝丽,区委副书记、区长袁家健,区人大常委会主任高树彬,区政协主席杨焕,区纪委书记、区监察委主任张金刚参加揭牌仪式。

13日　西于庄危陋房屋征收改造“百日会战”总结表彰大会在区棚改总指挥部召开。区委书记曲孝丽出席会议并讲话,区委副书记、区长袁家健主持会议,副区长李丽玲通报西于庄各分指“百日会战”成绩。

20日　市委组织部副部长陆为民到区宣布曲孝丽不再担任红桥区委书记,由区委副书记、区长袁家健主持区委、区政府全面工作。

2月

12日　中共红桥区第十一届纪律检查委员会第四次全体会议在区委礼堂召开。会议以习近平新时代中国特色社会主义思想为指导,全面贯彻落实中共十九大、十九届中央纪委二次全会、市纪委十一届三次全会精神,总结2017年红桥区纪律检查工作,部署2018年工作任务。区委副书记、区长袁家健出席会议并讲话,区人大常委会主任高树彬、区政协主席杨焕出席会议。

28日　市政府副市长金湘军到区调研天津西站站区管理工作,并召开工作协调会。区委副书记、区长袁家健,区人大常委会副主任张东明陪同。

3月

8日　区纪念“三八”国际妇女节108周年大会召开。市妇联副主席林洁出席。区委副书记、区长袁家健,区政协主席杨焕出席。

15日　区委副书记、区长袁家健,副区长刘玉明带队赴市政府参加第二十八届天津运河桃花文化商贸旅游节新闻发布会。

22日　第28届天津运河桃花文化商贸旅游节开幕。区委副书记、区长袁家健,常务副区长王晓亮,区人大常委会副主任张东明,副区长李纪扬、李丽玲、徐卫京、刘玉明参加开幕式。

23日　区2018年投资贸易洽谈会在水游城

假日酒店举办,重点推介西站城市副中心产业发展规划、楼宇载体项目、城建投资项目和“子牙人才计划”。副市长赵海山出席会议并讲话,区委副书记、区长袁家健致辞,区人大常委会主任高树彬,区政协主席杨焕,常务副区长王晓亮,区人大常委会副主任张东明,副区长徐卫京出席。

4月

11日　公安部党委委员、副部长孟庆丰一行在市局党委委员、指挥部主任畅志杰陪同下到区看守所考察指导工作。副区长、公安红桥分局局长李纪扬参加考察调研活动。

17日　甘肃省碌曲县委书记梁明光率党政代表团到区考察交流,两区县召开东西部扶贫协作和对口支援工作座谈会,就2017年结对帮扶工作情况及2018年工作计划安排进行深入座谈交流。区委副书记、区长袁家健出席活动并讲话。

23日　市人大常委会主任段春华到区考察调研,考察启工创新中心和卓朗科技园,听取区委加强对人大工作领导的情况和区人大常委会工作情况汇报。

28日　区庆祝“五一”国际劳动节大会召开,通报表彰荣获2018年“全国五一劳动奖章”,2017年度市、区级“五一劳动奖章”“五一劳动奖状”和工人先锋号的先进单位、集体和个人。区委副书记、区长袁家健出席会议并讲话,区人大常委会副主任、区总工会主席方立民主持会议,区政协副主席杨宏丽出席。

是日　市委决定李清任天津市红桥区区委委员、常委、书记。

5月

9日　全区领导干部会议在区委礼堂召开。区委委员、候补委员,区人大、区政府、区政协领导班子成员,区法、检“两长”,区武装部主要负责人,正区级老同志,处级单位党政主要负责人参加会议。

28日　甘肃省庆阳市合水县党政代表团一行到区考察。合水县委书记解平,合水县委副书记、县长沈文祥等到访,区委书记李清,区委副书记、区长袁家健陪同。

6月

1日　区政府廉政工作会议召开。区委副书记、区长袁家健,区人大常委会副主任张东明,副区长李纪扬、李丽玲、徐卫京出席。

6日　市政协副主席黎昌晋一行到区调研棚户区改造工作。区委书记李清,区委副书记、区长袁家健,区政协主席杨焕陪同。

7日　市政府参事室党组书记刘志永一行到区子牙河北堤岸郭家菜园实地调研。区委书记李清,区委副书记、区长袁家健陪同。

是日　区民族宗教界代表人士座谈会召开,慰问穆斯林养老院。区委书记李清出席。

10日　纪念毛泽东“发展体育运动,增强人民体质”题词66周年——天津市首届公园健身大会开幕式在西沽公园举行,区委副书记、区长袁家健,副区长刘玉明出席。

13日　市人大常委会主任段春华带队到区对贯彻实施《中华人民共和国消防法》和《天津市消防条例》情况进行执法检查,到桃花源养老院四新道分院实地察看疏散通道和消防器材配置,现场抽查从业人员掌握消防常识和使用灭火器材情况。

22日　市政协副主席尚斌义一行到区青年创业园和卓朗科技产业园调研园区企业运行和业务发展情况。区委书记李清、区政协主席杨焕陪同。

是日　区防汛工作推动会召开,传达贯彻市防汛抗旱工作会议精神,部署全区防汛工作任务。区委书记李清出席会议并讲话,区委副书记、区长袁家健,区委办公室主任何斌,区人大常委会副主任张东明出席会议。

23日　副市长李树起一行到区子牙河北岸郭家菜园段行洪河道清理工程现场调研指导工作。区委书记李清,区委副书记、区长袁家健等区领导和现场指挥部负责人陪同。

26日　天津市领导干部警示教育大会召开(红桥区分会场)。区委常委,区人大常委会、区政府、区政协领导班子成员,区人民法院院长、区人民检察院检察长出席,区委、区政府各部门,各街道主要负责人1人参加会议。

27日　区创文创卫工作推动大会召开,深入贯彻落实市委、市政府关于全域创建文明城市和创建国家卫生区的工作部署,举全区之力,聚全区之智,推进红桥区创文创卫工作。区委书记李清出席会议并讲话,区委副书记、区长袁家健作部署,区人大常委会主任高树彬、区政协主席杨焕出席。

29日　区纪念建党97周年暨城市基层党建工作推进会召开,表彰全区在"维护核心、铸就忠诚、担当作为、抓实支部"主题教育实践活动中,涌现出的优秀共产党员、优秀党支部书记和先进党支部,交流城市基层党建工作经验做法。区委书记李清出席会议并讲话,区委副书记、区长袁家健主持会议,区人大常委会主任高树彬、区政协主席杨焕出席。

是日　区夏季安全生产排查整治工作部署会召开,深入落实全区持续开展安全生产大排查大整治工作要求,部署夏季安全生产和消防安全隐患排查整治工作。区委副书记、区长袁家健,常务副区长王晓亮,副区长、公安红桥分局局长李纪扬出席会议。

7月

10日　市政协主席盛茂林一行到区调研,指导推动开展习近平总书记关于加强和改进人民政协工作的重要思想学习研讨活动。市政协秘书长高学忠,副秘书长、办公厅主任李伟成陪同。区委书记李清、区政协主席杨焕参加调研活动。

13日　红桥区敢担当勇作为暨棚户区改造阶段性表彰大会召开。会议充分肯定子牙河北岸郭家菜园段行洪河道清理工程和单家面铺棚改项目实现清片报捷的成绩,全面总结以上两个项目取得的经验、做法,对表现突出的参战人员予以表彰。区委书记李清出席会议并讲话,区委副书记、区长袁家健主持会议,区人大常委会主任高树彬、区政协主席杨焕出席。子牙河北岸郭家菜园指挥部、单家面铺指挥部和区行政审批局相关负责人及郭家菜园搬迁居民代表作交流发言。

25日　市委常委、市委统战部部长冀国强带队到台湾大成集团天津达成兴业房地产开发有限公司和郭家菜园拆迁指挥部实地调研红桥区民族宗教、环保及信访工作,并召开座谈会听取红桥区统战工作专题汇报,对下一步统战工作提出要求。区委书记李清、区委统战部部长井春燕陪同。

是日　红桥区2018年上半年经济运行分析会召开,总结分析上半年经济运行情况,安排部署下半年经济工作。区委副书记、区长袁家健出席会议并讲话,常务副区长王晓亮主持会议。

8月

1日　红桥区2018年东西部扶贫协作和对口支援工作暨创文创卫工作推进会召开。区委书记李清出席会议并讲话,区委副书记、区长袁家健传达中央和天津市关于东西部扶贫协作工作和对口支援工作指示精神并进行工作部署,常务副区长王晓亮主持会议。

9日　区安全生产工作会议召开,传达全国安全生产电视电话会、市委常委会、全市安全生产工作会议精神及区委常委会有关要求,通报全区上半年安全生产工作情况,并对下半年工作作出部署。区委副书记、区长袁家健出席会议并讲话,常务副区长王晓亮主持会议。副区长、公安红桥分局局长李纪扬出席。

15日　长春市宽城区委书记郝晶祥率区党政代表团到区考察交流,区委书记李清,区委副书记、区长袁家健,常务副区长王晓亮参加接待。并召开两区对口合作工作座谈会,双方就进一步加强两区合作、加强经贸交流、互派挂职干部等方面进行深入沟通。

是日　天津市第二环境保护督察组督察红桥区工作汇报会召开。市环境保护督察二组组长韩宏范、副组长刘志忠及督察组全体人员出席。区委书记李清,区委副书记、区长袁家健,区委办公室主任何斌,区人大常委会副主任张东明参加会议。

16日 红桥区派驻纪检监察机构和基层单位纪检监察工作会议召开。区委书记李清出席会议并讲话,区委副书记、区长袁家健传达全市座谈会精神,区纪委书记、区监委主任张金刚进行专题部署,区委办公室主任何斌、区委组织部部长宋淑华出席会议。

28日 红桥区人民政府与中国一冶集团公司签订战略合作框架协议。中国一冶集团党委副书记、总经理刘一鸣,区委书记李清,区委副书记、区长袁家健出席签约仪式。副区长李丽玲与中国一冶集团纪委书记谢大勇作为双方代表在协议上签字。

9月

7日 “做德业双馨好教师,创红桥教育新业绩”——红桥区庆祝第三十四个教师节大会召开。区委书记李清出席会议并讲话,区人大常委会副主任陈淑芳、区政协副主席李大为出席会议。

8日 中国共产党天津市红桥区第十一届委员会第九次全体会议召开。区委书记李清代表区委常委会就做好红桥区机构改革工作讲话,区委副书记、区长袁家健传达市委十一届四次全会要求,区人大常委会主任高树彬、区政协主席杨焕出席。

12日 全国妇联党组书记黄晓薇一行到区调研。区委书记李清参加活动。

13日 红桥区领导干部警示教育大会召开。区委书记李清出席会议并讲话,区委副书记、区长袁家健主持,区人大常委会主任高树彬出席。

28日 中煤地质总局水文地质局党委副书记、局长蒋向明一行到区考察并签署合作框架协议。区委书记李清,区委副书记、区长袁家健,区政府常务副区长王晓亮参加活动。

29日 红桥区深化国有企业改革工作会议召开,部署红桥区深化国有企业改革重点工作。区委书记李清出席会议并讲话,区委副书记、区长袁家健主持,区人大常委会主任高树彬,区政协主席杨焕,常务副区长王晓亮,区人大常委会副主任张东明,副区长郑宏、李丽玲、徐卫京、刘玉明参加会议。

10月

12日 《红桥区志(1979-2010)》首发式在区委礼堂举行。

18日 市委常委、市委统战部部长冀国强一行到区暗访调研环保督察整改工作,并召开座谈会。区委书记李清、区委统战部部长井春燕参加。

22日 市委督查室副主任佟功强一行到区督查落实市党政代表团赴广东考察情况。区委书记李清,区委副书记、区长袁家健参加。

31日 市纪委常务副书记孙志强一行到区督查调研扫黑除恶专项行动中党委履行主体责任、纪委履行监督责任情况。区委书记李清、区委政法委书记穆强参加。

11月

1日 红桥区扫黑除恶专项斗争领导小组(扩大)会议召开。区委书记李清出席会议并讲话,区委副书记、区长袁家健,区委政法委书记穆强出席会议。

2日 红桥区经济工作2018年总结和2019年研讨会召开。区委副书记、区长袁家健出席会议并讲话,副区长郑宏主持会议。

8日 2018年“119”消防宣传月活动启动仪式暨微型消防车授车仪式在陆家嘴商业广场举行。区委书记李清,区委副书记、区长袁家健出席启动仪式。副区长、公安红桥分局局长李纪扬主持活动。

10日 区深入开展中央巡视“回头看”反馈意见整改落实情况自查自纠工作动员部署会召开,传达全市落实中央巡视“回头看”反馈意见整改情况监督检查工作动员部署会议精神。区委书记李清出席会议并讲话,区委办公室主任何斌参加会议。

13日 市委、市政府召开河东、河北、红桥三区现场办公会议,集中调研察看,深入剖析制约发展的实际问题并进行研究会商。市委书记李鸿忠出席会议并讲话。市委副书记、市长张国清,市人大常委会主任段春华,市政协主席盛茂林,市委副书记阴和俊出席。

是日 中共红桥区委常委会(扩大)会议召开,传达市委、市政府现场办公会议精神和市委书记李鸿忠,市委副书记、市长张国清讲话要求,研究部署全区贯彻落实举措。区委书记李清,区委副书记、区长袁家健,区人大常委会主任高树彬,区政协主席杨焕出席会议。

14日 区传达贯彻市委、市政府现场办公会议精神部署会召开。区委书记李清主持会议并讲话,区委副书记、区长袁家健传达市委、市政府现场办公会议精神,区人大常委会主任高树彬、区政协主席杨焕出席。

是日 区集中整治形式主义官僚主义部署推动会召开。区委书记李清出席会议并讲话,区委副书记、区长袁家健主持会议并传达市委集中整治形式主义官僚主义部署推动会议精神,区人大常委会主任高树彬、区政协主席杨焕及全体区级领导出席会议。

是日 红桥区生态环境保护大会暨污染防治攻坚战指挥部第一次会议召开。区委书记李清出席会议并讲话。区委副书记、区长袁家健传达全国、全市生态环境保护大会精神及市污染防治攻坚战指挥部第一次会议精神,对全区生态环境保护工作及打赢污染防治攻坚战三年作战计划进行安排部署。区人大常委会主任高树彬、区政协主席杨焕出席。

25日 中央统战部常务副部长张裔炯一行到区清真大寺督查民族宗教工作。区委书记李清、区委统战部部长井春燕参加。

27日 红桥区扫黑除恶专项斗争督导工作部署动员会召开。市委扫黑除恶专项斗争第五督导组组长、和平区人大常委会主任温继平,区扫黑除恶专项斗争领导小组组长、区委书记李清出席会议并讲话。市委扫黑除恶专项斗争第五督导组副组长、天津职业技术师范大学党委常委、纪委书记张志远,区委副书记、区长袁家健出席会议。

12月

4日 红桥区2019年经济工作研讨会召开。区委书记李清,区委副书记、区长袁家健出席会议并讲话。副区长郑宏主持会议。

6日 红桥区委常委会(扩大)会议召开,就《红桥区机构改革方案(征求意见稿)》征求意见建议。区委书记李清,区委副书记、区长袁家健,区人大常委会主任高树彬,区政协主席杨焕出席会议。

8日 中国共产党天津市红桥区第十一届委员会第十次全体会议召开。会议由区委常委会主持,区委书记李清代表区委常委会就做好红桥区机构改革工作进行讲话,区委副书记、区长袁家健,区人大常委会主任高树彬,区政协主席杨焕出席会议。

13日 市委副书记阴和俊一行到区就深入贯彻习近平新时代中国特色社会主义思想和中共十九大精神,认真落实市委、市政府部署要求,围绕加强基层党的建设和科技创新等工作进行调研。区委书记李清、区委办公室主任何斌、区委组织部部长宋淑华陪同调研。

14日 区推进"一制三化"改革大会召开。区委副书记、区长袁家健,区人大常委会副主任张东明,副区长郑宏、李纪扬、李丽玲、徐卫京参会。

20日 红桥区安全生产工作会议召开,会议传达市委书记李鸿忠,市委副书记、市长张国清批示要求和全市安全生产工作部署会议精神,动员部署全区开展安全生产事故隐患排查治理集中行动。区委书记李清出席会议并讲话,副区长郑宏主持会议,副区长、公安红桥分局局长李纪扬参加。

21日 市委政法委在红桥区召开全市贯彻新时代"枫桥经验"现场会暨2018年综治考评部署会,市委政法委书记赵飞出席会议并讲话,副市长董家禄主持会议。

红桥概览

区情概览

红桥历史悠久,红桥区是天津城市、商业、工业和近代教育的发祥地。南运河、子牙河、北运河贯穿全境,于三岔河口交汇流入海河,形成"三河五岸"独特的地理区位,历史上是南粮北运和水上运输的集散地,享有"先有三岔河口,后有天津卫"的美誉。世界文化遗产——中国大运河流经红桥区,大运河文化在红桥区不仅成就天津城市、商业、民族工业、近代教育四大发祥地,还是天津的高雅文化、盐商文化的兴盛之地。

【地理位置】 红桥区是天津市中心城区之一,位于天津城区西北部,以境内子牙河上的"大红桥"而得名,反映全区因河而兴,缘路而盛的枢纽地位。东与海河、北运河为界与河北区隔河相望,南以青年路、西关大街、北马路、西营门大街与南开区毗邻,西至西横堤与西青区接壤,北邻北运河、千里堤与北辰区交界,全区面积21.31平方千米。政区中心地理坐标为:北纬39°09′56″,东经117°08′45″。地势西北高,东南低,海拔最高度为5.34米,最低2.04米。

【建制沿革】 红桥区1928年属天津特别市,今区境大部分属第二、第三、第四警区所辖。1946年以南运河为界,南运河以北为九区公所,南运河以南一部分为八区公所。1949年天津解放前夕,以南运河为界,红桥区大部分在河北,为天津市第九区。东至北运河,南至南运河,西至旧市界,北至北运河。南运河以南为第八区,位于市区西北部,东至海河,南至鼓楼东、西大街、西关街,西至西营门市界,北至南运河。1952年10月,成立新第八区,东至北运河、北门外大街,南至北马路经西马路沿西关大街至南运河,西至千里堤、西横堤,北至北运河、丁字沽、唐家湾大道。1956年1月,根据《天津市人民委员会关于市辖区按地名称呼的通知》,第八区因界内子牙河上大红桥得名,改称红桥区。1966年"文化大革命"开始,红桥区改称"红卫区"。1967年12月成立"红卫区革命委员会"。1968年1月恢复原区名。

【行政区划】 2018年,辖区内有11个街道办事处:西于庄街道、丁字沽街道、西沽街道、三条石街道、咸阳北路街道、铃铛阁街道、芥园道街道、邵公庄街道、双环邨街道、和苑街道、大胡同街道办事处。

【人口与民族】 截至2018年底,全区常住居民209234户506725人。全区人口除汉族外,有34个少数民族、1个其他;少数民族中人口最多的为回族,有41156人,占全区总人口8.12%;人口500人以上的还有满族、蒙古族。

【气候】 区境气候属于"中国暖温带半湿润季风型气候"。区境地处北半球中纬度地带,受地理纬度和季风的影响,气候四季分明。春季多风,雨水稀少;夏季炎热,降水较多;秋季天高,气爽宜人;冬季寒冷,干燥少雪。

【交通】 红桥区交通四通八达,地铁、普铁、高铁、快速路、市级主干道路一应俱全。拥有天津西站大型铁路客运站,京沪、京津、津保及津秦高速铁路接入天津西站,从红桥始发实现半小时到达北京,五小时到达上海,快速便捷的交通圈已经形成。区内西站长途汽车站和红桥长途客运站,满足人们前往全国各地的长途需求。地铁1号线横穿区域,西青道快速路、西北半环快速路、中环线、京津公路从区境经过,通向全市其他区县。

【政治建设】 红桥区把落实全面从严治党主体责任和“一岗双责”与政府重点工作同步推进,扎实开展“维护核心、铸就忠诚、担当作为、抓实支部”主题教育实践活动,牢固树立“四个意识”,坚决落实“两个维护”。全力抓好市委巡视反馈意见和市委市政府现场办公会反馈问题整改落实。深入开展圈子文化、好人主义专项整治,进一步肃清黄兴国、张泉芬、赵建国恶劣影响。广泛开展直奔现场、直奔问题活动,及时回应群众关切,推动问题解决。严格落实中央“八项规定”精神,深入开展不作为不担当问题专项治理,集中整治形式主义、官僚主义,严肃查处一批违纪违法案件,政风行风持续好转。

【棚户区改造】 全年完成棚户区改造26万平方米,占全市完成量的44.07%,连续两年位居全市首位。仅用13天实现郭家菜园563户危房居民封房搬迁,创下红桥区棚改史上最短时间清片记录。单家面铺、丁字沽北大街、报春里、群众影院项目实现报捷,西于庄、西菜园项目基本清片,西沽南、运输六场等5个项目完成比例均超过85%,丁字沽平房、航空机电等5个项目全面启动。“红桥区多措并举、扎实推进棚户区改造”的经验做法受到国务院通报表扬。积极破解资金难题,主动与各金融机构和大型国企、央企对接,通过发行政府专项债等方式落实资本金75.7亿元,通过政府购买棚改服务实现融资275.2亿元。探索融资新模式,成功发行全国首单棚改专项债,累计筹集资金54亿元。破解房源难题,在集中调配存量房源基础上,购置安置类公租房1.55万套,协调购买商品房1580套;加快推进和苑、双青等安置房建设,筹集房源4700余套。主动适应群众多元化、差别化安置需求,在14个项目推广协商搬迁,构建棚改新模式。严格拆迁政策,坚决做到“一把尺子量到底”,同时坚持以情促迁,实施“一户一策”精准帮扶,有效破解征迁共性、个性难题。全面打好入户动员、强制执行、拆房清违三场战役,形成助推棚改强大合力。

【经济发展】 聚焦高质量发展,加强经济运行综合调度,主要经济指标增速位居全市前列,全年预计地区生产总值同比增长5%,一般公共预算收入同比增长5.3%,全社会固定资产投资同比增长10%,外贸出口增幅全市领先。

深入开展“双万双服促发展”活动,全面落实“天津八条”“红桥十条”,出台配套产业和人才政策,加快政策兑现,累计发放资金7117万元,在全市营商环境评价指数考核中位居第一。持续推进“一制三化”改革,工程建设联审实现“一网通办”,企业设立办理时间压缩至3天以内。在全市率先推出行政许可中心7个工作日制度和注册企业免费刻章服务,实现企业“零成本”开办。围绕“五减”“四办”,取消企业群众办事堵点证明350项。落实“海河英才”计划,大力实施“子牙人才”计划,举办“子牙杯”创新创业大赛和10余场大型人才招聘活动,落户各类人才5729人。

深入推进京津冀协同发展,积极承接北京非首都核心功能疏解,主动服务雄安新区建设。组建北京、上海、广州、西安4个招商分局和10个专业招商团队,聘请53名招商顾问,开展以商招商、产业链招商,在外埠和区内举办30场大型宣传推介活动,中国电子天津数据中心、中煤水文地质局、同程艺龙等一批优质企业落户。新增注册企业2876户,同比增长63.5%,其中注册资金1000万元以上企业260户,同比增长95.5%,招商引资规模和层次实现新提升。

抢抓智能科技产业发展战略机遇,加快光荣道科技产业园建设,引入第三方成立运营管理公司,创新园区运营模式,注册企业超600家。依托卓朗科技园和南开大学博士团队,建设启工智能科技创新中心。新增科技型企业421家,国家级、市级高新技术企业各25家。新认定规模超亿元企业2家、天津市战略新兴产业领军企业2家。完成科技型企业股份制改造3家,挂牌上市1家。7人入选天津市企业家队伍建设“111”工程“新型企业家”和创新人才推进计划。天津市评选20名青年创业能手,红桥区艺点意创、伍创电子商务、卓朗科技3家企业负责人获此殊荣。打造陆家嘴金融广场等特色楼宇,盘活空置楼宇和商贸载体12.7万平方米。商贸旅游业持续繁荣,陆家嘴商业中心实现开业,水游城、欧亚达等商业载体经营业态不断优化。

【安全稳定】 社会大局保持和谐稳定,各类信访问题得到及时化解,重要会议、重大活动期间进京访为零。全区接报“110”刑事警情同比下降25.7%,治安警情同比下降6.6%。严格落实“战区制、主官上”要求,大力开展信访积案化解攻坚,市里交办的49件信访积案提前一个月实现“清仓见底”,8件进京越级访积案全部实体性化解,红桥区主动梳理出56件信访积案完成化解53件。深入推进扫黑除恶专项斗争,成功办结全国首例“套路贷”涉黑案件;破获涉黑涉恶案件82起,采取刑事强制措施173人。始终保持高压态势,严厉打击各类违法犯罪活动。完善应急预案体系,及时稳妥处置各类突发敏感事件,没有发生舆情炒作。

严格落实安全生产责任制,持续推进事故隐患排查治理,集中开展消防、交通、治超、危化、商贸、仓储、物流等专项整治,累计检查企业3.2万家次,全区安全生产形势总体稳定。投入6000余万元,推进长庚老年公寓提升改造,实现天鸿大厦集中供暖。严控食品安全监管风险,以防控非洲猪瘟、打击非法添加、食品安全百日整治行动为重点,对全区生产、流通、餐饮领域实施动态监控,未发生食品安全事故。重拳打击前园道、西关大街药品交易市场,非法收售药品行为得到根本遏制。加强野生动物保护,全方位开展排查,严厉打击伤害野生动物行为。

【市容环境】 红桥区用时71天完成10个占路市场清撤工作,撤销西关大街等7个自发市场,成为全市申报创建国家卫生区9个区中首个“无占路市场区”。牢固树立创则必成的信心,坚持举全区之力打好创文创卫攻坚战,短期内解决一批城市管理顽疾,考核评分大幅提升。开展“厕所革命”,建成曾公祠、明珠公园2座一类等级公厕,提升改造40座公厕,棚户区外旱厕全部完成改造。加大拆违力度,累计清拆社区各类违法建设2400间4.7万平方米,彻底解决一批历史遗留违章建筑问题。着力抓好卫生清整,开展“楼道革命”,组织开展雨水井污染、露天烧烤等专项治理行动,病媒生物防治顺利通过市爱卫办评估验收。

新建和提升改造绿化面积35.5万平方米。新创建市级美丽社区7个。加大园林绿化建设投入,完成西沽公园提升改造,对大明道和明珠园、彰武楼、中嘉中心园进行绿化提升改造,打造北门外大街、河北大街林荫路。对84条440万平米机扫水洗道路开展精细化作业,累计清理杂土杂物8万余吨。成立主干道路环境秩序治理大队,加大巡查力度,沿街2000余家商户全部签订门前三包责任书。提升改造子牙河桥、西站西大桥、西河桥3座桥梁夜景灯光,以三岔河口地区、子牙河沿线、光荣道科技产业园为重点,推动周边竣工建筑同步建设、开启夜景灯光。

空气环境质量明显好转,综合指数同比改善10.6%,PM2.5年均浓度同比改善12.7%。推进中央和市环保督察整改落实,解决一批群众关注的环境问题,全年办理环保信访投诉218件。打好空气、水、突然污染防治攻坚战。加强扬尘管控,分类治理散乱污企业,完成3个供热站15台燃气锅炉低氮改造和11个加油站地下储油罐改造,居民生活散煤、商业散煤持续“清零”,餐饮企业油烟净化装置实现全覆盖。全国第二次污染源普查顺利推进。全面推行河长制,建成井冈山桥、大红桥断面地表水质自动监测站,开展黑臭水体治理、“清四乱”等专项行动,地表水考核断面浓度累计达标。

【城市建设】 完成“十三五”规划中期评估。深化西于庄地区城市设计,完善重点路网和西站前广场、西沽南等重点区域规划设计方案。完成子牙河红桥区段两岸地区设计方案,纳入天津市中心城区子牙河两岸地区城市设计。完成城市双修和2平方公里实施片区选定工作。高标准编制海绵城市专项规划和实施方案,和苑C地块试点项目开工建设。

全力推进33个重点项目建设,全区在施工程面积270万平方米,孟春里等5个、共36万平方米项目顺利启动,正融科技大厦等8个、共70万平方米项目实现完工。加快推进海源道西段、团结路、保康东路等6条道路建设,对芥园道等11条道路进行改造。实施电网发展“1001工程”,加快全区电网规划建设。积极破解土地出让瓶颈,光荣道科技产业园5-北-1地块实现出让,五十一中南地块具备挂牌条件,西站前广场、单家面铺等地块加速整理。

【民生保障】 2018年,全区财政支出87.49%用于民生,20项民心工程圆满完成。累计新增就业3.4万人,居民人均可支配收入增长6.5%。完成118个小区460万平方米老旧住房小区提升改造,受益居民8.5万户。新建和提升改造15个标准化菜市场。深化对困难群众精准帮扶,发放各类保障和救助金4.8亿元。

推进历史遗留房地产项目产权证办理工作,全区10个历史遗留房地产项目全部具备发证条件,1.5万户居民受益,全面完成市委、市政府交办任务。发放各类住房保障资格证书5785户,新增受益居民5205户。设立每年100万元帮扶资金,完成转业士官安置,建成3个社区军休干部文化站,为1.2万户烈属、军属和退役军人家庭悬挂“光荣牌”。成功举办第二十五届民族团结月系列活动。加强宗教场所管理,设立每年100万元专项资金,宗教场所“四进”活动顺利完成。全方位落实东西部扶贫协作计划,对甘肃省碌曲县、合水县对口帮扶持续深化。

【社会事业】 优化教育资源配置,全面启动三条石小学建设,完成老五中等6所校舍加固维修,第二十四幼儿园投入使用。顺利通过第三批全国健康促进区验收。公立医院改革获得市级奖励。“互联网+医疗健康”服务体系更加完善,建立10个不同类别医联体,成立区域远程影像中心、检验中心、心电中心、会诊中心和双向转诊平台,完成二级医院智慧门诊建设。家庭医生签约17万人,扩大重点人群覆盖面。推动天津市民族文化宫、天津市少年宫等文化载体建设,新建和完善8个图书馆街道分馆、47个社区基层服务点。举办第二十八届天津运河桃花文化商贸旅游节等文化品牌活动。推进“15分钟健身圈”建设。竞技体育取得新突破,在市十四运和第八届少数民族运动会中取得优异成绩。

【依法行政】 严格执行政府重大决策出台前向人大报告制度,自觉接受区人大及其常委会的法律监督、工作监督和区政协的民主监督,共办理人大代表建议和政协提案265件,办复率100%。加快推进依法治区,积极推行政府法律顾问制度,开展“七五”普法宣传教育。加大人民调解工作力度,累计调处各类矛盾纠纷1475起,调解成功率99.7%。做好行政复议和应诉工作。大力推进政务公开和信息公开。严格部门绩效管理,持续开展重大政策措施落实情况跟踪审计,促进各项工作有效落实。

中共红桥区委员会

中国共产党天津市红桥区第十一届委员会领导名单

（2018年）

区委书记：曲孝丽（女）（至2018年1月20日）　李　清（2018年4月28日任）

副 书 记：袁家健

常　　委：王晓亮（至2018年9月25日）

张金刚（至2018年9月25日）

穆　强（回族）

芮永玲（女）（2018年12月28日任）

管兴桥（2018年12月28日任）

陈东杰（女）

井春燕（女）

何　斌（满族）

宋淑华（女）

重要会议

【区委十一届七次全体会议】 2018年1月6日，中国共产党天津市红桥区第十一届委员会第七次全体会议在区委礼堂召开。全会以习近平新时代中国特色社会主义思想为指引，深入学习贯彻中共十九大精神，全面落实中央经济工作会议和市委十一届三次全会部署要求，总结2017年工作，部署2018年任务。区委委员、候补委员；非区委委员、候补委员的区级领导干部；区纪委常委；处级单位党政主要负责人、副处级单位主要负责人；部分基层党代表参加会议。邀请各民主党派、工商联主要负责人及无党派代表人士参加全体会议。

（杨　洁）

【区委十一届八次全体会议】 2018年8月27日，中国共产党天津市红桥区第十一届委员会第八次全体会议在区委礼堂召开。会议深入学习贯彻习近平新时代中国特色社会主义思想和中共十九大精神，认真贯彻落实市委常委扩大会议精神，总结全区上半年工作，安排部署下半年任务，动员全区各方面力量，解放思想，担当作为，苦干实干，确保高标准完成全年各项目标任务，加快推进美丽红桥建设。区委委员、候补委员；非区委委员、候补委员的区级领导干部；区纪委常委；处级单位党政主要负责人、副处级单位主要负责人；部分基层党代表参加会议。邀请各民主党派、工商联主要负责人及无党派代表人士参加全体会议。

（杨　洁）

【区委十一届九次全体会议】 2018年9月8日，中国共产党天津市红桥区第十一届委员会第九次全体会议在区委礼堂召开。会议以习近平新时代中国特色社会主义思想为指导，深入学习贯彻中共十九大和十九届二中、三中全会精神，全面贯彻党中央关于深化党和国家机构改革各项部署，认真学习贯彻市委十一届四次全会精神，按照市委统一要求，启动红桥区机构改革工作，动员全区广大党员干部统一思想、统一认识、锐意改革，确保机构改革各项任务顺利完成，为打造绿色城区、建设美丽红桥而奋斗。区委委员、候补委员；非区委委员、候补委员的区级领导干部；区纪委常委；处级单位党政主要负责人、副处级单位主要负责人参加会议。邀请各民主党派、工商联主要负责人及无党派代表人士参加全体会议。

（杨　洁）

【市委巡视三组专项巡视红桥区工作动员会】 2018年8月28日，市委巡视三组专项巡视红桥区工作动员会在区委礼堂召开。市委巡视三组组长郭宝琴、区委书记李清在会上讲话。市委巡视三组全体人员；全体区级领导；区属正处级单位党政主要负责人，副处级单位主要负责人；近三年内退休的正局级老同志；区委巡察办、巡察组全体成员；红桥区部分市“两代表一委员”参加会议。

（杨　洁）

【市委巡视三组专项巡视红桥区情况反馈会议】 2018年11月19日，市委巡视三组专项巡视红桥区情况反馈会议在区委礼堂召开。市委巡视三组组长郭宝琴、区委书记李清在会上讲话。市委巡视三组全体人员；全体区级领导；区属正处级单位党政主要负责人，副处级单位主要负责人；近三年内退休的正局级老同志；区委巡察办、巡察组全体成员；红桥区部分市“两代表一委员”参加会议。

（杨　洁）

【区委常委会扩大会议】 2018年,区委召开区委常委会扩大会议4次。

1月30日,区委常委会扩大会议召开。传达学习市十七届人大一次会议、市政协十四届一次会议精神和市委副书记、市长张国清参加红桥区代表团审议时的讲话精神,部署红桥区贯彻落实意见。传达学习全国、全市组织部长会议精神和组织部部长陈希讲话、市委书记李鸿忠批示要求,研究红桥区贯彻落实意见。区委常委,区人大常委会主任、区政协主席,区政府副区长出席。

3月26日,区委常委会扩大会议召开。会议传达学习贯彻习近平总书记重要讲话、全国两会精神和天津市领导干部会议精神。全体区级领导;处级单位党政主要负责人;副处级单位主要负责人参加会议。

11月13日,区委常委会扩大会议召开。会议部署红桥区贯彻落实全市现场办公会措施。区委书记李清,区委副书记、区长袁家健,区人大常委会主任高树彬,区政协主席杨焕等参加。

12月6日,区委常委会扩大会议召开。会议就《红桥区机构改革方案(征求意见稿)》征求意见建议。全体区级领导;区委委员、候补委员;区纪委副书记、区监察委副主任、区人力社保局局长;各民主党派主委、工商联、各人民团体主要负责人、无党派代表人士参加会议。

(杨　洁)

【全体领导干部会议】 2018年,区委召开红桥区领导干部会议3次。

5月9日,红桥区领导干部会议在区委礼堂召开,区委委员、候补委员,区人大、政府、政协领导班子成员,区法检“两长”,区武装部主要负责人,正局级老同志,处级单位党政主要负责人,各民主党派主要负责人参加会议。

5月18日,红桥区领导干部会议在区委礼堂召开,会议深入贯彻落实中共十九大、十九届二中、三中全会和市第十一次党代会,市委十一届三次全会精神,传达学习天津市深入贯彻落实习近平总书记“三个着力”重要要求推进大会会议精神,梳理红桥区2018年以来工作,查找差距和短板,明确努力方向,在新的起点上再推动、再落实,进一步深化举措,鼓足干劲,以抓铁有痕、踏石留印的作风推动各项工作,确保全年各项任务高质量完成。区四大机关领导;区人民法院、区人民检察院、区武装部主要负责人;全区副处级以上领导干部(不含正副处级调研员)参加会议。

12月25日,红桥区领导干部会议在区委礼堂召开,区委委员、候补委员,区人大、政府、政协领导班子成员,区法院院长,区检察院检察长,区纪委副书记、监委副主任,正处级单位党政主要负责人参加会议。

(杨　洁)

区委办公室工作

【概况】 2018年,中共红桥区委办公室(以下简称区委办公室)在区委的坚强领导下,坚持以习近平新时代中国特色社会主义思想为指导,认真落实“五个坚持”(坚持绝对忠诚的政治品格、坚持高度自觉的大局意识、坚持极端负责的工作作风、坚持无怨无悔的奉献精神、坚持廉洁自律的道德操守)重要要求,围绕中心,服务大局,充分发挥综合部、参谋部、协调部、后勤部作用,全面促进中央决策部署和市、区委工作要求贯彻落实,当好参谋服务智囊团,做好办文办会工作,抓好后勤服务保障,圆满完成各项目标任务。

(陈元国　杨　洁)

【协调服务】 2018年,区委办公室牵头服务保障贯彻落实习近平总书记“三个着力”重要要求和重要指示批示精神情况“回头看”、市委市政府现场办公会、市委不作为不担当问题专项巡视、集中整治形式主义官僚主义等重大活动、重要工作。周密做好办文办会工作,全年办理各类批示360余件,办结率100%。接收、拟办、承办、传阅各级各类文件1800余件,OA办公协同系统收取文件2500余件,机要文件投递8000余件,服务保障区委全年50余场次重要会议召开,全年承办区委全会、区委常委会、书记专题会等各类会议70余场次,落实领导参加市、区各类会议活动150余次。

(陈元国 杨 洁)

【决策参谋】 2018年,区委办公室做好以文辅政工作,始终坚持站在领导和基层实际角度去思考问题、谋划工作,全年组织撰写区委十一届八次全会、棚户区改造表彰大会、全区环境保护大会等一批重大会议领导讲话材料,以及专项巡视、环保督察动员部署、中央巡视"回头看"整改情况自查自纠汇报材料等一系列重要文稿,累计完成各类文稿270余篇。发挥党委信息主渠道作用,抓住区委全年工作重点和领导关注点,及时将相关材料报送市、区领导参阅。全年组织编发各类工作刊物114期,向市委报送情况简报、工作信息700余条。

(陈元国 杨 洁)

【督查督办】 2018年,区委办公室紧贴区委主要领导思路,围绕市委巡视反馈问题整改、市委和市政府现场办公会议反馈问题落实情况、扫黑除恶、不作为不担当、创文创卫、"双万双服"、全区棚改"三年清零"等重点工作,联合区纪委、区委组织部、区发改委等开展实地督查,全面促进中央决策部署和市、区委工作要求贯彻落实。把推动解决群众最急最忧最怨的问题作为督查的"民心工程",高度重视"人民网""北方网"留言办理工作,办理"两网四平台"网民留言、市委专项查办件700余件,回复率均100%。

(陈元国 杨 洁)

【后勤保障】 2018年,区委办公室完善值班应急工作,严格落实24小时值班制度,完善应急指挥系统平台建设,加强值班检查,确保各类突发情况得到及时处置。处理群众来信110件、来访近100人次,及时处理市、区委领导交办的信访案件,做到事事有回音、件件有结果。狠抓保密机要工作,组织对全区72个党政机关开展保密工作检查,全年收发电报139份,通过电子政务内网办理文件300件,通过加密安全公务邮箱办理文件480件。抓好后勤服务保障,做好区委办公室内部控制制度建设及区委机关固定资产盘点清查工作。完成区委大院停车、灯光设施、路面等提升改造工程,对区委礼堂坡道、暖气、窗户进行更换,实施区委后院车库改造,配合区人民法院完成搬迁工作,安装节能充电桩10座,定期开展安全隐患排查整改,全力保障区委大楼用水、用电等工作,营造安全文明有序办公环境。

(陈元国 杨 洁)

【服务中心工作】 2018年,区委办公室主动参与全区棚户区改造、创文创卫、招商引资、安全稳定四场硬仗,先后选派4名干部到棚改一线工作,2名干部直接参与创文创卫综合协调和实地督导工作,与西沽街湘潭道社区、水竹花园社区、涟源里社区等9个社区结成包保对子,参与社区环境清脏治乱60余次。

(陈元国 杨 洁)

政策研究

【概况】 2018年,中共天津市红桥区委研究室(以下简称区委研究室)深入学习贯彻习近平新时代中国特色社会主义思想和中共十九大精神,围绕市、区委决策部署,建立重点调研课题台账,开展专题调查研究,促进调研成果转化;主动服务领导决策,完成区委领导在各类重要会议上的发言提纲、讲话材料;组织推动全区改革工作,实施改革绩效考核,推动重点改革任务落地落实;组织开展2018年落实全面从严治党主体责任重点督查,推动全区各级党组织履行好全面从严治党主体责任。

(王 尧)

【调查研究】 2018年,区委研究室制定《红桥区2018年调研工作要点》《红桥区2018年区、处级领导干部重点调研课题台账》,编印《习近平总书记关于调查研究工作重要指示》学习资料,组织全区认真学习贯彻市委关于调查研究"九不准"纪律要求,印发《红桥区贯彻落实中央和市委关于加强调查研究提高调查研究实效有关要求的实施细则》,推动全区大兴调查研究之风。围绕棚户区改造、创文创卫等内容开展专题调研,为区委领导决策提供参考。题为《天津市红桥区着眼创新基层治理破解百年住房难题的探索与实践》的调研报告得到市委领导批示。

(王 尧)

【文稿撰写】 2018年,区委研究室着力在改文风、接地气、增实效、提质量上下功夫,起草和审修各类重要文稿50余篇40余万字,包括区委主要领导在市委十一届五次全会、市十七届人大二次会议上的发言材料,以及在区委十一届八次、九次、十次、十一次全会,传达贯彻市委、市政府现场办公会精神动员部署会、市纪委督查扫黑除恶专项斗争会、迎接市环保督察动员部署会、市委巡视三组专项巡视红桥区情况反馈会上的讲话提纲等材料。

(王 尧)

【服务决策】 2018年,区委研究室积极发挥参谋决策作用,起草完成区委交办的各类重要文件材料30余篇20余万字,包括2018年红桥区经济社会发展情况、区委常委会2018年下半年工作要点、区委常委会2019年工作要点、中共十八大以来红桥区委落实管党治党主体责任情况、《中共红桥区委关于建立区政府向区人大常委会报告国有资产管理情况制度的实施意见》等各类文件。

(王 尧)

【全面深化改革】 2018年,区委研究室制定《红桥区2018年全面深化改革工作要点》《红桥区2018年全面深化改革重点任务台账》《中共红桥区委全面深化改革领导小组工作规则》《红桥区全面深化改革专项小组工作规则》等文件。围绕6项改革任务,开展2018年度全面深化改革督察工作,听取和查看部分承担改革任务部门的专题汇报和档案资料。整理市级全面深化改革绩效考评工作卷,制定《2018年度红桥区绩效考评体系(全面深化改革)》,做好改革绩效考核工作。

(王 尧)

【全面从严治党主体责任落实】 2018年,区委研究室做好区委履行全面从严治党主体责任办公室相关工作,推动全区各级党组织履行主体责任,用好监管平台,及时跟进、动态掌握履责情况。对全区27个部门和单位主体责任落实情况进行督导检查,形成《关于2018年落实全面从严治党主体责任重点督查的通报》并印发全区。牵头做好2018年市委关于开展对各区和市级部门落实全面从严治党主体责任检查考核的迎检工作,组织制定《中共红桥区委关于市委落实全面从严治党主体责任检查考核组反馈意见整改任务分解和责任分工》,并组织推动落实。

(王 尧)

组织建设

【概况】 2018年，中共红桥区委组织部(以下简称区委组织部)突出政治建设统领，着力用习近平新时代中国特色社会主义思想武装党员干部头脑，坚持把习近平新时代中国特色社会主义思想和中共十九大精神学习培训作为党员干部的首课、必修课，抓好“两学一做”学习教育常态化制度化，深入开展“维护核心、铸就忠诚、担当作为、抓实支部”主题教育实践活动，全面贯彻新时期好干部标准，扎实推进素质培养、知事识人、选拔任用、从严管理、正向激励“五大体系”建设，加强干部管理监督，树立注重基层、注重实践的选人用人导向，深化人才体制机制改革，实施青年英才培养工程。

(刘久昕)

【思想建设】 2018年，区委组织部突出政治建设统领，着力用习近平新时代中国特色社会主义思想武装党员干部头脑。坚持把习近平新时代中国特色社会主义思想和中共十九大精神学习培训作为党员干部的首课、必修课，坚持集中轮训与经常性教育相结合，扎实推动大学习、大教育、大培训、大普及。把加强领导班子政治建设贯彻始终，切实抓好新形势下党内政治生活若干准则贯彻执行，推动民主集中制、县以上党和国家机关党员领导干部民主生活会实施细则贯彻落实。坚持政治生活、政治生态、政治文化一体建设、一体培育，紧盯“人事因制”，持续深化圈子文化、好人主义专项整治，坚决肃清黄兴国、张泉芬、赵建国恶劣影响，培厚良好政治生态土壤。对照市委巡视三组对红桥区不作为不担当专项巡视反馈意见，组织开展民主集中制专项检查，召开巡视整改专题民主生活会。成立专门督导组，对全区处级领导班子党内政治生活状况、民主集中制等制度落实情况进行专项督查，对执行不力、存在问题的单位进行一对一反馈，并责令整改。印发《在推进“两学一做”学习教育常态化制度化中进一步深化“维护核心、铸就忠诚、担当作为、抓实支部”主题教育实践活动重点任务清单》，将主题教育实践活动细化为7项重点任务。坚持以学促做、抓实支部，以习近平总书记重要讲话、党章党规为主要内容，抓好处级干部专题培训班，分领域开展领导干部、基层党组织书记、党员和党务骨干集中轮训。全年举办处级干部进修班、基层党组织书记示范班、首期“青马工程”培训班等重点班次33个，指导基层党委举办各类培训班192个，培训党员17481人次。举办“纪念建党97周年暨城市基层党建工作推进会”，选树98名优秀党员、30名优秀党支部书记和20个先进党支部等一批先进典型。

2018年11月20日，红桥区“青马工程”学员赴延安开展党性实践锻炼(区委组织部提供)

(刘久昕)

【干部队伍建设】 2018年，区委组织部全面贯彻新时期好干部标准，扎实推进素质培养、知事识人、选拔任用、从严管理、正向激励“五大体系”建设，印发《红桥区充分调动干部积极性激励担当作为创新竞进的实施办法(试行)》《2019—2023年红桥区优秀年轻干部培养选拔行动计划》。优化干部成长路径，选派25名处科级干部到市委巡视组、区委巡察组协助工作，抽调74名处科级干部到棚户区改造工程接受历练，选派12名处科级干部赴北京、西安、广州、上海4个对外招商部实践锻炼。加强干部管理监督,对20名漏报、少报、瞒报个人有关事项的领导干部给予批评教育,10人给予诫勉的组织处理。加大年轻干部队伍调研力度,按照不同培养层次,设置不同类别,摸清年轻干部底数,建立优秀年轻干部信息库。深化年轻干部培养选拔,加强政治历练,落实优秀年轻干部“五个一批”培养锻炼措施,统筹做好年轻处级领导干部到街道办事处领导班子任职选派接收工作,先后接收1名正处级、选派2名副处级优秀年轻干部到街道办事处任职。拓宽选人用人渠道,加大机关、街道办事处干部交流轮岗力度,从机关、街道办事处选派15名优秀年轻干部到社区担任党组织书记,拿出街道系统11个正科级领导职位,面向全区党政机关(含参公单位)开展竞争性选拔,拿出4个正科级领导职位,面向全区择优比选优秀正科级干部交流任职。树立注重基层、注重实践的选人用人导向,大力选拔具有基层工作经历、在基层经过扎实历练的优秀干部,全年有20名在棚户区改造、街道办事处一线、城市管理等岗位上表现优秀的干部得到提拔重用,占提拔总数的43%。逐步形成在基层一线培养选拔干部、推进干部交流的良性用人机制。做好区管干部学历学位材料真实性比对排查专项工作。认真落实《加强全区组工干部队伍建设的意见》,加大轮岗交流、挂职锻炼力度,深化岗位练兵活动,开办组工业务讲堂。印发《2018—2020年全区组工干部轮训计划》,分类分级抓好组工干部全员培训,强化组工干部执行力建设和专业化能力建设。

(刘久昕)

2018年1月,红桥区领导干部报告个人有关事项集中填报工作部署培训会召开(区委组织部提供)

【基层党组织建设】 2018年,区委组织部抓好“两学一做”学习教育常态化制度化,深入开展“维护核心、铸就忠诚、担当作为、抓实支部”主题教育实践活动,深入实施基层党组织组织力提升工程,持续用力夯实基层基础。印发《中共天津市红桥区委关于全面加强城市基层党建工作的实施意见》,构建区委城市基层党建“1+4”(《中共天津市红桥区委关于全面加强城市基层党建工作的实施意见》以及《中共天津市红桥区社区委员会工作规则(试行)》《天津市红桥区社区工作者管理实施办法(试行)》《关于加强基层党组织对社区治理领导的实施意见》《关于建立社区各类组织负责人向党组织述职制度的通知》4个配套文件)制度体系,全面提升基层组织政治功能和组织力。在全市率先完成社区组织换届工作和换届后轮训工作,印发《红桥区社区工作者管理实施办法(试行)》,122个社区居委会全部实现党组织书记和居委会主任“一肩挑”,“两委”班子交叉任职率80%以上,其他社区组织党员委员(执委)比例占50%以上。严格党员发展和教育管理,全年发展党员156名。推进各级党组织书记抓基层党建述职评议考核,坚持基层党建工作巡查制度。从严整治区属国企党建工作弱化、虚化、淡化、边缘化问题,推动市委部署的8个方面29项重点任务落地落实。建立健全“两新”组织工委议事规则、工作制度等制度机制,推进全市“两新”组织党建“三个专项行动”,统筹推动堡垒型、服务型、文化型“两新”组织党组织建设,卓朗科技发展有限公司党委被评选为首批市级“两新”组织党建工作示范点。加快组织工作信息化步伐,建立“社区微实事工作室”,搭建“党建+民生”信息化服务平台,对9670户建档立卡困难家庭实行兜底包保,全年提供帮扶服务22674人次。

2018 年 7 月 4 日，红桥区社区群团组织换届选举工作培训会召开（区委组织部提供）

（刘久昕）

【人才工作】 2018 年，区委组织部深化人才体制机制改革，印发《红桥区关于实施“子牙计划”加快创新创业发展的意见》，实施青年英才培养工程，举办红桥区“子牙杯”创新创业大赛。邀请 60 余家驻区央企、国企、大型龙头企业，举办红桥区 2018 年人才招聘会，引进“双一流”院校博硕士人才 60 余人。联合河北工业大学举办京津冀计算机学科群第一届研究生学术会议暨院长高峰论坛和人才招聘会。做好东西部扶贫协作人才智力帮扶工作，举办 2 期东西部扶贫协调提升发展能力培训班，培训党政干部、脱贫致富带头人 118 人。组织 3 批“专家博士服务团”，赴甘肃省碌曲县、合水县开展帮扶工作。开展“弘扬爱国奋斗精神、建功立业新时代”活动，印发《红桥区关于建立区委联系专家制度的工作方案》，集中开展区委联系专家走访慰问活动，加大在人才中发展党员和人才培训力度。

（刘久昕）

宣传工作

【概况】 2018 年，中共红桥区委宣传部（以下简称区委宣传部）引领全区宣传思想战线深入学习贯彻习近平新时代中国特色社会主义思想和中共十九大精神，把统一思想、凝聚力量作为中心环节，着力推动理论武装、意识形态、舆论引导、精神文明建设等工作深入开展。严格落实意识形态工作责任制，研判意识形态领域形势；深入推进现代公共文化服务体系建设，推动天津市文明城区创建，成立全区创文创卫领导小组，为打造绿色城区、建设美丽红桥提供坚强思想保证和强大精神力量。

（王海滨）

【理论武装】 2018 年，区委宣传部采取学习交流、专题讲座等形式，以学习《习近平谈治国理政》和中共十九大精神、以人民为中心发展思想、全面从严治党等为专题，开展区处两级中心组学习 15 次。在全区开展“习近平新时代中国特色社会主义思想在津沽大地扎实实践”理论征文活动。在全区各中心组开展评学述学，形成比学赶超的学习氛围。开展思想政治工作研究，27 篇研究成果获得区级表彰。组织开展《习近平谈治国理政》《习近平新时代中国特色社会主义思想三十讲》《2018 年天津市党员学习读本》等学习使用工作。组织《习近平谈治国理政》学习竞赛答题，5 万余人次通过网上网下双渠道参与。开展“党课下基层”活动，解答党员干部群众在学习实践党的创新理论中遇到的疑难困惑。依托北方网·红桥在线和美丽红桥微信公众号开设党员干部学习微课堂，上传各类课程，为党员干部搭建学习平台。开展宪法学习宣传，为全区近 20 万户普通家庭和全区所有机关党员干部配发宪法宣传册；联合区司法局举办“宪法在身边”红桥区宪法知识竞赛和“弘扬宪法精神 建设美丽红桥”红桥区“12·4”国家宪法日文艺展演。开展人工智能知识教育普及活动，举办全区人工智能知识教育普及集中宣讲。开展习近平新时代中国特色社会主义思想传习所（站）试点建设,印发《红桥区建设习近平新时代中国特色社会主义思想传习所(站)的实施方案》。开展爱国主义教育基地和红色革命资源集中排查,召开红桥区爱国主义教育工作座谈会。常态长效开展基层理论宣讲,制发《2018年全区理论宣讲要点》,广泛开展习近平新时代中国特色社会主义思想宣讲。召开2018年基层宣讲工作推动会,全年组织以宪法学习、中美贸易摩擦、改革开放等为主题的4场宣讲员骨干培训会。组织"我的人生故事——老劳模李希元宣讲劳模精神"直播活动。开展红桥区2018年优秀宣讲课视频征集评选活动。红桥区基层宣讲团荣获天津市优秀基层理论宣讲先进集体,1人获得优秀基层理论宣讲先进个人。开展全区基层宣讲工作调研,《红桥区基层宣讲工作调研报告》获得全市宣传思想文化战线大调研工作优秀调研成果三等奖。

(王海滨)

【主题宣传】 2018年,区委宣传部印发《红桥区宣传文化系统庆祝改革开放40周年活动方案》,加强理论学习研究阐释,营造浓厚舆论氛围,组织群众性文化庆祝活动,广泛开展社会动员,组织新媒体宣传,充分展示改革开放40年伟大成就。开展"新时代新气象新作为"主题基层宣讲,组织区属媒体各平台开设"改革开放40年"主题专栏。开展"勇担大任 争做新人——我的幸福奋斗故事"主题宣传教育活动,组织开展各类故事讲述活动15场,红桥区房产总公司副总经理吕志刚被推荐为全市棚改干部代表,参加全市"奋斗·时代新人说"讲述活动。举办"致敬四十载奋进新时代"红桥区庆祝改革开放40周年文艺演出,新华社现场云等直播平台实时网络直播,累计22万人次收看演出。联合文化、体育等部门举行全区庆祝改革开放40周年暨第八届全民健身运动会广场舞比赛;组织"迎国庆、庆祝改革开放40周年"书法笔会;举办"庆祝改革开放40周年暨迎国庆"优秀书画作品展;联合区档案局举办"纪念改革开放40周年"图片展。组织全区各街道、社区广泛利用主题文艺演出、联欢会、宣讲会等形式,庆祝改革开放40周年。

(王海滨)

【舆论引导】 2018年,区委宣传部聚焦经济社会发展、民计民生、全面从严治党等全区重点工作,统筹网上网下、传统媒体和新兴媒体,策划推出"创文创卫进行时""改革开放40年看红桥""民心工程大家谈""扫黑除恶专项斗争""棚改一线党旗红"等专栏,报道全区各单位和党员干部贯彻落实中央和市、区委各项决策部署的方法举措和经验成效。《天津日报》美丽红桥周刊全年刊发49期,采编全区各类新闻报道360余篇,红桥有线电视中心制作播出《红桥新闻》312期,"美丽红桥"官方微信发布263期。借力中央和市级媒体平台,精选新闻报道主题,深入挖掘全区工作特色亮点,在《人民日报》《天津日报》、天津电视台等媒体组织推出《百年棚户变身记》《最后的渔村》等宣传报道,讲好红桥故事、传播红桥好声音,展示红桥形象,提升地区影响力和美誉度。结合受众特点和媒体传播规律,用好头条号、企鹅号、津云"云上红桥",开通"美丽红桥"和"网信红桥"一点号、网易号、大风号等新媒体平台,组织"红微矩阵"联合传播,在移动端集体发声,做大做强红桥"微宣传"。

(王海滨)

【精神文明建设】 2018年,区委宣传部以文明城区、文明单位、文明社区、文明校园、文明家庭等创建活动为载体,深入开展社会主义核心价值观进机关促服务、进社区促和谐、进家庭促幸福、进校园促成长、进企业促发展为主题的"五进活动"。加强社会主义核心价值观公益广告氛围营造,以春节、元宵节、清明节、端午节、七夕节、中秋节、重阳节等中华民族传统节日为重点,开展"我们的节日"活动,组织各类群众性文化活动。广泛开展志愿服务活动和身边好人评选活动。全区志愿服务团队435个,注册志愿者74000余人。结合"3·5"学雷锋日,启动全区"建功新时代 创建文明城 志愿我先行"志愿服务活动,面向社会集中发布128项重点志愿服务项目。开展社区环境清整、文明交通、文明祭扫、文明旅游等主题志愿服务活动2000场次,参与志愿者3万余人次。启动第四届“红桥好人”评选表彰活动,广泛征集身边好人好事,全区39人当选“天津好人”。建设桃花堤公园“红桥好人”主题公园,在社区、学校持续建设“善行义举榜”,开展好人走访慰问,营造礼遇好人、关爱先进,见贤思齐、崇德向善的良好氛围。加强未成年人思想道德教育,提升区未成年人心理健康辅导站载体功能,新建10个社区“五爱”教育阵地和17个“快乐营地”,实现社区未成年人活动阵地全覆盖。在中小学广泛开展“扣好人生第一粒扣子”、学习宣传“新时代好少年”先进典型、征集童谣作品等系列主题活动,教育引导广大未成年人努力成长为担当民族复兴大任的时代新人。启动“最美小小宣传员 助力双创小帮手”活动,动员全体师生利用各种形式开展主题宣传,助力中心工作。举办“我为红桥代言 童心共筑文明城”少儿才艺大赛,开展“创文创卫我参与 社区清整更美丽”志愿服务等活动,3000余名青少年参与。推动天津市文明城区创建,成立全区创文创卫领导小组,抽调32名干部集体办公,实现创文创卫常态化、实体化运行。常态化召开调度会,对21个重点部门、单位轮番调度、交办任务、督促进度。建立督查验收机制,对创文各项工作一督到底,以验收倒逼推动工作。建立完善工作包保机制,17名区级领导全程包保,一包到底,机关、企事业单位与122个社区结对包保创文工作。组织开展占路市场清撤、市容环境和社区环境清整、交通秩序整治、校园周边环境治理等多个专项攻坚行动,提升社区环境,增强居民群众满意度。加强宣传引导,拍摄创文宣传片,制作宣传折页、告知信,建立热线监督电话,提升居民知晓率和参与热情,形成万众一心、人人参与的深厚氛围。

(王海滨)

【文化建设】 2018年,区委宣传部深入推进现代公共文化服务体系建设。首批创建申报7个达标街道综合文化服务中心、49个社区综合文化服务中心。在全区创建8个街道图书馆分馆和27个图书馆社区基层服务点,分馆实现通借通还。为全区118个社区配备文化管理员,组织社区文化管理员培训,开展社区文艺骨干培训10场。区公共文化志愿服务小分队到部队、社区、养老机构等地开展下基层慰问演出236场。图书馆、少儿图书馆累计到馆量49.89万人次,借阅图书20余万册次,为学校分馆、消防部队等单位送书、报刊13000余册。少儿剧场、成长课堂、亲子乐园等累计开展活动70场。开展“书香红桥 全民读书月”活动,组织各类公益性讲座31场、图书培训与基层辅导11次。组织开展首届全区群众文艺创作表演大赛。区文化馆原创作品《我的国》《烟殇》在全国第十八届“群星奖”天津赛区选拔赛中获得金奖。举办第十六届社区文体艺术节,开展群众性文化体育活动近百场。举办第九届天津相声节。开展迎春送福大拜年、高雅艺术进校园活动,以文艺形式为师生送去新春祝福。建立和更新全区文化企业名录库,做好规模以上文化企业认定工作,不断夯实文化产业发展基础工作。建立年度区级文化产业项目库,申报市级重点文化项目2个。用好文化发展专项资金,积极组织企业申报市级文化发展专项资金。组织益德成申报参展深圳文博会,组织艺点意创参展“京津冀第六届文创产业合作暨项目推介会”。

(王海滨)

【意识形态工作】 2018年,区委宣传部严格落实意识形态工作责任制,在全区开展意识形态责任制落实情况自查,明确重点,查缺补漏。将意识形态工作纳入巡察范围,对20个单位开展巡察,对2个单位进行巡察回头看。召开4次意识形态工作分析研判会,听取意识形态工作情况、研判意识形态领域形势,把握风险隐患。制发舆情通报11期,指导相关单位做好防控应对,防止个别问题演变成意识形态问题。把意识形态工作纳入区委党校教学内容,引导党员干部把握意识形态工作是什么、干什么、怎么干,增强自觉做好意识形态工作的责任感和自觉性。加强社科阵地管理,健全完善思想文化类报告会、研讨会、论坛、讲座管理制度,开展报告会、研讨会、论坛、讲座摸排,掌握情况、规范流程、加强管理,确保社科阵地管理始终坚持正确政治方向。加强文化阵地管理,召开红桥区2018年"扫黄打非"工作部署会议,加强对涉政类非法出版物查处力度,检查企业160家,取缔2家摊点,收缴各类非法出版物650余册。加强网上阵地管理,全年举报各类违法和不良信息18786条,其中政治有害类信息14344条,对区内1465家网站开展监管摸排和泛娱乐化不良信息集中整治,整改32家,注销23家,对200个重点网站进行监控预警。约谈网络媒体信息发布问题单位(个人)49次,关停网站3个,移送线索落地查人1个,维护网上意识形态安全。把开展媒体舆论监督工作作为引导社会情绪的重要突破口,高度重视、专人负责,定期召开联席会议,通报交流各类舆情新闻线索。在红桥有线电视台开设"监督台"专栏,播发群众关心关注的热点问题48期,"美丽红桥"官方微信进行同步推送,发出整改通知单,督促问题解决,所有问题全部整改到位。

(王海滨)

【宣传思想工作队伍建设】 2018年,区委宣传部把讲政治作为宣传思想干部队伍建设第一位要求,逐级分层开展习近平新时代中国特色社会主义思想的学习教育培训。在全区宣传思想干部队伍中深入开展"两个直奔"和"走转改"等活动,推动不作为不担当专项治理和形式主义、官僚主义集中整治深入开展。组织全区宣传系统党员干部深入学习全国和全市宣传思想工作会议精神和习近平新闻思想讲义,全年开展基层宣讲员、网信干部、志愿者、创文干部等业务培训13次。

(王海滨)

统一战线

【概况】 2018年,中共天津市红桥区委统一战线工作部(以下简称区委统战部)完善工作机制,创新工作招法,加强调研指导,为统战工作在新时代发挥重要作用奠定坚实基础。进一步加强基层统战工作力量,全区形成党委统一领导、统战部门牵头协调、有关单位各负其责的大统战工作格局。传承民族宗教品牌,促进民族团结、社会和谐、宗教和顺。培养和推荐党外代表人士,充实区党外知识分子联谊活动组、区新的社会阶层人士联谊会队伍力量。积极开展"双万双服促发展"和招商引资工作,为非公经济人士做政策解读。加大为驻区台资企业服务力度,助推台企做大做强。

(陶　诚)

【党外代表人士工作】 2018年,区委统战部在全区政府部门、司法、人大、政协机关和有关人民团体中进行党外干部摸底调研,充分了解各单位党外干部教育培养、选拔使用、管理监督各环节执行情况,结合党外干部所在单位党组织推荐情况充实党外代表人士后备人才库。把党外干部工作纳入全区干部教育培养工作计划,严格执行"六个共同"工作机制(共同制定规划、共同物色选拔、共同培养教育、共同考察人选、共同讨论研究、共同督促检查),定期与区委组织部进行党外干部培养工作会商。全年安排7名党外处级干部平职交流,提任党外副处级领导干部2名、正处级调研员2名。实现区人大、区政府、区政协、区人民法院、区人民检察院领导班子中党外干部配备,以及区政府安排党外干部的工作部门覆盖1/3以上(正处级实职2名)的合理配备。加强民主党派区级组织专职干部(公招3人、调入1

人)配备,为党外代表人士队伍建设提供组织保证。认定6名党外知识分子为无党派人士纳入培养范围之内。全年组织召开党外知识分子、新的社会阶层人士为主体的活动10次。创建新的社会阶层人士统战工作实践创新示范基地7个,推荐3名党外知识分子当选市知联会会员,1人担任理事;6名新的社会阶层代表人士当选市新联会第一届会员,1人担任理事。做好区十四届政协部分委员的届中调整工作。

(战以德 尤小帅)

【宣传教育】 2018年,区委统战部将统战宣传工作纳入绩效考评工作,制定统战工作信息宣传工作制度,加强统战系统宣传干部队伍培训,培养造就一支懂统战、懂宣传、懂网络的统一战线新闻舆论工作队伍。注重媒体融合发展,以"红桥统战""美丽红桥"等新媒体为平台,着力提升统战工作传播力,增强宣传工作针对性;以"党派之家""区新的社会阶层人士之家""区党外知识分子之家"等微信群,传播统战理论政策知识,形成宣传矩阵。

(冯福东)

【民主党派工作】 2018年,区委统战部扎实开展"两学一做"学习教育,以"红桥统战大讲堂"为载体,以中共十九大报告、《中国共产党统一战线工作条例(试行)》、全国两会精神等为主题举办宣讲5次。制定《中共红桥区委统战部纪念中共中央五一口号发布70周年实施方案》《红桥区统战系统纪念改革开放40周年活动方案》,举办纪念"五一口号"发布70周年统一战线知识竞赛,组队参加天津市统一战线知识竞赛,荣获大赛三等奖、优秀组织奖、统战知识传播形象大使3个奖项。创建"学习先进添动力 引才聚智促发展"系列实践活动平台。先后到西柏坡、广州、深圳、北京、滨海新区、蓟州区等地学习参访,开展爱国主义教育、学习发展经验和成功案例、对口支援地区精准扶贫、传承红色基因等活动。各民主党派围绕区中心工作参政议政、建言献策,提交提案、议案186件;召开协商会议5次。撰写调研报告33篇,其中《关于破解棚改难题加快推进市区三年棚改清零行动计划的研究》《关于加强京津冀地区水资源协同保护与利用的建议》在市委统战部《海河同舟》刊登,《我国对流层臭氧污染现状及对策研究》由民盟市委会报全国政协和中央统战部采用。建立"双百"帮扶机制,暨百名党外人士与区内百名家庭贫困的品学兼优学生结成帮扶对子。邀请北大后EMBA商业领袖班考察团到区开展"走进红桥 考察营商环境"主题活动。

(赵 凯)

【民族宗教】 2018年,区委统战部举办第25届民族团结月活动,慰问少数民族困难群众、走访宗教场所、与宗教团体进行座谈,区级领导与少数民族信教群众共度少数民族节日。创建少数民族学生教育基地——文昌宫民族小学"民族博览园"。开展"六进"工作,区民族中学、第五中学和文昌宫民族小学创建市级民族团结进步示范学校。推动宗教场所"四进"工作圆满完成。在全区中小学开展"向国旗敬礼"活动;在民族中学开展"党旗在我心中,国旗在我心中"主题教育活动;文昌宫民族小学开展"民族之花绽放校园"活动;在第五中学开展"民族团结一家亲,其乐融融庆元宵"活动。扶持非物质文化遗产项目——回族重刀武术队代表天津市参加全国第十届少数民族传统体育运动会,取得金牌。加大培训力度,举办新修订《宗教事务条例》培训讲座,开展法律进团体、法律进场所、宗教政策法规知识答题等活动。

(赵 凯)

【对台交流】 2018年,区委台办、区政府台办持续推进海峡两岸各领域交流合作,接待台湾桃园市、台湾新竹县等4个团组70余名台湾同胞到芥园街道河滨花苑社区、惠灵顿国际学校、区

"十三五"规划展览馆、正融科技大厦招商中心等地参访交流;芥园街道河滨花苑社区与台湾新竹县竹东镇大同社区签订《加强两地社区交流合作协议书》。举办首届天津市2018"津台两地"剑道邀请赛,全国各地剑道爱好者齐聚一堂。积极对接市委台办推进中央"31条措施"贯彻落实课题组调研工作,举办调研座谈会。以"双万双服促发展"为契机,加大为驻区台资企业服务力度,区领导5次带队到台资项目走访调研,对台企提出的问题及时协调解决,建立便捷渠道,助推台企做大做强。

(高　健)

保密工作

【概况】 2018年,天津市红桥区国家保密局(以下简称区保密局)坚持总体国家安全观,以新思想新理念新举措引领保密工作新发展,着力解决保密管理源头性、根本性问题,开展保密自查自评、政府信息公开保密审查工作,强化涉密人员管理,开展保密法治宣传教育,切实提升干部、群众的保密意识、责任意识、担当意识。

(张　洋　贺　邦)

【保密专项检查】 2018年,区保密局向全区各部门各单位印发《保密自查自评通知》,开展保密自查自评工作。6月下旬,围绕保密自查自评、定密管理等内容召开"红桥区保密工作业务培训会",会上对工作中重点、难点问题进行逐一讲解。开展政府信息公开保密审查,制定方案要求各单位以"依法定密"和"信息公开发布保密审查"为重点对本单位政府信息公开审批手续、

2018年6月,区保密局到区考试中心开展中高考前期检查(贺邦　摄)

制度进行自查自纠,要求明确专人管理和领导审批,坚决做到"涉密信息不公开,公开信息不涉密"。高、中考前期对区考试中心及各考点保密管理情况进行实地检查,听取相关责任人保密管理情况汇报,查看监控视频、安全防护、警力配备以及周边环境等情况,确保从人防、技防、物防上做到万无一失。

(张　洋　贺　邦)

【保密管理】 2018年,区保密局严格界定涉密岗位,明确涉密人员资格条件,严格执行涉密人员保密承诺制度,组织各级领导干部签订《保密工作责任追究制责任书》,涉密人员签订《保密承诺书》,完善上岗、在岗、离岗手续。明确涉密人员应遵守的保密规章制度和应承担的法律责任,形成保密承诺长效管理机制。加强计算机网络管理,以计算机网络管理为检查重点,重新核查全区各单位计算机和移动存储介质登记台账,严格管理涉密计算机,规范管理使用打印机、复印机、传真机等办公自动化设备,杜绝移动存储介质交叉混用情况。与市保密局销毁中心对接,组织全区保密销毁工作,全年销毁纸质载体8100公斤、硬盘61个、U盘4个、各类电脑8台、打印机5台、光盘46张。

(张　洋　贺　邦)

【保密宣传教育】 2018年,区保密局组织全区70个单位、部门开展以"党管保密、依法治密、科技强密"为主题的保密宣传活动,以征订保密宣

传教育材料、开展保密法治知识竞赛、保密主题演讲比赛、观看保密宣传动画为载体,通过北方网、区有线台、电子 LED 滚动屏幕、宣传展牌等多种形式在全区范围内广泛宣传,提升干部、群众的保密意识、责任意识、担当意识。

(张 洋 贺 邦)

机构编制管理

【概况】 2018 年,红桥区机构编制委员会办公室(以下简称区编办)创新机构编制管理,统筹配置机构编制资源,明确机构改革重点,平稳有序推进,深化经营类事业单位改革,加强机关自身建设,为区域经济社会发展提供机构编制保障。

(韩海寰)

【党政机构改革】 2018 年 3 月中旬,区编办向区编委汇报中共十九届三中全会改革精神;6 月 19 日,区编办向区委书记李清汇报改革筹备情况;6 月 22 日,迎接市编办调研组专题座谈。区编办通过上门走访、座谈会、书面征询 3 种方式对全区 62 个部门进行摸底,了解机构编制运行情况,做到底数清、情况明。全面评估各部门工作任务与编制职数匹配情况,积极争取市编办指导帮助,加强市内六区信息沟通,提前谋划改革任务。严格落实机构改革各项纪律,严格把控机构编制审批事项。加强改革任务分析研判,围绕退役军人、市政、市容园林、信息化等难点,研究解决方案,确保改革有的放矢。

(韩海寰)

【事业单位改革】 2018 年,区编办会同区委组织部、区财政局、区人力社保局、区国资委、区房管局组建经营类事业单位改革工作小组,负责指导、统筹和协调改革工作。各事业单位主管部门承担改革主体责任,审核改革方案,协调解决人、财、物等重大问题。对 6 家经营类事业单位运行情况梳理汇总,冻结机构编制事项调整,人员只出不进。8 月下旬,到 6 家事业单位了解改革进展情况,研究难点问题,共商对策。9 月 27 日,召开经营类事业单位改革协调推动会,改革领导小组成员出席会议,细化工作任务,做好工作衔接,各部门拟定方案后及时按程序报批。11 月 8 日,红桥区经营类事业单位机构撤销工作完成批复。

(韩海寰)

【机构编制统筹配置】 2018 年,区编办完成区监委组建工作,为 5 个派驻纪检组更名。完成街道党建改革,撤销经济发展科,取消招商引资、协税护税职责;成立党建办公室,加强各街党建工作力量,强化党建工作职能。完成环保体制改革,明确区环保局双重管理制度,在各街城管科加挂环境保护科牌子;区环境保护监测站更名为区环境监测中心,区环境监察支队更名为区环境行政执法支队。完成群团改革,做好区总工会、团区委、区妇联改革后续工作。完成区科协“三定”方案制定工作,明确挂职、兼职领导职数。保障民生领域机构编制,组建区第二十四幼儿园;整合人才中心和劳服中心机构编制,组建区公共就业(人才)服务中心;撤销区职教中心,分设红星职业中专和天津市红桥区职工大学,化解职称评定、经费划拨、办学等难题。

(韩海寰)

【机构编制管理】 2018 年,区编办做好权责清单动态管理,根据法律法规“立、改、废、释”情况,累计调整权责清单 1024 项,顺利通过国务院大督查。强化机构编制实名制管理,行政机关、事业单位全年完成人员编制、领导职数联审 480 批次。加强机构编制台账管理,编印编实对照表 12 期,编印内设机构核定手册 1 套,更新机构编制实名制数据库信息 1200 余条。开展机构编制监督检查,推动机构编制监督检查纳入离任审计、巡视巡察工作,提供资料 5 批次,案卷 72 本。以“三超两乱”(超职数配备干部、超机构规格提拔干部、超审批权限设置机构,擅自提高干部职级待遇、擅自设置职务)“条条干预”为监督重点,对全区行政机关、事业单位全面检查,发现问题 14 条,均移交区委组织部干部监督室。完成事业单位法人年检工作,对全区 161 个事业单位进行年检,法人年度报告按期在线公示,合格率 100%。完成统一社会信用代码变更事项 20 批次。

(韩海寰)

老干部工作

【概况】 2018 年,中共红桥区委老干部局(以下简称区委老干部局)认真落实老干部政治待遇、生活待遇,组织召开“学习中共十九大精神”辅导报告会,落实离休干部“三个机制”(离休费保障机制、医疗费保障机制和财政支持保障机制),丰富老干部晚年生活,组织离退休干部开展文化活动,举办红桥区第二期老干部工作培训班,加强老干部工作队伍建设。

(王　琦)

【老干部政治待遇】 2018 年,区委老干部局组织召开“学习中共十九大精神”辅导报告会和知识竞答活动,对年事高、行动不便的老同志采取送学上门,为老同志订阅《支部生活-天津老干部版》《中老年时报》等学习资料。邀请市、区委党校高级讲师和各大学专家学者为全区离退休干部做《宪法知识常识及对本次修宪重大意义的理解和把握》《深化国家机构改革,推进国家治理体系和治理能力现代化》《毫不动摇坚持党对一切工作的领导》《习近平的美好生活观》《做新时代正能量的传播者》主题辅导报告,组织召开学习宣传《中华人民共和国宪法》座谈会;组织离退休干部学习中共十九届三中全会精神,召开专题座谈会。加强离退休干部党支部建设,在 6 个街道社区成立离退休干部党支部;举办红桥区离退休干部党支部书记培训班;印发《红桥区离退休干部党支部季度政治理论学习安排》,为党支部书记订阅《党的十九大报告辅导读本》《习近平新时代中国特色社会主义思想三十讲》《习近平谈治国理政》等书刊;做好离退休干部党支部书记补贴发放工作。开展以“学习十九大精神、聚正能量合力、展新时代风采”为主题的“增添正能量 共筑中国梦”活动。开展“纪念改革开放 40 周年”和“习近平新时代中国特色社会主义思想在津沽大地扎实实践”主题征文活动,4 名老同志的文章被市局评选为优秀征文;推进和谐家庭创建工作,离休干部黄显亚家庭被评为全国“最美家庭”。

2018 年 4 月 24 日,区委老干部局邀请区委党校高级讲师杜彧韬做《中华人民共和国宪法》知识辅导报告(区委老干部局提供)

(王　琦)

【老干部生活待遇】 2018 年,区委老干部局认真落实离休干部“三个机制”,积极发挥“大病救助资金”作用。年初发放企业离休干部医疗备用金 19.8 万元;全年为离休干部解决医药费近 500

万元;为离休干部解决大额医药费支出50万元。发挥困难帮扶机制,为突发困难的离休干部支出帮扶资金21000元。做好改制和退出市场企业离休干部服务管理工作,按时为14位退出市场企业的离休干部发放防暑降温费9400元。收缴2018年度事业编和企业离退休干部活动经费18.84万元。加强异地安置离休干部服务管理,5月份对1名在北京居住离休干部进行走访慰问。完善“四就近”(就近学习、就近活动、就近得到关心照顾、就近发挥作用)服务措施,年初划拨经费70000余元,加强使用和监督管理。结合元旦、春节开展走访慰问活动,走访慰问老同志600余人次,发放慰问金近百万元。组织460位离退休干部进行健康查体。为20位90岁以上老同志祝寿,同时做好老同志生病住院走访慰问、去世吊唁、离退休干部免费骨灰存放等工作。落实已故离休干部无固定收入配偶供热费减免等各项服务照顾措施。做好老干部信访工作,及时协调解决问题,接待来电来访50余人次,确保“件件有回音,事事有着落”。

2018年7月26日,区委书记李清(左二)慰问退休干部姬俊英(区委老干部局提供)

(王　琦)

【老干部晚年生活】 2018年,区委老干部局注重提升老干部活动中心服务管理水平,聘请理发师为老同志提供理发服务。开办手机、台球等各类培训班,购置新器材,聘请专业教练提升老干部活动组队水平。以“学习贯彻十九大 同心共筑中国梦”为主题,组织离退休干部开展文化活动。与区总工会联合举办书画联谊活动,来自全区各界的40余名劳动模范、道德模范和红桥好人等先进典型代表与区内书画家及书画组的老同志联谊交流;“三八”妇女节前夕,组织离退休女干部集体观看爱国影片;举办老干部趣味运动会,百余位离退休干部参加活动;举办迎“七一”书画摄影展、“纪念改革开放40周年”优秀摄影作品展等活动,展出书画摄影作品百余幅,王永会、周陈熊、张金荣3位老干部作品获得市局优秀摄影作品奖;组织台球、沙弧球、乒乓球等小型比赛活动,并组队参加天津市离退休干部第六届台球赛,获得优秀奖。

2018年9月19日,区委老干部局举办天津市离退休干部第六届“红桥杯”中国象棋邀请赛(区委老干部局提供)

(王　琦)

【老干部工作队伍建设】 2018年,区委老干部局举办红桥区第二期老干部工作培训班。区委组织部部长宋淑华做开班动员,市委党校两位教

2018年5月31日,区委老干部局组织举办红桥区第二期老干部工作培训班(区委老干部局提供)

授作专题辅导报告，提升老干部工作人员素质和能力水平，为推动红桥区老干部工作提供保障。加强党风廉政建设，组织签订党风廉政建设目标责任书，各科室认真查找廉政风险点。坚决贯彻落实中央“八项规定”，制定落实方案，深入开展不作为不担当三年治理行动，抽调1名领导干部协助区巡察组工作；支持区重点工作，选派3名科级干部到棚改一线协助工作。

【信息宣传】 2018年，区委老干部局微信公众号发布信息200余条次，为老同志提供获取信息、沟通思想、交流互动的网络渠道。上报各类工作信息60余条，多项活动在《支部生活—天津老干部版》《中老年时报》、央广网、天津广播电台“枫叶正红”栏目、《红桥》月刊、“美丽红桥”微信公众号、手机报和红桥有线电视台等媒体报道，及时反映红桥区老干部工作动态，宣传老干部工作和老干部中的典型事迹，不断提升老干部工作影响力。

(王　琦)

档案与地方志

【概况】 2018年，红桥区档案局(馆)〔以下简称区档案局(馆)〕认真履行档案行政管理和保管利用双重职能，努力推进《关于贯彻落实〈关于加强和改进新形势下档案工作的意见〉的实施方案》《关于国家档案行政执法检查反馈意见的整改方案》贯彻落实，不断提高档案管理与服务水平，认真落实全面从严治党主体责任，积极做好区委巡察整改工作，圆满完成全年各项工作任务。

(王　琳)

【服务企业】 2018年，区档案局(馆)积极为企业提供服务，开展走访调研，了解企业管理现状及企业档案、资料管理工作中存在的问题和需求，制定帮扶方案，推出“免费培训、免费指导、免费提供档案工作技术规范标准”的“三免”服务，为企业建档和规范化管理提供技术支持，推动档案工作服务企业发展。

(王　琳)

【“双创”工作】 2018年，区档案局(馆)抽调精干力量组成区创文创卫领导小组办公室档案材料组，开展“双创”档案资料整理工作。先后组织召开4次档案资料相关培训，印发《关于加强创建国家卫生城区档案资料工作的通知》《关于加强区属部分企业单位 驻区单位创卫工作资料建档的通知》等文件，指导区67个机关单位整理完成3年的爱国卫生组织管理和健康教育基础工作资料，指导完成市容环境卫生、环境保护、重点场所卫生、食品与饮用水卫生4部分技术评估资料收集整理任务，协助区文明办完成2018年创文资料收集、汇总、提炼、编纂工作。

(王　琳)

【危陋房屋征收改造档案管理】 2018年，区档案局(馆)与西于庄危陋房屋征收总指办联合印发《关于进一步加强征收安置档案收集整理归档的通知》，针对西于庄危陋房屋征收档案收集、排序、编目等整理问题进行再次培训，对征收档案移交工作提出具体要求，进一步加强对征收档案的统一管理，确保棚改后期征收档案完整性、安全性，配合区房管局收集、整理照片档案、征迁档案等原始电子档案，为记录西于庄地区棚户区改造情况做出贡献。

(王　琳)

【档案法律法规宣传】 2018年，区档案局(馆)深入贯彻“七五”普法规划，推进“法律六进”活动开展。制订中心组学法安排和全体干部学法计划，将法治学习纳入领导班子、干部学习计划，不断提升法治意识，加强依法治档能力；组织机关单位档案人员法治业务培训班和档案法治教育进党校活动,结合档案业务培训普及档案法律法规知识;结合“两个直奔”活动到全区单位、街道、社区进行档案法规知识宣传和档案规范化管理业务培训;利用执法检查时机向受检单位领导发放《档案违法违纪行为处分规定》手册,向业务人员宣传档案法律法规,不断提高档案人员法治意识,营造学法、用法、守法的法治环境,促进全区档案事业健康发展。

2018 年 7 月 10 日,档案法制业务培训班和档案法制教育进党校课堂(区档案局提供)

(王　琳)

【档案业务监督指导】 2018 年,区档案局(馆)规范档案行政执法检查准备、执法检查过程、执法处置、执法检查文书制作等工作,对区人社局、区司法局、区残联、西沽街道办事处、区委办公室 5 个机关单位和 19 个社区居委会进行档案行政执法检查。组织人员积极参与“双随机”联合检查工作,对区属企业实施联合检查。

(王　琳)

2018 年,区档案局开展档案行政执法检查(区档案局提供)

【档案征集与档案接收】 2018 年,区档案局(馆)征集水西庄相关资料一批、《天津文献集成》一套,征集龚望弟子珍藏先师遗墨集一套、2018 年红桥区武术节乌鸡门武术纪念奖牌一枚,石楷忱、王振良等社会人士捐赠《天津卫老西北角的点点滴滴》手稿等书籍资料一批。对全区各区属单位 2010 年以前形成的永久、长期保存的文书档案、会计档案接收进馆。截至年底,完成接收 8 个单位和 5 个部门档案 518 盒 17214 件;财会报表档案 111 卷,卫计委业务档案 2166 件,死亡干部档案 123 卷,装订文件归档目录 136 本,将区信访办、区政府研究室、区法制办等 18 家单位的电子档案数据接收进馆,共计 22.8 万余页。

(王　琳)

【档案鉴定开放与档案利用接待】 2018 年,区档案局(馆)对馆藏满 30 年(1988 年前)的 47 个全宗 843 卷档案逐卷进行审核,确定其中可以向社会开放的 510 卷。全年区档案馆共接待单位档案利用 121 次,调阅纸质和电子档案 2243 卷,复印 806 张;接待电话咨询 2700 余人次,个人利用查询各类档案文件 2421 人次,调阅纸质及电子档案 24432 卷,免费提供复印 1700 余张。

(王　琳)

【档案安全体系建设】 2018 年,区档案局(馆)推进全区档案安全体系建设,印发《红桥区档案局关于开展“档案安全月”活动的通知》,转发市局文件,组织全区档案人员认真学习《国家档案局关于进一步筑牢安全防线确保档案安全的通知》。加大档案数字化加工的监督检查,完善监控体系,签订保密责任书,强化信息安全管理,加强对全区档案安全体系建设和档案数据安全工作的指导力度,完成全区各单位档案数据备份及电子档案接收等工作。

(王　琳)

【档案信息化】 2018年,区档案局(馆)深入开展全区档案信息化建设相关工作,制定全区档案信息化建设工作规划和建设方案。累计扫描馆藏档案462万页,扫描基层单位档案37家62.8万页。完成西于庄一期征迁档案全部数字化任务,共792盒6839件217449页,确保征迁户所有原始资料完整保存。到各单位指导电子档案管理软件使用,帮助区人力社保局、区商务委等单位挂接电子档案。

(王　琳)

【档案宣传与爱国主义教育】 2018年,区档案局(馆)开展以"档案见证改革开放"为主题的"6·9"国际档案日宣传活动,利用图片展宣传档案工作在红桥区各项建设中发挥的积极作用;开展"走进档案馆""改革开放40周年"档案征集、"档案见证改革开放"主题征文等系列活动。与全区各单位开展共建,充分利用馆藏、场地、设施以及人才等资源优势,接待机关单位、企业、社区等部门参观,为全区各单位开展爱国主义教育、党建活动提供便利。制作爱国主义教育基地宣传片,刻制成光盘向全区机关单位、社区、学校、企业发放,进一步扩大爱国主义教育基地宣传面和影响力。

2018年6月,区档案局(馆)开展以"档案见证改革开放"为主题的"6·9"国际档案日宣传活动(区档案局提供)

(王　琳)

【《红桥区志(1979-2010)》首发】 2018年,区档案局(馆)对志书照片、大事记、内文、图表、目录、索引、名单进行多次审核,聘请《天津石化报》执行主编为志书把好最后一道文字关,使错误率降到最低。7月志书开始印刷,区档案局(馆)召开区志首发式研讨会,决定以纪录片形式展现8年的编纂历程。编辑们挑选大量照片、视频资料,撰写口播稿,配合制作公司进行多次镜头拍摄,历时3个月,完成纪录片《艰辛为志 真诚传世》制作。10月12日,《红桥区志(1979-2010)》首发式成功举行,会上区档案局(馆)主要负责人汇报区志编纂情况,向为《红桥区志(1979-2010)》提供文稿、照片的5位专家学者颁发入藏证书,向天津市15个区的地方志办公室赠送《红桥区志(1979-2010)》,播放纪录片《艰辛为志 真诚传世》,系统回顾《红桥区志(1979-2010)》编修的8年光辉历程。史志专家学者,市、各区地志办领导和工作人员,区志编修委员会委员及各承修单位主要负责人和工作人员等300人参加会议。

2018年10月12日,《红桥区志(1979-2010)》首发式在区委礼堂举行(区档案局提供)

(王　琳)

【年鉴首次公开出版】 2018年3月,《红桥年鉴》编纂工作正式启动,于3月13日召开2018年鉴工作启动暨业务培训会,全区94个供稿单位参加会议。4月,召开年鉴篇目研讨会,对篇目进行调整,使篇目更加规范合理。指定专人负责年鉴稿收稿、催稿工作,建立交稿台账,完成内文稿件三次修改,采取终审、联审相结合方法对稿件进行审核、校对,提高工作效率。《红桥年鉴

(2018)》于 12 月印刷出版。贯彻落实京津冀协同发展国家战略，配合市地志办工作，编纂完成《天津市红桥区概况》15000 字，全面记述京津冀协同发展中的重大事件和新情况，包括区情概览、国民经济与社会发展情况、领导机构及领导名单等内容。

2018 年 3 月 13 日，区档案局召开《红桥年鉴(2018)》工作启动暨业务培训会(区档案局提供)

(王　琳)

【《红桥区地方志事业三年规划》编制】　2018 年，区档案局(馆)仔细研读《全国地方志发展纲要》《天津市地方志事业发展规划(2016－2020)》，结合红桥区区情和工作实际，于 5 月份初步完成《红桥区地方志事业三年规划》编制，报送市地志办规划处征求意见和建议，对《规划》反复修改，最终形成《红桥区地方志事业三年规划》草案，上报市地志办审核通过并以区政府办公室名义印发全区。

(王　琳)

区级机关党建

【概况】　2018 年，中共天津市红桥区委区级机关工作委员会(以下简称区委区级机关工委)以习近平新时代中国特色社会主义思想为指导，深入学习贯彻中共十九大精神，全面落实新时代党的建设总要求，切实加强机关政治建设、思想建设、组织建设、作风建设和纪律建设，把讲政治落实到机关党建各方面，增强机关党组织创造力凝聚力战斗力，提高机关党员干部整体素质。

(丁　倩)

【政治建设】　2018 年，区委区级机关工委牢固树立“四个意识”，坚决落实“两个维护”，将习近平总书记“三个着力”重要要求贯彻到机关党建工作中，以政治引领带动机关各项工作开展，提升机关党建质量和水平。严肃党内政治生活，狠抓“三会一课”等基本制度落实，2 次召开组织生活会，不断强化党的意识和党员意识。持续净化和修复政治生态，加强党规党纪学习培训，增强党员干部政治敏锐性和政治鉴别力，通过找准问题、细化措施，切实抓好中央巡视“回头看”和市委巡视反馈意见整改落实。

(丁　倩)

【思想建设】　2018 年，区委区级机关工委抓好支部书记集中学习轮训，举办加强机关党的建设专题培训班，将习近平新时代中国特色社会主义思想纳入主体课程，要求支部书记学在前作表

2018 年 11 月 12 日，区委区级机关工委、区委宣传部联合举办“区级机关大讲堂”，对机关党员干部开展以“深入学习贯彻习近平新时代中国特色社会主义思想、推进党的建设伟大工程”为主题的专题辅导讲座(区委区级机关工委提供)

率。举办区级机关大讲堂，开展书记讲党课，强化专题学习辅导，将学习不断引向深入，确保学习培训全覆盖。拓展教育培训途径，创新和丰富“主题党日”形式与内涵，运用互联网技术和信息化手段，及时推送理论知识热点和学习体会文章，开展党史知识测试，方便党员干部随时随地学习。

(丁 倩)

【组织建设】 2018年，区委区级机关工委完善组织设置、配强党组织班子，成立机关党委2个、临时党支部8个，21个党组织如期换届，充实机关纪工委委员1名，调整任命党组织书记8名，机关党组织书记由单位主要负责人担任率100%。探索建立机关党建工作“五卷十册”，对近5年党员教育培训规划实施情况进行总结评估，加强对基层党组织党费使用的指导，解决好不会用、不敢用问题。严格党员教育管理监督，定期组织开展党性分析，强化党性观念和党性锻炼，实现组织关系排查常态化。高质量做好党员发展工作，全年审批新党员7名，预备党员转正8名。

(丁 倩)

【作风建设】 2018年，区委区级机关工委深入开展“双万双服促发展”活动，积极联系对接企业区城投公司，联手企业党组织加强基层党建工作。践行以人民为中心的发展理念，持续深化“双联系双报到”活动，组织机关党员干部到社区认领岗位、发挥作用，积极参与创文创卫等民生改善攻坚战。走访慰问机关老党员、患重大疾病党员34人次，对100名社区困难党员实施精准帮扶。

(丁 倩)

【纪律建设】 2018年，区委区级机关工委制定机关党建考评细则，开展中期督查及“回头看”，先后2次召开机关党建推动会，抓好党组织负责人述职评议考核，切实履行管党治党政治责任。严格落实中央“八项规定”精神，深入开展不作为不担当问题专项治理和集中整治形式主义、官僚主义工作，切实解决机关党员干部中存在的标准不高、担当不足、纪律松弛等问题。强化监督执纪问责，坚持惩治与预防两手抓，正确运用监督执纪“四种形态”(第一种：党内关系要正常化，批评和自我批评要经常开展，让咬耳扯袖、红脸出汗成为常态；第二种：党纪轻处分和组织处理要成为大多数；第三种：对严重违纪的重处分、作出重大职务调整应当是少数；第四种：而严重违纪涉嫌违法立案审查的只能是极少数)。对34名党员廉洁自律情况进行说明，对1名党员提出党纪处分建议，停止8名党员党籍。

2018年11月16日，区委区级机关工委召开机关党建推动会(区委区级机关工委提供)

(丁 倩)

党校教育

【概况】 2018年，中共天津市红桥区委党校(以下简称区委党校)深入学习贯彻中共十九大精神和习近平新时代中国特色社会主义思想，坚持党校姓党，求真务实，创新发展，务好主业、讲好主课、尽好主责，为“打造绿色城区，建设美丽红桥”提供思想政治保证和人才保证。

(李丽莉)

【干部培训】 2018年,区委党校举办主体班次13个,培训学员685人,邀请市委党校26名教师为处级干部进修班授课,邀请部分区委常委登上党校讲台,为学员授课。到各单位、各部门开展培训宣讲80多讲,全面更新教学内容,把新内容纳入老专题,实行老课新讲。推出《发挥头雁作用 弘扬觉悟精神》《新宪法修正案的理解和把握》《不忘初心 牢记使命——学习中国共产党的光辉历程》《加快生态文明体制改革,建设美丽中国》《绘就蓝图展新篇——2018年全国两会精神分享》《认真学习十九大新党章,做新时代合格共产党员》《新监察法辅导》《新修订纪律处分条例的辅导与解读》《红船精神》《2018年全国两会精神分享》《和总书记学调研》《改革开放四十年历程及成就》等专题,成为各单位选课培训的重点内容。

2018年10月,红桥区第6期处级干部进修班开班仪式在区委党校举行(崔健 摄)

(李丽莉)

【教学管理】 2018年,区委党校坚持培训工作超前谋划、抓好重点环节,每期培训班开班之前制定详细的教学计划,印制学员手册,将教学计划、课程表、学分制、学员守则、学员名单都编订在学员手册里,规范培训形式。严格考勤制度,请假统一填写区委党校请假条,实行上下午签到制,为培训取得实效提供时间保证。注重发挥学员主动性和班委会的骨干带头作用,提高学员参与自觉性,引导学员自觉完成学习培训任务。科级班自设主题内容,利用课前半小时开展"我是党课主讲人"活动,为每名学员提供学习交流展示平台。

2018年10月26日,区委党校组织学员参观觉悟社,重温入党誓词 (崔健 摄)

(李丽莉)

【教研科研】 2018年,区委党校结合学习热点和重点,创办《理论快车》,开展"理论快车"送课下基层活动,下发两期《理论快车》,共10余个专题,全体教师会同区委宣传部拟订政治、经济、文化、社会民生、生态文明、从严治党六大专题,撰写专题宣讲稿,每个专题12000字,总计72000字。

2018年11月14日,区委党校教师到区建工委开展宣讲活动 (崔健 摄)

(李丽莉)

【党校干部队伍建设】 2018年,区委党校以警示教育为主题开展党日活动,组织开展"全面加强纪律建设 以严明纪律管党治党——新修订版《中国共产党纪律处分条例》解读"、《宪法知识常识及对本次修宪重大意义的理解和把握》、"深化国家监察体制改革 推进国家治理体系和治理能力现代化——《中华人民共和国监察法》解读"等专题辅导;参观"利剑高悬 警钟长鸣"警示教育主题展。制订《区委党校深入开展"直奔现场、直奔问题”活动方案》,以“六深入、两加强”(深入培训单位、深入培训班、深入学员、深入群众、深入课堂、深入一线,加强服务、加强回访)为抓手,认真贯彻落实红桥区党建工作会议精神。深入开展专项治理三年行动,认真排查梳理,找出薄弱环节。全体党员干部每人每岗自查自纠,发现问题,及时整改,进一步改进工作作风,强化责任担当。校领导班子研究和广泛征求干部意见,对相关制度进行调整、完善,形成《中共天津市红桥区委党校制度汇编》。

2018 年 4 月 27 日,区政协副主席杨宏丽为区委党校全体教职工上党课(崔健　摄)

(李丽莉)

党史研究

【概况】　2018 年,中共红桥区委党史研究室(以下简称区委党史研究室)全面贯彻中共十九大和十九届三中全会精神,围绕“以史鉴今、资政育人”的根本任务,抓好党史研究及成果转化,深化党史征编,加大宣讲员队伍培训力度,推进党史宣传教育工作,拓展宣传教育覆盖面。

(郝　瑞　崔丽妹)

【党史资料征编】　2018 年,区委党史研究室继续查阅区委、区政府主要部门和相关单位的文书档案、报纸杂志以及历史照片等资料,进行分类遴选,充实地方丛书《奋斗的历程(1997—2002年)》内容,将走访老同志征集的回忆文章进行修改整理,使红桥卷内容更加完整充实。围绕区域发展的不同重点、不同角度进行史料选取、编辑和记载,充实完成 2017 年大事记,为市委党史研究室编辑出版《中共天津工作(2017 年)》撰写相关稿件。开展“重温改革史,共建新红桥”文章图片征集活动,全面展示红桥区实施改革开放的光辉历程和辉煌成就。

(郝　瑞　崔丽妹)

【党史宣讲】　2018 年,区委党史研究室树立大党史观念,不断整合全区各方面资源,加强与区委组织部、区委宣传部、区委党校、区级机关工委、区教育局、区委老干部局、区委政法委等部门合作交流,努力构建“大党史”格局,凝聚推进党史工作创新发展的合力。加强党史宣讲员队伍建设,联合有关部门组织党史宣讲员队伍开展政治理论专题系列培训活动,不断推进社区党史宣讲工作。举办“以史为鉴,增强文化自信”“宪法知识”等多场理论讲座和“时代正能量”“美好生活观”培训讲座。开展党史教育进校园、进课堂活动,拓展活动内容,协调区教育局和区委党校,通过组织推荐和评选等方式,选取确定红桥区党史精讲示范课,为干部群众上党课、讲党史储备资源。组织开展红色革命文化主题宣讲,以《坚定文化自信——浅谈红桥的红色文化和革命文物》为题,为青年学生、入党积极分子和教职员工进行宣讲,百余人参加活动。

(郝　瑞　崔丽妹)

【专题宣传活动】　2018 年 1 月,区委党史研究室开通“红桥党史”微信公众号,全年编发内容 38 期、文章 180 余篇,利用北方网、党网联盟和手机党报等载体开展“党史上的今天”宣传活动。在《红桥》月刊党史宣传专栏上刊载“在天津战斗的共产党人”主题内容,重点介绍红桥区和天津市在新民主主义革命时期共产党人开展的革命活动。在社区建立党史宣传图书角,面向基层赠阅党史报纸杂志,为街道社区免费订阅《党史博览》和《党史信息报》,不断丰富党史宣讲员的宣讲资料,为宣讲活动提供理论指导,助力党史宣讲工作。

(郝　瑞　崔丽妹)

红桥区人民代表大会

红桥区第十七届人大常委会领导名单

（2018年）

主　　任：高树彬

副 主 任：方立民

陈淑芳（女）

郝凤新

张树起

张东明

重要会议

【区第十七届人民代表大会第三次会议】 2018年1月8-10日举行。听取和审议红桥区人民政府区长袁家健所作的《天津市红桥区人民政府工作报告》;审查红桥区2017年预算执行情况和2018年预算草案的报告,批准红桥区2018年预算;听取和审议红桥区人民代表大会常务委员会主任高树彬所作的《天津市红桥区人民代表大会常务委员会工作报告》;听取和审议红桥区人民法院院长刘莉所作的《天津市红桥区人民法院工作报告》;听取和审议红桥区人民检察院检察长张春明所作的《天津市红桥区人民检察院工作报告》;选举张金刚为红桥区监察委员会主任;决定红桥区第十七届人民代表大会专门委员会人选。

(高　明)

【深入学习贯彻习近平总书记关于坚持和完善人民代表大会制度的重要思想交流会】 2018年11月6日召开。传达市人大常委会深入学习贯彻习近平总书记关于坚持和完善人民代表大会制度的重要思想交流会及市人大常委会主任段春华讲话精神,区人大常委会调研室以及部分街道人大工委负责人作交流发言。区委书记李清出席并就红桥区贯彻落实习近平总书记关于坚持和完善人民代表大会制度的重要思想作出部署要求。

(高　明)

【人大年度工作会议】 2018年3月9日召开,会议深入贯彻党中央精神和市、区委决策部署,安排2018年工作任务。

(高　明)

【人大常委会会议】 2018年,区十七届人大常委会召开会议8次。

1月10日,区人大常委会主任高树彬主持召开第九次会议,审议通过人事事项,举行被任命人员向宪法宣誓仪式。

2月28日,区人大常委会主任高树彬主持召开第十次会议,审议通过人事事项;讨论通过《红桥区人大常委会2018年主要工作安排意见》;听取《红桥区2018年国民经济和社会发展计划的报告》;听取和审议《关于我区环境质量状况和环境保护目标完成情况的报告》,并作出审议意见;听取《关于区十七届人大三次会议期间代表建议拟办意见的报告》。

4月27日,区人大常委会主任高树彬主持召开第十一次会议,听取《中华人民共和国宪法修正案》讲座;听取和审议《红桥区城市职工社会保障工作情况的报告》,并作出审议意见;审议通过《天津市红桥区实施宪法宣誓制度办法》;审议通过人事事项。

6月8日,区人大常委会主任高树彬主持召开第十二次会议,审议通过人事事项,举行被任命人员向宪法宣誓仪式。

6月28日,区人大常委会主任高树彬主持召开第十三次会议,听取《天津市医疗卫生体制改革主要内容》的专题讲座;听取和审议《红桥区医联体建设及运行情况的报告》,并作出审议意见;审议通过《关于审议红桥区2017年财政决算(草案)的报告的议案》,听取和审议《关于红桥区2017年财政决算(草案)的报告》,并作出相应决议;听取和审议《关于2017年红桥区预算执行情况和其他财政收支的审计工作报告》;听取《关于旧楼区物业管理长效机制建设情况的报告》,并开展专题询问;审议通过人事事项,举行被任命人员向宪法宣誓仪式。

8月30日,区人大常委会主任高树彬主持召开第十四次会议,听取《中华人民共和国统计法》讲座;审议通过人事事项,举行被任命人员向宪法宣誓仪式;审议通过《关于罢免邸达天津市第十七届人民代表大会代表职务的决定》,并报市人大常委会备案、公告;审议通过《关于接受部分代表辞去红桥区第十七届人民代表大会代表职务的决定》;听取和审议《关于推进创新产业发展情况的报告》,并作出审议意见;听取和审议《关于认真履行法定职能服务全区重点工作的报告》,并作出审议意见。

10月30日,区人大常委会主任高树彬主持召开第十五次会议,听取《天津市城镇企业职工养老保险条例》讲座;学习传达天津市人大常委会深入学习贯彻习近平总书记关于坚持和完善人民代表大会制度的重要思想交流会及市人大常委会主任段春华讲话精神;审议通过人事事项,举行被任命人员向宪法宣誓仪式;听取《关于2018年红桥区20项民心工程落实情况的报告》;听取《关于新建区档案馆的报告》;听取《关于红桥区丁字沽平房等棚户区改造项目政府购买服务的报告》;听取和审议《关于2018年1—9月份预算执行情况的报告》;听取和审议《关于区十七届人大三次会议以来代表建议办理情况的报告》;听取《关于区十七届人大三次会议以来代表建议督办情况的报告》;审议通过区人大常委会关于选举(补选)区十七届人大代表的决定;审议通过《天津市红桥区人大代表辞去代表职务办法(试行)》;审议通过关于召开区十七届人大四次会议的决定。

12月29日,区人大常委会主任高树彬主持召开第十六次会议,传达学习习近平总书记在庆祝改革开放40周年大会上的重要讲话精神和天津市庆祝改革开放40周年大会精神;审议通过关于接受部分代表辞去红桥区第十七届人民代表大会代表职务的决定;听取区人大常委会选举(补选)工作领导小组《关于选举(补选)区十七届人大代表情况的报告》;审议关于区十七届人大代表资格的审查报告;审议通过《关于接受宋奇辞去天津市第十七届人民代表大会代表职务的决定》,并报市人大常委会备案、公告;补选阴和俊、李国强、王明浩为天津市第十七届人民代表大会代表,并报市人大常委会确认;听取部分区选市十七届人大代表报告履职情况;审议通过《红桥区人大常委会关于2019年试行民生实事项目人大代表票决制实施方案》;听取《关于红桥区2019年民生实事项目的报告》,表决通过22个民生实事项目作为候选项目,提交区十七届人大四次会议审议票决;听取和审议《红桥区"十三五"规划中期评估报告》;初审《红桥区2019年国民经济和社会发展计划的主要内容的报告》;听取《关于区属国有企业资产管理情况的报告》;审议通过《关于提请审查和批准红桥区调整2018年财政预算支出的议案》,并作出相应决议;初审《2019年预算的主要内容的报告》;审议通过《关于修改〈天津市红桥区人民代表大会议事规则〉〈天津市红桥区人民代表大会常务委员会议事规则〉〈天津市红桥区人大常委会人事任免办法〉的议案》;审议通过人事事项,举行被任命人员向宪法宣誓仪式;审议区十七届人大四次会议有关事项。

(高　明)

主要工作

【概况】 2018年,红桥区人民代表大会常务委员会(以下简称区人大常委会)坚持服从服务全区中心任务,主动调动人大资源优势,将人大工作融入全区工作大局。主任会议成员全年10余次到郭家菜园、西沽南、双环邨、群众影院、铃铛阁、单家面铺等棚改片区调研,担任指挥的副主任带领相关干部从事拆迁工作。常委会专题听取棚改项目政府购买服务报告,组织代表到多个片区调研,帮助出思路、想措施。代表以实地调研、提出建议、政策宣讲、慰问帮扶等形式助力棚改,特别是在郭家菜园搬迁安置中,部分人大代表投身一线,解决临时用电、道路清整等急难问题。以落实京津冀协同发展战略为重点,组织招商引资专项考察,推动优化营商环境。围绕"双万双服促发展"活动,定期到20余家民营企业、重点工程走访,面对面问难处,心贴心商讨市场、融资、转型等方面问题,开展帮扶活动百余次,协调有关方面解决宏仁堂药业、复印技术研究所、第三烟草公司等企业提出的问题10余个。人大代表发挥优势,直接引进企业300余家。制定《区人大常委会结对包保社区创文创卫工作安排》,及时转发创建文明城市共建美好家园倡议书,组织全体代表学习全区创文创卫部署要求,确保研究落实不缺位。听取红桥区《创建文明城区,提升公共文化服务水平》的报告,开展"助创建一周三社区"访察周活动,成立机关"创文创卫"志愿服务队,到问题多、环境差、群众反映问题集中的旧楼区、背街里巷、重点楼门开展访察服务活动50余次。200余名代表参与创文创卫工作,在清撤占路市场、清整社区环境、志愿巡逻服务等方面作出积极贡献。主任会议成员坚决落实区委部署,紧扣敏感时期、关键节点,认真落实信访积案化解包保机制,与有关部门逐人分析研究解决方法、稳控措施。开展综治网络信息化建设专题调研,推动利用现代信息技术健全治安防控体系。发挥人大信访窗口作用,全年受理群众来信来访309件次,接待群众393人次,推动协调有关部门妥善处理一批疑难案件。持续开展《中华人民共和国消防法》和《消防条例》执法检查,推进安全隐患排查整治。全年召开常委会会议8次,听取和审议专项工作报告22项,作出决议、决定9项,提出审议意见6项,开展专题询问1次。到重点项目、民心工程、街道社区等80余个点位开展执法检查、考察和调研40余项。备案审查规范性文件3件。

(高　明)

【监督工作】 2018年,区人大常委会听取审议"十三五"规划中期评估和年度计划、预决算、审计等报告,专题调研国地税机构改革情况,深入分析红桥区经济发展趋势。制定监督国有资产管理时间表和路线图,听取区属国有企业资产管理情况报告,促进国有资产管理科学化、规范化。围绕落实京津冀协同发展战略进行考察,支持和促进政府加大交通、产业、生态等重点领域区域协同。听取审议推进创新产业发展情况报告,对落实"海河英才"计划、科技人才引进培养服务工作开展考察,推动落实创新驱动发展战略,建设创新型城区。紧盯环保突出问题,听取审议年度环境质量状况和环境保护目标完成情况报告,对大气污染防治法、大气污染防治条例实施情况开展执法检查,提出要严格落实法律规定,加大执法力度,促进绿色发展。听取审议20项民心工程落实、城市职工社会保障、医联体建设及运行等报告,探索开展民生实事项目人大代表票决制,对养老服务基础设施建设、家庭医生签约服务进行考察,开展城镇企业职工养老保险条例执法检查。听取旧楼区物业管理长效机制建设情况报告,开展专题询问,对群众普遍关注的房地产项目产权证办理工作进行考察。紧密结合外地疫苗安全和个别教师虐待幼儿2个社会热点,及时增加监督议题,对红桥区疫苗安全管理、学前教育师德师风建设进行考察调研,积极回应群众关切。全力推进文明红桥建设,围绕义务教育学校现代化、文化惠民、构建现代公共文化服务体系、非遗保护传承、全民健身等开展考察,推动提升教育、文化、体育工作水平。加强对司法工作监督,听取审议区人民法院履行法定职能服务全区重点工作情况报告,加强对区人民法院信息化建设、家事审判创新和区人民检察院未成年人检察等工作监督,支持"两院"采取有效措施,聚焦全区重点任务,落实司法为民要求,服务中心大局。围绕贯彻实施"七五"普法规划和公共法律服务体系建设进行考察,推动形成良好法治氛围。

2018年3月29日,区人大常委会组织区人大代表调研社会保障工作情况(区人大常委会提供)

(高　明)

【代表工作】　2018年,区人大常委会坚持和尊重代表主体地位,完善履职规范,创新工作机制,拓展履职平台。各街道人大工委开展"聊聊社区那些事儿""社区讲堂讲人大""我为选民办件事""代表进社区'双创'齐参与"等主题实践活动10场,举办代表活动488次,推动解决社区道路拓宽、基础设施维护、卫生清整等群众身边问题144项。走访慰问选民407人次,捐赠款物11万元,救助困难群众141户。进一步密切代表与人民群众联系。"双联系"机制全面落实,常委会组成人员采取座谈、走访、调研等方式,分别与150余名人大代表建立经常性联系。各街道人大工委深化"家站"建设,建成23个社区人大代表工作示范站,制定并实行代表接访日、代表联系选民、代表述职评议等10余项制度,探索出多种工作站运行机制,开展各项活动367次,185名代表参加,接待选民1400余人次,搜集反映意见建议100余条。74名区人大代表向选区报告履职情况,主动接受监督。进一步完善代表建议督办机制,召开协调会、推动会、汇报会和开展现场考察90余次,认真督办代表提出的建议120件,其中有关房产证办理、背街里巷清整体现在监督工作中,有关清撤占路市场、完善公交站点设置、消除校园火灾隐患、助力"厕所革命"等一批重点建议,得到顺利解决或加快推进。针对一些建议办理过程缺乏监督、办理结果公开性不够等问题,制定《红桥区人大常委会实施代表建议办理"一题三单"制度试行办法》,列出情况提示单4件、办结反馈单52件,实现代表建议办理工作全程监督。进一步加强代表培训和管理,全年举办"红桥人大讲堂"4场、常委会会前讲座4场、各项业务学习25场,围绕党中央精神、国家大政方针和法律法规、经济社会发展、医疗卫生体制改革、城镇企业职工养老保险等内容,其中以习近平新时代中国特色社会主义思想、中共十九大精神、宪法修正案以及中央各项重要部署精神宣讲为重点内容的学习培训占总数的65%以上。健全代表管理监督机制,加强代表履职档案建设,制定实施《红桥区人大代表辞去代表职务办法》,对80名代表开展履职谈话,对4名代表进行劝辞,保证代表有效履职。组织代表全面参与常委会、专委会、街道人大工委工作,采用小型分散、座谈研讨、明察暗访等方式,组织400余人次代表参加立法调研、考察检查、社会监督、征求意见活动。聚焦棚户区改造、创文创卫等20项重点工作开展专题调研,192名代表参加,形成系列调研报告,推动政府及相关部门积极采纳和运用调研成果。年初,常委会开始使用电子表决系统,更好地保障委员表达意愿、行使权利。做好市人大代表服务工作,组织区选市人大代表参加学习培训、执法检查、会前考察活动18次,积极协助代表梳理、转交、督办意见建议19条。

2018年11月29日,市人大代表到区考察重点项目建设情况(区人大常委会提供)

(高　明)

【人事任免工作】 2018年,区人大常委会坚持党管干部原则,确保党组织推荐的人选通过法定程序成为国家政权机关领导人员。依照法律规定圆满完成区监察委、区人大专门委员会人事任免、选举任务。修改《红桥区人大常委会人事任免办法》,进一步完善任免程序,对人大及其常委会任命人员依法全面实行宪法宣誓制度。任免国家机关工作人员74人次,撤职1人,任命人民陪审员69人。

(高　明)

【落实全面从严治党主体责任】 2018年,区人大常委会坚持把党的领导贯穿于依法履职全过程、各方面,开展习近平总书记关于坚持和完善人民代表大会制度重要思想专题学习,先后举办辅导报告会、交流会、研讨会。组织机关干部开展学习研讨、观看会议直播、参加学习竞赛和网上答题活动20余次,组织代表开展专题学习、交流研讨、基层宣讲50余场。坚持重大事项及时请示报告,全年5次向区委专题汇报加强和改进人大工作和建设事项,有10余项重点工作专题请示或呈送专报。党组和常委会会议组织学习、开展宪法讲座,制定宪法学习宣传和贯彻工作安排、人大代表宣讲宪法安排意见,全体代表接受宪法专题培训。以“宪法集中宣讲月”为载体,主任会议成员率先学习、宣讲,200余名市、区两级代表宣讲宪法200余场,发放资料7000余份,受众数万人次。制定《红桥区实施宪法宣誓制度办法》《区人大常委会任前法律知识考试实施办法》,把激励和教育常委会任命人员忠于宪法、维护宪法、遵守法律落实落细。制定党组落实全面从严治党主体责任书和任务分解清单。建立巡视整改工作方案和台账,逐条逐项抓好落实。通过民主生活会、专题研讨等,持续肃清黄兴国、张泉芬、赵建国等人恶劣影响。出台学习宣传贯彻《中国共产党纪律处分条例》安排意见、深入贯彻和严格执行中央“八项规定”精神实施意见,严格机关管理考核制度,制订不作为不担当问题专项治理、集中整治形式主义官僚主义工作方案。采取集体谈话、警示教育、批评教育等形式,持续加强监督执纪“四种形态”教育。进一步推动“三会一课”和组织生活制度落实,严格执行“三重一大”和民主集中制规定要求。

2018年5月,区人大常委会主任高树彬(中)到社区向选民宣讲宪法(区人大常委会提供)

(高　明)

【自身建设】 2018年,区人大常委会依法成立内务司法、财政经济、教育科学文化卫生、城市建设环境保护4个专门委员会,制定专门委员会工作规则,密切与“一府一委两院”沟通联系。修改完善人大、常委会、主任会议议事规则和常委会讨论决定重大事项相关规定,制定专题询问办法、考察和调研工作办法等制度,改进审议方式,健全决策程序。主任会议成员带头到基层开展调查研究,形成调研成果,提高工作科学化水平。指导推动街道人大工作和建设,召开街道人大工作推动会,围绕政治素质、工作作风、履行职责、廉洁自律等提出明确要求,推动街道和社区人大工作完善发展。主任会议成员进一步明确街道人大工委联系点,指导各街道人大工委优化组织结构,提升工作效能。加强街道人大工作人员配备,努力实现专岗专职。加强人大机关年轻干部培养锻炼,选派年轻干部参与棚户区改造、到社区任职,定期参加人大信访接待,定点联系基层社区。加强人大制度宣传和理论研究,办好“一刊一网一微”,全年刊发各类文稿200余篇。

2018年6月22日,区人大常委会机关年轻干部“担当作为敢于实践”座谈会召开(区人大常委会提供)

(高　明)

红桥区人民政府

天津市红桥区第十七届人民政府领导名单

（2018年）

区　　　长：袁家健

常务副区长：王晓亮（至2018年10月）

副　区　长：郑　宏（2018年6月任）

　　　　　　李纪扬

　　　　　　马　政

　　　　　　李丽玲（女）

　　　　　　徐卫京

　　　　　　刘玉明

重要会议

【区政府常务会议】 2018年,区政府召开常务会议43次。

1月20日 区长袁家健主持召开区政府第32次常务会议。会议传达学习天津市冬春火灾防控工作推进会议精神和《统计违纪违法责任人处分处理建议办法》,并审议通过《红桥区2018年人大代表建议和政协提案办理工作安排意见》《红桥区部分工作协调机构人员调整方案》。

2月10日 区长袁家健主持召开区政府第33次常务会议。会议传达学习中纪委十九届二次全会和市纪委十一届三次全会精神和市消防工作会议精神,审议通过《红桥区市卫生区复审及国家卫生创建工作实施方案》《红桥区第28届运河桃花文化商贸旅游节实施方案》《关于2017年审计工作开展情况及2018年审计项目计划报告》《红桥区2018年学区片调整方案》。

2月14日 区长袁家健主持召开区政府第34次常务会议。会议审议通过《红桥区2018年20项民心工程台账》《红桥区2018年"双万双服促发展"活动工作方案》《红桥区2017年国民经济和社会发展计划执行情况与2018年国民经济和社会发展计划草案的报告》《红桥区2018年公务员(参公人员)招录、事业单位招聘工作计划》。

3月13日 区长袁家健主持召开区政府第35次常务会议。会议传达学习市2018年京津冀协同发展工作会议精神,审议通过《红桥区2018年依法行政工作要点》《红桥区深入推进京津冀协同发展2018年工作要点方案》《关于表彰端阳里等5个项目拆迁指挥部的决定》《关于招募社区戒毒社区康复相关工作人员的方案》《关于组建天津市红桥区职工大学(天津市广播电视大学红桥分校)和天津市红星职业中等专业学校的方案》,并通报2018年一季度消防安全形势分析。

3月28日 区长袁家健主持召开区政府第36次常务会议。会议传达学习市中小企业工作会议、民营经济发展工作会议、工业和信息化委工作会议、国资工作会议、市人力资源和社会保障工作会议、2018年市发展改革、统计和行政审批工作会议精神,审议通过《红桥区开展"十三五"规划实施情况中期评估工作方案》《红桥区扶持产业发展专项资金管理工作实施方案》《红桥区老旧小区及远年住房改造工作实施方案》《老旧小区及远年住房改造区、街两级协调指挥体系组织架构》《关于成立天津市红桥区公共就业(人才)服务中心方案》,并审议通过人事任免事项。

4月4日 区长袁家健主持召开区政府第37次常务会议。会议传达学习市中小企业工作会议、民营经济发展工作会议、工业和信息化委工作会议、国资工作会议、市人力资源和社会保障工作会议、2018年市发展改革、统计和行政审批工作会议精神,审议通过《红桥区开展"十三五"规划实施情况中期评估工作方案》《红桥区扶持产业发展专项资金管理工作实施方案》《红桥区老旧小区及远年住房改造工作实施方案》《老旧小区及远年住房改造区、街两级协调指挥体系组织架构》《关于成立天津市红桥区公共就业(人才)服务中心方案》,并审议通过人事任免事项。

4月11日 区长袁家健主持召开区政府第38次常务会议。会议审议通过《启动西沽街社区卫生服务中心建设项目方案》《红桥区落实国家机关"谁执法谁普法"责任制实施办法》。

4月25日 区长袁家健主持召开区政府第39次常务会议。会议传达学习党中央和市委、市政府关于脱贫攻坚工作相关会议和重要讲话精神,以及市主要负责同志落实中央"八项规定"的工作要求和市财政审计工作会议精神,审议通过《红桥区组团参加天津市第十四届运动会方案》《红桥区第一季度经济运行情况报告》《关于进一步加强内部审计工作的实施意见》《关于区政府授权夜间撒漏治理工作时限到期后重新明确管理责任的情况报告》《红桥区2018年东西部扶贫协作和对口支援工作计划》《红桥区东西部扶贫协作和对口支援工作三年行动方案(2018-2020)》。

5月7日　区长袁家健主持召开区政府第40次常务会议。会议传达学习市金融管理与服务工作会议精神,审议通过《红桥区公立医院薪酬制度改革试点工作实施办法》《红桥区同义庄项目房屋征收补偿方案征求意见及修改情况报告》《同义庄项目下达房屋征收决定的报告》。

5月17日　区长袁家健主持召开区政府第41次常务会议。会议传达学习全市深入贯彻落实习近平总书记"三个着力"重要要求推进大会和区委常委会精神、全市不作为不担当问题问责情况的通报,以及市委书记李鸿忠全面"挂长"批示精神和市相关会议精神,审议通过《关于解决散煤治理居民电费补贴的情况报告》《红桥区扶持产业发展专项资金管理工作实施方案(修订稿)补充方案》《关于落实〈天津市政务一网通改革方案〉实施方案》《红桥区开展第四次全国经济普查工作方案》。

5月23日　区长袁家健主持召开区政府第42次常务会议。会议传达学习中央保密委相关文件精神和天津市全面深化改革领导小组办公室相关文件精神,集体学习《地方党政领导干部安全生产责任制规定》,审议通过《盘活使用债券发行存量资金用于棚改项目资金的方案》。

5月30日　区长袁家健主持召开区政府第43次常务会议。会议审议通过《区政府领导同志工作分工》《子牙河北岸郭家菜园段行洪河道清理工程指挥部组建方案》《关于为部分关系民计民生项目办理消防验收手续的情况说明》和人事任免事项。

6月4日　区长袁家健主持召开区政府第44次常务会议。会议审议通过《2018年防汛工作安排意见》和人事任免事项,听取近期消防安全工作汇报。

6月11日　区长袁家健主持召开区政府第45次常务会议。会议传达学习习近平总书记在全国生态环境保护大会上的讲话精神;中央政治局会议、习近平总书记在两院院士大会上的重要讲话精神和市委常委会会议精神;天津市网络安全和信息化工作会议精神并部署红桥区贯彻落实措施;《天津市食品安全工作责任规定(试行)的通知》,并审议通过落实《天津市关于加快推进智能科技产业发展的若干政策》实施细则;2017年预算执行情况和其他财政收支的审计工作报告;调整西沽南棚户区改造项目指挥部现场指挥的方案;《天津市红桥区2018年食品安全监管计划》。

6月19日　区长袁家健主持召开区政府第46次常务会议。会议审议通过2017财政决算(草案)的报告;红桥区中央环保督察反馈意见整改自查自纠检查工作方案;人事任免事项。

6月25日　区长袁家健主持召开区政府第47次常务会议。会议传达学习市人大常委会主任段春华到区进行消防法规执法检查情况并研究红桥区贯彻落实意见;京津冀协同发展工作座谈会精神;习近平对脱贫攻坚工作重要指示精神;全市新时代激励干部新担当新作为座谈会精神;习近平总书记在中央审计委员会第一次会议上的重要讲话精神及相关文件精神,并审议通过2018年绩效管理工作安排;2018年度依法行政考核目录;关于成立红桥区主干道路环境秩序治理大队的方案。

7月3日　区长袁家健主持召开区政府第48次常务会议。会议传达学习《中共中央、国务院关于打赢脱贫攻坚战三年行动的指导意见》和市委常委会研究讨论《天津市推进东西部扶贫协作和对口支援三年行动方案》;天津市领导干部警示教育大会精神;市委理论学习中心组集体学习暨全市干部学习大讲堂第一期讲座精神;天津市深化"维护核心、铸就忠诚、担当作为、抓实支部"主题教育实践活动座谈会精神;《中共中央、国务院关于全面加强生态环境保护坚决打好污染防治攻坚战的意见》;全国深化放管服改革转变政府职能电视电话会议精神。通报河西区君谊大厦“12·1”重大火灾事故调查报告。审议通过人事任免事项。

7月8日 区长袁家健主持召开区政府第49次常务会议。会议传达学习习近平总书记在中共中央政治局第六次集体学习和在中央外事工作会议上的重要讲话精神以及市委常委会议要求;退役军人工作经验交流会精神和市委常委会要求,部署红桥区贯彻落实意见;市委书记李鸿忠在市残联第七次代表大会开幕式上的讲话,部署红桥区贯彻落实措施。审议通过红桥区打击走私“国门利剑2018”联合专项行动方案;西沽南项目指挥部新增现场副指挥的方案;西沽南片区棚户区改造(旧城区改建)项目房屋征收补偿方案(征求意见稿);关于子牙河郭家菜园指挥部、单家面铺指挥部给予表扬和嘉奖的方案。

7月16日 区长袁家健主持召开区政府第50次常务会议。会议传达学习习近平总书记对泰国普吉游船倾覆事故作出的重要指示精神以及市、区委常委会议要求;市政府常务会关于安全生产工作的相关要求并总结部署红桥区安全生产工作,审议通过红桥区中央驻津企业和天津市国有企业职工家属区物业管理分离移交工作的意见;《红桥区关于落实以人民为中心发展思想进一步加大对群众反映问题办理结果跟踪督查问效问责的实施意见》;再次明确和苑街道办事处行政管理区域范围的报告;关于社区道路整修工程调整小区的报告;关于红桥区撤市道路整修方案;人事任免事项。

7月25日 区长袁家健主持召开区政府第51次常务会议。会议传达学习市不作为不担当问题问责情况的通报;习近平总书记对实施乡村振兴战略的重要指示精神、全国东西部扶贫协作工作推进会精神、天津市东西部扶贫协作和对口支援工作推进会精神和市委常委会议要求;市生态环境保护大会精神;全市信访积案化解集中攻坚工作总结会精神;市坚持发展“枫桥经验”加强人民调解工作会议精神,并审议通过设立宗教领域维稳安全等项目专项资金方案;红桥区上半年经济运行情况报告;人事任免事项。

7月30日 区长袁家健主持召开区政府第52次常务会议。会议传达学习市委常委扩大会议关于天津市二季度政治安全和社会稳定情况;市委常委扩大会议关于全市上半年经济运行情况和安全生产工作情况以及全国安全生产电视电话会议精神;《天津市推进东西部扶贫协作和对口支援三年行动方案》;《中共天津市委、天津市人民政府关于全面加强生态环境保护坚决打好污染防治攻坚战的实施意见》,并审议通过《红桥区2018年东西部扶贫协作和对口支援工作计划》《红桥区东西部扶贫协作和对口支援三年行动方案(2018—2020年)》。

8月7日 区长袁家健主持召开区政府第53次常务会议。会议传达学习市委书记李鸿忠在市委常委会研究意识形态工作时讲话精神;市深化“放管服”改革转变政府职能会议精神;市政府互联网金融风险专项整治会议精神,听取关于区政府信息化办与区委网信办联合办公的说明,并审议通过关于调整道路交通安全委员会成员单位及人员的方案;市场清撤道路立面整修、绿化提升和西沽公园水体治理方案;人事任免事项。

8月13日 区长袁家健主持召开区政府第55次常务会议。会议传达学习市委书记李鸿忠在视频调度会议上的讲话精神并部署红桥区贯彻落实意见;市委常委会关于全国深化司法体制改革推进会精神并部署红桥区贯彻落实措施;市反恐怖工作会精神并部署红桥区贯彻落实措施,审议通过非机动车和行人交通秩序专项整治工作方案;红桥区实施道路交通文明畅通提升行动计划工作方案;关于申请燃气锅炉低氮改造财政补贴资金的报告;红桥区“菜篮子”工程建设实施方案;2018年红桥区非法加油加气行为专项整治工作方案,并听取关于2018年红桥区中、高考情况汇报。

8月19日 区长袁家健主持召开区政府第56次常务会议。会议传达学习市委常委会关于《市管党政主要领导干部报告个人重要事项规定

(试行)》等三项加强“一把手”监督制度;中共中央、国务院关于防范化解地方政府隐性债务风险的意见,并审议通过关于全区进一步加强隐患排查治理和重点行业领域专项整治工作方案;红桥区“十三五”规划纲要中期评估报告;红桥区“十三五”规划中期调整方案;人事任免事项。

9月3日　区长袁家健主持召开区政府第57次常务会议。会议传达学习关于对苗玉刚等3名市管企业领导人员不作为不担当问题问责情况和对武清区石各庄镇违法建设“大棚房”问题问责情况的通报;市委常委会关于习近平总书记在中央财经委员会第二次会议上的重要讲话精神;市委、市政府《关于加快推进质量立市战略开展质量提升行动的实施意见》;市金融风险排查工作动员部署会精神并审议通过红桥区实施方案;市公安局扫黑除恶专项斗争中期推动会精神;市委书记李鸿忠批示精神,听取关于天津市火灾防控会议精神及下一步工作汇报,审议通过出租车行业“提升服务品质优化营商环境”专项治理方案;关于成立红桥区机动车停车管理组织机构的方案;红桥区电网发展“1001工程”实施方案;孟春里地块返还资金使用方案;优秀教师和优秀教育工作者表彰方案;人事任免事项。

9月11日　区长袁家健主持召开区政府第58次常务会议。会议传达学习中央全面深化改革委员会第三次会议和十一届市委全面深化改革领导小组第七次会议精神;市委十一届四次全会精神和区委十一届九次全会精神;市委副书记、市长张国清到天津五中、区培智学校调研和慰问时的讲话精神;中办、国办关于印发《地方政府隐性债务问责办法》的通知;中办、国办关于印发《组建国家综合性消防救援队伍框架方案》的通知;全国禁毒工作电视电话会议精神;中共中央关于印发《军民融合发展战略纲要》的通知;市委办公厅印发《关于集中治理违规违法宗教活动进一步提高宗教工作法治化水平的意见》,并审议通过人事任免事项。

9月17日　区长袁家健主持召开区政府第59次常务会议。会议传达学习市委、市政府关于印发《天津市党政机关公务用车管理办法》的通知;中办、国办关于印发《防范和惩治统计造假、弄虚作假督察工作规定》的通知;中共中央、国务院关于完善促进消费体制机制进一步激发居民消费潜力的若干意见;中共中央国务院转发《国家发改委关于上半年经济形式和做好下半年经济工作的建议》的通知;《浙江作家村政府服务见闻》;中办、国办印发《关于加强国有企业资产负债约束党的指导意见》;天津市信访工作联席会精神并部署红桥区贯彻落实措施;第三次全国国土调查电视会议精神;中办、国办印发《关于以习近平新时代中国特色社会主义思想统领教育工作的指导意见》,并审议通过《关于成立天津市红桥区人民政府推进政府职能转变和“放管服”改革协调小组的通知》《红桥区落实〈天津市承诺制标准化智能化便利化审批制度改革实施方案〉实施细则》。

9月25日　区长袁家健主持召开区政府第60次常务会议。会议传达学习习近平在中央全面依法治国委员会第一次会议上的讲话精神;国务院新修订的《宗教事务条例》;中共中央、国务院关于全面实施预算绩效管理的意见,并审议通过进一步深化国有企业改革实施方案;新建区档案局(馆)立项情况说明。

9月30日　区长袁家健主持召开区政府第61次常务会议。会议传达学习市纪委《关于重申“九严禁”严防中秋国庆期间“四风”问题反弹的通知》;市委办公厅市政府办公厅关于印发《天津市深化环境监测改革提高环境监测数据质量实施方案》的通知;《天津市关于实施革命文物保护利用工程(2018—2022年)行动方案》,听取关于红桥区西沽南片区棚户区改造(旧城区改建)项目房屋征收补偿方案征求意见及修改的情况汇报;关于红桥区西沽南片区棚户区改造(旧城区改建)项目下达《房屋征收决定》的说明,审议通过红桥区棚户区改造组织架构调整方案;人事任免事项,并通报领导班子分工调整。

10月2日　区长袁家健主持召开区政府第62次常务会议。会议传达学习市委、市政府关于候鸟专项清查会议精神。

10月11日 区长袁家健主持召开区政府第63次常务会议。会议听取补充调整西沽南片区棚改项目房屋征收补偿方案的情况汇报,并审议通过红桥区关于加快推进质量立区战略开展质量提升行动的实施意见;人事任免事项。

10月22日 区长袁家健主持召开区政府第64次常务会议。会议传达学习市委常委会关于深入学习贯彻习近平总书记关于坚持完善人民代表大会制度的重要思想交流会和栗战书讲话精神;《关于对崔奕同志等4名市管企业领导人员不作为不担当问题情况的通报》;市委、市政府《关于加强和改进新形势下宗教工作的实施意见》和区委《关于加强和改进红桥区新形势下宗教工作的实施意见》;《中共天津市委关于建立向本级人大常委会报告国有资产管理情况制度的实施意见》,并审议通过《关于建立区政府向区人大常委会报告国有资产管理情况制度的实施意见》;关于拨付对口支援甘肃省碌曲县脱贫攻坚专项资金的报告;《区供热办与中国电子系统技术有限公司签订委托管理协议》;《红桥区预算绩效管理实施意见》;2018年度1—9月预算执行情况的报告;《红桥区排查和化解非法集资风险专项行动工作方案》;《关于表彰天津市红桥区西沽南片区棚户区改造项目指挥部的决定》;人事任免事项。

10月29日 区长袁家健主持召开区政府第65次常务会议。会议传达学习市委、市政府关于研究部署经济运行工作会议精神并审议红桥区前三季度经济运行情况报告;中央办公厅、国务院办公厅印发《关于深入推进兴边富民行动的意见》的通知;中共中央、国务院《关于支持河北雄安新区全面深化改革和扩大开放的指导意见》并研究红桥区贯彻落实意见;市政府召开关于国家统计局执法检查中发现天津三区典型统计违法案件案的会议精神;国务院安委会今冬明春火灾防控视频部署会议精神,市政府关于全面排查整治坠井隐患工作的会议精神,市污染防治攻坚战指挥部第一次会议精神,市委办公厅、市政府办公厅印发《关于做大做强做优职业教育的八项举措》;中共中央办公厅、国务院办公厅印发《关于加强文物保护利用改革的若干意见》并研究红桥区贯彻落实意见,审议通过红桥区落实建成区黑臭水体整治环境保护专项行动方案;关于积极有效利用外资推动经济高质量发展实施意见;完善促进消费体制机制进一步激发消费潜力的方案,并听取关于区政府与国网天津市电力公司签订加快实施“1001工程”建设战略合作协议的汇报。

11月5日 区长袁家健主持召开区政府第66次常务会议。会议传达学习市委办公厅关于印发《集中整治形式主义官僚主义工作方案》的通知;全国非洲猪瘟防控工作电视电话会议和全市非洲猪瘟防控工作会议精神;全国安全生产工作视频会议和全市安全生产工作视频会议精神;市委办公厅、市政府办公厅关于印发《天津市关于全面加强野生动物保护长效机制建设的意见》的通知,并审议通过红桥区关于全面加强野生动物保护长效机制建设的实施意见,听取近期红桥区消防安全工作情况汇报。

11月12日 区长袁家健主持召开区政府第67次常务会议。会议传达学习市委办公厅关于认真学习贯彻全国党委秘书长会议精神的通知和关于认真传达学习贯彻习近平总书记重要指示和丁薛祥在全国党委秘书长会议上讲话精神的通知;天津市机构改革动员部署会议精神;习近平总书记关于脱贫攻坚工作的重要指示和李克强总理批示精神,并听取红桥区2018年东西部扶贫协作和对口支援工作开展情况汇报;全市扫黑除恶专项斗争推进会议精神;市工程建设项目审批制度改革试点工作领导小组第三次会议精神;并审议通过《天津市红桥区社区工作者管理实施办法(试行)》;《区政府重大决策出台前向区人大及其常委会报告工作制度》,听取关于调整棚改项目指挥部指挥人员的情况汇报,审议并通报人事任免事项。

11月21日 区长袁家健主持召开区政府第68次常务会议。会议传达学习中央关于秦岭北麓西安境内违建别墅问题的有关通报精神和市委常委会扩大会议精神;天津市党政代表团赴河北省学习考察有关情况;市委书记李鸿忠在市委十一届四次全会上的讲话和关于《天津市机构改革方案(送审稿)》的说明;市委专项巡视红桥区的反馈意见,并部署区政府整改工作;市委办公厅、市政府办公厅《关于李春海等 3 名市管年轻领导干部违纪违法案的通报》;《关于 6 起扶贫助困领域腐败和作风典型问题的通报》;市委、市政府《关于防范化解地方政府隐性债务风险的实施意见》,研究红桥区贯彻落实意见,并研究红桥区报市政府办公厅 2019 年 20 项民心工程项目,审议通过区级国有资本经营预算管理暂行办法。

11 月 26 日　区长袁家健主持召开区政府第 69 次常务会议。会议传达学习天津市党政代表团赴北京市学习考察有关情况;市委办公厅印发《关于对贯彻落实习近平总书记重要指示批示精神情况开展"回头看"的工作方案》的通知;赵飞在市扫黑除恶专项斗争督导动员和培训工作会议上的讲话精神,部署红桥区贯彻落实措施,并审议通过预算单位财政拨款结余结转资金管理办法(暂行);天津市红桥区爱国卫生工作管理办法(试行);天津市红桥区国民营养计划(2018-2030 年)实施方案。

12 月 3 日　区长袁家健主持召开区政府第 70 次常务会议。会议传达学习中央全面深化改革委员会第五次会议精神和市委全面深化改革委员会第一次会议精神;中共中央、国务院关于推动高质量发展的意见;中共中央办公厅、国务院办公厅印发《关于深化文化市场综合行政执法改革的指导意见》的通知;中共中央、国务院关于学前教育深化改革规范发展的若干意见,并审议通过《红桥区关于完善产权保护制度依法保护产权的实施方案》;2018 年由区政府安排工作退役士兵就业安置工作方案;《红桥区教育督导责任区责任督学管理暂行办法》;关于成立区治理车辆超限超载工作领导小组的方案;《天津市红桥区海绵城市专项规划》及《天津市红桥区海绵城市近期建设实施方案》编制情况;《红桥区燃气发展规划(2018-2020 年)》编制情况;红桥区开展打击侵害群众利益违法违规行为整顿房地产市场秩序专项行动工作方案;由区政府负担开办企业注册刻制公章费用实现开办企业零成本工作方案;《红桥区关于全面加强和保护生态环境坚决打好污染防治攻坚战实施方案》和《红桥区污染防治攻坚战三年实施计划》;人事任免事项。

12 月 6 日　区长袁家健主持召开区政府第 71 次常务会议。会议听取关于回复《天津市中心城区子牙河两岸地区城市设计征求意见》的情况汇报,并审议通过区属国有企业资产管理情况的报告;《红桥区地面沉降工作实施方案(2018—2020)》;人事任免事项。

12 月 10 日　区长袁家健主持召开区政府第 72 次常务会议。会议传达学习纪念毛泽东批示学习推广"枫桥经验"55 周年暨习近平总书记指示坚持发展"枫桥经验"15 周年大会精神和市委常委会会议有关要求;习近平总书记在民营企业座谈会上的重要讲话精神和市委常委会会议要求;习近平总书记在中央政治局会议上关于前三季度经济形势的重要讲话和市委常委会会议要求,会议听取关于松楠楼、聚顺里及全区零散平房棚改项目房屋征收补偿方案(征求意见稿)的情况汇报;丁字沽片区(一期)棚户区改造(旧城区改建)项目房屋征收补偿方案(征求意见稿)的情况汇报,并审议通过《红桥区生活垃圾分类试点工作实施方案》;红桥区全面落实湖长制实施方案;《天津市潞河环境建设有限公司等企业改革重组实施方案(审议稿)》《红桥区商业国有资产投资经营有限公司关于深化国有企业改革工作实施方案(审议稿)》《天津市红桥区国有资产投资有限公司关于进一步深化国有企业改革的实施方案(审议稿)》;《关于落实天津市食品安全工作责任规定(试行)的实施意见》;《关于红桥区有关街道区划调整的请示(审议稿)》;人事任免事项。

12 月 17 日　区长袁家健主持召开区政府第 73 次常务会议。会议传达学习市委副书记阴和俊到区调研的讲话精神;中共中央、国务院关于建立更加有效的区域协调发展新机制的意见；市委办公厅、市政府办公厅印发《关于深化教育体制机制改革的实施意见》的通知并研究红桥区贯彻落实措施；市委办公厅、市政府办公厅关于印发《天津市生态环境损害赔偿制度改革实施方案》的通知并研究红桥区贯彻落实措施，会议听取棚改“三年清零”工作进展情况汇报，并审议通过红桥区2019年民生实事项目；新建子牙河滨河公园（渔村）相关事项；关于红桥区调整2018年财政预算支出议案的说明；关于红桥区2019年预算主要内容的报告；红桥区“智慧磐石”工程建设方案；人事任免事项。

12月27日　区长袁家健主持召开区政府第74次常务会议。会议传达学习个人所得税改革政策并部署红桥区贯彻落实措施；并审议通过红桥区生态环境损害赔偿制度改革实施方案；红桥区2018—2019年秋冬大气污染综合治理攻坚行动方案；红桥区关于加强电梯质量安全工作的实施意见和电梯安全协调工作方案；2017年区级预算执行及其他财政收支审计查出问题整改情况的报告；红桥区2018年国民经济和社会发展计划执行情况与2019年国民经济和社会发展计划草案的报告；政府工作报告（讨论稿）；红桥区2018年预算执行情况和2019年预算草案的报告；红桥区第八批非物质文化遗产代表性项目名录；人事任免事项。

（李　然）

【区长办公会议】　2018年，区政府召开区长办公会议42次。

2018年区长办公会议一览表

表1

序号	时　间	会议名称	序号	时　间	会议名称
1	1月20日	区政府第27次区长办公会议	21	8月7日	区政府第47次区长办公会议
2	2月10日	区政府第28次区长办公会议	22	8月13日	区政府第48次区长办公会议
3	2月14日	区政府第29次区长办公会议	23	9月3日	区政府第49次区长办公会议
4	3月13日	区政府第30次区长办公会议	24	9月11日	区政府第50次区长办公会议
5	3月28日	区政府第31次区长办公会议	25	9月17日	区政府第51次区长办公会议
6	4月4日	区政府第32次区长办公会议	26	9月25日	区政府第52次区长办公会议
7	4月11日	区政府第33次区长办公会议	27	9月30日	区政府第54次区长办公会议
8	4月25日	区政府第34次区长办公会议	28	10月2日	区政府第55次区长办公会议
9	5月17日	区政府第35次区长办公会议	29	10月11日	区政府第56次区长办公会议
10	5月23日	区政府第36次区长办公会议	30	10月22日	区政府第57次区长办公会议
11	5月30日	区政府第37次区长办公会议	31	10月29日	区政府第58次区长办公会议
12	6月4日	区政府第38次区长办公会议	32	11月5日	区政府第59次区长办公会议
13	6月11日	区政府第39次区长办公会议	33	11月12日	区政府第60次区长办公会议
14	6月19日	区政府第40次区长办公会议	34	11月21日	区政府第62次区长办公会议
15	6月25日	区政府第41次区长办公会议	35	11月26日	区政府第63次区长办公会议
16	7月3日	区政府第42次区长办公会议	36	12月3日	区政府第64次区长办公会议
17	7月8日	区政府第43次区长办公会议	37	12月6日	区政府第65次区长办公会议
18	7月16日	区政府第44次区长办公会议	38	12月10日	区政府第66次区长办公会议
19	7月25日	区政府第45次区长办公会议	39	12月17日	区政府第67次区长办公会议
20	7月30日	区政府第46次区长办公会议	40	12月27日	区政府第68次区长办公会议

（李　然）

区政府办公室工作

【概况】　2018年,红桥区人民政府办公室(以下简称区政府办公室)积极履行参与政务、管理事务、搞好服务、应急处理、督查推动等各项职能,以服务全区工作大局为重点,加强宣传,为全区重点工作营造良好舆论氛围,对全区重点工作开展督查;坚持为民服务,解答和处理群众疑难问题;规范和完善文件办理流程,推动政务工作自动化、网络化、电子化。

(孙　俊　赵建琛)

【履行职能】　2018年,区政府办公室以服务全区工作大局为重点,严格落实办公室各项规章制度,提升"办文、办会、办事"工作水平,组织筹划政府工作报告,起草区领导讲话、调研材料等各类文稿300余篇,制定各类会议方案1200余个,完成各类接待调研方案及服务300余次。

2018年6月7日,区政府办公室为区领导接待市政府参事一行做好会议筹备以及会议记录工作(区政府办公室提供)

(孙　俊　赵建琛)

【公文管理】　2018年,区政府办公室进一步规范和完善文件办理流程,在系统公文流转工作中推行和完善OA办公系统,推动公文处理科学化、规范化。全年收文9000余件,网络收文6000余件,登记转办文件4000余件。协助办理天津市2018年环保督查、市不作为不担当专项督查等各类文件200余件,提供各类档案资料500余件。全年发文270件,其中纳入绩效考核计数范围42件(红桥政发23件、红桥政办发19件)。

(孙　俊　赵建琛)

【信息和宣传】　2018年,区政府办公室向市政府办公厅报送信息601条,被天津市《昨日要情》刊物采用65条。组织调研形成的人才工作经验专题报告信息《红桥区全面实施"子牙人才"计划打造副中心人才高地》被市政府办公厅采用为《津政交流》信息,在全市交流工作经验。组织撰写的棚改融资情况专题信息《全国首单棚改专项债在红桥区正式落地》被市政府办公厅采用为报国办信息报送国务院秘书局。出刊《红桥政务信息》40期,向区委组织部手机报报送各类信息100余条。在《天津日报》《今晚报》等纸质媒体及北方网、人民网等网络媒体和广播电台新闻台、经济台发表各类新闻稿件800余篇次,其中《红桥区启动撤销10个占路市场》《红桥区启动实施2018年20项民心工程》《红桥区启工智能科技创新中心揭牌运行》等重点新闻稿件被多家媒体转载,为助力全区重点工作营造良好舆论氛围。协助部门宣传策划活动60余次,在市级媒体平台发表消息报道百余次。参加区委、区政府

2018年4月13日,区政府办公室为区领导出席"津洽会"做好服务(区政府办公室提供)

组织的大型会议、招商活动、领导走访调研等活动近200次,完成活动摄影及新闻报道任务。出刊《新闻稿件汇编》4期,为区领导参阅提供新闻档案资料。

(孙 俊 赵建琛)

【会务接待】 2018年,区政府办公室协助区长处理各项政务工作,为各部门做好服务。拟定常务会、办公会工作规范,下发《关于进一步规范区政府常务会、区长办公会组织流程的通知》,完善常务会、办公会议题报送签批等制度和会议组织流程,提升会议效率和质量。组织会议60余次,撰写并印发常务会、办公会纪要54篇,完成全部会议记录整理归档工作。

(孙 俊 赵建琛)

【网络和信息化】 2018年,区政府办公室推动政府部门政务工作自动化、网络化、电子化。发布信息11432篇,访问量3374万次。收到政府信息公开申请1085件,答复申请1085件。接收各单位报送信息领导签批表5690篇,提交新闻6217条。印发《2018年红桥区政务公开工作要点》,组织全区各相关单位开展2018年政府工作报告在线学习,开展2018年全区政务公开第三方评估,组织开展"政务e访谈"活动。下发《关于进一步加强区政府网站和政府信息公开平台管理的通知》,建立信息公开平台基本内容日常更新机制。制定《机房信息安全管理制度规范》和《机房管理制度》,加强数据中心与应急指挥中心建设。按照《红桥区政务公开绩效考评实施细则》进行量化考核,加大对全区各单位报送政务微博数量等方面考评,做到月自评、季督查、年考评,印发《政务工作督查通报》(第10期、第16期)。

(孙 俊 赵建琛)

【侨务外事和街道服务】 2018年,区政府办公室进一步规范《红桥区因公出国(境)管理办法》,严格把好出访、来访审批关,对于没有实质性内容和违反报批程序的因公出国(境)以及来访人员坚决不予审批。组织和审批因公出国(境)团组14个26人次。收缴和管理有效护照48本、港澳台通行证57本,失效护照87本。组织街道办事处侨务部门摸底排查辖区居民归侨、侨眷人数,建立资料档案,制订侨务工作台账。做好为侨服务、凝聚侨心工作,扶贫救助侨民3人次。发放《天津市涉侨政策法规宣传手册》,宣传"侨宝"手机APP应用。

(孙 俊 赵建琛)

【督查工作】 2018年,区政府办公室围绕区政工作重点、市区领导关注点、群众关心热点和绩效考核要点,采取重点督查、跟踪督查和专项督查等多种形式,对"双万双服促发展"活动开展情况、落实"津八条""红十条"情况、大气污染防治、市容环境清整和"创文创卫"工作等进行督查。出刊《督查专报》54期,下发《重点事项督查通知》77件,撰写上报各类督查报告140余件,确保全区重点工作得到有效落实。

(孙 俊 赵建琛)

【绩效管理】 2018年,区政府办公室组织开展绩效管理工作。完成对区公文处理、建议提案办理、应急管理、政务公开、政府信息公开和政府信息网站管理等指标考评工作及市绩效办对红桥区迎评工作。办公室自身承担的各项指标任务全部按要求完成。

(孙 俊 赵建琛)

【后勤保障】 2018年,区政府办公室做好机关节能减排工作,降低行政成本,提高安全意识,提升行政效率。完成人事档案专项核查工作。开展机关安全检查,增加监控设备。严格物资采购、入库、出库管理。加强公务用车管理审批,为公务用车统一安装卫星定位系统,累计办理70件网上公车审批手续。完成事业单位保留车辆信息网上登记工作,共登记29个机构263辆公务用车信息。

(孙 俊 赵建琛)

【为民服务专线网络】 2018年,区政府办公室发挥为民服务专线网络功能,利用"公仆接待日"和"公仆走进直播间",组织区领导和部门负责人亲自接听解答居民反映问题,全年组织活动15期,协调处理群众反映的热点、难点问题126件,办结率100%。做好政府热线和8890便民热线平台承办工作,全年接办3000余件,对投诉、咨询、建议和意见的来电来访,力求做到"礼貌、耐心、周到、细致"八字服务方针,确保居民群众反映问题得到有效落实。把办理网民留言作为政府倾听民声、了解民意、检验作风、树立形象的重要窗口,两报查刊办理居民反映问题121件,受理"政民零距离"栏目居民留言1180件,答复率100%,满意率90.36%,政务网"区长信箱"接到网民留言213件,全部转办落实,人民网留言答复率100%。

(孙 俊 赵建琛)

2018年8月22日,区政府办公室到金领国际社区听取民意,为百姓协调解决各类难题(区政府办公室提供)

【应急处置】 2018年,区政府办公室先后处置天骄公寓、昌图道2起燃气泄漏事故。完善各街道办事处、各单位、各部门监测预测、预报预警体系,对可能发生的突发事件做到早发现、早报告、早处置。完成天津市突发事件预警信息发布系统安装工作,规范应急值班和信息处理工作制度。始终坚持24小时双人值班、领导带班的值班制度,设立重大节假日或重大活动期间应急值班制度。指导相关部门完善区级专项应急预案、部门预案和基层预案,举办演练活动10余次。

(孙 俊 赵建琛)

【建议和提案办理】 2018年,区政府办公室办理市、区人大代表建议和政协提案279件(人大建议101件,政协提案163件,市"两会"建议、提案15件),办复率100%。对区政府重点工作以及群众关心的热点问题的建议、提案进行重点督办。在区政务网站开设"建议提案办理"专栏。配合区人大实施代表建议办理"一题三单"试行办法。

(孙 俊 赵建琛)

政务研究

【概况】 2018年,红桥区政府研究室(以下简称区政府研究室)着力在课题调研、起草文稿、服务决策、加强机关支部规范化建设上下功夫,创新服务决策,改进调查研究方式方法,为实现"打造绿色城区,建设美丽红桥"宏伟目标,切实发挥研究部门参谋助手作用。

(李 睿)

【服务决策】 2018年,区政府研究室改进调查研究方式方法,整合原有三类内部刊物归为一类,统一为《决策参考》,将各类内容分属其下不同条目。编发《决策参考》30期,其中1篇得到2位区领导批示。恢复做好部门微信公众号"红桥政研"工作,推进部门纸质刊物、信息在公众号上同步发布。完成区政府重点工作任务细化台账,将2018年全区各项工作进一步细化分解到基层,分为5大类116项,形成《2018年红桥区政府重点工作任务细化分解台账》,并以区政府文件形式下发全区。开展全区编外人员统计调查,实地走访区人力社保局、区财政局等多部门,通过下发文件和统计表形式,在全区范围内广泛开展调查研究,并形成调研报告。联合区政府督查室开展民心工程工作进展情况和政府工作报告重点任务落实情况督察,并形成督察报告。会同区委研究室、区发展改革委、规划分局、区房管局、站区办迎接市委研究室调研提高西站利用率相关情况并参加座谈,形成调研报告1篇。

(李 睿)

【调查研究】 2018年,区政府研究室牵头开展2018年政府系统各部门重点难点课题调研,制定工作方案,将课题台账印发全区,及时收集调研材料。整理后形成政府系统区、处两级调研报告51篇,形成《政府系统调研汇编》并印刷成册,下发全区。确定2018年区级领导调研课题,参加区领导《关于提质提速推动红桥区域经济高质量发展的几点思考》调研课题研究,形成调研报告。牵头组织区规划分局、区发展改革委、区市容园林委、区文化和旅游局、区环保局、区市政局等多部门,开展大运河沿线相关情况课题研究,经多轮研讨形成调研材料,2次向市政府提供京杭运河天津段相关资料。配合市政府研究室到区猪八戒产业园开展调研,其撰写的《对猪八戒网调研想到的》一文刊发在《天津政务参考》,并获得市政府主要领导批示。发挥京津冀协同发展领导小组成员作用,落实区领导在《天津政务参考》第10期上批示精神,会同区发改委等部门,完成红桥区对接服务雄安新区对策建议课题研究。结合"双万双服促发展"活动,深入了解结对企业情况,联系相关部门,归纳汇总同类情况,形成情况报告1篇,并得到区领导批示。完成区政府研究室年初确定独立课题西于庄棚户区动迁工作、招商工作和党建工作3篇调研报告。为区审计局主讲《浅谈审计调查及审计报告的撰写》专题讲座,结合审计工作实际,系统介绍审计调研注意事项,结合近年来审计调查和审计报告新标准和要求,就如何开展好审计调研与区审计局党员干部进行深入探讨交流。

(李 睿)

【重要文稿撰写】 2018年,区政府研究室参与起草2018年政府工作报告、2019年工作计划部分撰写。在《天津政务参考》上积极宣传红桥区重点亮点工作,在《天津政务参考》上发表调研文稿1期,为《红桥》杂志供稿1篇。起草政府常务会议材料2次。完成2018年《天津市情》红桥篇,以及《天津年鉴》1个主条目和5个特色条目撰写工作。完成《红桥年鉴》政务研究分目撰写上报工作。完成改革开放40年以来区政府研究室政务研究综述回顾文章,收入区委党史研究室专题书刊,并在"红桥组工"微信公众号上转发。在"十三五"规划中期调整中"关于发展战略定位修改建议"得到区委、区政府采纳。参与子牙河两岸规划研究,提出意见6条,其中被采纳4条。向区政协2019年提案征集部门提出建议17条。

(李 睿)

【自身建设】 2018年,区政府研究室更新宣传栏20余次,累计编辑报送各类信息百余篇,向区纪委报送网评文章24篇。全年召开党员大会24次,专题学习12次,书记讲党课6次。开展公务员在职培训和新入职廉政业务培训。推荐2名干部参加精准化培训、1名干部参加"青年马克思主义者培养工程"培训班(以下简称"青马工程"培训),1名干部当选"向上向善好青年"。组织集中学习、主题党课、专题讨论、在线教育、"青马工程"培训、主题党日活动12次。制订扫黑除恶专项斗争方案和台账,到西于庄街道敦煌楼社区开展专题宣讲活动。1名干部参加区明察暗访。做好创文创卫和棚改工作,到西沽街道湘潭道、涟源里、水竹花园、水木天成等社区参加义务劳动。到结对社区营和园小区开展"五包",协调修缮社区园林绿化,参加社区清整劳动。派专人参加社区创文创卫巡查工作。完成区政府研究室创建全国文明城区资料第一批资料整理和报送,健康促进机关档案整理。选派1名干部参加西于庄棚改攻坚工作。开展"双万双服促发展"活动,完成2家企业引进工作。制定完善党员干部微信微博行为、改进会风会纪、干部因私出国等20项制度。

(李 睿)

信 访

【概况】 2018年,天津市红桥区人民政府信访办公室(以下简称区信访办)不断深化信访制度改革,创新信访工作机制,完善信访工作流程,做好群众信访接待工作,依法、及时、就地解决一大批信访突出问题,为"打造绿色城区、建设美丽红桥"奠定坚实基础。

(方德超)

【信访接待】 2018年,区信访办群众来访接待中心登记个人访619人2100人次(初访496人496人次,重复访123人1604人次),集体访70批次;妥善处置区委、区政府门前访352批1365人次,维护区委、区政府正常办公秩序。发挥统筹协调作用,配合属事、属地单位梳理信访问题,化解西于庄拆迁、西青道17号楼居民等一批集体访事件,全年红桥区没有发生大规模进京赴市集体访事件。依托天津市智慧信访信息系统,全年转办市级来访件1181件,办理群众来信280件,网信149件,领导信箱381件,人民网留言32件。坚持领导干部接访下访,区级领导干部累计接访66批次247人次。全年开展不同层次矛盾纠纷排查4次。加强督查督办,办理复查案件21件,落实书面督查33次,加强信访法治化建设,依法分类处理信访诉求231件;学习"枫桥经验",人民调解员入驻信访接待大厅,公职律师定期给予法律援助,建立访调对接机制,多措并举化解矛盾纠纷。

(方德超)

【积案化解】 2018年,区信访办发挥全区信访工作联席会议职能,按照"三到位一处理"工作原则(诉求合理的解决问题到位,诉求不合理的思想疏导到位,生活困难的帮扶救助到位,行为违法的依法处理),运用分析研判机制,加大督查督办力度,有效化解市、区重点挂牌督办案件。其中全市交办756件信访积案中涉及红桥区49件,提前一个月全部化解;全市交办140件重复越级访涉及红桥区8件,全部化解完毕;红桥区自行梳理56件信访积案完成化解53件,剩余3件完成化解方案制定,落实稳控措施,稳步推进中。

2018年9月16日,红桥区召开信访工作联席会议扩大会议(区信访办提供)

(方德超)

【信访稳定】 2018年,区信访办坚持"战区制、主官上",在全国"两会"、市"两会"、中非合作论坛北京峰会、天津夏季达沃斯论坛、中国国际进口博览会等重要节点期间,发挥统筹协调、组织推动、督查督办等职能,认真落实稳控化解责任,坚决当好首都"政治护城河",确保社会大局和谐稳定。按照"三到位一处理"原则,运用法治思维和法治方式,有效遏制进京非访势头。

2018年4月9日,红桥区组织召开信访维稳安保工作会议(区信访办提供)

(方德超)

行政许可审批

【概况】 2018年,红桥区行政审批局(以下简称区审批局)推进"放管服"改革落地,优化全流程服务和便利化审批;加强窗口队伍作风建设,提升窗口服务质量和效率;服务区域经济发展,为企业营造良好发展环境;全年受理各类审批项目12331项。企业设立3243家,总注册资本116.68亿元。投资类项目65项,投资额528.96亿元。网上办理37831件,按时办结率100%。

(张 莉)

【营商环境优化】 2018年,区行政许可服务中心设立为企业家服务窗口,落实首问负责、首办负责、单一窗口综合受理的服务机制,建立服务企业家工作台账,明确专人负责,实行一管到底;全面清理企业办事条件和各类证明,结果向社会公示并接受监督。全面实行行政许可服务中心7个工作日制度,周末行政许可服务中心窗口对外开放。周末接待企业办理业务、现场答疑、电话咨询5900余人次。建强帮办领办队伍,设立引导服务岗,为企业提供"一条龙"式服务。在全市率先实施企业设立所需公章刻制费用由政府买单的便企政策,真正做到企业"零成本"注册。做好窗口招商工作,深入企业了解需求,为企业做好服务,全年招商引资企业81家,总注册资金5.18亿元。

(王 旭)

【"一制三化"改革】 2018年,区审批局推行天津市"一制三化"改革(承诺制,标准化、智能化、便利化审批制度改革),梳理企业群众办事堵点问题的证明材料491项。其中,涉及"四办"(马上办、网上办、就近办、一次办)事项分别为294件、157件、250件、298件;涉及"五减"(减事项、减要件、减环节、减证照、减时限)改革事项272项。按照"六个一律"原则(凡是没有法律法规规章设定依据的,一律取消;凡是依据市政府规章或规范性文件设定的,一律取消;凡是开具证明的单位无权查证无法开具的,一律取消;凡是可以通过单位内部调查或信息共享方式办理的,一律取消;凡是能够通过申请人提供有效证件凭证办理的,一律取消;凡是能够通过申请人采取书面承诺、签字声明或提交相关协议办理的,一律取消)取消各级和各类证明350项;梳理汇总公共服务办事指南893项,其中区级机关272项、街道系统621项。

(张 涛)

【政务一网通】 2018年,区审批局根据《红桥区

2018年4月4日,区审批局领导到企业开展走访服务(区审批局提供)

2018年10月,和苑街道24小时政务自助服务厅开始修建(区审批局提供)

政务一网通实施方案》,依法依规对区内行政许可事项150项和公共服务事项548项进行全面梳理,对区级40余个单位网络资源和信息资源进行调研,按照计划逐步设立24小时政务自助服务厅。

(张 莉)

【民生服务平台】 2018年,区审批局继续做好2017年的便民服务热线平台建设,为百姓与政府各部门之间搭设桥梁,促进各单位各部门快速便捷的为百姓解难题办实事。红桥区"8890"便民服务热线全年接单30897件,月均提升85.7%,升级工单1002件,接单、办结率均100%。

(张 莉)

【人才引进落户】 2018年,在天津发布"海河英才"人才引进行动计划后,区审批局协同区人力社保局、公安红桥分局、区教育局等多部门,提供24小时电话预约、全天候无休审批、网上申办等服务措施,全年受理落户14880人,发放调档函1528张,发放准迁证6241张,落户红桥区5729人。

(张 莉)

【重点项目服务】 2018年,区审批局围绕红桥区重点项目和民心工程,开辟联审联办、全程帮办带办绿色通道,对天鸿大厦供暖工程、双环孟春里地块、民畅道路工程、郭家菜园片区棚户区改造等项目主动对接,全力服务。完成重大建设项目7个和民心工程备案审批8个。在政府类投资项目中,实行全程帮办代办一站式服务,实现"法定时限+最低时间"65天完成审批的"红桥速度"。

(张 莉)

中国人民政治协商会议
天津市红桥区委员会

政协天津市红桥区第十四届委员会领导名单

（2018年）

主　席：杨　焕（女）

副主席：刘国光（回族）

　　　　张志忠

　　　　刘金城

　　　　杨宏丽（女）

　　　　韩恩山

　　　　李金胜

　　　　郭书宏

　　　　李大为

重要会议

【常务委员会议】 2018年,区政协召开常务委员会议6次。

1月8日,区十四届政协召开第六次常委会议。会议协商讨论区十四届政协二次会议大会决议(草案)。区政协主席杨焕,副主席刘国光、张志忠、刘金城、杨宏丽、韩恩山、李金胜、郭书宏、李大为,秘书长朱春田出席。

1月9日,区十四届政协召开第七次常委会议。会议协商通过大会决议(草案),听取区十四届政协常委会工作报告、提案工作情况报告、政府工作报告讨论情况、大会决议(草案)情况的汇报和区十四届政协二次会议提案审查情况汇报。区政协主席杨焕主持会议;副主席刘国光、张志忠、刘金城、杨宏丽、韩恩山、李金胜、李大为,秘书长朱春田出席会议。区政协十四届二次会议各组召集人列席会议。

3月20日,区十四届政协召开第八次常委会议。会议审议通过区政协2018年工作要点,通报《红桥区2018年协商工作计划安排意见》,审议通过2018年常委会议议题安排及有关人事任免事项。区政协主席杨焕主持,区政协副主席刘国光、张志忠、刘金城、杨宏丽、韩恩山、李金胜、郭书宏、李大为及秘书长朱春田出席。

7月27日,区十四届政协召开第九次常委会议。会议审议听取8个专委会代表学习习近平总书记党建思想和关于加强和改进人民政协工作重要思想的心得体会,听取专委一办、专委二办、提案办、委员联络室、研究室2018年上半年工作总结及下半年工作安排的汇报,各位副主席针对分管工作分别进行点评。通报8个专委会党支部书记名单和《发挥委员履职作用 全力助推“双创”双成——致全体政协委员一封信》,审议通过有关人事事宜。区政协主席杨焕主持会议并讲话;区政协副主席刘国光、张志忠、刘金城、李金胜、郭书宏、李大为,秘书长朱春田出席会议。

10月10日,区十四届政协召开第十次常委会第二次专题议政会议。区政协城建城管委员会、学习文史委员会、教文卫体委员会委员代表作会议发言,经济科技委员会、社会法制委员会、民族宗教委员会作书面交流。区委书记李清,区委副书记、区长袁家健出席会议并讲话;区政协主席杨焕主持会议;区政协副主席刘国光、张志忠、刘金城、杨宏丽、韩恩山、李大为,秘书长朱春田出席。

12月18日,区十四届政协召开第十一次常委会议。会议听取区政府办公室有关负责人关于区十四届政协二次会议以来提案办复情况通报和区政协各专委会2018年总结和2019年工作安排的汇报。审议通过区十四届政协增补委员名单、补选常务委员建议名单和《常委会工作报告(征求意见稿)》《常委会提案工作报告(征求意见稿)》,审议通过召开区十四届政协三次会议的决定和有关文件,研究通过有关人事议题。区政协主席杨焕主持会议;副主席刘国光、张志忠、刘金城、杨宏丽、韩恩山、李金胜、郭书宏、李大为,秘书长朱春田出席会议。

(高雅睿)

【主席会议】 2018年,区政协召开主席会议6次。

3月20日,区十四届政协召开第十一次主席会议。会议协商审议《区政协2018年工作要点》、2018年常委会议议题安排,通报《红桥区2018年协商工作计划》,审议通过2018年主席会议议题安排、2018年主席重点督办提案,研究确定召开十四届政协第八次常委会议的时间和议题,审议有关人事议题。区政协主席杨焕,副主席刘国光、张志忠、刘金城、杨宏丽、韩恩山、李金胜、郭书宏、李大为和秘书长朱春田出席。

4月23日,区十四届政协召开第十二次主席会议。会议组织政协区级中心组集中学习,传达区委64次常委会议精神,研究安排近期工作。区政协主席杨焕主持会议并讲话,副主席刘国光、张志忠、刘金城、杨宏丽、韩恩山、李金胜、郭书宏、李大为和秘书长朱春田出席。

5月30日,区十四届政协召开第十三次主席(扩大)会议。会议传达区委第70次常委会议精神,学习国务院办公厅《地方党政领导干部安全生产责任制规定》,通报并部署区政协年度绩效考核工作。区政协主席杨焕,副主席刘国光、张志忠、刘金城、杨宏丽、韩恩山、李金胜、郭书宏、李大为和秘书长朱春田出席。

7月27日,区十四届政协召开第十四次主席会议。8个专委会代表、机关各处室主任交流学习习近平加强党的政治建设和改进人民政协工作重要论述体会,各位副主席分别对分管的专委会和各处室上半年工作进行点评。通报8个专委会党支部书记名单、《发挥委员优势作用 开展全域创文创卫工作——致区政协委员一封信》,通过有关人事事宜,研究确定区十四届政协第九次常委会议召开的时间和议题。区政协主席杨焕主持会议并讲话,副主席刘国光、张志忠、刘金城、杨宏丽、李金胜、郭书宏、李大为和秘书长朱春田出席。

11月7日,区十四届政协召开第十五次主席(扩大)会议,审议《中国人民政治协商会议天津市红桥区第十四届委员会常务委员会工作报告(征求意见稿)》和区政协2019年财政预算。区政协主席杨焕主持会议并讲话,副主席刘国光、张志忠、刘金城、杨宏丽、韩恩山、李金胜、郭书宏、李大为和秘书长朱春田出席。

12月18日,区十四届政协召开第十六次主席会议,审议区十四届政协增补委员、补选常委建议名单、《红桥区十四届政协常委会工作报告(征求意见稿)》《红桥区十四届政协常委会提案工作情况报告(征求意见稿)》、关于召开区政协十四届三次会议的决定(草案)及区政协十四届三次会议的有关文件,通过《关于表彰2018年度优秀提案的决定》和优秀提案名单,研究确定召开十四届政协第十一次常委会的时间和议题,研究人事议题。区政协主席杨焕主持会议并讲话,副主席刘国光、张志忠、刘金城、杨宏丽、韩恩山、李金胜、郭书宏、李大为和秘书长朱春田出席。

(高雅睿)

【其他会议】 2月28日,区政协召开“双万双服促发展”支企座谈会。20余家企业负责人进行交流,介绍招商引资项目,提出意见建议。发放市、区服务企业及有关优惠扶植政策宣传材料。区政协主席杨焕主持会议并讲话;区政协副主席刘国光传达市、区“双万双服促发展”会议精神;副主席张志忠、刘金城、杨宏丽、韩恩山、李金胜、郭书宏、李大为,秘书长朱春田出席会议。

3月20日至21日,区政协召开2018年政协工作会议。会议通报《红桥区2018年政协工作要点》和《政协红桥区委员会2018年协商计划》,听取8个专委会及专委一办、专委二办、提案办、委员联络室2018年工作要点汇报,各位副主席对分管工作做点评。会议邀请到全国政协委员、天津市民盟市委会常委、天津市海水淡化研究所所长李琳梅和区发展改革委主任周鹏分别就传达贯彻习近平总书记重要讲话和全国两会精神、红桥区招商政策作专题辅导。区政协主席杨焕出席会议并讲话,副主席刘国光、张志忠、刘金城、杨宏丽、韩恩山、李金胜、郭书宏、李大为和秘书长朱春田出席。

7月10日,市政协主席盛茂林到区政协调

研，指导推动开展习近平总书记关于加强和改进人民政协工作的重要思想学习研讨活动。市政协秘书长高学忠，副秘书长、办公厅主任李伟成陪同。区委书记李清、区政协主席杨焕参加调研。

8月16日，区政协召开专题会议，传达学习市十四届政协第三次常委会议精神和市政协主席盛茂林讲话要求。区政协主席杨焕主持会议并讲话，区政协副主席、秘书长、机关各处室主任、副主任参加会议。

12月27日，区政协组织召开新任政协委员培训会议。区政协主席杨焕作培训动员并对新任委员提出履职要求，区委统战部部长井春燕介绍新任委员产生过程，区政协副主席刘国光作专题培训辅导，秘书长朱春田、委员联络室相关负责人出席，15名新任委员参加培训。

（高雅睿）

主要工作

【概况】 2018年，中国人民政治协商会议天津市红桥区委员会（以下简称区政协）扎实做好政治协商、民主监督、参政议政工作，坚定不移坚持党的全面领导，坚持人民政协性质定位，主动接受区委领导，严格执行重大问题请示报告制度，保证区委对政协工作的集中统一领导落实到履职工作全过程。完善政协党组织设置，设立区政协机关党组，组建8个专委会党组织。认真履行全面从严治党主体责任和监督责任，修订完善《政协红桥区委员会党组议事规则》等10项制度。加强内外宣传，打造机关党建文化墙，更新学习宣传栏8期，出刊《红桥政协信息》79期，发布政协微信公众号动态64条，在人民政协网、《天津日报》等新闻媒体刊发稿件10余篇。筹建政协文史展室，做好文史资料征集。

（高雅睿）

【党的建设】 2018年，区政协全面贯彻落实中共十九大会议精神，以深入学习贯彻习近平新时代中国特色社会主义思想为主线，深学笃用习近平总书记关于加强和改进人民政协工作的重要思想，形成一批研究成果。以抓党建、强班子、带队伍、促发展的党建工作思路，着力加强党的思想政治建设、组织建设、作风建设和廉政建设，引导广大委员始终在思想上政治上行动上同以习近平为核心的党中央保持高度一致，为政协履职提供坚强的政治保证。市政协主席盛茂林、副主席尚斌义先后到区政协指导推动研讨活动。在全国政协副主席万钢参加的天津市政协学习习近平总书记关于加强和改进人民政协工作的重要思想理论研讨会上，红桥区政协作为全市四个典型之一进行发言。开设“红桥政协大讲堂”，提升委员政治理论水平。

2018年6月30日，区政协到邵公庄街道西四社区，开展“不忘初心跟党走，我为党旗添光彩”机关支部主题党日暨政协委员进社区活动（区政协提供）

（高雅睿）

【政治协商】 2018 年,区政协坚持以制定实施年度协商计划为抓手,把协商民主体现在政协履行职能全过程、贯穿于开展工作各方面,形成全委会议整体协商、常委会专题协商、主席会重点协商、专委会对口协商和提案办理协商的多层次协商议政格局,围绕区域经济发展、文明城区创建、教文卫体社会事业建设等事关全局的重要问题和民计民生实际问题,组织委员开展专题调研,先后形成调研建议 19 篇。在政协红桥区第十四届委员会第二次全体会议和第十次常委会第二次专题议政会议上,各民主党派、工商联、各专委会作会议发言,建诤言、献良策。区委、区政府主要领导高度重视政协工作,出席区政协各类协商会议,对委员提出的意见建议给予充分肯定。

(高雅睿)

【民主监督】 2018 年,区政协认真贯彻中央和市、区委关于加强人民政协民主监督工作的有关要求,围绕区委、区政府重点工作和社会关注、群众关切的热点难点问题,发挥协商式监督特色优势,努力提高监督实效。组织政协委员参加全市政法系统工作情况民主评议、全区区级领导干部民主测评以及区纪委 2018 年对全区各部门述职述廉现场评议工作;组织部分委员参加市"扫黑除恶专项斗争"第五督导组民主监督评议座谈会;应邀对以穆某为首的全国首例"套路贷"涉黑案件审理判决、区教育系统公开招聘教师进行现场监督;推荐 5 名政协委员担任公安红桥分局监督员;配合区税务局,开展税收相关政策问题宣传、咨询活动。

(高雅睿)

【参政议政】 2018 年,区政协坚持科学发展,关注民计民生,不断加强参政议政能力。接待全国政协副主席刘奇葆到区三岔河口思源广场,调研考察大运河开发建设情况。积极搭建知情明政平台,邀请区政府有关部门负责人通报区情;组织委员参观和苑街道综治网格信息化管理中心;组织工会、工商联、经济界别委员赴空客 A320 天津总装公司和天津海鸥手表厂参观学习;组织委员到天津正融科技大厦、天津天地伟业数码科技有限公司调研,拓宽委员参政议政视野和思路,为委员发挥主体作用创造良好条件。围绕"完善改造提升青少年民族博览园"开展深入调研,为打造民族爱国教育基地建言献策。主动为市民族文化宫建设过程中出现的问题进行协调服务,为推进重建项目如期竣工作出积极努力。配合市政协推动建立清真牛羊肉生产加工销售规范化市场管理体系,组织委员积极建言,把好食品"入口关"。尊重委员在建言献策活动中的主体作用,区政协十四届二次会议以来共立案 169 件,其中 33 件提案被评为优秀提案,为区委、区政府科学决策提供有益参考。发挥社情民意信息"直通车"作用,到邵公庄街道委员联络中心、和苑街道营和园社区和芥园街道泉春里社区开展调研走访。针对居民反映的子女入托难、物业管理不到位、市场外溢、路灯不亮、环境污染等问题形成 8 期重点社情民意专报,其中 5 期得到区政府有关领导批示,3 期反映的问题得到圆满解决。

(高雅睿)

【助力中心工作】 2018 年,区政协主动围绕中心服务大局,助力四大攻坚战,在美丽红桥建设中担当作为。全力助推棚户区改造,3 名驻会副主席、9 名政协委员充实到棚改一线,举政协之力全力助推棚户区改造,区政协承担的丁字沽北大街、同义庄、丁字沽平房区等 10 个片区共完成棚户区改造搬迁 6100 余户,其中搁置 10 余年的丁字沽北大街片区实现清零。针对困扰棚户区改造的"拆迁难"问题,向市政协提交"坚持以人民为中心的发展思想破解棚户区拆迁改造难题"

的建议。组织委员到丁字沽北大街拆迁现场，入户宣讲政策、倾听诉求，用实际行动为加快征迁工作加油助力。全国政协副主席马飚，市政协主席盛茂林、副主席黎昌晋及市政协经济委员会、民族和宗教委员会、港澳台侨和外事委员会到区调研棚户区改造工作，区政协3位副主席先后在市政协系统助力棚改工作会议上作大会发言和书面交流。积极助推创文创卫工作，政协领导班子成员带领部分委员和机关干部包片进社区，加强监督指导和协调推动，组织部分政协委员为社区捐资购置打草机，对发现的不作为不担当问题敢于动真碰硬，及时向区委反映，1名社区工作人员因履职不力被街道解除劳动合同。向区政协委员发放《发挥委员履职作用全力助推“双创”双成》倡议，营造全社会关心、支持、参与、推动“双创”的浓厚氛围。借势助推区域经济发展，开展“四个一”活动（为美丽红桥建设献一计、为壮大区域经济招一商、为帮扶委员企业支一招、为惠民生献爱心办一事），围绕美丽红桥建设提出建议162条，引进中冶集团有限公司第一总部等10余家企业入驻红桥，坚持定期走访联系企业，协调解决实际问题，组织召开支企座谈会，介绍招商引资项目及市、区服务企业政策，支持帮扶委员企业成长。动员和组织委员及机关党员干部以多种形式联系帮扶困难群众，累计捐款捐物20.6万余元。坚决维护区域和谐稳定局面，认真落实区委、区政府信访维稳包保任务，定期开展接访下访，化解历史积案3件。对9名退役军人、居民重点走访，耐心听取诉求，积极协调有关部门及时有效解决，实现零进京、零进市的工作目标。在区政协承担的棚改项目动迁过程中，注重做好居民的搬迁维稳工作，特别是对丁字沽北大街片区清零工作中的12户滞留户，政协委员逐一入户劝解撤诉，未出现群体性事件和集访群访事件。

2018年9月6日上午，全国政协副主席马飚（前排左二）率全国政协政协考察团一行到区考察西于庄棚户区改造项目（区政协提供）

（高雅睿）

【委员队伍建设】 年内，区政协召开2018年政协工作会议，建立委员补课机制，规范委员履职。举办纪念改革开放40周年“奋进新时代 奋进新征程 政协委员展风采”主题演讲；与天津音乐学院、区教育局、区环保局等单位联合举办童声嘹亮“美丽中国我是行动者”红桥区少年儿童“6·5”环境日环保教育宣誓唱响活动；文化文史委创作完成36万字的《三条石》电视连续剧剧本；多名委员参与《红桥运河文化讲坛》节目录制。

2018年11月26日，区政协在政府礼堂举办纪念改革开放40周年“奋进新时代 奋进新征程 政协委员展风采”主题演讲活动（区政协提供）

（高雅睿）

纪检　监察

中国共产党天津市红桥区纪律检查委员会领导名单

（2018 年）

书　记：张金刚（至 2018 年 10 月）　芮永玲（女）（2018 年 12 月任）

副书记：石　落

尹会久

景　建

重要会议

【区纪委全会】 2018年2月12日，区纪委十一届四次全体会议在区委礼堂召开，总结2017年全区纪律检查工作，部署2018年任务。会议审议通过《以习近平新时代中国特色社会主义思想为指导推进党的十九大全面从严治党战略部署在红桥深入落实》的工作报告。区委副书记、区长袁家健出席并讲话。

12月21日，区纪委十一届五次全体会议在区委礼堂召开，专题开展述责述廉工作。全区71个处级单位党组织主要负责人向区纪委全会进行述责述廉，并接受与会代表的民主测评。其中3个街道党工委书记及7个区级部门党委(党组)书记现场汇报2018年落实全面从严治党主体责任和个人廉洁自律情况，其余61个单位提交书面报告。

(张　义)

【其他会议】 2018年9月13日，红桥区领导干部警示教育大会在第五中学礼堂召开。观看警示教育专题片《为了政治生态的海晏河清》，区纪委书记张金刚通报红桥区2017年以来违纪违法案件查处情况，区委书记李清出席并讲话。

9月20日，红桥区党风廉政建设和反腐败工作社会监督员聘任暨动员部署会在第五中学礼堂召开。会议对中秋、国庆期间开展监督工作做动员部署。

(张　义)

主要工作

【概况】 2018年，中国共产党天津市红桥区纪律检查委员会、天津市红桥区监察委员会(以下简称区纪委监委)忠实履行党章和宪法赋予的职责，坚持稳中求进工作总基调，不断提升全区纪检监察工作质量和水平。在全区纪检监察系统开展贯彻落实习近平总书记“三个着力”重要要求自查自纠活动，坚守纪检监察机关政治属性，强化纪检监察干部政治意识，严明政治纪律和政治规矩，严肃查处4起违反政治纪律问题。着力修复净化全区政治生态，充分认识红桥区政治生态遭到严重破坏的复杂形势，协助区委分析研判全区政治生态，持续肃清黄兴国、张泉芬、赵建国恶劣影响，组织召开赵建国严重违纪违法案件通报会。制定加强对区管单位党组织领导班子民主生活会监督的实施意见，变督导为监督，紧盯每个环节，严肃党内政治生活。严把选人用人政治关、品行关、作风关、廉洁关，针对干部选拔、评优评先、干部因私出国(境)、社区组织换届等回复廉政意见3489人次。持续保持反腐败高压态势，持之以恒减存量、遏增量，处置问题线索449件次，初核321件次，谈话函询33件，立案160件，处分94人，挽回经济损失438万余元。

2018年1月11日，红桥区监察委员会挂牌成立，撤销红桥区监察局，5个派驻纪检组更名为派驻纪检监察组。4月20日，召开全体党员大会，选举产生中共天津市红桥区纪律检查委员会机关委员会委员。大会通过差额选举、无记名

2018年1月11日，天津市红桥区监察委员会正式揭牌成立(区纪委监委提供)

投票方式,选举尹会久、王常刚、张小龙、房利伟、刘松岩、严妮和梁荣春7人为机关党委委员。机关党委第一次会议选举尹会久为机关党委书记,王常刚为机关党委副书记。

(张　义)

【"微腐败"问题查处】 2018年,区纪委监委大力开展扶贫助困领域腐败和作风问题专项治理,聚焦红桥区20项民心工程中的精准帮扶项目,全年查处群众身边"微腐败"问题68件次,处理42人次,处分29人次。组织对红桥区对口协作帮扶的甘肃省合水县、碌曲县两地开展专项监督检查,工作情况被《中国纪检监察报》报道。

2018年9月3日,区纪委监委检查组在甘肃省合水县开展专项检查(张义　摄)

(张　义)

【扫黑除恶】 2018年,区纪委监委坚决贯彻党中央和市、区委扫黑除恶专项斗争决策部署,制定细化工作方案和工作措施,成立扫黑除恶监督执纪问责工作推进领导小组,全面筛查公安机关查处的涉黑涉恶案件,深挖黑恶势力背后"保护伞"。把棚户区改造、扶贫助困、社区治理、市场管理等重要工程、重点领域纳入查处重点,张贴发放2.4万册扫黑除恶宣传挂图和宣传折页,形成强大舆论声势。组织问题线索大起底,与政法机关建立问题线索快速移交和反馈机制。对红桥区查处的全国首例"套路贷"涉黑案件专案专办,合力攻坚,对其中"保护伞"问题紧盯不放,立案审查调查6人。

(张　义)

【作风建设】 2018年,区纪委监委深入贯彻落实中央"八项规定"及实施细则精神。重要节点反复重申纪律要求,分批次通报区内查处的违反中央"八项规定"精神问题典型案例21人次。充实监督力量,组建社会监督员队伍,组织到辖区262个重点点位,开展明察暗访103次,组织30个重点单位进行交互检查。协助区委制定全区《关于深入开展不作为不担当问题专项治理三年行动方案(2018-2020年)》。全年查处各类不作为不担当问题299件次,处分64人次,处理334人次。严肃整治表态多调门高、行动少落实差等形式主义官僚主义问题,查处51件次,处分32人次,处理23人次。开展人防系统专项检查,制定专项治理工作方案。

2018年中秋、国庆节期间,区纪委监委开展明察暗访工作(区纪委监委提供)

(张　义)

【派驻巡察】 2018年,各派驻纪检监察组充分发挥"探头"作用,全年参加(列席)被监督单位班子会议313次,叫停议题15次,提出整改建议73条,对驻在部门领导班子议事决策过程进行全程监督。结合监督情况建立1100余名科级干部廉政档案,动态把握、精准分析驻在部门"树木"与"森林"情况。全年各派驻纪检监察组处置问题线索181件,立案81件,处分57人。制订十一届区委巡察工作计划和年度工作要点，创新巡察方式，健全制度机制，统筹推进四轮常规巡察，发现问题294个，提出整改意见和建议182条，移交问题线索46件。创新巡察成果运用，巡察结果分别向被巡察党组织分管区级领导、被巡察单位党政主要负责人、被巡察党组织领导班子和党员干部三个层面反馈，全面压实被巡察党组织整改责任。集中整改结束后，及时组织整改评价检查，对整改效果不明显的2个单位，向区纪委提出问责建议。

（张　义）

【廉政教育】　2018年，区纪委监委采取专题授课、基层宣讲、在区纪委网站和微信公众号开设专栏、在线答题等方式组织全区各单位深入学习宣传、贯彻落实《中华人民共和国监察法》和新修订的《中国共产党纪律处分条例》。在区级理论学习中心组、区委党校主体班次开设廉政专题党课，重要时间节点发送廉政短信7236人次，把纪律规矩教育融入日常、开展经常。配合扫黑除恶专项治理，以“致全区党员群众公开信”为题，印制扫黑除恶宣传挂图，公开发布扫黑除恶专项斗争监督执纪问责查处重点和红桥区纪委监委、基层各纪检监察组织举报方式。

2018年6月，区纪委监委与区文化和旅游局联合举办主题漫画展（宋晨静　摄）

（张　义）

民主党派与工商联

民革天津市红桥区委员会

【概况】 2018年,民革天津市红桥区委员会(以下简称民革红桥区委会)认真学习贯彻中共十九大精神和习近平新时代中国特色社会主义思想,团结带领民革党员和所联系人士,全面加强自身建设,履行参政议政职能,积极建言献策,主动服务社会,不断提升履职能力,各项工作稳步推进。至年底,民革区委会共有党员153人,下设4个支部,其中市政协常委1人、市人大代表1人、区人大代表3人、区政协副主席1人、区政协副秘书长1人、区政协常委2人、区政协委员12人。

(赵　萍)

【思想建设】 2018年,民革红桥区委会组织党员学习中共十九届二中、三中全会精神,习近平总书记在看望参加全国政协会议的民盟、致公党、无党派人士、侨联界委员时的重要讲话;组织观看纪念马克思诞辰200周年大会现场直播,参观周恩来邓颖超纪念馆,观看爱国主义影片《红海行动》。区委会分阶段开展主委班子与所在基层支部"讲党课、讲党史"活动;参加民革市委会组织的赴中央统战部和西柏坡思想宣传工作培训研讨班;组织入党申请人参加2018统一战线知识竞赛;与红桥区各民主党派代表人士参与区统战系统赴滨海新区调研活动;参加区委统战部组织的党外干部培训班、党外人士培训班和拓展训练;举办民革红桥区委会2018年度学习培训班。在纪念中共中央"五一口号"发布70周年、民革成立70周年系列活动中,区委会组织党员赴北京国家博物馆参观"伟大的变革——庆祝改革开放40周年大型展览";参加民革市委会举办的"纪念中共中央'五一口号'发布70周年、民革成立70周年"大会暨文艺演出及在天津西洋美术馆举办的纪念"五一口号"发布70周年和纪念改革开放40周年书画展、天津市统战系统庆祝改革开放40周年文艺会演;参加区统战系统纪念中共中央发布"五一口号"70周年座谈会以及区统战系统赴广东省改革前沿学习培训班。基层支部召开纪念"双70周年"座谈会,参观天津改革开放的窗口——滨海文化中心;参加民革市委会举办的纪念改革开放40周年演讲比赛,上报纪念"五一口号"发布70周年征文、纪念改革开放40周年书画作品。组织党员参加由区委统战部主办的纪念改革开放40周年"同心助双创 拾荒健走行"活动;在为红桥"双创"献一计活动中,区委会党员提交《牢牢抓住宣传教育这个关键 打好"创文创卫"坚实基础》的建议。

2018年12月7日,民革红桥区委会赴北京国家博物馆参观"伟大的变革——庆祝改革开放40周年大型展览"(民革红桥区委会提供)

(赵　萍)

【组织建设】 2018年,民革红桥区委会召开组织发展工作会议,学习《关于党员发展程序和相关工作的规定》制度文件;完成区委会全体党员纸质和电子版档案整理;完成申请人谈话10人,7人参加市委会入党申请人培训,3人完成组织发展外调工作,新发展党员1名;赴浙江省参加民革党员之家调研;重新修订《民革红桥区委会后备干部推荐表》。

(赵　萍)

【参政议政】 2018年,民革红桥区委会在区政协大会上做题为《关于建立健全我区物业市场化矛盾纠纷调处机制的建议》的大会发言。在区政协常委会上做关于《利用现有资源发展红桥旅游的建议》的专题发言。在民革市委会举办的京津冀地区民革组织专题研讨会上做《以文化创意助推乡村旅游转型升级的研究》的发言。在市政协议政专题常委会上担任市政协委员的党员做《关于有效化解棚户区改造中民事纠纷的建议》的发言。2018 年,民革党员中的各级人大代表和政协委员共提交建议和提案 23 件,涉及民生、经济、文化等领域。其中,区委会提交的《关于加强我区精神文明建设的建议》和区政协委员提交的《关于挖掘历史文化资源打造运河特色旅游经济带的建议》等多篇提案被区政协十四届二次会议评为优秀提案。区人大代表提交的两篇建议案被列为区人大和区政府重点督办件。完成红桥区 2018 年统一战线理论创新成果征集工作 1 篇——《关于新时代党外知识分子统战工作的研究》;完成《关于进一步完善基层公共法律服务体系建设的建议》;完成关于天津"海河英才"计划的几点看法和关于政府采购制度问题的建议征稿。提交区政协《关于将天津五中西侧门通往快速路道路开通的建议》得到办理落实,道路正在施工。联系协调区有关单位,承接民革市委会到区就棚户区改造课题的调研。组织区委会参政议政专委会与区发展改革委、区商务委、区科委进行联合调研座谈。参与市委会赴东北就棚户区改造和现代农业课题的调研活动。

(赵　萍)

【社会服务】 2018 年,多名区民革党员参加天津市广播电视台科教频道《法眼大律师》栏目、红桥区法律援助中心、红桥区人民调解委员会联合承办的大型法律咨询活动。党员为"爱心牵手"活动帮扶对象继续提供智力帮扶,积极落实《红桥区党外人士爱心帮扶活动方案》,购买和募捐衣物 20 余件,走访帮扶对象家庭。经济界党员参加区纪念改革开放 40 周年民营企业家座谈会等活动。区委会副主委赵刚作为民革中央企业家联谊会副会长,应邀陪同民革中央领导赴山东调研考察;出席由民革中央、江苏省政协联合主办的健康中国发展大会;应民革中央邀请参加"2018 实体经济发展大会",并做主题发言;出席民革中央企业家联谊会企业培训中心揭牌仪式;参加民革中央首次全国性定点扶贫工作推进会,与民革市委会领导及部分代表共同走访天津市定点扶贫点昆寨乡调研了解情况,研究帮扶对接工作。主办北大后 EMBA 第十八期商业领袖班学员在红桥区招商推介会,开展营商调研考察活动。

(赵　萍)

【祖国统一】 2018 年,民革红桥区委会组织特色党员和青年骨干党员参加市委会祖统工作培训、交流,学习民革中央祖统工作会议精神,聆听市台研会邀请的相关专家学者所作的"台情报告"。应天津市黄埔同学会邀请,在特色老党员家中接待台湾振兴中华民族及文化经济促进协会一行到津交流。参加民革天津市委会、市委会工程总支、财政总支、红桥区委会、北辰工委共同举办的"祖统工作 40 年的回顾与展望"座谈会,会上就海峡两岸人员学习、就业等内容作交流发言。接待包括民国名人阎锡山亲属等多批次台湾同胞到津交流参观。

2018 年 9 月 16 日,民革红桥区委会接待台湾振兴中华民族及文化经济促进协会一行到津交流(民革红桥区委会提供)

(赵　萍)

民盟天津市红桥区委员会

【概况】　2018年,中国民主同盟天津市红桥区委员会(以下简称民盟红桥区委会)以习近平新时代中国特色社会主义思想为指导,深入学习贯彻习近平新时代中国特色社会主义思想和中共十九大精神,不断加强自身建设,认真履行参政党职能,广泛开展社会服务,积极建言献策,为区域经济社会发展做出积极贡献。2018年11月,民盟红桥区委会办公地点调整为红桥区委主楼西侧配楼四楼。

2018年,民盟红桥区委会发展新盟员9名,均为大学本科及以上学历,平均年龄不到32周岁。截至年底,有盟员299人,下设13个基层支部,其中市人大代表1人、市政协委员1人、区人大代表5人、区政协委员10人。2018年,民盟红桥区委会被民盟中央评为“社会服务活动”先进集体。

(刘宇新)

【思想建设】　2018年,民盟红桥区委会多次召开主委会、区委会、区委扩大会,学习习近平总书记系列重要讲话精神,学习《习近平谈治国理政》第一卷、第二卷;深入开展坚持和发展中国特色社会主义学习实践活动,组织盟员收听、收看中共十九大开幕式和庆祝改革开放40周年大会实况;学习《中华人民共和国宪法》和《中华人民共和国监察法》;学习全国“两会”精神,组织区委委员、各支部主委和骨干盟员开展“习近平总书记在全国政协联组会上的重要讲话精神”和“中共十九届三中全会精神”主题学习教育活动;举办中青年骨干盟员、新盟员培训班;举办纪念改革开放40周年征文活动;组织10位盟员到天津商业大学参加住津全国人大代表和政协委员传达学习全国两会精神报告会;组织开展“不忘合作初心、继续携手前进”专题盟史讲座活动;在“三八”妇女节组织广大女盟员观看纪录片《厉害了,我的国》;区委会经济联合一、二两个支部在团泊湖接待中心开展主题为“传承民盟文化 践行新时代中国特色社会主义思想”的学习活动。2018年,组织盟员录制纪念中共中央发布“五一口号”70周年演讲赛视频,获得朗诵比赛优秀组织奖,盟员张莹在朗诵比赛中获得优秀表演奖、盟员王丙钰在纪念中共中央发布“五一口号”70周年天津市2018统一战线知识竞赛中获三等奖。

2018年9月,民盟红桥区委会开展“不忘合作初心、继续携手前进”专题盟史讲座(民盟红桥区委会提供)

(刘宇新)

【参政议政】　2018年,民盟红桥区委会多次召开参政议政专题研讨会并撰写多篇高质量提案,盟员邹世娟报送的《生态文明建设中土壤重金属污染现状及对策研究》,经民盟市委调研室采用、整理并报送民盟中央,被民盟中央报送全国政协十三届一次会议集体提案;她撰写的《关于加强我区大气综合治理的建议》被民盟区委会作为政协天津市红桥区第十四届委员会第二次会议大会发言;她撰写的信息《关于我国大气污染物协同治理的建议》经民盟市委会转化,被民盟中央采用并带至全国政协第十三届第二次常委会;她撰写的《关于填补我国城市光污染监管盲区的建议》经盟市委会转化,报送民盟中央。盟员穆恩鹏撰写的《关于完善金融贷款业务中保证金质押存款账户对外统一公示标识或统一登记制度的建议》经民盟市委会整理并报送民盟中央和中共天津市委统战部，被民盟中央2017年四季度《民盟信息》和中共天津市委统战部2017年12月《统战信息》采用，他撰写的《完善司法审执程序，保护非公有制经济合法权益》经民盟市委会整理，报送民盟中央。盟员张彦琴提出的《关于加强扶持我区中小企业民营发展的建议》和盟员罗明提出的《关于加强长期致力社会非法收受药品行为的建议》获评区政协优秀提案。民盟红桥区委会接待民盟河北省委会到区考查调研运河文化，并进行交流座谈。盟员高宇虹、罗明在市民盟班子成员和市政协委员走访联系座谈会上做交流发言。民盟红桥区委会副主委邓立志代表盟市委艺委会参加盟中央在四川成都市组织的民盟西部城市盟务工作会议，并在会上代表天津民盟做关于“深入贯彻十九大精神，坚定文化自信”主题发言。盟员邹世娟被民盟中央评为2017年度民盟反映社情民意信息工作先进个人。盟员穆恩鹏撰写的《完善司法审执程序，保护非公有制经济合法权益》获得2018民盟法制论坛优秀论文一等奖。

2018年7月，民盟红桥区委会接待民盟河北省委会到区考查调研运河文化（民盟红桥区委会提供）

（刘宇新）

【社会服务】 2018年，民盟红桥区委会6个支部完成对6名学生的爱心帮扶活动；盟员天津市佳春中学教师孙喆积极响应支教号召，克服自身困难，主动报名到新疆和田县支教；民盟红桥区委会于9月组织19位盟员参加区委统战部组织的“同心助双创、拾荒健走行”活动；在重阳节来临之际，区委会开展尊老敬老社会服务活动，到运之福敬老院为老人们送去节日问候和祝福；民盟红桥区委会到和苑街道、邵公庄街道一些社区开展社情民意走访活动，把社区百姓关注的环境保护、入托难、社区夜间灯光不亮等问题通过社情民意专报及时与相关部门沟通、反映，解决部分难题；民盟红桥区委会三中、民族中学等支部举办为全校学生义务答疑解难的助学活动；民盟红桥区委会在西于庄街社区卫生服务中心为中老年人举办关于《高血压患者的心率管理》为主要内容的健康讲座，开展以“保护绿色湿地 构建生态文明”为主题的社会服务活动。民盟红桥区委会副主委邓立志、卫生支部主委罗明作为民主监督员，参与红桥区穆某套路贷等重大案件民主监督全过程。

2018年10月，民盟红桥区委会慰问运之福敬老院老人（民盟红桥区委会提供）

（刘宇新）

民建天津市红桥区委员会

【概况】 2018年，民建天津市红桥区委员会（以下简称民建红桥区委会）团结带领广大会员，深入学习贯彻习近平新时代中国特色社会主义思想和中共十九大精神，强化会员政治思想引领，持续推进区委会自身建设,认真履行参政党职能,积极服务社会、服务企业。

(侯红宇)

【理论学习】 2018 年,民建红桥区委会以“两学一做”学习教育活动为抓手,以学习习近平新时代中国特色社会主义思想和中共十九大精神为主线,编发《学习资料》,开展民建会史教育,组织中心组学习,举办专题培训班,组织会员参加民建市委会培训学习,参加区委统战大讲堂,推动各支部开展学习教育活动。组织开展纪念“五一”口号发表 70 周年和庆祝改革开放 40 周年演讲征文系列活动,收到学习体会、演讲、征文 35 篇。组织各支部百名会员观看纪录片《厉害了,我的国》。制定活动方案,组织举办区委会庆祝改革开放 40 周年诗歌朗诵会活动;组织会员参加市委统战部举办的庆祝改革开放 40 周年书画展;选送节目、组织会员参加民建市委会举办的文艺演出活动。办好《天津民建红桥专刊》,全年编印会刊 4 期,及时刊登要闻简讯、学习资料、会务动态、调研参政、基层活动、社会服务等信息,不定期刊登学习体会、诗词散文、会史教育等文章,增强可读性和趣味性。

(侯红宇)

【自身建设】 2018 年,民建红桥区委会制定支部换届工作办法,经区委全委会议审议通过,启动支部换届工作。组织开展换届纪律教育,完成提名人选民主推荐、区委会领导班子会议人选酝酿等工作。严格履行会员发展程序,坚持会员发展标准,严把会员入口关;加强会员量化考核,完善会员信息动态管理,健全调整骨干会员和后备干部结构。全年进入考察期申请人 30 名,发展新会员 13 名。组织开展市级先进会员推荐工作,12 名会员获得市级先进会员称号。组织开展先进支部和优秀会员评选工作,30 名会员获得区级优秀会员称号,3 个支部获得区级先进支部称号。从思想建设、组织建设、参政议政、社会服务等方面考核支部年度工作。在思想建设方面,各支部学习会章、会史,举办金融、法律知识专题讲座,参观红色爱国主义教育基地。在调研方面,组织会员到会员企业考察调研,部分支部就天津市社会发展情况提交专题调研报告,部分调研信息被区委会采纳,形成两会提案建议,报送市、区人大、政协会议。在社会服务方面,各支部积极开展社会帮扶工作,弘扬社会正能量。参加民建商业大学基层委员会换届大会,接待民建商业大学基层委员会领导班子来访,就双方继续深化结对子工作进行座谈沟通,就组织开展参政调研、密切双方日常组织活动达成共识。就新农村建设组织联合学访交流、开展联合调研;成功承办民建市委会 2018 年(睛彩杯)羽毛球混合团体赛,组建的民建红桥商大联合羽毛球队获得亚军。

(侯红宇)

【参政议政】 2018 年,民建红桥区委会在市政协十四届一次会议上提交《关于改革管理机制破解路灯养管难题的建议》《关于加大擅自拆改房屋结构整治力度的建议》《关于解决跨勤俭道连接临水道育苗路过街人行天桥安全隐患的建议》《关于进一步加强基层医疗服务能力建设的建议》《关于取缔废旧电话亭的建议》《关于三甲医院不宜大批外迁的建议》《关于切实做好历史建筑保护的建议》《关于为企业解决土地使用证和房屋所有权证两证合一前遗留问题的建议》《加大打击力度净化市场维护老年人消费权益的建议》《抢救津城文化载体打造天津经济新亮点的建议》提案 10 篇,其中多份提案得到回应解决,如三甲医院停止整体外迁,原迁出空置医院不再作为建设用地,原址保留作为迁出三甲医院的市内分院逐步恢复,准备迁出的医院只建分院,实现分流,市内医院保留不变;人行天桥隐患完成修复;路灯管理机构启动整合机制等等。向市政协十四届二次常委专题协商会议提交《挖掘水文化资源,规划津城水文化旅游》的建议,在《人民政协报》予以报道;向市政协十四届三次常委专题协商会议提交《关于加快推进市区棚改三年清零行动计划的调研报告》,被市委统战部主办的《海河同舟》采用刊发。向市政协报送社情民意3件。向区政协会议提交《取缔红桥区咸阳路幸福里路段占道经营的建议》《用好远年住房改造资金,让百姓确实感受到政府为民造福》《禁止在楼道堆放杂物确保民生安全的建议》等提案20件,向区人大提交建议案7件。向区委统战部提交《民主党派基层组织建设问题研究》,完成区委统战部调研课题;完成区政协《加大数据资源整合力度助力数字红桥建设》的调研工作。会员中的人大代表、政协委员围绕“棚户区改造”“创文创卫”“经济运行”等中心工作,积极参加各级人大、政协组织的代表委员考察活动,开展《中华人民共和国安全生产法》等法律法规执行情况监督检查;组织会员旁听区法院典型案件庭审;担任市政协委员的会员走进天津电台《天津早晨》政协民心桥栏目直播间,与群众互动,听取群众意见;受聘各单位监督员的会员,主动参与相关单位组织的民主评议、行风监督等活动。区委会主要领导以参加区委、区政府召开的意见征求会、座谈会、民主协商会、专题通报会等为契机,对重大人事安排,反腐败工作情况,区委、区政府工作报告,区委重大决策等提出意见和建议。

(侯红宇)

【社会服务】 2018年,民建红桥区委会各支部确定专人联系走访对口帮扶家庭,坚持节日走访慰问,持续开展优秀学生困难家庭帮扶工作。春节前与区委统战部走进西于庄街道怡水苑社区,联合举办“温情进社区爱心送祝福”红桥区党外人士迎春送温暖活动,区委会邀请部分书画界会员和企业家参加,会员们积极响应,为困难家庭送去祝福和慰问品。区委会积极响应党中央和民建中央号召,落实市委会扶贫攻坚部署,为对口帮扶的河北省丰宁县10个贫困村组织开展缴纳特殊会费活动,会员积极响应,用时10天募集扶贫专项特殊会费20万元,参与缴纳扶贫专项特殊会费活动会员230人,人均捐款近千元。七支部持续多年帮扶1名优秀学生困难家庭,承担帮扶学生从高中到大学的全部学费;一支部会员韩静茹23年坚持义务从事公益事业;六支部会员王金玲坚持慰问市福利院的孩子们,给孩子们带去欢乐和祝福。区委会号召会员发挥自身优势,开展招商引资工作。全年引进企业30余家,注册资金3000余万元。春节前夕,区委会和各支部纷纷慰问老会员和贫病会员。不定期走访会员企业,了解企业发展,通过区委会向区“双万双服”平台反映企业困难,帮助企业与政府有关部门建立帮扶联系渠道。及时探望生病住院会员,送去组织问候。会员法律工作者义务为会员企业提供法律咨询服务,助力会员企业发展。

(侯红宇)

民进天津市红桥区委员会

【概况】 2018年,民进天津市红桥区委员会(以下简称民进红桥区委会)全面贯彻中共十九大及十九届三中全会精神,学习习近平总书记关于中国共产党统战工作系列重要讲话精神,团结和带领全体会员,积极开展各项工作,在思想建设、组织建设、参政议政、社会服务等方面取得新进展。2018年11月,区委会办公地点调整为区委主楼西侧配楼4楼。

2018年,民进红桥区委会有会员214人。其中,男会员106人,女会员108人;市政协委员2人;区人大代表4人;区政协委员14人。民进红桥区委会副主委徐长青获国务院政府特殊津贴专家称号。

(马艺雯)

【思想建设】 2018年,民进红桥区委会多次组织集中学习，邀请南开大学马克思主义学院教授盛林为会员做《新时代统战理论创新研究》专题培训。邀请天津师范大学政治与行政学院院长佟德智做《习近平新时代中国特色社会主义民主理论》专题培训。邀请民进市委会副主委王侃就“参政议政相关要求”为会员进行题为《自强不息立天地，厚德载物谋远行》专题培训。组织参加民进中央副主席朱永新主讲的“关于参政议政能力建设的初步思考”培训。组织参加红桥区纪念“五一口号”发布70周年2018统一战线知识竞赛。参加“不忘合作初心，继续携手前进”红桥区统战系统纪念“五一口号”发布70周年座谈会。参加纪念“五一口号”发布70周年和纪念“改革开放”40周年征文活动。参观天津市统一战线庆祝改革开放40周年书画展。观看天津市统一战线庆祝改革开放40周年文艺演出。

2018年6月28日，民进红桥区委会在第五中学举办“民进会员会章会史学习”专题讲座，主委欧阳敏(右二)担任主讲人(民进红桥区委会提供)

(马艺雯)

【组织建设】 2018年，民进红桥区委会多次召开宣讲民进会史系列专题会议；青工委在“三八”国际妇女节，组织女会员观看爱国主义电影《红海行动》；“五四”青年节，组织全体会员参观平津战役纪念馆。召开纪念改革开放40周年暨2018年参政议政工作中期推动会。赴蓟州区实践基地(盘山烈士陵园)开展“不忘合作初心，继续携手前进”主题教育活动。

2018年10月10日，民进红桥区委会赴蓟州区实践基地(盘山烈士陵园)开展“不忘合作初心，继续携手前进”主题教育活动 (民进红桥区委会提供)

(马艺雯)

【参政议政】 2018年，民进红桥区委会完成《党外代表人士实践锻炼研究》《党外知识分子工作研究》《重视民主党派在政府机关中的发展》“理论创新成果”研究课题3个。完成参政议政市级课题3个，区委会副主委孔维斌，区委会委员纪卫东、张佳昕分别完成《关于促进高等教育与基础教育有效对接，深化我市高考改革的建议》《深化“放管服”，简化契税优惠审批，让棚改户共享改革福利》《民办高校师资队伍建设存在的问题及改进的建议》。民进区委会在市政协棚改专题调研会上作题为《让拆迁户享受契税减免，不再绕路》的发言；在市参政议政推动会上作题为《关于促进高校教育与基础教育有效对接 深化高考改革》《推进独立学院师资队伍建设的几点思考》的发言。完成2018年区政协年会发言稿《以文促旅，以旅兴商 关于发挥“文旅商”发展

2018年7月16日，民进红桥区委会在渤龙湖山庄酒店召开“纪念改革开放40周年暨2018年参政议政工作中期推动会”(民进红桥区委会提供)

模式的共享效应 提升红桥经济发展水平的建议》。2018 年,民进区委会在区政协会议上提出提案 10 个,其中 3 个提案被评为优秀提案。在区人大会议上提出建议 4 条。

(马艺雯)

【社会服务】 2018 年,民进红桥区委会组织骨干会员为 5 名初、高中毕业班贫困生进行“双万双服”多对一精准智力帮扶;与区培智学校学生们共度“六一”国际儿童节。赴蓟州区开展社会服务实践基地送教活动;在雄安新区雄安一小建立社会服务实践基地;走进甘肃省庆阳市合水县开展教育帮扶。

2018 年 10 月 15 日,民进红桥区委会走进蓟州区孙各庄满族乡第一中心小学开展“同心彩虹 筑梦童心”教育帮扶活动(民进红桥区委会提供)

(马艺雯)

农工党天津市红桥区委员会

【概况】 2018 年,农工党天津市红桥区委员会(以下简称农工党红桥区委会)坚持以习近平新时代中国特色社会主义思想为指导,深入学习贯彻中共十九大和十九届二中、三中全会精神。认真落实农工党十六大提出的各项目标任务,聚焦健康红桥和美丽红桥建设两条主线,全面加强新时代高素质中国特色社会主义参政党建设,为打造绿色城区、建设美丽红桥贡献智慧和力量。2018 年,在党刊征订工作中,农工党区委会获农工党中央颁发的先进集体称号。红桥医院支部、医药卫生支部和经济支部获农工党区委会先进支部荣誉称号。杨惠媛、王慧琴等 33 名党员获农工党区委会先进个人荣誉称号。至 2018 年底,有农工党员 149 名,设 6 个基层支部委员会,其中男党员 76 人,女党员 73 人;市人大代表 1 人;区人大代表 4 人,其中常委 1 人;区政协委员 10 人,其中常委 1 人。2018 年 11 月,农工党红桥区委会办公地点调整为区委主楼西侧配楼 4 楼。

(牛 洁)

【思想建设】 2018 年,农工党红桥区委会组织农工党区委会班子成员及骨干党员学习贯彻区委会议、区十七届人大三次会议和区政协十四届二次会议精神。开展纪念“五一口号发布 70 周年”主题活动,派骨干党员赴中国农工民主党党史教育基地——河北省保定陆军军官学校参观学习。组织党员观看大型纪录片《厉害了,我的国》。号召全体党员在各自单位观看“纪念马克思诞辰 200 周年大会”,认真学习领会习近平总书记重要讲话精神。在中国共产党建党“97 周年之际”召开区委扩大会议,进一步推动学习贯彻习近平新时代中国特色社会主义思想和中共十九大精神。组织党员参观“庆祝改革开放 40 周年——2018 年天津市美术作品展”;参观“风雨同舟 携手共进——天津市统一战线庆祝改革开放 40 周年书画展”;观看统战系统庆祝改革开放 40 周年文艺演出;参加“翰墨丹青话春秋,携手圆梦新时代——农工党市委会庆祝改革开放 40 周年暨纪念农工党天津市委会成立 60 周年艺术作品展”;组织参观中国改革开放 40 周年大型展览等系列活动。开展“不忘合作初心,继续携手前进”主题教育活动暨“三学一讲”专题教育活动。举办 2018 年新党员培训班,班子成员带头讲课。组织党员学访农工党中央。教育支部与南开、河东、河北区委会的基层组织联合开展“不忘合作初心,继续携手前进”支部交流活动。全年,向区政协、区委统战部和农工党市委会上报信息 35 条。

2018 年 8 月 24 日,农工党红桥区委会举办“不忘合作初心 继续携手前行”主题教育活动 (农工党红桥区委会提供)

(牛　洁)

【参政议政】 2018 年,农工党红桥区委会积极参加区委、区人大常委会、区政府、区政协和各有关部门召开的民主协商会、座谈会和通报会,分别就红桥区经济建设、社会发展、重要人事安排等问题进行协商,提出意见和建议。全年,向农工党市委会报送提案 4 件,向区政协十四届三次会议提交集体提案 3 件,代表、委员建议和提案共 22 件。区委会《关于上足上好中小学体育课增强青少年体质的建议》和农工党员孟军《关于充分利用高校大数据研发平台助推红桥区数字经济上台阶的建议》获优秀提案奖。开展调研走访活动,强化深化重点专题调研,完成《以人才主体需求为政策导向,积极推进“子牙人才”计划深入实施的建议》《关于进一步提升家庭签约服务水平的建议》《大胡同地区规划改造方向的探讨》《关于对红桥区内子牙河、南运河、北运河改造的建议》《关于加强非物质文化遗产保护传承情况的调查研究》《关于规范各种媒体医学科普行为的建议》《关于加强推进天津市人工智能生态建设的建议》《关于推动京津冀一体化生物医药领域的建议》《加强卫生计生信息化建设,推动智慧医疗系统建设的建议》《以运河为依托,推动天津民俗文化园区建设的建议》《关于天津“海河英才”计划的问题调研及意见建议》等多篇调研报告。

(牛　洁)

【社会服务】 2018 年,农工党红桥区委会成功举办“戊戌华彩——华刚年书画展”。在双环邨街道和西于庄街道开展“温情送进家 爱心助学子”活动,为 5 名学生奉献爱心。经济支部到双环邨街道浩达公寓居委会,看望并慰问 10 户困难家庭代表。红桥医院支部组建医疗咨询服务队,到西于庄街、邵公庄街、西沽街、铃铛阁街、和苑街和芥园街的失独家庭,送上爱心慰问金,对身染重疾的失独患者精心诊查。联合市委会、农工党中医药研究院总支开展“中医药讲座健康行活动”,为红桥百姓进行义诊咨询。联合天津市眼科医院、双环邨街道办事处,共同走进基层,开展社区服务直通车——“美丽中国健康行”医疗咨询活动。重阳节,医药卫生支部联合红桥医院支部组织农工党专家、主任到桃花源养老院开展“情暖金秋,爱在重阳”义诊咨询活动。机关支部到天津赴甘南地区支援建设人员、农工党区委会副主委于滨的母亲家中进行看望,全力支持援甘党员全身心投入到扶贫工作中去。机关支部联合区环保局、区实验小学,开展“美丽中国我是行动者”主题宣传活动。农工党员、益德成(天津)闻药文化发展有限公司董事长马卫东参加在毛里求斯召开的“联合国教科文组织非物质文化遗产政府间第十三次会议”,并代表国家非物质

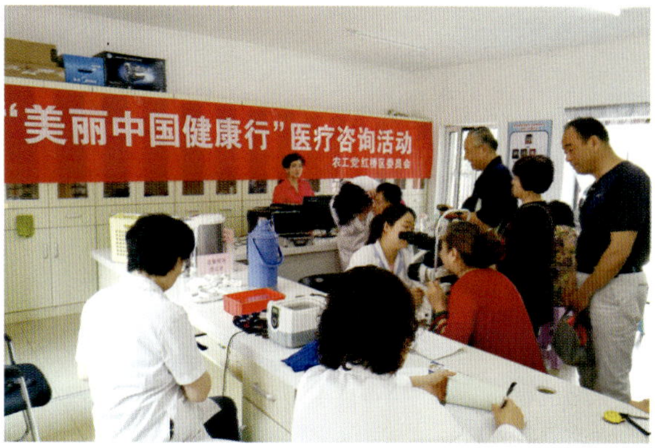

2018 年 5 月 14 日,农工党红桥区委会举办“美丽中国健康行”医疗咨询活动 (农工党红桥区委会提供)

文化遗产项目以“益德成闻药制作技艺”为题做大会交流发言。

（牛　洁）

【组织建设】 2018年，农工党红桥区委会健全完善《农工党红桥区委会加强领导班子建设的意见》《议事规则》《领导班子分工负责制度》《参政议政委员会工作职责》《社情民意工作机制》等规章制度。坚定不移贯彻民主集中制原则，坚持述职述学制度。建立和完善各级组织“领导班子成员基本情况”“一职二备人员基本情况”等数据库。全年发展党员9名，其中硕士研究生2名、博士研究生1名、高级职称3名，平均年龄40岁。组织党员在喜迎“三八”国际妇女节108周年之际参观“仰望其峰——孙其峰先生师生书画作品展”；在西沽公园参加“同心助双创，拾荒健走行”活动；赴京参观孙中山纪念堂、农工党中央机关，并与农工党中央机关支部交流座谈。

2018年12月17日，农工党红桥区委会组织骨干党员到农工党中央委员会开展学习交流　（农工党红桥区委会提供）

（牛　洁）

致公党天津市红桥区委员会

【概况】 2018年，致公党天津市红桥区委员会（以下简称致公党红桥区委会）以习近平新时代中国特色社会主义思想为指导，深入学习贯彻中共十九大精神、致公党十五大精神，认真履行参政党职能，全面加强自身建设，积极参政议政，主动服务社会。2018年，区委会发展新党员11名，平均年龄39岁，其中硕士6名、本科5名；侨海占比81%；中级以上职称占比20%。截至年底，全区共有党员160人，党员中有市人大代表1名、市政协委员1名，红桥区人大代表3名（含常委1名）和北辰区人大代表1名，区政协委员14名（含副主席1名、常委3名）。2018年，北辰区成立基层组织，红桥区11名党员转入北辰区。

（范丽红）

【自身建设】 2018年，致公党红桥区委会召开三届六次主委会和三届五次全委扩大会，研讨并布置全年工作，明确以学习培训和加强基层支部建设为重点工作。召开中共十九届三中全会精神传达会和学习习近平总书记重要讲话精神会议，引导党员深入领会精神实质，准确把握报告内涵和目标要求。组织党员参加市、区两级的全国“两会”精神传达会议，增强巩固思想政治共识和接受中国共产党领导的自觉性和坚定性。组织开展“2018年度红桥区骨干党员培训班”，邀请区发展改革委做《区情通报》，主委韩恩山分别做《学习习近平新时代中国特色社会主义思想的报告》和《致公党党史讲座》。4月4日，印发《致公党红桥区委会纪念“五一口号”活动方案》，在党员中开展征文活动，选取4篇党员征文和1篇支部征文上报市委会参加全市征文活动。组织党员分别参加市委会和区委统战部组织的纪念“五一口号”座谈会,骨干党员进行交流发言;组织党员观看《厉害了,我的国》电影。党员撰写的《致公党青年党员建功立业倡议书》被致公党市委会公众号全文发表。组织班子成员和骨干党员赴广东省开展“重走致公路,不忘历史情”学访活动,与江门市和开平市致公党市委会进行党务交流学习并参观致公党旧址陈列馆、司徒美堂故居等。组织第一、二支部党员赴蓟州区烈士陵园祭扫、缅怀先烈,并与渔阳镇政府相关部门进行调研,到镇属仓上屯初级中学进行现场调研,与校方达成精准帮扶意向。组织第五、六支部党员,赴北京华侨博物馆参观,同时参观《我还是一个地道的中国人——纪念爱国侨领司徒美堂诞辰150周年主题展》。组织老年党员开展“喜看津门巨变,共度九九重阳”活动,老龄委带领党员们乘坐海河游船,游览美丽津门。以“致公讲堂”为依托,建立“社区服务基地”,由区委会领导和组织,支部与社区点对点建立精准帮扶联系点,确定“怡水苑社区服务基地”由第二支部定点联系,“湘潭道社区服务基地”由第三支部定点联系。分别开设“老年人易发疾病预防以及急救护理的常识”“青少年如何预防传染性疾病”医学讲堂和“民事纠纷及财产维权方面”法律讲堂。河北工业大学总支代表致公党天津市基层组织与到津调研的中央统战部进行座谈。完成人物专访1篇,在统一战线杂志刊登;完成征文4篇,党员创作歌曲《耳边响起中国梦》代表红桥区参加市委统战部文艺会演,完成各类报道30余篇,积极传播党派声音。

（范丽红）

【参政议政】　2018年,致公党红桥区委会领导班子成员出席区委协商会、座谈会、征求意见会和情况通报会,就经济发展、社会事业等重大问题发表意见和建议,为政府科学决策做好服务。3月8日,召开《2018年参政议政工作会议暨调研课题研讨会》,召集参政议政专委会成员集中研讨,确定《关于完善海外高层次人才回归创业创新政策的研究》和《关于中医文化教育塑造学生健康素养的研究》调研课题2个,成立课题组。杨宇婴撰写《关于开发红桥导览APP的建议》和赵玉平撰写《关于吸引海外人才落户我区的建议》作为区委会提案成为区两会提案和建议;李宝英撰写《关于天津市快速路两侧安装隔音设施的建议》,王常柏撰写《关于彰武社区9门外绿地停车问题的建议》《关于彰武路市场问题的建议》,卢敢、范丽红联合撰写《关于远年老旧小区住房改造管理的建议》《关于拓宽改造团结路 方便百姓出行的建议》,李宝英撰写《关于加强对南运河南路、北路及沿河西岸环境管理的建议》,陈焕新撰写《关于光荣道公众停车场影响居民学校出行存在安全隐患问题的建议》,曹建娣撰写《关于进一步发挥中医“治未病”在我区医疗体系中作用的建议》《关于建立学校、家庭、社会三位一体的建议》,张洁撰写《关于我区非物质文化遗产保护传承开发利用的建议》,徐鑫撰写《关于建设一批社区文化体育设备的建议》,史晓光撰写《关于深化公立医院改革,助推分级诊疗的建议》,史晓光、陈焕新联合撰写《关于传承发展百年国粹中医文化进校园的建议》作为个人提案和建议成为区两会提案和建议。王常柏、赵玉平联合撰写《关于加快天津市私募股权基金转型发展的建议》获致公党中央优秀调研成果奖。

（范丽红）

【社会服务】　2018年春节前夕,致公党红桥区委会连续第七年走访慰问区内残疾家庭但品学兼优的孩子,送去米、面、油等生活用品和爱心助学资金,鼓励孩子们敢于追逐梦想,学成回报社会;走访慰问区委会退休老主委和部分生活困难党员;“三八”妇女节组织妇女界别的党员集体观影;组织党员向蓟州孙各庄满族乡捐书300本并实地走访慰问;医生党员李国进代表红桥区参加市委会组织的"致福送诊"医疗队,赴重庆市酉阳县,为当地百姓送医送药。重阳节组织老年党员赴滨海新区参观大火箭和图书馆,组织乘海河游轮看津门活动。举办纪念改革开放40周年书画笔会,组织党员参与市委会纪念改革开放40周年文艺演出;组织党员参加《同心助双创、拾荒健走行》活动,党员代表参加社区劳动和志愿者执勤工作,党员董秋实撰写《关于做好我区创文创卫工作的几点思考和建议》上报区委统战部。

(范丽红)

红桥区工商业联合会(商会)

【概况】 2018年,红桥区工商业联合会(商会)(以下简称区工商联)认真践行"两个健康"(非公有制经济健康发展和非公有制经济人士健康成长)工作主题,注重抓好非公经济人士理想信念教育,开展理想信念教育活动,发挥参政议政职能,组织会员建言献策,发挥桥梁纽带作用,为会员企业发展服务,开展招商引资工作,加强机关自身建设。

(董 璐)

【理想教育】 2018年,区工商联在全区会员企业中组织开展以"不忘创业初心、接力改革伟业"为主题的理想信念教育实践活动。以弘扬企业家精神、争做新时代典范为重点,以年轻一代非公有制经济人士为着力点,引导非公有制经济人士不断增强中国特色社会主义道路自信、理论自信、制度自信、文化自信,自觉做爱国敬业、守法经营、创业创新、回报社会的表率和践行亲清新型政商关系的典范。开展"不忘初心、创新发展"主题活动,组织区工商联执委和年轻一代民营企业家赴静海区工商联学访,与静海区民营企业家进行交流沟通,参观当地民营企业。举办"坚定理想信念,谋求创新发展"培训班,组织会员企业赴井冈山开展为期5天的教育实践活动。举办学习"汪洋、尤权同志在中共中央发布'五一口号'70周年系列纪念活动上的讲话"精神主题活动、弘扬企业家精神大讨论活动。

(董 璐)

【招商引资】 2018年,区工商联引入天津宝府酒店管理有限公司、泉州亲亲集团(天津)有限公司华北地区总代理等企业。与北京东城区工商联、西城区委统战部、丰台区委统战部、华商会联系招商引资工作,与北京市丰台区工商联、甘肃省碌曲县工商联、甘肃省合水县工商联、吉林省舒兰市工商联、长春市宽城区工商联签订友好工商联协议。在桃花节期间,举办"市工商联文化传媒商会走进桃花节"活动,邀请市30余家传媒单位参观,对区经济、社会发展进行宣传报道。组织会员企业参加区招商大会、"津洽会"、世界智能大会等活动,为区招商引资工作助力。

(董 璐)

【会员服务】 2018年,区工商联开展"双万双服促发展"活动,多次与对口帮扶企业麦德龙商场、陆津商业管理公司、欧亚达商业广场进行对接,了解问题和困难,做好活动记录和台账,协调有关部门召开工作推动会,帮助企业解决问题。联合区委政法委建立《红桥区民营企业家法律维权服务联席会议制度》。全年走访企业30余户,为企业解决公司注册、落户、选址起照等问题。组织开展区工商联会员创享汇活动,发布企业需求信息40余条。

(董 璐)

【扶贫助困】 2018年,区工商联以红桥区对口支援的甘肃省合水县、碌曲县为重点,引导区民营企业家积极履行社会责任,参与光彩事业。带领2名非公企业家赴合水县、碌曲县考察产业对接合作项目。组织区工商联执委和年轻一代民营企业家代表为两地捐款20万元,为市光彩办捐款58000元,并将部分善款用于补贴合水县贫困果农户,帮助生产和销售。

(董 璐)

【参政议政】 2018年,区工商联继续开展小微企业信息直报点调查工作,及时掌握小微企业和民营经济发展过程中出现的新情况、新问题。为市工商联重大课题调查研究做好基础工作,更好的服务非公经济发展。根据企业运行情况,将直报点数量由25家调整至35家。发挥工商联组织参政议政的职能作用,组织引导会员积极建言献策。在区"两会"上,工商联会员中的政协委员和人大代表紧紧围绕全区关注的非公经济发展、社会发展和民生热点、难点问题提出多份提案议案,其中《关于大力推进商务商贸楼宇建设,不断提升城区载体功能的建议》被列为2018年度重点提案。

(董 璐)

群众团体

红桥区总工会

【概况】　2018年,红桥区总工会(以下简称区总工会)团结带领全区各级工会组织和广大职工群众,弘扬劳动精神、劳模精神、工匠精神,围绕棚户区改造、招商引资、创文创卫、安全稳定四场硬仗,深入开展“走基层、访企情、问需求、送服务”活动(以下简称:“走、访、问、送”活动),紧扣时代主题,彰显政治责任,立足工会改革,深化维权服务,突出从严治党,以实际行动担负起组织职工、引导职工、服务职工和维护职工等各项职责任务。

(袁　鹏)

【职工思想引领】　2018年,区总工会充分发挥工会“大学校”作用,组织开展学习贯彻中共十九大精神进基层、进企业主题宣讲,推出劳模讲堂在基层活动,市级劳模孙时珠、佟德元等面向全区街道社区和企业单位宣讲习近平新时代中国特色社会主义思想和中国工会十七大精神。举办街道社区企业工会干部学习习近平总书记与全总新一届领导班子成员集体谈话时的重要讲话和中国工会十七大精神专题学习研讨班。

2018年12月20日,区总工会举办第一期“红桥区深入学习贯彻习近平总书记在同全总新一届领导班子成员集体谈话时重要讲话和中国工会十七大精神”研讨班(区总工会提供)

(袁　鹏)

【弘扬劳模精神】　2018年,区总工会以劳动竞赛为有效抓手,在重点行业、重点企业、棚改一线,开展“当好主人翁,建工新时代”劳动竞赛活动,激发职工群众干事创业劳动热情。发挥先进模范引领示范作用,在庆祝“五一”国际劳动节大会期间对先进模范进行表彰,通过区有线台、网络、微信等媒体宣传各行各业模范典型,组织劳动模范和道德模范等先进人物开展联谊座谈活动,组织全区一线劳动模范、市区级“五一劳动奖章”“五一劳动奖状”和工人先锋号集体代表40余人赴北戴河疗养,营造尊重劳模、崇尚先进、争做模范的良好氛围,激发和调动全区广大职工积极融入红桥区经济建设发展大局。

2018年4月28日,红桥区庆祝“五一”国际劳动节大会召开(区总工会提供)

(袁　鹏)

【“双万双服”】　2018年,区总工会落实“两个直奔”工作要求,到基层企事业单位开展“走、访、问、送”活动,为企业解难题、送服务。围绕企业需要,协调区发展改革委、区人力社保局等部门,组织召开政企对接座谈会,帮助20余家区内规模企业、科技企业、商业载体解读有关政策,解决人才引进、招商引资等实际问题。

2018 年 7 月 17 日，区总工会主席方立民（左一）走访天科玻璃公司（区总工会提供）

（袁　鹏）

【职工权益维护】　2018 年，区总工会组织和引导广大职工积极参与企事业单位的民主决策、民主管理和民主监督，协助全区百余家企事业单位发挥职代会主渠道作用，召开首次职代会。到街道、园区、楼宇、行业、企业等 32 个基层单位，印发要约书 3000 余份，覆盖企业 3000 余家。构建推进工资集体协商、创建劳动关系和谐企业保障机制，签订工资协议 3128 家，其中独签 109 家、区域行业签订 3019 家，覆盖率、独签率均 100%。推动律师网格化服务基层活动，发挥派驻律师作用，为职工提供法律咨询服务，定期走访服务基层企业、街道社区，开展宪法宣讲、职工权益维护专题讲座 6 场。

2018 年 5 月 15 日，区总工会举办法治宣讲活动（区总工会提供）

（袁　鹏）

【普惠服务】　2018 年，区总工会为 1700 余名职工申领会员服务卡，完成 2600 余张会员卡年检注册和动态调整。为 700 余名农民工免费体检；拓展会员卡服务功能，会同区教育局工会、欧亚达商业广场联合开展“心系职工，普惠服务”惠享月活动，使职工享受健身、娱乐、餐饮等优惠服务。

2018 年 4 月 13 日，区总工会在欧亚达商业广场举办“心系职工 普惠服务”会员服务卡惠享月活动（区总工会提供）

（袁　鹏）

【精准帮扶】　2018 年，区总工会持续开展“送温暖”“送凉爽”慰问活动，投入 70 余万元慰问困难职工、街道保洁队农民工和从事高温、室外作业的一线职工。筹集 22 万余元，为 24 名患大病职工会员申领专项保障金并实施叠加救助，慰问生病住院职工 49 人；为 143 名困难职工发放生活救助金 26 万余元，全年解困脱困 26 人；发放

2018 年 2 月 24 日，区总工会帮扶的困难职工刘婷（左二）向区总工会赠送锦旗（区总工会提供）

全国劳模困难帮扶金72468元,发放市级困难劳模医疗帮扶金、低收入补助金共78063元,惠及劳模20人次。深化金秋助学与爱心妈咪之家建设,对24名困难职工子女开展助学帮扶,指导金米特、万怡酒店进行爱心妈咪之家建设,解决女职工实际问题。

(袁　鹏)

【职工活动】 2018年,区总工会组织开展"学习贯彻十九大奋力建功新时代"职工演讲比赛,微信直播决赛吸引8万余人参与。开展"扬劳模精神,展时代风采"系列活动,拍摄"劳动者风采"和"情暖红桥"系列专题片。召开全区职工书屋经验交流会,承办天津市第十四届职工乒乓球大赛,教育、卫生系统组织开展纪念改革开放40周年文艺展演。

2018年10月22日,区总工会承办天津市第十四届职工乒乓球大赛(区总工会提供)

(袁　鹏)

【资金监管】 2018年,区总工会着眼更好的服务职工、服务基层,落实资金向基层工会组织倾斜、向活跃职工活动倾斜,向职工维权倾斜要求。加强财务制度、审计实务、政策解读培训,突出预决算管理,强化下拨资金跟踪审计,提高经费科学收管用水平。

2018年9月27日,区总工会组织审计街道工会账户(区总工会提供)

(袁　鹏)

【工会改革】 2018年,区总工会持续推进工会改革,召开区总工会七届七次全委会,选举工会挂职副主席1人,兼职副主席2人,经费审查委员会主任1人,调整5名委员职务;指导全区103个社区工会联合会完成换届,组织150余名工会干部开展业务培训。

2018年9月7日,区总工会召开第七届委员会第七次全体会议和七届经费审查委员会第二次全体会(区总工会提供)

(袁　鹏)

共青团红桥区委员会

【概况】 2018年,共青团红桥区委员会(以下简称团区委)牢记青春使命,主动适应时代发展要求和红桥青年特点,团结带领全区广大团员青年不忘初心、拼搏进取、敢为人先、砥砺前行,开展习近平新时代中国特色社会主义思想和中共十九大精神学习教育，加强基层团组织建设，完成社区团组织换届选举工作，引领鼓励青年创新创业实践，服务招商引资工作，开展青年志愿者服务活动和精准扶贫工作，为“打造绿色城区，建设美丽红桥”挥洒青春汗水、谱写青春华章。

（王 雪）

【青年思想引领】 2018 年，团区委深入开展习近平新时代中国特色社会主义思想和中共十九大精神学习教育。开展“十九大精神进校园”活动展播、“你好，新时代”十九大知识竞赛、“弘扬传统文化，坚定文化自信”校园活动，举办首届“红桥青年五四奖章”暨“红桥区向上向善好青年”评选活动，激发全区广大团员青年“不忘初心，继续前行”的工作热情，展现共青团新时代精神风貌。

2018 年 3 月 1 日，团区委在八戒园区举办“你好，新时代”中共十九大精神知识竞赛（团区委提供）

（王 雪）

【青年创业就业】 2018 年，团区委推进创业就业载体建设，整合提升青创中心、见习基地、孵化器的服务功能，形成青年创业就业帮扶体系。深化“青年创业行动”，调动青年参与创新创业热情，引领鼓励青年创新创业实践。选树青年创新创业创优典型，在全区组织动员首届“天津青年创新创业创优能手”红桥区参评人推选工作，营造创新创业氛围。

2018 年 11 月 5 日，团区委在雷锋小学礼堂举行首届“天津青年创新能手”“天津青年创业能手”“天津青年创优能手”评选活动（团区委提供）

（王 雪）

【服务招商引资】 2018 年，团区委坚持“开展活动促招商，整合资源促招商，提升服务促招商”工作主线，充分利用青联平台和委员资源，发挥青联优势，打造青联及委员招商引资宣传名片。联络市青联，邀请 12 名优秀青年企业家参加 2018 年投资贸易洽谈会，积极对接市青年企业家协会，邀请 70 余位青年企业家参观红桥区重点招商项目，并召开座谈会。组织辖区市场监管、人力社保、税务、司法等 10 余家市、区级青年文明号集体和创建集体代表开展现场服务，鼓励和引导全区各级青年文明号集体和广大青年积极投身营商环境建设。

2018 年 3 月 23 日，团区委邀请 12 名优秀青年企业家参加 2018 年投资贸易洽谈会（团区委提供）

（王 雪）

【青年志愿者服务】 2018年,团区委组织全区集中开展“服务春运 暖冬行动”“建功新时代 创建文明城 志愿我先行”学雷锋志愿服务活动、“爱心陪伴暖人心 敬老爱老显真情 红青志愿我先行”、第28届天津运河桃花文化商贸旅游节志愿服务活动、“拥抱新时代 创建文明城 团青志愿行”志愿服务月活动,累计服务区内居民万人次。多个项目斩获全国、全市志愿服务项目大赛大奖,推荐的橙意社会组织的“莯楠花开·青年婚恋交友平台”项目获第四届中国青年志愿服务项目大赛银奖。

2018年3月14日,团区委组织爱心企业家、青年志愿者走进咸阳北路街养老院,开展“爱心陪伴暖人心 敬老爱老显真情 红青志愿我先行”志愿服务活动(团区委提供)

(王　雪)

【团的建设】 2018年,团区委召开共青团红桥区第十四次代表大会,选举产生新一届红桥共青团领导机构。完成红桥区111个社区团组织换届选举工作,进一步加强基层团组织建设。开展全面从严治团现场督查工作,集中解决基层团干部在开展实际工作中存在的困惑和难题。开展“团青大讲堂”,邀请团中央权益部协调督导处处长梅峰作《团的十八大精神和总书记“7·2”重要讲话精神宣讲》团青大讲堂专题讲座。成立橙意社会组织服务中心团支部,加强红桥区基层团建。

2018年1月21日,红桥区第十四次团代会在区委礼堂召开(团区委提供)

(王　雪)

【“青”字号品牌活动】 2018年,团区委主办的“聆听榜样故事 无奋斗不青春”故事分享会在红桥区人民检察院报告厅举行,首届“红桥青年五四奖章”获得者和首届“向上向善好青年”获得者进行先进事迹汇报。分享会上,讲述者将自身工作经历与学习习近平新时代中国特色社会主义思想相结合,从自身领域讲解专业知识,讲述自己的故事,与听众一同分享书籍,用奋斗事迹激励青少年从小培养好思想、好品行、好习惯,引导青少年践行社会主义核心价值观,发扬新时代奋进向上精神,促进青年成长成才。

2018年8月21日,团区委主办的“聆听榜样故事 无奋斗不青春”故事分享会在区人民检察院报告厅举行(团区委提供)

(王　雪)

【青少年权益保护】 2018年,团区委以突出法治教育、法治建设为目标,开展“宪法记心间”“红青法律小课堂——宪法记心间”“我是小法官”主题普法活动以及开展2018年“红桥区蓝天未检公开课”品牌活动,制作推广“两法两例”(《中华人民共和国未成年人保护法》《中华人民共和国预防未成年人犯罪法》《天津市未成年人保护条例》《天津市预防未成年人犯罪条例》)相关普法宣传作品20个,加强青少年法治宣传教育。开展“平安春节”自护教育活动、“我是小小消防员”等各类活动30余场,组织各街道团工委开展青少年禁毒宣传“五进”活动,推进青少年安全自护教育工作。开展“美丽红桥 阳光少年”事迹宣讲活动和扮靓家园活动,做好重点困难青少年服务帮扶工作。

2018年4月25日,团区委联合区人民检察院的未检干警在天津市铃铛阁外国语中学开展宪法主题宣传活动(团区委提供)

(王　雪)

【新媒体建设】 2018年,团区委新媒体阵地在升级改版后继续推陈出新。增设“红青头条”“红青风采”“团团心语”“青年大学习”专栏,宣传习近平新时代中国特色社会主义理论,普及团十八大知识,设计发布一批重大事件节点H5页面,推出青年大学习团务知识短视频,开展微信运营战略化推广。微博、微信平台开展话题互动活动,提升团属新媒体影响力和活跃度。

(王　雪)

【扶贫帮扶】 2018年,团区委、区青联组织区内部分青联委员、青年企业家代表组成帮扶工作组,开展认领困难青少年“微心愿”计划、“金秋助学”“暖冬助学”等系列活动,先后发动艺点意创、卓朗科技等爱心企业筹措帮扶款项6.5万元,为甘肃省合水县、碌曲县55名贫困学生每人发放助学款,解决后顾之忧,避免因学返贫;动员伍创电商、创客快建为两地留守儿童送去书包、铅笔、字典等学习用具。“金秋助学”“暖冬助学”等行动感染当地企业,5家碌曲爱心企业在红桥共青团的带动下,共同资助8名困难学子。

2018年5月14日,团区委与甘肃省合水县团委联合举行“点亮微心愿真情暖童心”爱心物资发放仪式(团区委提供)

(王　雪)

【青年调查研究】 2018年,团区委到红星美凯龙、圣威科技、八戒园区、中煤设计、异乡好居、格朗合、伍创电商等20余家红桥区重点企业开展调研,就非公企业团组织建立、青年创新创业、加强团校企多方合作等方面进行充分交流,建立稳定联系,开展多方位合作,解决企业问题10余个。其中促成天津商业大学就业指导中心与青年企业家刘铁超创办的协盛科技有限公司达成人才协议,帮扶企业解决用工难题,相关活动被天津新闻报道。

(王　雪)

红桥区妇女联合会

【概况】 2018年,红桥区妇女联合会(以下简称区妇联)强化思想政治引领,激励妇女建功立业,自觉聚焦"强三性"(保持和增强妇联工作的政治性、先进性和群众性)要求,推动妇联改革落地见效,完成区妇联、社区妇联换届工作,街道妇联进行届中调整,开展精准帮扶,举办女性专场招聘会,团结带领广大妇女为打造绿色城区、建设美丽红桥贡献巾帼力量。2018年7月,区妇联办公地点由区委大院东配楼二楼调整至区委大院配楼二楼。

(杨博宇)

【思想作风建设】 2018年,区妇联开展"维护核心 铸就忠诚 担当作为 抓实支部"主题教育实践活动,观看《为了政治生态的海晏河清》《铁纪强军》等廉政教育片。重新修订完善涵盖议事决策机制、班子运行、党风廉政建设、自身建设等方面制度30余项,集结成《区妇联工作制度汇编》。开展"下基层、访妇情、办实事"活动,领导干部带头走出机关,坚持每月4次下基层调研,走向基层、走进妇女群众,倾听妇女心声,解决实际问题。落实市、区"二十项民心工程"及困难妇女儿童救助政策,对区内591名单亲困难母亲实行信息库动态管理。

2018年6月30日,区妇联机关党支部看望泉春里社区80岁老党员孙奶奶,一起重温入党誓词(区妇联提供)

(杨博宇)

【宣传引领】 2018年,区妇联开展"巾帼心向党 建功新时代"百千万大宣讲活动46场,覆盖妇女千人次,进万户家庭。举办红桥区妇女纪念改革开放40周年健身展示活动。"三八"妇女节期间,举办"不忘初心跟党走 巾帼建功新时代"主题事迹报告会,表彰2017年度"全国三八红旗手"杨树伟,全国巾帼建功标兵任霞,全国巾帼文明岗红桥区公证处、双环邨街道社区卫生服务中心,市级"三八红旗手标兵"缪淑玲等全国、市级先进个人和集体14个,区级"三八红旗手"50名、区级"三八红旗集体"10个。发挥巾帼志愿者作用,开展"巾帼建功新时代 志愿服务暖人心"主题实践活动,带动广大妇女群众积极投身创文创卫等重点任务,"衣暖人心""巾帼唱响"被列为红桥区重点志愿服务项目。

2018年3月,红桥区纪念"三八"国际妇女节108周年事迹报告会召开(区妇联提供)

(杨博宇)

【妇联组织建设】 2018年1月,区妇联召开红桥区妇女第十二次代表大会,确定今后五年妇女工作的主要目标和任务,选举产生新一届领导班子,配齐配强兼挂职主席。7月,完成全区110个社区妇联换届工作,突出社区党组织的"核心"地位和"轴心"作用,社区妇联执委中党员585人,占比59%。严格落实"1+5+X"模式(1名主席,5名兼职副主席,3名执行委员),选优配齐社区妇联组织"带头人",完成社区妇联主席进“两委”的改革目标任务。工作经验被《中国妇女报》和市妇联简报刊登。9月，区妇联推选17名优秀妇女代表参加天津市妇女第十四次代表大会。10月底，红桥区段玉宏和霍迎迎代表天津市妇女参加中国妇女第十二次全国代表大会。

2018年7月，邵公庄街道仁爱花园社区妇女第二次代表大会召开（区妇联提供）

（杨博宇）

【新媒体阵地】 2018年，区妇联利用“互联网+”手段，凝聚女性力量，在天津圣威科技发展有限公司和梦和园社区等妇女群体中建立“妇女微家”7个。开展“爱他就帮他守住幸福家”“最美礼赞献给她”等多项网络点赞留言活动。全区600余名妇女参加“精彩女性终身学习计划”，通过“妇联通”学习中国妇女第十二次全国代表大会精神。红桥女性微信公众号全年发布文章235篇，年阅读量2万人次。

2018年2月，区妇联组织全区各级妇联组织观看“巾帼好网民”活动（区妇联提供）

（杨博宇）

【创业就业】 2018年，区妇联大力宣传“津八条”“红十条”和红桥“子牙人才”计划，到楼宇园区调研，紧贴妇女所急、党政所需、妇联所能，为企业提供“订单式”服务。发挥“津帼众创”品牌优势，全年开展“巾帼逐梦 双创扬帆”女性专场服务活动6场。启动“创业服务高校行”活动，推进天津商业大学与八戒园区校企共建。举办女性专场招聘会3场。

2018年3月，区妇联到天津圣威科技有限公司开展“订单式”服务进企业调研交流活动（区妇联提供）

（杨博宇）

【家庭建设】 2018年，区妇联实施《红桥区关于指导推进家庭教育工作五年规划》。开展寻找“最美家庭”活动，周陈熊、刘云章、王珊家庭获评全国五好家庭，黄显亚、李亚红家庭获评全国最美家庭，王惠萍等4户家庭获评市级最美家庭标兵户，李颖慧等172户家庭获评市、区级最美家庭。推进社区“家长学校”“儿童之家”“半边

2018年11月29日，区妇联生态文明进家庭活动走进红桥区雷锋小学（区妇联提供）

天家园”建设,组织文明家庭大讲堂25场,在实验小学建立“家教家风创新实践基地”。开展“当好廉内助 守好幸福门”家庭助廉活动,开展“生态文明进家庭”主题活动15场,将社会主义核心价值观融入家庭建设工作全过程。

(杨博宇)

【权益保障】 2018年,区妇联组织男女平等基本国策和儿童优先原则进社区、进家庭、进机关、进校园宣传活动,国务院妇儿工委到红桥区中心小学开展性别平等教育进课堂国家级试点项目调研。举办反就业性别歧视宣传活动,纠正1起招聘中的性别歧视事件。深化平安家庭创建,开展“建设法治红桥 巾帼在行动”等主题宣传活动,发放法治宣传资料40000余份。出台《关于加强婚姻家庭纠纷预防化解工作的实施意见》,在街道建立妇女儿童维权站,疏导和化解婚姻家庭纠纷。发挥法律心理帮助中心服务功能,全年接待心理咨询124件,举办咨询服务21场,2500余人受益。处理来电来信来访528件次,结案率100%。《十年上访路 妇联解心结》《当爱已成往事 莫再伤及孩子》2个案例分别入选京津冀和天津市妇女儿童维权十大典型案例。

(杨博宇)

2018年11月,区妇联在咸阳北路街道本溪社区开展“反对家庭暴力,构建和谐家园”普法宣传咨询活动(区妇联提供)

【精准帮扶】 2018年,区妇联开展“巾帼暖人心”系列行动,举办“女性健康快车”知识讲座9场。开展“娘家温情送到家”活动,向196名单亲困难母亲发放慰问品共50000余元。开展“精准帮扶困难母亲 呵护关爱女性健康”活动,为信息库中585名未患大病的单亲困难母亲缴纳安康保险,为288人进行免费查体及“两癌”(乳腺癌、宫颈癌)筛查。为10名困难母亲进行大病援助7.93万元。开展慰问新疆班学子,到郭家菜园、培智学校慰问特困儿童和家庭,开展亲子趣味运动会、“小候鸟”图书角赠书活动,发放慰问品、助学金共6.5万元。

2018年2月8日,区妇联在天津市第五中学举办春节慰问新疆班学生活动(区妇联提供)

(杨博宇)

红桥区残疾人联合会

【概况】 2018年,红桥区残疾人联合会(以下简称区残联)以决胜残疾人全面同步小康为目标,扎实开展各项残疾人工作,稳步推进残疾人事业发展。加强机关党员干部和基层残疾人工作者的思想教育和政治引领,开展培育和践行社会主义核心价值观主题宣讲,参加“利剑高悬,警钟长鸣”警示教育活动,筑牢担当作为的思想基础。健全组织建设,成功召开红桥区残疾人联合会第七次代表大会,圆满完成换届。精准落实普惠加特惠政策措施,进一步织密残疾人民生保障网。

健全残疾人公共服务体系,实施精准康复服务,促进残疾人就业,提升托养服务水平,丰富残疾人文化体育生活,做好残疾人家庭无障碍改造工作,维护残疾人合法权益。开展东西部扶贫协作,进行对口帮扶。全区办理残疾人证的各类残疾人 25448 人。

（侯馨飞）

【残联组织建设】 2018 年 3 月 13 日,区残联召开红桥区残疾人联合会第七次代表大会,邀请市、区领导出席。区直机关、各街道及驻区部队共 123 名代表参加会议。大会通过无记名投票方式选举出红桥区残疾人联合会第七届主席团委员 41 人。第七届主席团第一次会议选举副区长刘玉明任第七届主席团主席,推举徐斌任执行理事会理事长。主席团聘请区委副书记、区长袁家健为名誉主席。其间,红桥区残疾人各专门协会进行换届选举,圆满完成换届任务。大会推荐出 15 名出席天津市残疾人联合会第七次代表大会的代表和 4 名天津市残疾人联合会第七届主席团委员候选人。加强专职委员队伍日常管理,完善《天津市红桥区残疾人专职委员管理暂行办法》。区聋人协会在全国爱耳日举办关于“听见未来,从预防开始”主题讲座,宣传听力康复知识。区肢体残疾人协会在全国助残日期间开展慰问困难残疾人、书画联谊会及宪法讲座等活动。区盲人协会在世界读书日期间组织开展“第二届天津市视障人士百科知识竞赛”活动区级选拔

2018 年 3 月 13 日,红桥区残疾人联合会第七次代表大会在红星职专会议中心召开(区残联提供)

赛,选出 3 名优秀选手代表红桥区参加比赛。

（侯馨飞）

【扶残助残】 2018 年,区残联为 216 名符合条件的低保、低收入且患有大病残疾人发放医疗救助 293.63 万元。为 5442 名视力、听力、言语残疾人发放通信信息消费补贴 193.41 万元。为 5185 名享受天津市最低生活保障待遇或低收入救助家庭中的残疾人发放生活用水、电、燃气补贴 130.71 万元。为重度残疾享受低保、低收入家庭,精神、智力三级的低保、低收入家庭,一户多残家庭等 4749 户残疾人家庭发放冬季取暖补贴 189.96 万元。为 641 名残疾学生和家庭经济困难残疾人的健全子女发放市级、区级扶残助学金 64.95 万元。为 60 周岁以下未就业、未入学的智力、精神(病情稳定)残疾人和其他类别的重度残疾人提供托养服务,全年服务 13336 人次,支付服务金 186.70 万元。举行冬季送温暖、第二十八次“全国助残日”、夏季送凉爽、精准帮扶等各类扶残助残活动,为困难残疾人发放 800 袋米、200 袋面、绿豆白糖各 1200 袋,为 293 名困难残疾人免费发放轮椅,并组织走访慰问。

2018 年 5 月 25 日,区政府、区残联领导及相关工作人员在全国助残日期间到邵公庄街道残疾人家中进行慰问(区残联提供)

（侯馨飞）

【残疾人就业】 2018 年,区残联为 4 名残疾人发放自主创业补贴。对辖区内的 206 个单位开展残疾人就业保障金年审工作。开展残疾人烘

焙技能培训和“全民营养膳食健康”培训等技能培训310人次，为2名残疾人分别申报盲人医疗按摩考试报名及盲人医疗按摩人员从业资格，提高残疾人职业技能水平和就业能力。做好残疾人职介登记及高校残疾人劳动就业阶梯计划，登记用工需求单位4家、残疾人就业需求17人，为4名高校残疾人毕业生就业创业进行状况调查，协调用工单位，成功推荐2名残疾人就业。

2018年5月7日，区残联在天津市第一轻工业学校组织40名残疾人开展烘焙培训(区残联提供)

(侯馨飞)

【精准康复】 2018年，区残联加强社区康复工作，开展需求调查和业务知识培训，帮助残疾人在社区进行康复器械训练。为2017年8月1日至2017年12月31日期间办理服药补贴手续的91名贫困精神病人发放医药费2.49万元，为2018年办理服药补贴手续的295名贫困精神病人发放医药费27.40万元。为有康复需求的1026名残疾人进行康复需求评估及服务946人，康复服务率92.2%。开展辅助器具适配工作，适配假肢2例，为16名视力残疾人适配低视力助视器及盲用辅具，为4名在学残疾人适配坐姿保持装置，自行配发辅具177件，参加全国、天津市辅助器具服务技能竞赛，并取得优秀成绩。为8名智力残疾儿童、6名脑瘫儿童及51名孤独症儿童进行机构康复训练审核，安排269名残疾人进行免费体检，为50名视力残疾人开展盲人定向行走训练。

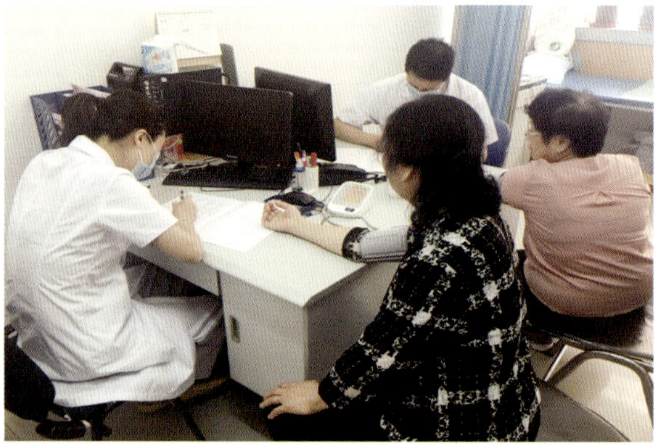

2018年5月28日，区残联组织残疾人到天津市残疾人康复服务指导中心进行免费体检(区残联提供)

(侯馨飞)

【文化体育生活】 2018年，区残联组织第二十八次“全国助残日”系列活动，携手农业银行红桥支行监保党支部开展助残日慰问帮扶残疾人活动，现场解答金融业务问题；与星月书画社共同举办书画笔会进社区活动；与天津电视台《鱼龙百戏》栏目共同开展“送文化下基层”活动。为残疾人及家属、残疾人工作者发放旅游卡。组织盲人选手在世界读书日期间参加“第二届天津市视障人士百科知识竞赛”活动，获得三等奖。为90名残疾人及家属免费发放演出票。选送节目参加第三届天津市社区残疾人文艺展演。10月9日至15日，举办中华人民共和国第十届残

2018年5月18日，区残联携手天津广播电视台文艺频道、天津艺术职业学院曲艺系党支部共同走进新佳园东里社区，举行“全面建成小康社会——文化助残”慰问演出(区残联提供)

疾人运动会暨第七届特殊奥林匹克运动会摄影作品展示活动。组织5名肢体残疾人、5名听力残疾人及10名视力残疾人参加天津市残疾人飞镖、轮椅障碍和盲人定向行走比赛，获飞镖项目第一名。

（侯馨飞）

【无障碍建设】 2018年，区残联为1524名残疾人发放机动轮椅车燃油补贴39.62万元；为230户有需求的听力、言语残疾人入户安装可视门铃；为符合条件的视力残疾人发放盲人手机75部；全区25335名残疾人享有免费乘车卡。做好无障碍设施建设向社区和残疾人家庭延伸工作，为芥园街道泉春里社区和弘丽园社区、双环邨街道新佳园东里社区修建轮椅坡道和扶手，为26户残疾人家庭安装扶手，为芥园街道隆春里社区的1名残疾人配备活动坡道，为27名残疾人发放坐便椅。对全区贫困重度残疾人家庭无障碍设施改造需求进行调查。为2019年红桥区承办的第十届残运会暨第七届特奥会残疾人象棋比赛提供无障碍环境保障。

（侯馨飞）

【权益维护】 2018年，区残联加强残疾人事业法治宣传教育，积极开展普法教育活动，组织基层残疾人工作者开展《天津市无障碍环境建设管理办法》专题培训，明确工作职责。重视综治和平安建设工作，层层履行综治职责，真抓实管，制定信访维稳制度和防控应急预案，与各街道残联建立维稳防控联动机制。为符合法律援助经济困难条件的136名残疾人办理法律援助。发放法律援助办案补贴7.87万元。区、街两级残联互相配合，处理残疾人来访137人次，来信27件。

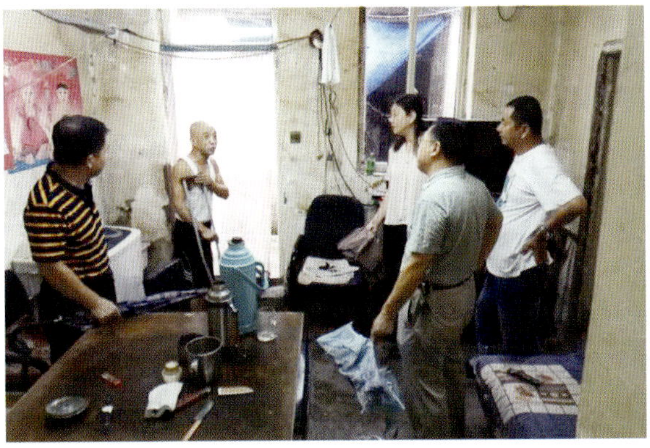

2018年8月14日，区残联走访困难残疾人家庭，关注雨季期间残疾人急难救助问题（区残联提供）

（侯馨飞）

【对口帮扶】 2018年，区残联主动联系受援地残联，研究部署精准扶贫和对口支援工作。党组书记、理事长徐斌于12月23日至24日前往甘肃省兰州市，与碌曲县残联、合水县残联签订《携手共进助残扶贫协作框架协议》和对口支援项目协议。通过深入对接，了解受援两县建档立卡残疾人实际需求，为合水县筹集捐赠过冬棉衣棉被200套，为碌曲县筹集捐赠残疾人专用轮椅100辆，共支出资金10.9万元，帮助贫困残疾人安全过冬。

2018年12月，甘肃省合水县残疾人联合会举行接受红桥区残联捐赠棉衣棉被发放仪式（区残联提供）

（侯馨飞）

红桥区红十字会

【概况】 2018年,红桥区红十字会(以下简称区红十字会)发挥红十字会政府人道救助领域助手作用,在落实主体责任全面加强从严治党、对困难群众实施救助、深入开展应急救护培训、加强社区应急救援能力建设、组织推动无偿献血等工作中取得实效。全区基层红十字会组织19个。

(李国良)

【博爱救助】 2018年,区红十字会在春节期间对困难群众实施精准救助,以文件的形式对全区各基层红十字会组织进行动员部署。依托街道社区和基层组织,规范救助流程,严格救助条件,明确救助范围,坚持公开、公正、公平的原则确定救助对象,确保符合条件的困难群众得到及时救助。对全区555户困难家庭,按照每户200元救助标准,集中发放11万余元救助金。对突遭变故困难群众进行紧急救助,对区政协机关、邵公庄街、铃铛阁街社区群众因突遭变故陷入生活困境的3户困难群众共发放5000元紧急救助金。帮助1户白血病患儿家庭申请中国红十字会小天使救助金,帮助1户先天性心脏病患儿家庭申请中国红十字会天使阳光基金。

(李国良)

【应急救护】 2018年,区红十字会在全区街道社区新换届的居委会主任、教育系统近三年新入职教师中开展救护培训。聘请市红十字会高级师资,分别在区疾控中心和天津三中集中举办4期应急救护培训班,累计培训学员640余名,完成全年培训任务。到铃铛阁街道睦华里社区,为社区居民和居委会干部专题讲授红十字应急救护知识,将便民惠民技能送到社区居民身边。与区卫计委联合举办急救知识普及宣教培训,助推全区健康促进区创建工作。在重阳节期间,与区老龄委联合在丁字沽街四段桃花源养老院分院开展以“把急救技能送到老人身边”为主题的尊老敬老活动,现场为养老院护理人员和老人们讲授心肺复苏知识,手把手教会操作技能,为老人送去急救包和急救手册50余套,今晚传媒集团《中老年时报》在2018年10月17日头版对区红十字会首次走进养老机构普及应急救护知识和技能的做法进行报道。与区拆迁总指挥部对接,为全区棚改总指和各个项目分指挥部服务大厅配齐16个红十字专用急救箱和急救包,为在动迁过程中遇到突发紧急情况的提供院前急救物质保障。

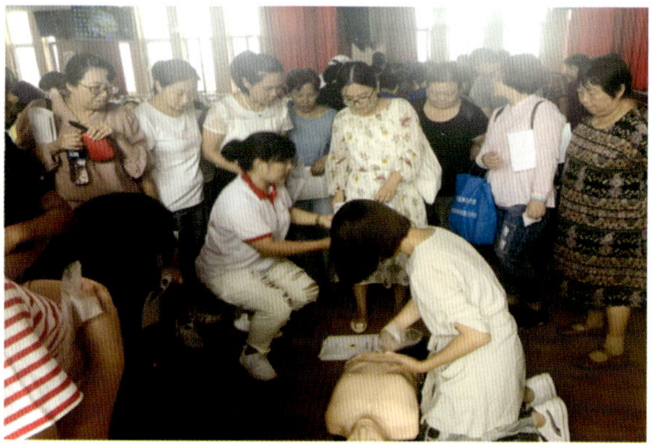

2018年9月,区红十字会组织应急救护培训学员进行现场实际操作考核(区红十字会提供)

(李国良)

【应急救援】 2018年,区红十字会加强社区应急救援能力建设,5月10日,由天津市红十字会、市政府应急办与红桥区人民政府联合在西青道欧亚达商业广场举办以“增强防灾减灾救灾意识,红十字人在行动”为主题的天津市红十字博爱周防灾减灾日主题活动,在全市成立首支全部由街道社区工作者组成的应急救援队,现场进行以模拟灾情预警响应、快速集结、搭建帐篷为主要内容的实战演练。将灾害应急管理培训工作延伸到街道社区,充分发挥社区在突发灾害发生时的网底报灾作用,积极实践探索“组织健全、科学培训、规范管理、定期演练”的社区红十字应急救援管理工作“红桥模式”的创新招法,为提升全市红十字会系统“三救”工作能力建设进行积极有益探索和尝试。天津电视台《都市报道》栏目、《天津日报》《今晚报》等市级媒体集中进行报道。

(李国良)

2018年5月,区红十字会在五十一中学开展应急救援演练活动(区红十字会提供)

【无偿献血和造血干细胞捐献】 2018年,区红十字会启动完成2017年新录入国家工作人员无偿献血组织工作。先后分2批组织全区党政机关和事业单位的200余名工作人员上站体检,共171人献血。红桥区第六例造血干细胞捐献志愿者配型成功,在天津市第一中心医院完成干细胞采集工作,副区长刘玉明带领区红十字会与区教育系统领导到现场进行慰问,大力宣传弘扬志愿者无私奉献精神,为全区推动造血干细胞志愿者招募工作营造良好舆论氛围。9月,举办无偿献血知识宣传讲座,宣传无偿献血和科学合理用血知识,推动无偿献血工作健康持续发展。

(李国良)

红桥区消费者协会

【概况】 2018年,红桥区消费者协会(以下简称区消协)努力构建与经济社会发展和市场监管职能相适应的消保维权机制,全面提升消协工作能力、维权能力和社会影响力,组织开展“诚信兴商宣传月”活动,加强维护消费者权益工作。全年接待消费者投诉、咨询147件,向中国消费者协会直报系统录入维权信息147件。

(赵红喜)

【宣传服务】 2018年,区消协在“3·15”期间组织开展“诚信兴商宣传月”活动,举办主题宣传和消费体验。与大胡同消协分会在大胡同举办“诚信兴商”宣传活动;组织铃铛阁消协分会与消保科、芥园邮局在芥园邮局开展“品质消费,美好生活”主题宣传活动,为现场群众示范讲解如何识别假币,就如何应对常见的消费陷阱、传销陷阱向消费者进行宣传,现场发放宣传材料200余份。组织与食品科和各市场监管所消协分会开展以“关爱老人,理性消费”为主题的消费教育大讲堂活动。在西于庄街、西沽街、和苑街等社区开展老年人消费维权讲座活动,发挥与区司法部门成立的红桥消费维权法律服务工作站作用,邀请红桥区文诺律师事务所律师到社区为老年人进行理性消费讲解,重点讲解老年人在生活消费中如何防止上当受骗,特别是在购买食品、保健品和养生服务中如何提高防范意识,消协工作人员向老年消费者现场宣传消费法规,发放消费维权材料500余份。

(赵红喜)

【消费维权】 2018年,区消协坚持协同一体化监管,推行线上线下一体化维权,与区市场监管局相关部门共同做好消费维权工作。督导企业落实消费维权主体责任,指导红星美凯龙申请成为全国“ODR”企业。全年区消协和各消协分会共办理投诉、举报3978件,办结率97.8%。

(赵红喜)

红桥区个体劳动者、民营企业协会

【概况】 2018年,红桥区个体劳动者、民营企业协会(以下简称区个体民企协会)不断完善“五大服务平台”建设,深化为会员服务,巩固和增强协会凝聚力,结合区情为会员开展服务活动,提高协会与会员凝聚力和加强协会规范性建设,提升窗口文明服务效能,全年接待咨询服务87人次,为会员提供各类证明22人次。走进社区宣讲中共十九大精神,发放宣传资料,将党的温暖和关怀送到群众身边。

(穆 双)

【服务会员】 2018年,区个体民企协会为会员与银行之间牵线搭桥,促成协会会员单位与银行之间达成贷款协议23人次,贷款金额1431万元。为区内从事餐饮行业的个体会员办理健康证开具介绍信2200余张,为会员提供身份证明,免费办理健康体检。

(穆 双)

【学习座谈】 2018年,区个体民企协会组织会员学习习近平总书记在全国个体劳动者第五次代表大会上的贺信和李克强总理批示精神,弘扬企业家精神、发挥企业家作用,坚守实体经济落实高质量发展。4月12日,区民营企业协会联合区政协提案委员会邀请上海交通大学特聘教授于长滨举办一场题为《改变世界的一带一路战略》的讲座,从8个方面为会员理事们阐述“一带一路”战略的重大意义。11月16日,市协会召开民营企业座谈会,区协会副会长单位绿色菩提园林科技有限公司负责人应邀参加并做典型发言,委机关主要领导出席并讲话。

(穆 双)

法　　治

政法委及综治

【概况】 2018年,中共天津市红桥区委政法委员会(以下简称区委政法委)全力以赴筑牢首都“政治护城河”,全面开展“政治建警”专题教育活动,深入开展矛盾纠纷排查化解“三百行动”(矛盾纠纷100%排查、重点人员100%稳控、安全隐患100%清除),推进综治网格化平台试点建设和“枫桥经验”试点建设工作,深入推进扫黑除恶专项斗争,开展非法集资排查行动,配合公安分局禁毒支队落实实体化建设工作,协调推动“阳光爱心家园”示范点项目建设和禁毒教育示范基地建设。努力创造安全的政治环境、稳定的社会环境、公正的法治环境、优质的服务环境。

(叶大洋)

【专题教育活动】 2018年,区委政法委全面推进政治建警专题学习教育,召开红桥区政法委书记办公会,制定下发《红桥区政法系统开展政治建警专题学习教育的工作方案》,邀请天津商业大学副院长齐恩平宣讲中国特色社会主义法律体系,促使干警结合岗位职责学,把理论学习融入工作实践。全区组织各类大学习大培训大讨论活动40余场次。

(叶大洋)

【“三同步”制度贯彻落实】 2018年,区委政法委制定下发《关于进一步强化“三同步”制度要求在政法工作中贯彻落实的通知》,将“三同步”(依法办理、舆论引导、社会面管控)理念贯穿于红桥区政法工作全过程和各个环节。全区政法系统各单位成立专班,按照“属地管理、分级负责”和“谁决策谁负责、谁办案谁负责”原则,明确责任部门,加强工作协调。区委政法委负责全区政法系统舆情监测分析工作,坚持每日收集舆情报告和每月舆情分析报告,做到重大敏感舆情早发现、早研判、早处置。

(叶大洋)

【矛盾纠纷排查化解】 2018年,区委政法委组织各相关单位召开红桥区“三百行动”部署会,制定《关于开展矛盾纠纷排查化解和安全隐患清除“三百行动”方案》和台账制度,明确专项行动的重点任务、主要措施和各项要求,推动全区各类矛盾和安全隐患大排查大整治。组织各有关单位将排查情况及问题处理情况定期报送,积极推动在账矛盾问题解决。

(叶大洋)

【平安志愿者行动】 2018年,区委政法委在全国“两会”、达沃斯论坛、上合峰会等重点敏感时期,积极组织开展平安志愿者参与重点安保行动。先后制订《关于春节和全国两会期间平安志愿行动的通知》《关于做好达沃斯论坛期间平安志愿者安保工作的通知》等文件,组织各街道和相关单位,在全区54个重点点位、路段和各社区开展志愿巡控、邻里守望活动,配合公安、综治部门开展治安防范、隐患排查、化解矛盾等工作,维护全区社会面安全稳定。

(叶大洋)

【铁路护路联防】 2018年,区委政法委组织各涉路街道、单位和基层护路队员开展铁路沿线安全隐患、矛盾纠纷排查清除专项行动,加强与天津西站在铁路护路联防工作中的协作配合,印发《关于强化路地对接推进铁路沿线安全隐患整治活动的通知》,组织各单位开展铁路安全隐患整治活动,确保春暑运和重要会议、节日期间铁路运输安全稳定。西站站区办安排专职护路队员6人,于10月1日开始护路巡逻工作。

(叶大洋)

【综治网格化平台试点建设】 2018年,区委政法委联合中电系统技术公司制定项目建设方案,倒排工期、多方协调,扎实推进平台设计开发和试点建设各项任务。高标准打造网格化管理信息平台和手机APP,9月20日,“和苑街综治网格信息化管理中心平台”研发成功,平台涵盖注册登录、基础数据、天眼计划、指挥调度、人口查询、网格员管理、重点人群分布、平安志愿者之家等多个模块功能,第一期和苑试点建设任务基本完成,“横向到边、纵向到底、协调联动、无缝对接”的网格化社会治理运行管理体系在和苑街初步形成,平台建设取得阶段性成果。

（叶大洋）

【“枫桥经验”试点建设】 2018年,区委政法委围绕红桥区基层社会治理现状,到社区开展调研,申报西于庄街绮水苑社区作为全市社区级先行试点,推进试点社区在党组织建设、平台载体建设、队伍能力建设和群防群治等方面工作,加大人财物等方面投入力度,提升综合实力,总结提炼形成“党建引领、平台助推、职能前置、融合共治”的好经验、好做法,提升基层社会治理能力,增强居民安全感、获得感。

（叶大洋）

【扫黑除恶专项斗争】 2018年,红桥区成立扫黑除恶专项斗争领导小组,由区委主要领导担任领导小组组长,相关区领导担任副组长。领导小组下设办公室和五个专项组,统筹开展扫黑除恶专项斗争在日常运行、案件侦办、政权建设、执纪监督、宣传发动等方面工作。围绕易滋生黑恶势力犯罪的重点行业、重点领域、重点部位,健全完善“人力+信息化”措施,深挖细查问题线索,精准打击黑恶势力违法犯罪,围绕全区中心工作,下大力气扫除棚户区黑恶势力,避免黑恶势力侵害棚户区群众切身利益,形成“打击典型、震慑一片”的效果,为棚户区治安环境持续稳定提供法治保障。截至年底,共侦破涉黑涉恶案件68起,依法采取刑事强制措施136人,其中圆满完成全国首例“套路贷”涉黑案。有四川乐山、安徽合肥、浙江湖州、贵州黔南等多地政法机关到区就黑恶案件的办理工作进行专题调研。

（叶大洋）

【非法集资排查行动】 2018年,区委政法委组织发动各街道和社区网格员广泛开展非法集资线索排查,向群众宣传非法集资“套路陷阱”和现实危害,落实线索排查半月报制度,排查上报线索5起。制定完善线索发现报告机制、联合会商机制、举报奖励机制和定期报告制度,将非法集资风险线索排查工作纳入综治领导责任制和综治目标考核内容,压实工作责任。

（叶大洋）

【涉枪爆排查管控】 2018年,区委政法委印发《红桥区关于加强枪支危爆物品管控工作的通知》,要求各街道、各有关单位认真落实属地和行业管理责任,在全区范围内组织开展涉枪爆物品大排查行动,加大对相关企业的监管执法,及时发现整改问题隐患,坚决从源头防范涉枪爆案事件发生。

（叶大洋）

【反邪教工作】 2018年,区委防范办筹措资金6万余元,制作宣传单、宣传手提袋、布标横幅、年历和条格本等反邪教警示教育宣传材料,通过“送温暖”“赶大集”“健身大拜年”、综治宣传日、无邪教校园创建等活动和“凯风网”“海河网”、市《反邪教信息》、红桥区有线台、《天津日报》《红桥杂志》、“党员手机报”等多种媒介开展教育宣传,累计开展公开宣传报道288次。向“海河网”报送非专业宣传稿件57篇,采用刊发23篇;专业类宣传稿件24篇,采用刊发16篇,其中3篇信息被“凯风网”总部采用并刊发。

（叶大洋）

法治政府建设

【概况】 2018年,红桥区人民政府法制办公室(以下简称区法制办)牢固树立新发展理念,主动适应经济发展新常态,全面推进依法行政,充分发挥政府法制机构职能作用,加强行政执法监督,做好行政复议与应诉工作,不断提高法治政府建设水平。

(孔令智)

【政府法律顾问工作】 2018年,区法制办加强对区各部门法律顾问工作的指导,推动实现部门法律顾问制度全覆盖。组织举行红桥区人民政府法律顾问聘任仪式,聘任法律顾问19人,其中专职法律顾问6人、兼职法律顾问13人。发挥法律顾问和智库专家法律保障作用,积极参与规范性文件制定、政府依法科学决策、重大执法决定法制审核中的咨询论证、审核把关等工作。

(孔令智)

【依法行政考核】 2018年,区法制办制订《红桥区2018-2020年贯彻落实〈纲要〉〈纲要实施意见〉工作计划及2018年度依法行政考核工作建议》,增强平时考核力度,转变考核工作方式,将依法行政考核与区绩效管理工作紧密结合,使依法行政工作向基层延伸。经区政府47次常务会议审议通过《红桥区2018年度依法行政考核目录》并下发全区各行政单位。对责任单位分管法制工作的领导和法制机构负责人进行培训,具体讲解依法行政工作要点和依法行政考核目录,帮助各单位理解开展依法行政工作的重点和考核内容,指导各单位进一步分解考核指标,将考核责任落实到相关科室和岗位。

(孔令智)

【行政执法监督】 2018年,区法制办做好行政规范性文件管理工作,严格执行《天津市行政规范性文件管理规定》,年初制订下发《2018年红桥区行政规范性文件立项计划》,反馈市政府法制办征求意见稿15件。规范制定规范性文件的流程,全区各部门在规范性文件起草完毕后,将文件材料送交区法制办审核,经区政府常务会议审议通过后方可印发实施。对区内涉及著名商标制度的规范性文件开展专项清理工作,将清理结果反馈市法制办。规范行政执法行为,做好街道拆除违法建设案件的法制审核指导工作。对各街道报送的违法建设案件进行审核,提供法律指导和支持,对各类强制拆除预案严格把关,提出可行性建议,确保依法行政。2018年审核强制拆除违法建设案件23件。

(孔令智)

【执法平台管理】 2018年,区法制办对区行政执法监督平台涉及的46个行政执法主体行政执法职权进行全面梳理。全年区执法监督平台录入行政执法检查案件12129件,主动抽样监督369件,发出执法监督意见30件,要求整改30件,发挥执法监督平台的执法监督功能。

(孔令智)

【行政复议与应诉】 2018年,区法制办做好专业知识储备,调整细化工作方法,加强与区人民法院、市中级人民法院以及市法制办复议处的沟通协调与业务联系,争取法院和市法制办的支持和配合。2018年,收到行政复议申请27件,经审查符合复议法定条件予以受理23件,不予受理4件。答复办理以区政府为被申请人的市政府复议案件13件,除1件申请人撤回申请外,其余均政府胜诉。2018年,以红桥区政府为被告并在天津市第一中级人民法院立案的行政诉讼案件共138件。2018年开庭审理106件、撤诉21件。在高院开庭97件,其中收到高院二审判决书68件、撤诉7件。另有其他诉讼案件17件(区法院7件、市一中院9件、市高院1件),其中政府作为共同被告的案件8件、作为独立被告的9件。

（孔令智）

【征收补偿决定】 2018年，区法制办组织有关部门和相关工作人员对《国有土地上房屋征收和补偿条例》进行培训，不断规范征迁法律程序和文书格式。牵头组织征收补偿决定执行工作，承担征补前谈话、协助动迁、特别谈话、制作送达征补决定书、对接申请法院受理、审查执行案件、承接区法院移交征拆强制执行等多项工作内容。2018年，累计制作并送达涉及西于庄项目的《征收补偿决定书》1252户（契证户，含立户独立违章建筑），制作并送达催告书890户，申请执行法律文书959件，执行公告359件，制作各类执行法律文书共2208件。

（孔令智）

公　安

【概况】 2018年，天津市公安局红桥分局（以下简称公安红桥分局）坚持“对党忠诚，服务人民，执法公正，纪律严明”总要求，加强党的建设和队伍建设，采取有效措施，提升维护稳定、打击犯罪、服务发展、安全防范能力和水平，主动担当、积极作为，忠实履行职责，圆满完成中共十九届三中全会、全国“两会”、天津夏季达沃斯论坛等一系列重大活动、重要会议安全保卫任务，全区社会大局持续稳定。

（贺俊刚）

【维护稳定】 2018年，公安红桥分局搜集上报各类情报信息3456条，其中市局采纳632条、公安部采纳7条。上报公安部专项信息25万余份，被采纳351份；互联网巡查研判政治谣言900余件，落地核查70余次，教育训诫11人。依托“四色预警”平台检测重点人员轨迹信息1.9万人次。通过情报研判，抓获各类犯罪嫌疑人80名、在逃人员56名。情报协助破获各类案件70余起，查处“三非”案件（非法入境、非法居留、非法就业）36起。完成全国“两会”、上海合作组织峰会、暑期安保、中非合作论坛北京峰会、天津夏季达沃斯论坛等重大安保工作。全年完成重大警卫专项工作20次，其中一级加强警卫2次、一级警卫6次、二级警卫4次、三级警卫8次。完成积案攻坚任务8件，办结率100%。坚持运用法治思维、法治方式处理疑难信访案件，成功解决疑难信访案件17起，实现息诉罢访工作目标。强化对民族宗教阵地掌控能力，及时发现和处置各类苗头性、隐患性问题，确保全区宗教活动场所和社会面稳定，先后完成伊斯兰教斋月、开斋节、古尔邦节、基督教复活节、圣诞节安全保卫工作。全年妥善处置涉民族宗教方面敏感事端2件。依法严厉打击邪教违法犯罪活动，破获各类案件10起，破案率100%；抓获邪教人员21名，其中提请批准逮捕14名、教育训诫7名；查获收缴反宣品6000余份、电脑9台、打印机2台、塑封机1台和耗材若干；梳理电子物证18.30万条。

2018年2月23日，公安红桥分局开展平安夜查行动（公安红桥分局提供）

（贺俊刚）

【打击违法犯罪】 2018年，公安红桥分局深入推进扫黑除恶专项斗争，组织开展打击整治涉枪涉爆违法犯罪等专项行动，瞄准涉黑涉恶犯罪团伙和严重刑事犯罪不放。全年破获各类刑事案件2353起,其中入室盗窃110起、电信诈骗1213起、毒品案件40起,命案和“八类案件”破案率100%;抓获各类犯罪嫌疑人1048名,其中刑事拘留748名、取保候审282名、移送起诉603名;抓获网上在逃人员89名;行政拘留616名、强制戒毒131名、社区戒毒156名;缴获海洛因、冰毒等毒品4.5公斤,相继侦破“1·8”故意杀人案、“3·5”伤害致死案,系列强奸案、猥亵案、“9·13”抢劫案、单某特大贩毒案等一批在红桥区乃至全市有影响的大案要案。破获“九类”涉恶案件(聚众斗殴、强迫交易、寻衅滋事、敲诈勒索、非法拘禁、组织卖淫、强迫卖淫、开设赌场、故意毁坏财物)85起,抓获“九类”犯罪嫌疑人201名;破获涉黑涉恶犯罪案件65起,抓获涉黑恶犯罪嫌疑人83名。成功侦破全国首例“套路贷”涉黑案件,判决以穆某为首的黑社会性质组织犯罪集团犯罪嫌疑人25名。破获“食药环”犯罪案件46起,先后侦破“2·6”跨省生产销售假药案、“9·2”非法经营案、“10·11”网络生产销售HPV疫苗案等一批大要案件。破获“善林金融”“爱步佳”等涉众型经济犯罪案件92起,抓获犯罪嫌疑人123名,挽回经济损失5600余万元。其中,侦破公安部督办“1·2”虚开增值税专用发票案,涉及企业127家,涉案发票2529份,价税合计6.47亿元,移送起诉犯罪嫌疑人40名;侦破涉案6亿余元的“聚诚财富”集资诈骗案,抓获犯罪嫌疑人17名,查封房产18处,冻结账户29个、资金356万元。

2018年4月4日,公安红桥分局从菲律宾押解电信诈骗嫌疑人回国(公安红桥分局提供)

(贺俊刚)

【治安管理】　2018年,公安红桥分局加强社会治安管理和控制工作,全年查处治安案件477起,行政拘留616人。完成全区重要会议、领导考察、招商引资、基层调研等维稳安保工作20余次;完成运河桃花旅游节、陆家嘴广场开业等大型活动安保任务;组织中国足球联赛、中俄青少年冰球友谊赛等一系列安保工作。组织警力到拆迁片区处置化解矛盾纠纷167起,依法刑事拘留涉嫌扰乱拆迁秩序犯罪嫌疑人11名,行政处罚23名。圆满完成郭家菜园撤迁、占路市场清撤和其他棚改片区的维稳安保任务,未发生影响安全的案(事)件。全力开展清理整治校园周边治安秩序,确保全区69所中小学、幼儿园安全和秩序良好。建立健全“校园基础卷”工作制度;加强校园及周边巡逻防控网建设;建立日常分析研判和巡查检查相结合工作机制。以“查问题、找隐患、促整改”为重点,建立经常性的校园安全隐患排查机制,及时清理校园周边“黄赌毒”等治安热点乱点,联合有关部门开展专项清理整治行动10余次。以“海河阳光爱心家园”社区戒毒康复管理服务中心为依托,以点带面,辐射延伸,成立由禁毒专员、社区民警、吸毒人员家属、社区网格员和民政、社保、法律工作者组成的“4+N”工作小组,落实定期家访、帮扶救助、心理疏导、法制教育等帮教制度,逐步完善工作机制,创新“帮扶救助、家庭救助、隔离救助”工作法,对吸毒人员开展帮扶救助,动员家属主动配合开展工作,吸引社区群众参与吸毒人员网格化服务管理,加强对在册吸毒人员和社区戒毒社区康复人员的动态管控、帮教及风险分类。全年社戒社康执行率超过70%,社戒社康人员复吸率低于30%,社会面鸦片类戒毒康复人员就业安置率超过70%以上。2018年,全区社戒社康总人数由中心启用前的124名动态增长至147名。通过开展脱失、失联人员查找,清理修正更新系统数据等工作,纳入有效管控126名,累计开展尿液检测、谈话教育、帮扶救助279人次。严格监督全区寄递物流企业落实“三个100%”制度(实名收寄100%、开箱验视100%、过机安检100%),

检查寄递企业 896 家次。加大对枪爆危险物品管控和特种行业控制,全年收缴枪支 29 支、子弹 108 发,管制刀具 112 把;破获涉油涉气案件 47 起;行政拘留 51 人。强化消防安全监管,全年开展消防检查 13000 万余次,发现整改火险隐患 930 处,下达行政处罚决定书 97 件,最大限度消除安全隐患。强化犬类治理,以查处饲养大型犬、烈性犬和收缴社会面流浪犬为重点,组织开展养犬管理治理工作,全年登记注册新办证 56 个,捕捉流浪犬 424 只,其中大型犬 21 只,教育违规遛犬人员 167 名,全区未发生犬类伤人事端。

（贺俊刚）

2018 年 12 月 29 日,公安红桥分局在社区开展文明养犬宣传活动(公安红桥分局提供)

【户政工作】　2018 年,红桥区人口服务管理中心办理出生 2612 名,所内移居 2350 名,移入 10026 名,迁入登记 8525 名,迁出注销 548 名,变更项目 66684 人次,死亡注销 4754 名,迁往国外、港澳台注销 20 名,参军注销 23 名,回国落户 33 名;办理户限审批 1268 名,“海河英才”引进人才计划开具准迁证 4568 份、办理落户 3728 名;制作身份证 23971 个,其中丢失 7042 个、首次及换证 16929 个,办理临时证 2282 个,外区制证 596 个,外省制证 1175 个,发证 13029 个,军人证 69 个;组织开展死亡未注销人员清理工作,注销 1568 名,纠正错、重、假户口 415 件,完成率 98.8%。截至 2018 年年底,全区常住居民 209234 户 506725 人(男 251601 人,女 255124 人);少数民族 34 个,其他 1 个;其中回族 16544 户 41156 人(男 20318 人,女 20838 人);寄宿人口 125485 人,暂住人口 30993 人,境外人口 292 人。

（贺俊刚）

2018 年红桥区民族构成统计表

表 2

民族	户数(户)	人口数(人)			民族	户数(户)	人口数(人)		
		合计	男	女			合计	男	女
合计	209234	506725	251601	255124	黎族	6	9	3	6
汉族	191589	461072	229188	231884	畲族	–	7	3	4
蒙古族	210	855	399	456	水族	–	1	1	
回族	16544	41156	20318	20838	纳西族	–	2	–	2
藏族	2	9	3	6	景颇族	–	1		1
维吾尔族	5	28	11	17	达斡尔族	10	32	19	13
苗族	9	47	15	32	仫佬族	1	5	4	1
彝族	2	11	5	6	羌族	–	2	1	1
壮族	18	99	47	52	仡佬族	–	5	2	3
布依族	1	8	5	3	锡伯族	8	27	7	20
朝鲜族	62	241	104	137	俄罗斯族	1	2	2	–
满族	735	2942	1398	1544	鄂温克族	1	5	2	3
侗族	1	13	5	8	裕固族	–	1	1	–

续表

民族	户数(户)	人口数(人)			民族	户数(户)	人口数(人)		
		合计	男	女			合计	男	女
瑶族	4	20	8	12	鄂伦春族	1	2	2	–
白族	4	12	3	9	赫哲族	–	1	1	–
土家族	20	91	35	56	基诺族	–	1	–	1
哈尼族		7	4	3	穿青人	–	1	–	1
哈萨克族		1	1		其他	–	1	1	–
傣族		8	3	5	–	–	–	–	–

【视频监控网建设】 2018年,公安红桥分局建设一类视频监控点位2659个、电子卡口32处、人脸识别抓拍比对系统点位220处、制高点云视频点位34处、二类视频监控点位611个。旧楼区改造联入技防网892个,中小学校、幼儿园视频监控联入技防网305个,纳管企事业单位监控38849个,将432路三类视频监控整合联入市公安局互联网平台,基本实现全区重点部位视频全覆盖。

(贺俊刚)

【互联网管控】 2018年,公安红桥分局破获各类互联网案件468起,抓获犯罪嫌疑人279名,成功侦破"滴滴"公司侵犯公民个人信息专案和"3·5""10·14"组织考试作弊案、冒充市主要领导秘书招摇撞骗案等一批敏感案件。认真落实"三同步"(依法处置、舆论引导、社会面管控三同步)工作要求,强化网上舆情动态引导,妥善处置敏感事端20余件。组织相关派出所对全区39家网吧落实依法管理。

(贺俊刚)

【监所工作】 2018年,红桥区看守所实现连续27年监所安全无事故,连续19年被评为全国一级看守所,连续7次获全国标兵看守所称号,2次被评为全国优秀公安基层单位。4月11日,公安部党委委员、副部长孟庆丰到所考察调研,对红桥区看守所工作给予高度肯定。7月12日,市公安局在看守所召开全市公安智慧监管建设暨深入推进两个专项整治现场会,推广红桥区看守所监管工作经验。会后,市公安局监管总队刊发《监所管理工作简报》2期,宣传红桥区看守所工作经验。在规范伙房管理和整治监室悬挂点等安全隐患"两个专项"活动中,分局成立整改工作专班,开展安全隐患大排查,确保各项整改措施落实见效。提高监室安全性能,提升改造伙房管理,强化内部基础设施,筑牢监所安全防线,先后投入300余万元用于强化看守所技防设施,投入专项资金100万元用于智慧监管建设。在看守所指挥中心安装业务一体机,在4个监区安装电子水牌机4台、监室监外屏28台,实现各岗位工作任务快速交接、值班事务处置情况实时可查,提高勤务部署、决策指挥的科学高效性,实现监管动态信息主导勤务工作。将巡视监控、出所就医等执法管理流程固化并纳入信息管理平台,建立健全以监所记录工作过程为基础的执法监督机制,实现对各岗位工作及时提醒、有效监督。依托天津公安民生服务平台和监所服务平台,以"互联网+"突破在押人员现金管理瓶颈,推行亲属支付宝网上汇款服务,与津西监狱建立财务对接机制,通过电子记账、转账功能,实现在押人员入所直至交付执行的"无现金"财务管理。坚持"凡入所、必采集"原则,全面采集在押人员人脸、指纹等生物特征信息,增设来访登记设备。推行律师会见网上预约平台,在接待大厅设置自助提讯会见设备,实现办案人员、律师自助登记和讯问室、会见室自动安排,提升工作效率和服务水平。看守所与区司法部门、分局相关直属单位建立工作对接机制，开展线索研判工作，确保线索转递、政策兑现落实到位。完成犯罪嫌疑人看押管理和教育矫治任务，对涉及重要案件及患病在押人员进行列级管控、教育矫治，对患病在押人员积极治疗。年内通过加大坦检力度获取线索，破获各类刑事案件10起。

2018年9月14日，红桥看守所女子看守班开展心理指导活动（公安红桥分局提供）

（贺俊刚）

【消防管理】 2018年，公安红桥分局组织开展大型综合体、电气、电动自行车、易燃易爆、占路市场、养老院、文物古建筑及重点区域、“楼道革命”等近30项消防安全专项治理活动。开展“秋风行动”，对辖区高层建筑、地下共建、“九小”场所（小学校或幼儿园、小医院、小商店、小餐饮场所、小旅馆、小歌舞娱乐场所、小网吧、小美容洗浴场所、小生产加工企业的总称）、娱乐场所等消防重点部位开展联合检查。针对重点区域组织开展专项治理，全年出动警力7.2万人次，检查单位1.9万家次，发现督促整改隐患1.2万件，责令三停95起，临时查封177起，警告317人，罚款170余万元。全年开展实战化操法训练及考核22次，消防技能运动会等比武竞赛活动4次，完成43名消防员的初、中级职业技能鉴定考评，组织区级应急救援队伍集结拉动演练2次、防汛拉动4次，完成“7·24”安比台风等防汛抢险和山东寿光跨区域增援任务。针对辖区老旧居民区和棚户区多、高层及综合体集中的特点，开展实地熟悉696次、实战演练181次，在陆家嘴、欧亚达、水游城商业综合体，以及西于庄棚户区等地开展实兵实装联合演习12次。

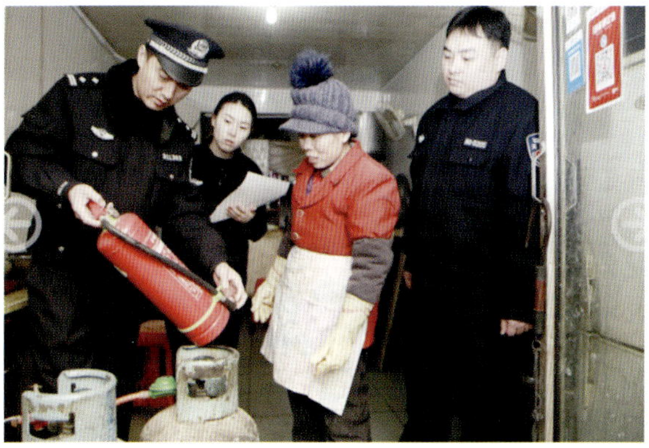

2018年2月11日，公安红桥分局深入咸阳北路商户中进行消防检查（公安红桥分局提供）

2018年红桥区火灾综合情况统计表

表3

项　目	火灾情况				接处警情况			战斗成果	
	起数	损失（元）	伤人	死亡	出动起数（起）	出动人员（人）	出动车辆（台）	抢救人员（人）	抢救财产（万元）
合　计	56	964428	2	3	2005	21418	3765	36	24.0
一季度	25	87412	0	2	451	5078	966	4	7.9
二季度	10	151301	2	0	548	5590	950	5	2.0
三季度	12	559412	0	0	591	5958	1022	23	12.0
四季度	9	166303	0	1	415	4792	827	4	2.1

（贺俊刚）

【党的建设】 2018年，公安红桥分局压实从严治党主体责任，4次召开党委会研究部署党风廉政建设工作，3次听取分局领导班子成员履行"一岗双责"情况汇报，7次听取纪检监察工作汇报。对主体责任落实不力的5名基层单位主要负责人和14名科级领导干部进行问责，分别给予警示提醒、告诫约谈、诫勉谈话。准确把握运用监督执纪"四种形态"（第一种：党内关系要正常化，批评和自我批评要经常开展，让咬耳扯袖、红脸出汗成为常态；第二种：党纪轻处分和组织处理要成为大多数；第三种：对严重违纪的重处分、作出重大职务调整应当是少数；第四种：而严重违纪涉嫌违法立案审查的只能是极少数），对80人运用"四种形态"，真正体现监督执纪严肃性。强化执纪问责，坚持对各类违纪违法案件线索，严查快办，先后受理纪检监察信访举报51件。给予9名干部党纪、政纪处分，保持查办案件高压态势，维护纪律严肃性。落实肃清黄兴国、武长顺流毒影响"回头看"工作部署，研究制订方案和实施意见，各级领导干部和全体民警围绕黄兴国15个方面表现和武长顺8个方面问题，认真撰写个人心得体会，剖析查摆材料和整改措施，明确整改时限。分局领导班子和各党支部采取座谈访谈、发放征求意见表、设置意见箱等方式，广泛听取各级领导干部、民警、群众的意见建议，分步骤召开民主生活会和组织生活会，进一步肃清流毒影响，大力营造海晏河清的政治生态。夯实基层党建工作，成立分局党建工作领导小组，配齐配强专职党务干部，研究制订《2018年党建工作要点》和《党建工作责任清单》，夯实分局党建工作基础。完成基层党组织换届选举，开展党支部书记述职评议，组织开展党组织书记培训班，深化"五好党支部"（支部班子好、党员管理好、组织生活好、制度落实好、作用发挥好）创建活动，做优做强基层党组织，着力提高发展党员质量。全年开展基层党建巡查3次，发展党员12名。在机关一楼大厅设置党建亮点工作展览区，组织广大民警参观浏览、交流学习，激发各党支部和广大党员民警争优创先意识。组织2批基层党支部书记、优秀共产党员代表到革命圣地延安开展"弘扬延安精神、不忘初心使命"主题党日活动。

（贺俊刚）

【公安队伍建设】 2018年，公安红桥分局有4个单位荣立集体二等功，10个单位荣立集体三等功，17个单位荣立集体嘉奖，红桥区看守所被天津市人民政府授予"天津市模范公安基层单位"称号；打击侦查支队民警缪淑玲被授予"全国巾帼建功标兵"称号，并被天津市人民政府授予"天津市特级优秀人民警察"称号；有3名民警荣立个人二等功，12名民警被评为"天津市优秀人民警察"，34名民警荣立个人三等功，109名民警获个人嘉奖，1名民警被授予"红桥区三八红旗手"称号；8名民警家属被评为"天津市公安系统模范警属"。利用新闻媒体、网络平台等多种形式，宣传分局工作亮点和民警风采事迹，全年在央视《今日说法》《庭审现场》栏目、《人民公安报》《天津日报》《今晚报》、天津人民广播电台、天津电视台、津云客户端等新闻媒体刊发报道462次。分局制作的《猎黑行动》获得天津市人民警察文化艺术节"警察故事2018"公安微电影、微视频大赛金奖。扎实推进机构人事改革，挖掘内部潜力、提升警务效能，推荐选拔13名副处级领导干部；职务职级并行晋升正处级1名、副处级18名、正科级2名、副科级10名；非领导职务晋升调研员9名、副调研员25名、主任科员7名、副主任科员10名。推进人民警察职务序列改革，优化警力资源配置，提升教育训练实效。分2批次选派领导干部和民警到酒泉市公安局跟班作业，拓宽警务合作领域。落实发放执勤岗位津贴和加班补贴，联合市人民医院开通民警就医"绿色通道"，为因公负伤民警提供诊疗服务；研究制定《红桥分局民警特殊困难互助金管理办法》《红桥分局民警慰问制度》，帮助民警解决实际困难，增强民警组织归属感、工作荣誉感、生活幸福感。

（贺俊刚）

交通管理

【概况】 2018年,天津市公安交通管理局红桥支队(以下简称红桥交警支队)找准新时代红桥区公安交通管理工作新定位,聚焦人民群众对交通出行和交管服务的新期待,按照"共治共管防事故、系统优化保畅通、创新理念谋改革、担当有为筑忠诚"工作思路,深化道路交通秩序大整治,提高秩序管理工作水平,加强交通安全宣传,全区交通安全形势总体平稳。2018年,红桥区未发生死亡3人以上道路交通事故,8家"两客一危"(从事旅游的包车、三类以上班线客车和运输危险化学品、烟花爆竹、民用爆炸物品的道路专用车辆)企业未发生道路交通死亡事故,交通堵塞警情同比下降19.9%,事故警情同比下降19.9%。

(李　萌)

【百日竞赛活动】 2018年6月1日至9月30日,红桥交警支队开展为期4个月的"双争促队建、担当整秩序"百日竞赛活动。活动以"争创优秀党支部、争当优秀共产党员"为基础,以深入开展"不担当不作为问题专项治理和创建无违纪科所队活动"为长期推动民警队伍正规化、专业化、法治化建设的手段,以交通秩序大整治各项工作落实成效作为检验标准,提升辖区秩序管理水平和交警队伍管理水平。"百日竞赛"活动期间,红桥区发生死亡事故1起,死亡1人,死亡人数较2017年同期下降83.3%。

2018年6月5日,红桥交警支队组织召开"双争促队建、担当整秩序"百日竞赛动员部署会(红桥交警支队提供)

(李　萌)

【交通秩序管理】 2018年,红桥交警支队深化道路交通秩序大整治,细化交通管理工作职责,通过狠抓勤务管理、动静态直观秩序、路面管事率等措施,提高秩序管理工作水平。强化对非机动车和行人交通违法管理,以区政府名义印发《红桥区非机动车和行人交通秩序专项整治工作方案》《红桥区实施道路交通文明畅通提升行动计划工作方案》。与公安红桥分局建立联动机制,每周开展一次联合治理行动,严查重点车型超员、疲劳驾驶及酒驾醉驾、涉牌涉证等交通违法行为。2018年,组织集中行动299次(晨检43次,日检129次,夜检127次),处罚非机动车70062笔,与2017年同期(75440笔)相比下降7.13%;机动车违法行为22742笔(包含处罚大货车走禁行路违法行为788笔、处罚涉牌涉证违法行为52笔、处罚违法鸣号1961笔、处罚机动车斑马线不礼让行人3417笔、处罚酒后驾车违法行为241笔),与2017年同期(22491笔)相比上升1.12%;治理静态违法11.80万笔。配合区环保局查获尾气不合格车辆272辆,电子警察采集上传摄录交通违法行为25.99万余笔。加强对停车场规范管理,对红桥区停车泊位进行全面摸底和集中整治,对172个经营性停车泊位下达道路交通安全隐患整改通知书,配合区停车管理办公室取缔北营门西马路、天津百货大楼凯莱赛商厦门前、日月路3处非法停车场。开展"僵尸车"清理整治工作,清理道路"僵尸车"67辆,配合各街道办事处清理社区内"僵尸车"178辆,对清拖到达规定期限未认领的80辆"僵尸车"进行登报启示,对122辆"僵尸车"转交拆解公司处理。聚焦百姓反映热点问题,开展辖区交通调研,调整红桥区勤俭道与丁字沽南大街交口、丁字沽一号路与光荣道交口、光荣道求真小学门前、人民医院门前等交通组织渠化的道路、路口16处;制定12条措施进行重点区域交通优化,通过小改小革完善交通设施标志标线45个，会同区市容园林委修剪树木遮挡交通设施31处，对西站周边交通设施进行完善，增设、调整交通标志13处；地面喷涂文字指引8处，施划禁停黄线39478米，施划限时停车泊位24个，在8条道路17个路段开启夜间停车。

2018年2月9日，红桥交警支队开展夜检治理严查酒驾违法行为(红桥交警支队提供)

(李　萌)

【交通安全宣传】　2018年，红桥交警支队充分发挥区交通安全委员会监督职能，督促各成员单位和企业落实主体责任，切实将交通安全源头监管工作落到实处。以区交安委文件形式下发2018年春运工作，小型、微型面包车排查整治工作，接送学生车辆排查整治工作等指导性文件5个；下发工作提示及通报11份，工作简报6期；为企业、学校、社区制作交通安全挂图3000余张。在区综治活动、区安全生产活动中发放交通安全宣传材料5000份，会同区运输管理所、区安监局、区教育局等成员单位组织安全检查250余次，下达隐患排查通知书38份，采取限期整改措施37次，对1家客运企业给予黄牌警告，对1家客运企业进行4次行政处罚。通过北方网“红桥在线”栏目和“美丽红桥”官方微信刊发工作信息3篇，推送春运、中秋、清明等节假日服务信息8条。

(李　萌)

2018年2月13日，红桥交警支队联合区运管部门到天津市实洋客运有限公司进行“平安行动”联合检查(红桥交警支队提供)

【交通事故处理】　2018年，红桥交警支队从加强大队事故处理基础业务工作入手，频繁到各基层大队推动指导交通事故处理工作，进一步规范事故民警执法程序和执法行为，提高案卷质量。开展道路交通事故安全隐患排查治理工作，对交通安全设施不完善、道路设计不合理等原因造成的交通事故隐患，协调有关部门进行治理。2018年，排查出红旗路与西青道交口、子牙河南路尚都家园门前、子牙河南路西站北广场一支路、红旗路与芥园道交口等6处事故多发点段。完善支队交通肇事逃逸案件查缉工作机制，对肇事逃逸案件进行网上查询，协调其他部门警种为案件和基层大队服务。全年肇事逃逸事故共立案36起，侦破34起，破案率94.4%，死亡肇事逃逸案件破案率100%。全年发生各类道路交通事故4593起，死亡12人，受伤1175人，财产损失544万余元。与2017年同期相比，事故起数、死亡、伤人数、财产损失分别上升33%、9.1%、65%、101.5%。红桥鑫兴快处中心受理事故4379起(红桥区3425起、外区954起)，与2017年同期相比下降5%。

2018年4月10日，红桥交警支队事故大队干警到区事故隐患点段进行实地调研(红桥交警支队提供)

(李　萌)

消防救援

【概况】 2018年，天津市红桥区消防救援支队（以下简称区消防救援支队）践行“对党忠诚、纪律严明、赴汤蹈火、竭诚为民”方针，开展灭火实战演练和消防联合检查，加大消防安全宣传力度，圆满完成各项灭火救援和消防保卫任务。

2018年12月28日上午，区消防救援支队举行迎旗、授衔和换装仪式，标志着消防队伍正式改革转制，立足新起点，踏上新征程，谋求新发展，全面推动全区消防救援队伍转型升级。

2018年12月28日，红桥区消防救援支队迎旗授衔和换装仪式举行（区消防救援支队提供）

（董　浩）

【灭火救援】 2018年，区消防救援支队制订《重点单位熟悉演练方案》，针对辖区老旧居民区和棚户区多、高层及综合体较为集中的特点，开展实地熟悉696次、实战演练181次，在陆家嘴、欧亚达水游城商业综合体、西于庄棚户区等单位开展实兵实装联合演习12次。

2018年12月18日，区消防救援支队组织开展地铁站熟悉演练（区消防救援支队提供）

（董　浩）

【公共消防安全】 2018年，区消防救援支队配合区政府有关部门对津门美食小吃广场、洪湖中路、西关北里等10余个占路市场进行整体清理，清除占路市场30000平方米，拆除占道经营棚亭1800余间、摊位1600个。开展“秋风行动”，对辖区高层建筑、地下共建、“九小”场所、娱乐场所等消防重点部位开展联合检查。对大胡同天奕商城、长庚老年公寓等重点区域组织开展专项治理，联合属地街道、派出所开展联合检查、错时检查30余次，开展消防培训、疏散演练10余次。组织街道等相关部门联合开展以楼道阳台堆放杂物、电动自行车存放等为主要内容的社区专项火灾隐患清除行动。

2018年8月31日，区消防救援支队开展“秋风行动”专项夜查（区消防救援支队提供）

（董　浩）

【消防安全宣传】 2018年，区消防救援支队在陆家嘴商业广场举行“119”消防宣传月活动启动仪式，其间先后开展“全民免费观影”“安全进万家”“全民消防安全大培训”等主题系列活动50余项，发放各类宣传资料10万余份、张贴消防宣传海报3000余份。

2018年11月8日，红桥区举行“119”消防宣传月启动仪式暨微型消防车授车仪式（区消防救援支队提供）

（董　浩）

检　察

【概况】 2018年,红桥区人民检察院(以下简称区检察院)围绕“智慧检务年”主题,扎实开展扫黑除恶专项斗争、“不作为不担当问题专项治理三年行动”和集中整治形式主义官僚主义等活动,以智慧检务建设的高标准带动检察工作整体上水平,激发全院干警以新思维打造亮点,以新理念争先创优的干事创业潜能。推动全院整体工作在2018年度迈入天津市检察机关二档行列,实现历史性突破。原创新媒体作品获全国检察机关新媒体创意大赛金奖和“检察机关恢复重建40周年新媒体作品大赛”一等奖;干警刘彩虹获全国检察业务竞赛业务能手称号,宫宇光获全国检察宣传先进个人称号,2篇调研文章获国家级奖项。

(李春梅)

【服务保障中心工作】 2018年,区检察院积极践行《服务“双万双服”十项措施》,为兴泰吉昌置业公司等区重点企业提供上门服务,推动检察工作与企业司法需求有效对接。继续为全区棚户区改造等重点工程提供法律服务和司法保障;开展“创文创卫”工作,进行帮扶慰问、义务执勤、社区清整和志愿服务等50余次,展现检察机关在服务全区创新发展大局中的责任担当。

2018年4月11日,区检察院检察长张春明(左二)到天津兴泰吉昌置业有限公司调研(区检察院提供)

(李春梅)

【刑事检察】 2018年,区检察院审查批捕各类刑事案件309件529人,不批准逮捕99件149人,追捕漏犯3人;审查起诉各类刑事案件495件825人,作出不起诉决定42件43人。成功办理全国首例“套路贷”涉黑案件,得到市、区各级领导充分肯定,案件被天津市人民检察院确定为市检察机关办理涉黑案件的“标杆”和“样板”。严厉打击邪教组织犯罪,派遣干警赴菲律宾查办特大跨国电信诈骗案并协助遣返35名中国台湾地区犯罪嫌疑人。依法查办寇某某等53人电信诈骗案,“善林金融”“国玺”“爱晚”系列非法集资案,苏某某等16人医保诈骗案等一批大要案。先后查办全区首起宣扬恐怖主义、极端主义案件和涉嫌拆迁领域的拒不执行判决、裁定案件等多起典型案件。开展“法治进校园”系列课程,创新“关爱祖国未来 擦亮未检品牌”主题检察开放日等特色品牌,得到团中央基层工作组领导充分肯定。开展法治宣讲25次,受教育面1500余人,心理辅导和矫治29人,观护帮教34人,刑事和解15人,1则案例被评为全市典型案例,干警李小龙主讲的法治课入选全市精品课程。

2018年9月26日,区检察院提起公诉的全国首例“套路贷”涉黑案件在区人民法院依法公开宣判(区检察院提供)

(李春梅)

【法律监督】 2018年,区检察院建立文书公开期限预警和重要案件信息发布联席会等制度。坚持网上巡查常态化和反馈追踪常态化,确保流程监控实效。评查各类案件101件,流程监控案件502件,接待律师查询2548人次,公开法律文书548件,发布案件程序性信息1634件。推进对全区11个司法所社区矫正工作监督考核,强化对刑罚执行和监管活动的监督检查。办理案件260件,其中成功办理羁押必要性审查案件28件,办理监外执行违法违规案件25件,制发检察建议104份、纠正违法通知书96份。加大公益诉讼办案力度,积极开展非诉执行监督、虚假诉讼监督等专项活动,受理各类监督案件37件,办理虚假诉讼案件1件,成功抗诉1件,制发检察建议24份,摸排公益诉讼线索36件,立案3件,开展联合行动2次,1则案例入选最高人民检察院案例选。建设"12309"一站式检察服务中心,提升改造远程视频接访系统,深化律师参与化解和代理控告申诉案件等制度,与区民政局建立国家司法救助工作与社会救助工作衔接机制。接待举报、申诉和来访220余人次,受理案件69件,办理司法救助案件2件。连续13年保持涉检进京非正常上访为零。

（李春梅）

【检察队伍建设】　2018年,区检察院领导班子站在意识形态工作第一线,综合运用集中培训、专题研讨、辅导讲座等形式,夯实全院干警践行"两个维护"理论根基。通过严管宣传阵地、牢把舆论导向,紧紧抓住意识形态工作主动权。发布各类宣传作品656篇,在中央电视台、中央政法委等各类国家级媒体平台上刊发作品104次,7次获国家级宣传奖项。把开展不担当不作为专项治理与"不忘初心、牢记使命"主题教育、"利剑高悬、警钟长鸣"警示教育结合起来,运用信息、简报和"两微一端"大力宣传正面典型,先后涌现出1名全国业务竞赛业务能手、2名全市业务竞赛十佳标兵、1名全市政法系统"人民满意的政法干警"等先进典型;取得国家级荣誉24项,区级以上荣誉35项。将每月最后一周的周五作为全院干警教育日,以开展专题党课或播放警示教育专题片的形式建立警示教育常态化机制。全面落实"两书一台账"工作任务,建立党风廉政建设工作月报和月检查制度,结合纪律作风专项整顿月等活动形成日常教育、节点教育、警示教育、专项教育和特色教育相结合的廉政教育格局,推进纪律作风进一步转变。

2018年7月19日,区检察院举办"支部书记话党建"主题党日活动(区检察院提供)

（李春梅）

【检务保障】　2018年,区检察院刊发信息、简报等105篇,新闻报道462篇,"两微一端"发布作品146篇,其中14篇作品阅读量超过万人次,被中央电视台、中央政法委、最高人民检察院等各类国家级媒体平台转发45次。建立专业研究小组制度等检委会辅助决策机制,组织检察长列席审委会4次、检委会学习8次。2篇调研成果获国家级奖项,4篇入选国家级论文集,11篇在重

2018年3月5日,区检察院在西沽公园开展"建功新时代 创建文明城 志愿我先行"学雷锋志愿服务活动(区检察院提供)

点刊物上发表,1 名调研骨干参加跨省级学术论坛并作主题发言。抓好员额检察官遴选、分类管理、公务员及书记员招录、学习培训、选优推优等工作。组织开展支部书记话党建、趣味运动会、“圆梦红检 情满中秋”和学雷锋志愿服务等活动。运用人工智能等现代科技,ASP 公益诉讼机器人和检察工作网等项目,全面构建互联网、人工智能与检察工作深度融合的“智慧检务”应用体系,推动“红桥检察”智慧检务建设初步打响品牌。推进检察工作网建设,重新编排全院 IP 地址,完成自侦部门转隶后办案数据的上传备份、院云存储系统全员培训及语音识别系统安装调试工作。完成法医文证审查 11 件,痕迹物证鉴定 17 件,电子证据技术审查 18 件,统一业务系统设置及修改 700 余次。严格执行中央“八项规定”,加强“三公”经费管理,完善 10 余项财务制度。

(李春梅)

法　院

【概况】 2018 年,天津市红桥区人民法院(以下简称区法院)以习近平新时代中国特色社会主义思想为指导,深入贯彻中共十九大精神,履行审判工作职责,推进综合配套改革,建成智能化诉讼服务中心,助力全区中心工作,妥善化解信访积案,为全区改革发展稳定提供司法保障。全年受理各类案件 14222 件,审执结 13556 件,同比分别增长 5.9%和 6.4%;结案率 95.3%,诉讼标的总额 39.8 亿元。2018 年,区法院获全国优秀法院、全市司法标准化示范法院等荣誉称号,荣立集体一等功。

2018 年 2 月,区法院荣获天津法院系统“集体一等功”(区法院提供)

(丁渤海)

【刑事审判】 2018 年,区法院把开展扫黑除恶专项斗争作为重大政治任务抓紧抓好,加强与公安、检察机关沟通配合,完成穆某等 32 人全国首例“套路贷”涉黑案件的审理工作,共召开 7 次庭前会议,起草证据分析报告 20 余万字,撰写判决书 8 万余字,形成卷宗 60 册,打造涉黑涉众案件“一天内完成庭审、一小时完成宣判”的审理标杆,主犯穆某等 32 名被告人被依法判处有期徒刑 24 年至 10 个月不等,中央电视台等媒体进行专题报道,被最高人民法院评为年度十大典型案例。坚持“扫黑”与“打伞”并重,对发现的案件线索依法及时移送,纵深推进“无黑”城市创建。完成 55 名被告人虚开增值税专用发票案、长安医院 16 名医护人员医保诈骗案等涉众型犯罪及“善心汇”成员组织领导传销活动案等新类型犯罪案件的审判工作,全年审结各类刑事案件 399 件。

2018 年 9 月 26 日,区法院依法公开宣判全国首例“套路贷”涉黑案件(区法院提供)

(丁渤海)

【棚改工程保障】 2018年，区法院选派干部多次赴各棚改片区巡回服务，围绕难点问题开展法律论证，排除风险隐患。完善涉棚改行政非诉审查案件办理机制，依法准予行政机关强制执行907件，对162件涉棚改的继承、租赁等案件开辟绿色通道；用足司法手段，强制腾房、司法强迁25件，“路记烧鸡”等棚改疑难案件妥善解决。将派出法庭咨询调解职能延伸至铃铛阁、西沽南、运输六场等重点棚改片区，接待咨询5230人次，诉前调解、司法确认275件。特别是在郭家菜园搬迁安置中，仅用三个半天时间调解最后6户滞留居民矛盾纠纷。加强和改进和苑社区法庭工作，为棚改还迁居民提供优质法律服务，全国政协副主席马飚、全国妇联党组书记黄晓薇、天津市委副书记阴和俊先后考察和苑社区法庭并给予充分肯定。

2018年12月13日，天津市委副书记阴和俊（中）到红桥法院和苑社区法庭指导工作（区法院提供）

（丁渤海）

【产权保护】 2018年，区法院积极贯彻“津八条”“红十条”，平等对待各类市场主体，依法妥善审结大胡同集团、欧亚达公司、红星美凯龙公司租赁合同及各类房地产、担保、股权转让等经济纠纷940件，维护公平竞争的市场秩序。审结民间借贷、金融借款案件668件，防范打击虚假诉讼，避免职业放贷人利用诉讼程序将非法利益合法化。参与“双万双服促发展”活动，院领导带头深入物美公司、八戒产业园区、中投保公司等，围绕合同管理、知识产权、劳动争议等热点问题开展法律帮扶，增强企业依法经营能力。

2018年3月21日，区法院党组书记、院长刘莉（右三）到中国投融资担保股份有限公司天津分公司走访调研（区法院提供）

（丁渤海）

【行政审判】 2018年，区法院审结行政诉讼案件118件，同比上升90.3%。推进行政机关负责人出庭应诉，完善行政诉讼协调机制，推动行政争议实质性化解，41件案件协调撤诉解决。通过发布《行政审判白皮书》、召开防范化解行政争议府院联席会议、开展行政执法培训等形式，促进行政机关提升依法行政能力。

2018年6月25日，行政案件审理现场（区法院提供）

（丁渤海）

【民事审判】 2018年，区法院审结婚姻家庭、医疗教育、就业创业等民生领域案件1181件。妥善审结泰达和泓、海河华鼎业主群体维权案、“怡乡春竹”农民工集体讨薪案，切实保障民生权益。持续推进家事审判改革，新建符合家事审判特点的“合字形”审判法台和专用心理咨询室，融情理法于一体，促进家庭矛盾妥善化解。家事案件服判息诉率93.2%,离婚案件调解和好率37.7%,家事审判庭被评为“全国法院家事审判工作先进集体”。做好国家赔偿自赔案件集中管辖工作,在最高人民法院专题会议上做经验介绍。加强司法救助工作,全年缓减免交诉讼费3.4万元,依法救助30人次。

(丁渤海)

【执行工作】 2018年,区法院推动建立全区“基本解决执行难”联席会议机制,协同查人找物、联合信用惩戒,多方联动治理“执行难”。综合运用夜间蹲守、假日突袭等多样化方式,持续开展涉民生、涉金融等系列专项执行行动。以人民群众反映强烈的腾房案件等“老大难”案为主攻点,执结光荣道、估衣街等涉及城市管理、消防隐患治理多个领域的疑难复杂案件。全年执结案件3007件,实际执结率76.2%,高于全国平均水平22个百分点,执行到位金额3.20亿元。执行局干警累计加班11550小时,出动警力1200余人次,执行足迹遍布全国,里程10万公里。加大惩戒力度,全年罚款、司法拘留35人次,移送追究刑事责任3人,限制出境、限制高消费2499人次,将1150人纳入失信被执行人名单,454人慑于压力自动履行义务,《被限制出入境,“老赖”主动还钱》等典型案例被中央电视台《朝闻天下》《新闻直播间》等栏目多轮次报道。

(丁渤海)

【信访攻坚】 2018年,区法院落实“战区制、主官上”要求,拉网式排查苗头隐患,建立动态管理台账,重大案件实行院领导包案,攻坚化解信访积案。构建完善信访工作例会、院长预约接访、重大信访事项协调化解机制,与各有关部门协调联动,促使23件信访积案、难案得到化解。妥善处理重大敏感案事件,全年未发生安全稳定和舆情风险。

(丁渤海)

【综合配套改革】 2018年,区法院深化以审判为中心的刑事诉讼制度改革,运用刑事速裁程序、认罪认罚从宽制度审结案件232件,全年召开庭前会议46次、证人出庭12人次,推动庭审实质化。落实司法标准化,在婚姻家庭、劳动争议、交通事故案件中实行要素式审判,强化繁简分流,民事简易程序适用率87.6%。完善法官办案责任制,坚持放权与监督相结合,发挥个性化考评激励导向作用,多项审判质效指标全市领先。推进电子档案扫描、公证电话送达等审判辅助事务外包,切实提高司法效率。

报纸名称:人民法院报
报纸日期:2018-01-02 版次:4
【要 闻】
人民法院报
案例4 天津市红桥区人民法院——
推进综合配套机制改革 增强审判团队改革效能
人民法院司法改革案例选编(二)

2018年1月2日,区法院司法改革经验入选《人民法院司法改革案例选编(二)》并获《人民法院报》刊登(区法院提供)

(丁渤海)

【纠纷化解】 2018年,区法院主动适应社会主要矛盾变化和人民群众司法需求,传承发扬“枫桥经验”,聘请29名人民调解员,运用“E调解”信息化技术实现远程调解,着力打造一体化诉调对接平台,非诉化解矛盾纠纷687件,诉讼调撤案件6050件,调撤率74.2%。全国法院坚持发展“枫桥经验”研讨会、全市坚持发展新时代“枫桥经验”现场会先后在区法院召开,工作经验入选第五批《人民法院司法改革案例选编》,成为全国唯一一家两次入选司改案例的基层法院。

2018年12月21日,全市坚持发展新时代“枫桥经验”现场会在红桥区人民法院召开(区法院提供)

(丁渤海)

【智慧法院】 2018年，区法院建成全新的智能化诉讼服务中心，设置3D导航指引、智能导诉机器人“小红妹”，开发诉状自助生成一体机、诉讼风险评估机、自助立案一体机和智能“云柜”系统，建成“E服务”和“E公开”平台，为群众提供开放、动态、透明、便捷的诉讼体验。建成全程同步录音录像的科技法庭28个，在庭审中引入智能语音识别系统，自动生成庭审记录。建成现代化执行指挥中心，实现执行活动实时指挥调度和有效监督。反映智慧法院建设成果的专题片在最高人民法院公众号播发。

2018年9月30日，在区法院智能化诉讼服务大厅，部分全国人大代表、全国政协委员、市人大代表、市政协委员与智能机器人“小红妹”进行对话（区法院提供）

（丁渤海）

【从严治党】 2018年，区法院党组开展中心组集体学习26次，院庭领导带头讲党课36次，举办“维护核心、铸就忠诚”党员教育培训班、“宪法在我心中”主题演讲比赛等教育活动，增强干警“四个意识”，坚决践行“两个维护”。结合内设机构改革和新型审判团队建设，完成机关党委换届选举工作，调整优化党支部12个。制定《落实全面从严治党主体责任的实施意见》及责任清单。以隐性超审限案件治理、信访积案化解为切入点，深入开展“不作为不担当”问题专项治理三年行动及“规范司法行为、促进形象公正”专项活动。围绕庭审规范、窗口接待、会风会纪、考勤管理等方面，开展审务督查43次，实名通报6次，提醒谈话48次。深化廉洁司法教育，坚持正面典型引领与反面典型警示相结合，让干警知敬畏、明底线。

2018年3月30日，区法院召开2018年党的建设暨党风廉政建设工作会议（区法院提供）

（丁渤海）

【审判能力提升】 2018年，区法院开展审判流程、庭审质量、裁判文书及案件评查355件次，评查结果全院通报并与绩效挂钩，推行审限届满预警提示和庭审直播，倒逼法官提升司法能力。院庭长回归审判一线带头办理重大复杂疑难案件8298件，占结案总数的61.2%。完善《法官会议规则》，全年召开法官会议92次，举办类案审判、文书制作、审判流程等系列专题培训，促进业务交流、统一审判尺度。

2018年2月2日－2月8日，区法院举办“强化司法标准、提升案件质效”系列专题培训（区法院提供）

（丁渤海）

【接受监督】 2018年，区法院向区人大常委会报告服务全区重点工作、信息化建设、家事审判等工作情况,落实人大评议法官庭审制度,邀请人大代表、机关干部、各界群众参观考察、旁听庭审、见证执行800余人次。推进司法民主,增选人民陪审员69名,陪审员参审案件1228件,一审陪审率96.9%。落实普法责任制,举办法院开放日,到武警中队、新华中学、绮水苑社区等开展法治宣讲20余次。打造全媒体宣传矩阵,全面入驻抖音、快手、澎湃政务平台,全年在中央、天津市主要媒体刊登新闻稿件百余篇,新媒体指数在全区排名前列。

2018年6月25日,红桥区人大常委会到区法院旁听评议庭审(区法院提供)

(丁渤海)

司法行政

【概况】　2018年,红桥区司法局(以下简称区司法局)以司法行政改革为动力,依托公共法律服务体系平台,坚持发展"枫桥经验",进一步加强人民调解工作,全面落实普法责任制,提升法律服务水平,做好重点时段特殊人群的管控帮教,为维护社会稳定、推进全面依法治区、促进全区经济社会发展提供法律服务和法治保障。

(孙江东)

【普法依法治理】　2018年,区司法局全面落实普法责任制,制定《红桥区"谁执法谁普法"普法责任制的实施意见》,建立落实普法责任制联席会议制度,推动全区各单位制订年度普法任务清单;开展以案释法工作,在区有线台开设"释法说

2018年7月31日,区司法局开展"强军路上 法治同行"法律服务进警营活动(区司法局提供)

理"专栏,发挥案例的教育、宣传、引导、警示作用。深化"法律六进",到社区、楼宇调研,提供定制式法律服务;加强重点对象学法用法,组织全区领导干部网上学法用法考试,组织领导干部旁听贪腐案件庭审、赴长泰监狱专题参观等警示教育活动。开展《中华人民共和国宪法修正案》宣传活动,组织开展"宪法在身边"知识竞赛,红桥区3名选手在初赛、复赛中表现突出,最终在全市总决赛中勇夺冠军。与区外国语小学联合举办《与宪法一生相伴》主题班会,通过角色扮演的形式,引导广大师生学习宪法知识,获得天津电视台等多家市、区媒体关注报道。以"五个一"为载体,组织全区社区服刑人员开展宪法学习宣传教育活动。组织开展"学雷锋·巾帼志愿服务行""三八"国际妇女节、消费者权益保护、国家安全教育、禁毒宣传、法律进警营等主题宣传活动。6月14日,区人大常委会主任高树彬、副主任张树起率部分人大内司委委员和人大代表组成的考察组,就全区"七五"普法实施情况和公共法律服务体系建设情况进行专题考察并给予充分肯定。9月20日,市人大常委会法工委主任王泽庆率领第十三督察组对红桥区宪法学习宣传贯彻实施和"七五"普法中期工作开展情况进行实地督察,对红桥区普法工作给予较好评价并提出宝贵建议。2018年,区司法局报送

的“‘快’说修宪”微视频在司法部、国家互联网信息办、全国普法办共同主办的2018年“我与宪法”优秀微视频征集展播活动中获一等奖。

（孙江东）

【基层基础工作】　2018年，区司法局充分发挥人民调解第一道防线作用，认真贯彻落实市坚持发展“枫桥经验”进一步加强人民调解工作会议精神，制定红桥区实施方案。在西于庄街绮水苑社区组建枫桥经验试点人民调解委员会，成立专门调解室。探索建立e调解工作室，开展津调通APP应用培训和推广普及工作，促进人民调解工作与“互联网+”、大数据深度融合。选聘配齐专职人民调解员，“诉调对接”“访调对接”“警调对接”全面铺开，“大调解”工作体系进一步完善。开展大培训大练兵大比武活动，协调三条石、大胡同、西沽、丁字沽、双环邨等街道提升改造司法所办公用房，提高队伍正规化、专业化、职业化和司法所基础设施建设水平。引进社会餐饮服务机构，完成局机关食堂、会议室和公证处房屋结构布局改造，安装遮阳车棚。做好警车管理维护、回收封存和警用电动车上牌维修工作。推进全局信息化建设，配合市局完成基层工作监控平台二级平台建设，新建应急指挥平台，落实指挥中心视频点名制度。完成基层法律服务所改制工作，全区11个司法所全部实现与街道综治、信访部门合署办公。2018年，全区有人民调解组织139个，其中社区调委会120个、街道调委会

2018年10月25日，区司法局举行专职人民调解员聘任仪式暨业务培训会（区司法局提供）

11个、区调委会1个、企事业单位调委会2个、行业专业调委会5个；调解员总数1113人，其中兼职调解员899人、专职调解员214人（含2018年新招聘专职人民调解员17人）。各级人民调解委员会调处各类矛盾纠纷1687起，调解成功1683起，调解成功率99.7%，调解协议金额396万元，排查纠纷566件，防止各类社会矛盾216件。邵公庄司法所司法助理员吴震被司法部授予“全国人民调解工作先进个人”称号。

（孙江东）

【社矫安帮】　2018年，区司法局做好重点时段特殊人群的管控帮教，建立社区矫正教育学习、社区服务基地，推进社区矫正执法工作规范化。开展社区服刑人员及刑满释放安置帮教人员安全隐患大排查，组织重点时期摸排6次，摸排3000人次。对社区服刑人员、重点安置帮教对象开展扫黑除恶专题教育，动员部署社区矫正集中教育训诫活动，各司法所共进行集中教育30场。启动视频点名常态化工作，提升队伍执法意识和执法状态。组织召开刑满释放人员安置帮教工作领导小组成员扩大会议，进一步部署推动全区安置帮教工作开展。依托企业建立刑满释放人员过渡性安置帮教基地，完成9个街道基地建立工作。2018年，全区社区服刑人员在册人数201人，全年累计接收170人，累计解除矫正162人；安置帮教对象398人，衔接率100%，帮教率100%，安置率90%以上，重新犯罪率控制在1%以下。组织召开动态研判分析会12次，专题业务培训40余人次，完成调查评估138人次；办理居住地变更、外出审批28人次，对社区服刑人员217人采取手机定位，重点管控对象30人采取电子手环定位，先后对4名保外就医人员进行4次复查体检，对违反监管规定的10名社区服刑人员给予警告处分，对符合收监条件的1名社区服刑人员执行收监，为50名帮教对象办理低保、临时救助、续接保险等事宜。

2018年11月15日,区司法局召开社区服刑人员宪法学习宣传教育大会(区司法局提供)

(孙江东)

【法律服务】 2018年,区司法局公共法律服务实现线上线下全覆盖,区公共法律服务中心实行单休制。完善全区公共法律服务三级实体平台"一窗办多事"功能,推广普及"12348"公共法律服务热线和"12348"天津法网,实现法律咨询、法律事务办理"掌上办""指尖办"。进一步强化社区法律顾问微信群管理应用,为辖区群众提供精准法治宣传和优质法律服务。红桥公证处改制完成,业务向知识产权新领域拓展。放宽法律援助经济困难标准和援助事项范围,强化与区法院、区人力社保局关于农民工"治欠保支"工作的沟通协调,积极参与认罪认罚从宽制度改革试点,健全完善法律援助值班律师制度,维护受援人合法权益。加强法援案件质量建设,制定卷宗整理规范,开展案卷评查。利用《法眼大律师》红桥服务总站的辐射力和影响力,于5月5日开展专项咨询活动,加大法律援助宣传力度。加强红桥律工委机构制度建设,激发律师行业生机活力。加大全区法律服务机构、人员的检查考核和办案质量监管力度,健全投诉查处机制,严管厚爱双管齐下,保障法律服务行业健康发展。成立红桥区律师行业党委,排查律所律师组织关系25家198人次,实现律师党的组织工作全覆盖。3个联合支部分别开展法律服务主题党日活动,指导文诺党建基地夯实基础规范运行,为红桥区新社会阶层党建增添亮点。不作为不担当问题专项治理三年行动中期推动持续发力,自查梳理问题6类13个,运用"第一种形态"教育提醒9人。截至年底,红桥区律师行业党委管理党员43名,比创建之初增加53.6%,确定发展对象1名。2018年,全区有律师事务所26家(含外地分所1家),其中合伙所10家、个人所16家,与2017年底相比增加4家,同比增长18.2%。全区有律师221人,执业律师增加14人,同比增长7.5%,公职律师增加8人。全区律师事务所受理各类案件2280件,业务收入2613.96万元,担任法律顾问158家。红桥公证处办理各类国内民事、经济及涉外公证6830件,办理小额继承公证519件,办理遗嘱公证172件,为80岁以上老年人免费办理遗嘱公证10件,免费办理遗体捐献公证7件,为当事人提供上门服务69人次,为家庭经济困难的当事人实施公证法律援助3件。法律援助中心受理民事案件299件,同比增长95.4%,受理刑事案件152件,同比增长29.9%,发放各类法律援助补贴67.32万元。天津旗帜律师事务所主任王云福获全国律师行业优秀党员荣誉称号,红桥区文诺律师事务所党支部被评选为天津市律师行业第一批党建示范点。

(孙江东)

军　事

人民武装

【概况】 2018年,红桥区人民武装部(以下简称区武装部)以习近平新时代中国特色社会主义思想和强军思想为指导,依法从严治军,扎实打牢基础,以备战打仗、加强"完善国防动员体系"战略部署为引领,调整补充区国防动员委员会及征兵领导小组,依法依规健全组织;区政府将潜力调查工作纳入到区政府工作安排,实现国防动员和发展经济同步推进、同步发展、同步提高。区武装部连续被警备区评为"全面建设先进单位"。

(王盛楠)

【军事训练】 2018年,区武装部强化练兵备战,依法按纲训练,采取集中轮训、岗位自训、挂钩代训等方式,圆满完成应急队伍、专业队伍、特殊队伍年度训练任务,3次迎接警备区对应急分队的拉动点验。7月24日,指导300余名应急民兵参加所在街道的内涝救灾,协调驻区部队120余名官兵第一时间赶到津河进行救灾抢险,堆垒围堰3公里,有效防止河水漫堤,天津电视台现场进行报道。

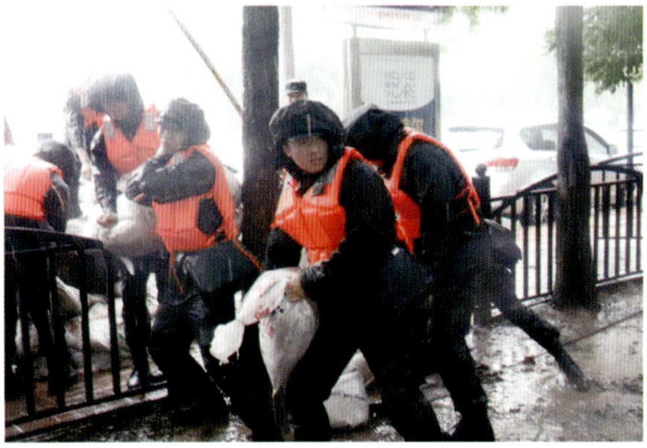

2018年7月,区武装部组织开展救灾抢险(区武装部提供)

(王盛楠)

【民兵整组】 2018年,红桥区成立由区武装部牵头,区委组织部、区委宣传部、区教育局、公安红桥分局等部门参加的民兵整组领导机构,下发《2018年民兵整组工作方案》。深入开展潜力调查,优化结构布局,择优调整人员,巩固拓展阵地,有效落实(区分)各类民兵队伍。

2018年10月,区武装部组织开展高炮训练(区武装部提供)

(赵跃强)

【兵员征集】 2018年,区武装部采取"基地训与挂靠训"相结合的办法对预征青年进行役前训练。协调河北工业大学军训部队抽调兵力对校内预征大学生进行训练。组织预征大学生3次向全校军训新生进行训练成果汇报展示,提高预征学生训练积极性,对新生进行征兵宣传,激发学生的参军热情,受到校领导及广大学生好评。

2018年5月,区武装部到机电学院进行征兵宣传(区武装部提供)

2018年，区武装部超额完成年度征兵任务，无1例责任退兵，并完成直招士官和女兵征集任务。

（赵跃强）

【安全管理和后勤保障】　2018年，区武装部以日常安全管理为重点，狠抓重要节点人员车辆管控，采取人防与技防相结合模式，针对“人、车、密、财、网、酒、油、黄、赌、毒”方面持续用力严管，以迎接国防动员部安全检查为契机，狠抓安全管理，确保人武部和民兵训练安全稳定。保障人员多次参加业务培训，提高管理能力和保障效率，民兵训练指定专人负责，配备专用车辆，确保民兵训练顺利完成。梳理2013至2017年度各项开支，查找问题及时整改，保证资金安全和经费使用效率。协调区市容园林委对本部装备库进行绿化和道路、围墙修缮，维修营院库房漏水、漏电等故障，完善宿舍区域洗澡间硬件建设，为工作人员提供舒适的居住环境。按时完成1名转业干部违规多占军队公寓住房的清退工作。

2018年11月，区武装部组织后勤人员参加业务培训（区武装部提供）

（赵跃强　胡鹏程）

人民防空

【概况】　2018年，红桥区人民防空办公室（以下简称区人防办）坚持“长期准备、重点建设、平战结合”方针，加快推进人民防空改革发展意见的贯彻落实，促进人防建设与经济社会发展深度融合，在人防组织指挥、工程建设与管理、人防平战转换、平战结合和重要经济目标防护等方面实现新突破。

（安玉明）

2018年4月，区人防办在西站南广场开展专业训练（王静　摄）

（安玉明）

【训练演练】　2018年，区人防办开展人防指挥部、人防专业技能、人防专业队伍和城镇居民疏散演练的实战化训练，重点提高运用信息化手段组织谋划应战应急行动的能力，推进人防核心能力整体提升，全年完成27个训练日173个课时的训练。联合区应急办公室、区红十字会、区教育局和区消防救援支队等多家单位，先后在区实验小学、第五十一中学等学校组织疏散演练活动。

【应急避难场所建设】　2018年，区人防办积极巩固和加强应急避难场所建设工作，制定应急避难场所普查方案，利用4个月时间，在区市容园林委、区教育局、潞河公司等8家单位配合下，完成查阅资料、实地调查、登记统计、完善落实等工作，对区内挂牌的应急避难场所、65个公园绿地和36个大中小学操场等室外开放空间情况进行全面普查。

(安玉明)

【重要经济目标防护建设】 2018年,区人防办7次前往区属重要经济目标防护单位,开展防护工作调研,确定防护建设试点单位,指导、监督重要经济目标防护单位的防护工作开展情况,撰写重要经济目标防护建设调研报告。向市人防办相关部门进行防护工作汇报,迎接市人防办防护建设专题调研2次,推动区重要经济目标单位防护工作开展。

(安玉明)

【防空警报器管理】 2018年,区人防办对重点区域警报设置情况进行梳理,对西站地区补充警报设施,选定西站小学和千禧园社区作为新建警报点,安装电声警报器2台。对区内警报器开展巡查维护工作,将区内警报器情况进行分类登记,分别进行警报器支架加固、除锈喷漆、更新老化电线零件和电源检修等维修工作,做到随时掌握情况、随时了解现状,提高警报维护管理水平,保障人防警报器均处于良好使用状态。

2018年8月,区人防办对防空警报器进行巡查检修(安玉明 摄)

(安玉明)

【人防工程建设与管理】 2018年,区人防办协助区审批局对新建项目进行面积核算,完成结合民用建筑修建防空地下室手续,完成新建设人防工程审批;追缴人防工程异地建设费项目审批。协助核查、批准并办理结合民用建筑修建防空地下室,拆除建设用地内原有人防工程,全额收缴人防工程拆除补偿费。加强在建人防工程事中事后监管,参与新开工建设人防工程,参与人防工程竣工验收,完成人防工程平时使用备案手续,新竣工人防工程平时使用备案率100%。

2018年6月,区人防办召开人防工程竣工验收会(王颖 摄)

(安玉明)

【人防工程招商】 2018年,区人防办抓住京津冀协同发展战略机遇,积极组织推动重点企业"中国电子天津数据中心"项目落户红桥区。在招商引资、接待考察、项目论证、政策宣传、部门协调等每个环节,对项目落户过程中的注册、立项、改造建设、土地使用等问题逐一跟进落实。在服务"中国电子天津数据中心"项目过程中,围绕项目周边及上下游产业链进行延伸服务,

2018年3月,区人防办协助中国电子天津数据中心项目召开协调会(王颖 摄)

积极招商引资北京首创财富、北京国盾量子、中国电子集团参与红桥区管廊建设、供热合作、城建大厦资产盘活、园区合作、智慧城市合作、产业发展基金组建等对接服务。

（安玉明）

【人防工程文件编写】 2018年，区人防办开展《天津市城市地下综合管廊工程兼顾人防需要设计导则》调研、起草工作。面对全国在城市地下综合管廊工程兼顾人防需要设计方面无统一标准的困境，先后与市人防设计院、区建委进行对接，走访北京建筑标准设计院、军事科学院国防工程院、广州地铁设计院人防分院等院所，参考相关省、市经验，兼顾城市地下综合管廊工程的经济、社会、生态和战备效益，起草《红桥区城市地下综合管廊工程兼顾人防需要设计导则》。

（安玉明）

2018年8月，区人防办开展《地下综合管廊工程兼顾人防需要设计导则》调研工作（王颖　摄）

【人防宣传】 2018年，区人防办联合区安监局、区民政局、区司法局、区红十字会等单位，在欧亚达广场组织以"行动起来，减轻身边的灾害风险"为主题的宣传教育活动，采取现场咨询、发放宣传资料、展出宣传展板、应急救援帐篷现场搭建演示、止血包扎应急救援、文艺表演等形式，提高广大市民的国防观念和应急避险意识。在西沽街道河怡社区、铃铛阁街道明华里社区、和苑街道梦和园社区等5个人防示范社区开展防空防灾宣传，提高社区居民的防空防灾意识和应急救援能力。

2018年5月，区人防办在区欧亚达广场开展人防宣传（徐谦　摄）

（安玉明）

街　　道

西于庄街道

【概况】 西于庄街道位于红桥区中部,东以桥口街、桥口南街、三兴里、纯德里为界,与西沽街道相邻;南与西沽街道隔子牙河相望;西以千里堤与北辰区接壤;北以光荣道、新红路与咸阳北路街道、丁字沽街道、西沽街道相连。辖区面积3.89平方公里,户籍居民22149户59705人,有汉、回、满等多个民族。设16个社区居委会:翠溪园社区居委会、怡水苑社区居委会、绮水苑社区居委会、亿城堂庭社区居委会、集安里社区居委会、子牙一社区居委会、子牙三社区居委会、植物园社区居委会、永光楼社区居委会、礼貌楼社区居委会、敦煌楼社区居委会、祥居公寓社区居委会、西于庄社区居委会、纸厂社区居委会、增产里社区居委会、新建里社区居委会。街道办事处地址:红桥区西于庄后大道28号,邮编:300132,联系电话:86513600。

2018年,西于庄街道用时13天完成郭家菜园搬迁任务,563户居民全部封房搬迁;打造绮水苑社区"百姓说事厅",摸索一条"党建引领,平台助推,职能前置,融合共治"的社区调解新路子;全力打好创文创卫、房屋征收、民计民生、安全稳定、基层党建攻坚战,高标准完成全年各项目标任务。

(曹琳爽)

【街域经济】 2018年,西于庄街道开展联合招商活动,拓宽招商引资渠道,引进企业8家,注册资金总计1000万元,其中引进科技型企业2家,注册资金总计200万元。解决政企互通服务信息化平台企业提出需要帮扶的问题。协助5家招商企业联系区税务局申请税票,协助4家企业办理企业注销相关手续。西于庄街道经济普查工作任务占全区任务的1/5,街道清查任务涉及21个普查小区,辖区内注册法人产业单位2570个,完成核查1516个,个体经营户1320个,全部完成信息采集和上报,完成核查任务的104%,位居全区第二位。

2018年11月27日,西于庄街道领导到企业调研(胡岳　摄)

(曹琳爽)

【城市管理】 2018年,西于庄街道出动清理人员3000余人次,清理各种废弃物点位5700余处、乱圈乱占800余处、私养家禽宠物70余处,拆除违法建设120余处,更换垃圾桶578个,清运各种废弃物1671车次8200余吨。完成洪湖南路商业街占路市场、增产大街露天市场清撤任务,牵头完成拆迁片、80中学清户任务。取缔辖区内增产大街占路摆卖点位80余处,查出各类违章、棚亭200余处,取缔露天烧烤、马路餐桌22

2018年5月5日,西于庄街道干部清理子牙三社区楼道堆物(胡岳　摄)

处;完成子牙里 27 处窗改门点位登记造册和封堵。办理“8890”热线、区长信箱、“400”热线、北方网留言等各类群众督办单 1220 件,办结率 100%;办理数字平台案件 8000 起。

（曹琳爽）

【环保治理】 2018 年,西于庄街道加强扬尘控制管理,对科技园九号地、正融科技大厦、宝能城市广场、泰盈科技中心、公园大观项目 5 个在建工地,水西庄、农工商 240 亩地、光荣道治达院内、宝能城市广场 4 个裸地每日两次巡查。对街域内查封的 18 家废品回收点、20 家汽修厂加大巡查力度。对盖来普工业园区内 17 家和红桥区看守所门前 5 家未取得环评手续的企业全部进行查封处理。对街域内 83 家餐饮企业油烟排放净化设施的安装情况进行排查,督查整改。认真做好全国第二次污染源普查工作,对街域内 390 余家在册污染源企业逐一进行排查和督促整改。

2018 年 9 月 28 日,西于庄街道到辖区商户开展餐厨垃圾治理工作(胡岳　摄)

（曹琳爽）

【社会救助】 2018 年,西于庄街道新增低保户 50 户,通过低保核查停发 181 户、调整 953 户;为 1266 户低保户发放低保金 2295.41 万元;为困难家庭发放临时救助金 97.84 万元,其中大病救助 62.46 万元、生活困难救助 29.84 万元、刑满释放救助 55200 元;为 601 户家庭发放副食补贴,累计金额 53580 元;为 620 名残疾人发放生活补贴累计 115.22 万元,为 1170 名残疾人发放护理补贴累计 210.78 万元。两节期间开展“迎新春 送温暖”慰问活动,发放慰问品、慰问金 16.86 万元,为低保、特困户 1620 人发放年终一次性补贴 177.2 万元,为 620 名残疾人发放生活补贴累计 115.2 万元。办理公租房 35 户、限价房 38 户。为各类优抚对象发放抚恤事业费 249.5 万元,受益 148 人。为 20 名残疾人发放救助金 2 万元,为 116 名残疾人发放救助物品折合人民币 20000 余元,为 18 名残疾人申请发放急难救助金 18000 元;新办理残疾证 228 个。为 37 户新增听力残疾家庭申请门铃,为 3386 名残疾人上门进行需求调查;为残疾人办理免费旅游卡,为购买代步车的 9 名残疾人申请燃油补贴;为残疾人技能培训 30 人,为 19 名残疾人体检,为 3 名重度残疾人申请辅助器具,为 4 名残疾人申请助视器,为 2 名残疾人申请假肢;为 806 名残疾人发放通信补贴 18360 元,为 572 户残疾人办理取暖补贴,为 82 名学生申请助学金,为因病致贫的残疾人发放 34.49 万元大病救助金。

（周寅菲　曹琳爽）

【劳动保障和就业服务】 2018 年,西于庄街道完成新增就业 626 人,办理灵活就业社保补贴认定 608 人,享受灵活就业保险补贴 626 人;新增领取失业金 656 人,新增累计发放金额 77.48 万元;累计领取失业金 10673 人次,发放失业金累计 1255.8 万元。城乡医保征缴累计参保人数

2018 年 3 月 16 日,西于庄街道组织开展“春风行动”招聘会(胡岳　摄)

866 人,城乡居民医疗保险支付工作涉及 126 人报销医药费 105 万元。办理死亡清户 80 人。享受老年人生活补助 643 人。受理新社保卡制卡 587 张、办理补卡 239 张。异地养老认证 68 人。

(杨　祺　曹琳爽)

【人口与卫生】 2018 年,西于庄街道发放宣传品 450 余份,避孕药具 600 余盒,免费进行孕前检测查体 69 人。免费为 162 人失独家庭购买意外保险。为 22 名怀孕高危育龄妇女进行出生缺陷监测。办理婚育证 2 个,录入新婚信息 196 人,办理一孩服务证 201 人,发放独生子女证 2 个,办理政策内二孩指标 123 例,参加孕前监测 69 人,特扶人员 380 人,其中残疾 232 人、死亡 148 人;发放特别扶助金 200.16 万元、独生子女费 45475 元。

(耿　娟　曹琳爽)

【信访维稳安保】 2018 年,西于庄街道共排查矛盾纠纷 240 起,调解 240 起,调节成功率 100%,未发生一起民转刑事件。打造绮水苑社区"百姓说事厅",摸索一条"党建引领,平台助推,职能前置,融合共治"的社区调解新路子。开展春季、夏季安全生产大检查活动,组织街道 16 个检查组,对街域 800 余家"九小场所"、重点单位开展检查,对存在突出隐患及时下达整改,并督促落实。重点完成西于庄房管站对面电线杆被违建包围的隐患、益发顺在居民楼道堆积酒精和木炭隐患、马记糕点私接燃气管道、虹都名苑小区非法开办幼儿园等 9 件隐患整改工作。在全国"两会"、市区"两会"、青岛"上合峰会"、北戴河会议、中非合作论坛、达沃斯论坛等重要时期,对稳控重点人员和重要群体严格落实稳控措施,确保街域社区安全稳定。推进扫黑除恶专项斗争扎实开展,张贴"扫黑除恶"固定海报 1800 张,发放"扫黑除恶"专项斗争知识手册 600 余份,利用微博、微信等新媒体在社区党员群、楼门长群、社区群众群中转发《致红桥区人民群众关于开展扫黑除恶专项斗争的公开信》、扫黑除恶专项斗争应知应会等内容。组织街道、社区工作者集中开展专项培训 4 次。

2018 年 4 月 23 日,西于庄街道到辖区重点单位开展食品安全大检查(胡岳　摄)

(施庭园　曹琳爽)

【危陋房屋征收改造】 2018 年,西于庄街道用时 13 天完成郭家菜园搬迁任务,563 户居民全部封房搬迁。组织召开 17 次联审会,分析研究和解决 41 项棘手问题,帮扶困难群众 206 户,帮助化解家庭矛盾调解邻里纠纷 39 起。争取和赢得群众支持和配合,有 22 户签约居民主动帮助指挥部做其他群众工作。重视郭家菜园地段环境保护工作,河边安置围挡,做好清片后拆房及围挡苫盖工作,作为全市各区县互查互比互看点位。完成小辛庄大街、城防里大街,屠宰场前街、增产大街、纸厂大街沿街违法建设拆违工作,共拆除违法建设 420 余间,拆除面积 4700 余平方

2018 年 6 月 6 日,市、区领导到西于庄街调研郭家菜园搬迁情况(胡岳　摄)

米，清理面积6000余平方米，促进指挥部走户50余户。街道联合指挥部和派出所，化解多起赴市赴区集体访。启动金璐园项目征收工作，项目面积4.78万平方米，居民1313户。

（曹琳爽）

【基层党建】　2018年，区级机关、街道及社区的700余名党员采取一对一、一对多和多对一等方式，与各社区659户十类困难群众结成帮扶对子，实现结对工作全覆盖。梳理并解决千件实事35件，收集困难群众"微梦想"74个，全部帮助完成。帮助解决宏泰公寓小区大门维修、秋水苑路灯换修等与群众生活息息相关的各类问题。研究制定社区组织换届方案、领导包片责任制、换届工作纪律等相关文件，40余名街道领导和干部下派到社区指导换届工作，多次组织系统培训，完成组织推荐、组织考察、资格审查、大会选举等社区党组织换届选举工作。成立16个考察小组对列入社区党组织换届的126名候选人初步人选进行考察联审。召开社区党员大会，采用直接差额选举的方法选举产生新一届社区党组织委员，全街16个社区全部完成党组织换届选举，居民委员会、居务监督委员会及工青妇组织顺利完成换届选举工作。换届16个社区的实际参会人数均达到应到党员的80%以上、社区全体党员的30%以上。全街16个社区选出新一届社区党组织78名党委委员，35周岁以下人员占40%，大专以上文化程度占59%，持有社会工作者职业水平证书的比例为49%。社区党组织书记与居民委员会主任实行"一肩挑"，"两委"班子成员交叉任职比例80%以上。

（于瑞红　曹琳爽）

2018年6月20日，西于庄街道翠溪园社区召开社区组织换届大会（胡岳　摄）

【精神文明建设】　2018年，西于庄街道围绕中共十九大、市区两会精神、社会主义核心价值观等内容开展主题宣传和社区宣讲，全街17名宣讲员开展宣讲136场，受众3256人次，开展"微宣讲"24场，受众700余人次。深入挖掘社区崇德向善事迹材料，推荐"天津好人"候选人13名。以"快乐营地"和"五爱教育阵地"为主要载体，组织开展文化体育、心理辅导等活动70余场次，吸引千余名社区青少年参与。加强宣传平台建设，全年市级媒体宣传报道25次，《红桥》专刊登载3篇，"美丽红桥"官方微信平台登载25篇，红桥有线电视台宣传报道72次，街道微信公众号推送图文消息223条。围绕"创文创卫"在街域内窗口单位、小区出入口、楼门和宣传栏悬挂创建宣传画，印制双创告知书7000余份、商户海报180余份，定制提袋和参与社区建设志愿服务彩页万余份，开展"创文创卫共同参与，美好生活大家享"活动，引导社区群众广泛知晓、支持和参与创文工作。

2018年11月22日，西于庄街道开展"创文创卫进万家"活动（胡岳　摄）

（曹琳爽）

丁字沽街道

【概况】 丁字沽街道地处天津市红桥区北部,东起光荣道与西沽街道相邻,西南临丁字沽一号路与咸阳北路街道接壤,西北至咸阳北路与咸阳北路街道相接,东北靠北运河与北辰区、河北区隔河相望。界内有大清河入运河,纵横作丁字形,故得名丁字沽。辖区面积2.47平方公里,户籍居民81691人。设14个社区居委会:风貌里社区、光采社区、三段社区、六段社区、十段社区、光荣道社区、桃花园社区、勤俭桥社区、东大楼社区、胜灾社区、十三段社区、北平房社区、潞河园社区、南大街社区。界内有机关和企事业单位180余个,其中大学2所,党校1所,中小学、职专、幼儿园12所,医疗单位8个。办事处地址:红桥区五爱道24号,邮编:300130,联系电话:86513508。

2018年,丁字沽街道认真落实全面从严治党主体责任,加强思想政治建设,继续开展基层党建"万千百十"行动计划,组织"维护核心、铸就忠诚、担当作为、抓实支部"主题教育实践活动,推动"两学一做"学习教育常态化制度化,着力以城市基层党建引领新时代基层治理,着力加强纪律作风建设,狠抓不担当不作为专项治理,为全街中心工作开展提供政治保障。

(李　曦)

【党建工作】 2018年9月29日上午,丁字沽街道党工委和街道"两新"组织工委牵头,在河北工业大学东院会场举办"党建引航建功新时代 群文荟萃共筑中国梦"首届"两新"组织文化艺术节。演出内容紧贴"两新"组织实际发展需要,围绕基层党组织建设、创文创卫工作、发挥党员先锋模范作用等方面,加强"两新"组织企业沟通交流,提高"两新"党组织"两个覆盖"质量,展现党员干部新时期新风采,凝聚区域共进互促思想共识。

2018年9月29日,丁字沽街道在河北工业大学东院举办"党建引航建功新时代 群文荟萃共筑中国梦"首届"两新"组织文化艺术节(丁字沽街道提供)

(李　曦)

【妇联工作】 2018年,丁字沽街道创办"女子学堂"平台,向辖区居民传播知识;创办"妇联通"平台,与兄弟省市、区县、街镇共同交流工作成果,打通服务的最后一公里,让群众得实惠、广受益。借力"三八红旗手"、最美家庭、平安家庭等创先评优工作,选树优秀典型,由点及面,以鲜活人物事迹彰显红桥人文风貌,激励更多家庭积极参与精神文明建设,提高家庭素质,培养家庭美德,以家庭的平等、文明、和睦、稳定促进社会的文明进步和安定团结。

(赵　琪)

【工会工作】 2018年,丁字沽街道发挥工会组织优势,为职工搭建活动载体,组织职工参加市、区总工会开展的职工书写大赛、"学习贯彻十九大 奋力建功新时代"职工演讲比赛活动,丁字沽街道推荐的选手赵晓莹获得一等奖,街道总工会获得优秀组织奖。策划组织开展"践行新思想 拥抱新时代"职工知识竞赛活动,调动全街干部职工学习的积极性和主动性。为满足社区企业职工需求,邀请专业律师开展法律知识讲座,增强企业职工法律意识。以夯实基层基础建设为重点,推进工会组建工作,对新注册企业、税务代征工会经费筹备金企业开展信息采集工作，做好政策宣传，采取规模以上条件成熟的企业指导独立建会、小微企业加入到区域联合工会的建会形式，推动指导做好重点企业和区域性工资集体协商工作，全年建会企业20家，重点企业独立签订工资集体协议5家。加强基层工会组织建设，对所属14个社区工会进行换届选举，产生新一届社区工会委员会、经费审查委员会、女职工委员会，同时产生工会主席、经审委主任，提高社区工会规范化水平。广泛开展区级"五一劳动奖章"和工人先锋号评选推荐工作，推荐的李家雷获区级"五一劳动奖章"先进个人荣誉称号。开展职工书屋创建工作，加大资金投入，提升社区职工整体素质。

（马莉雅）

【社会保障】　2018年，丁字沽街道在元旦、春节期间开展走访慰问生活困难党员工作，对非公企业及社区进行摸底调查，筛选出生活困难党员170人，发放慰问金13.5万元。"七一"之际慰问困难党员114人，发放慰问金31800元，发放慰问品价值2142.3元。

（李　曦）

【社区换届】　2018年，丁字沽街道研究制订《2018年丁字沽街道社区组织换届选举工作实施方案》，成立以街道党工委书记、办事处主任为组长的社区组织换届选举工作领导小组，下设办公室；成立指导推动、宣传报道、选举事务、换届秘书、信访维稳、纪检督察6个工作组。召开社区组织换届选举部署会和10余次推动会，发放《致广大社区党员和居民的一封信》27000余封，通过入户走访、电话通知、微信告知等方式，确保广大党员全部知晓换届选举工作。通过组织推荐、考察联审、大会选举等程序，全街14个社区共选举产生社区党组织书记、副书记、委员70名，社区党组织书记、副书记均高票当选；新一届委员平均年龄41.8岁；具有大专及以上文化程度的51名，占73%；持有社工证书的37名，占53%。

2018年6月，丁字沽街道光采社区进行换届选举（丁字沽街道提供）

（李　曦）

【双创工作】　2018年，丁字沽街道纠正各类违规、违章行为8600余次，清理流动商贩4200余人次，治理违章占道经营3100余次，拆除违章圈占573处，拆除违法建设751间，拆除违法牌匾31处，封堵私开门脸39处，各社区清脏治乱3107处，清除垃圾堆物6627.5吨，协调解决勤俭桥居委会门前空地荒废，风貌里、春风里等小区空地黄土朝天问题。提高街内主次干道、背街小巷、住宅小区、农贸市场、建筑工地、河流、公厕、垃圾场等地点环境卫生质量，提高街内居民文明素养和辖区文明程度。

2018年5月26日，丁字沽街道与包保单位工作人员开展环境清整（丁字沽街道提供）

（孙金奎　殷晓静）

【团员活动】　2018年4月28日，丁字沽街道举办五四青年节座谈会,座谈会以“畅想新时代 为幸福的明天而奋斗”为主题,街道领导班子成员与青年干部就工作、思想、学习等方面进行交流座谈,深入了解青年干部的思想、工作和生活情况,调动年轻干部工作主动性和积极性。团工委与十段社区开展以“青春自护 平安春节”为主题的青少年自护教育活动,邀请社区民警为青少年宣讲道路交通安全、防火防灾、防范烟花爆竹意外伤害、假日娱乐场所安全、净化网络环境、应对校园欺凌、禁毒、防拐反拐等安全知识和自护自救常识,提高社区青少年法治意识,培养良好行为习惯,引导青少年自我管理、自我约束。在中高考前夕,街道团工委以服务考生需求为导向,与区委党校、丁字沽街胜灾社区开展“轻松备考·12355 与你同行——阳光心态”活动,邀请区委党校、丁字沽街人大代表孙老师为面临中高考的学生家长讲解阳光心态。

2018 年 2 月 7 日上午,丁字沽街道团工委与十段社区开展以“青春自护 平安春节”为主题的青少年自护教育活动(丁字沽街道提供)

(姜妙妙)

【“万千百十”】 2018 年,丁字沽街道以“两个直奔”活动为抓手,办好第二批“微心愿”和“千件实事”。梳理归纳辖区困难群体“微心愿”77 件,明确结对子党员、帮扶措施和解决时限,按照生活服务、精神慰藉、文体用品、户外出行、现金自助等条目进行分类解决。逐步协调完成涉及旧楼改造、路灯损坏、环境美化等方面“千件实事”69 件,街道领导到问题点位查访,发现并解决民生问题 3 件,联系区排水部门对光采社区新基业大厦外部受损的排水管网进行重新铺设,为风貌里社区和胜灾社区安装老年人休闲活动座椅 37 把。

(李 曦)

【宣传工作】 2018 年,丁字沽街道结合创文创卫工作,印制“双创”宣传标语、宣传海报、挂历等材料,为社区安装宣传栏 46 块,为街内所有小区 1370 个楼门制作社会主义核心价值观展牌,制作各社区健康教育宣传栏内容 2 期,布展 80 余块,更换社区过时展牌 80 余块,改造社区内老旧宣传栏,制作造型展示牌,美化社区环境。在社区中广泛开展签名活动、志愿服务活动以及创文宣讲活动,确保创文工作人人皆知。围绕“我们的节日”,广泛组织和开展特色文化活动,丰富群众精神需求,倡导文明新风,各社区先后举办新春居民联欢会、红歌演唱会、“清明时节寄哀思·文明祭扫慰故人”绿色公祭活动、重阳节少年儿童送剪纸、“十五”团圆社区美中秋月饼话和谐等主题活动,丰富居民精神文化生活,倡导家庭和睦、邻里和谐、文明祭扫,弘扬中华民族传统美德。推进志愿服务制度化,形成志愿服务特色品牌,丁字沽街在天津市志愿者服务平台注册人数 13287 人,建立学雷锋志愿服务站 16 个、志愿服务队 15 个,服务项目包括义诊、红娘、维修小家电、手工编织等。依托“快乐营地”“五爱”教育阵地,积极开展培育和践行社会主义核心价值观

2018 年 10 月,丁字沽街道光采社区举办“九九重阳节 浓浓敬老情”系列活动(丁字沽街道提供)

主题教育和实践活动。以“青少年快乐营地”“五爱教育”为阵地，挖掘社区人才资源，与街道关工委、妇联、文卫科、综治办、团工委协作，开展社区未成年人教育，开展艺术插花、文明祭扫、为老服务、文体等活动，提高社区青少年积极进取精神和服务奉献意识，以“一营地一品牌”为目标，打造青少年特色快乐营地，实现青少年活动多样化、项目品牌化。

（李晓艳）

西沽街道

【概况】 西沽街道位于红桥区中部，横贯东西，东以北运河为界，与河北区隔河相望；南以津浦铁路为界，与三条石街道、邵公庄街道相连；西至西横堤，与西青区相邻；北面一部分以子牙河为界，与西于庄街道隔河相望，一部分以光荣道、新红路为界，与丁字沽街道、西于庄街道相依。辖区面积 4.77 平方公里，是红桥区面积最大的街道。户籍居民 37650 户 111110 人，设 21 个社区居委会：仁和里居委会、小辛街居委会、青春里居委会、桥北居委会、桃林居委会、东庞居委会、西沽大街居委会、运河西居委会、流霞里居委会、桥南居委会、水竹花园居委会、湘潭道居委会、燕宇居委会、涟源里居委会、龙禧园第一居委会、龙禧园第二居委会、水木天成第一居委会、水木天成第二居委会、水木天成第三居委会、河怡花园居委会、民畅园居委会。办事处地址：红桥区红桥北大街 139 号，邮编：300312，联系电话：86513560。

2018 年，西沽街道深化“打造绿色城区，建设美丽红桥”理念，以维护人民群众利益为主线，以打造“四个西沽”（文化西沽、和谐西沽、平安西沽、靓丽西沽）为龙头，以创建国家卫生区和市级文明城区为契机，以治理和改善社区环境为抓手，推进西沽街各项事业又好又快发展。

（于海泉）

【棚户区征收改造】 2018 年，西沽街道完成西于庄五分指收尾工作，启动西沽南片区项目指挥部的前期筹备和动迁工作，抽调干部到西沽南一线参加动迁工作。西沽南片区项目指挥部共有拆迁户 4508 户，动迁初期 1 个月时间实现封房契证户 3270 户，完成比例 72.54%。至年底，西沽南片区项目指挥部共有拆迁户 4362 户，搬迁封房 3726 户，完成比例 85.4%。

2018 年 2 月 27 日，西沽南片区棚户区改造项目指挥部开展动迁居民登记工作（西沽街道提供）

（于海泉）

【市容环境综合整治】 2018 年，西沽街道开展社区和支线道路大清整活动，清理垃圾杂物 9708 处 13257 吨，完成龙禧园、青春里、湘潭道、桃林社区内的老旧小区部分硬件设施改造，修复路灯 25 盏、井盖 95 个，整修地面 780 平方米，拆除违法建设 2650 平方米，清理杂物 145 吨。加大中央环保督查市容类问题的治理，全年拆除水木天成、燕宇新城、河怡花园、水竹花园、涟源路 24 号等社区违法建设 254 处 3299 平方米，清理违法圈占 976 处 16021 平方米，拆除报废报亭、占路棚亭 45 处。清理同义庄拆迁片、益福里拆迁楼、燕宇小区外无名路等铁路沿线点位垃圾杂物 120 余吨。

2018 年 7 月 28 日,西沽街道开展水木天成地区环境整治行动 (西沽街道提供)

(于海泉)

【困难救助】　2018 年,西沽街道办理低保和低收入人员 1243 户,退出 340 户,发放低保、特困救助金 2285 万元;发放临时救助 616 户,资金 125 万元;办理残疾证 360 个。开展“两节”期间扶贫帮困“大走访”和冬令救助活动,累计发放救助物资 5000 件,慰问金 20 万元,慰问居民 1910 户。办理限价房、公租房等审核 198 户,办理经济租赁房、廉租房补贴 131 户。开展调查、走访、慰问退役军人等工作,发放军人光荣证 300 余个。

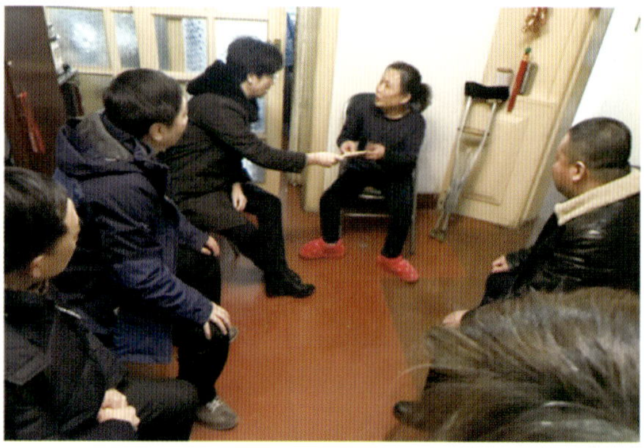

2018 年 2 月 6 日,西沽街道办事处慰问湘潭道社区困难群众(西沽街道提供)

(于海泉)

【社区建设】　2018 年,西沽街道完成燕宇社区居委会改扩建工作;完成民畅社区居委会由商业用电到居委会用电的调整工作,直接节省居委会办公经费 20 万元。完善《社区居委会考勤制度》《社区居委会管理制度》等 7 项制度,加强对社区作风纪律工作的管理。加大对社区工作者的培养、选拔、培训、教育力度,组织开展业务培训 23 次,严格落实“一考三评”制度(业务考试,居民代表评、社区班子成员互评、街道业务条口评),着力提高依法办事、做好群众工作和促进社区发展的能力。开展美丽社区、精品社区和民族团结示范社区创建工作,青春里社区被评为天津市美丽社区,逐步形成青春里、河怡、仁和里、湘潭道社区为代表的民族团结、科技养老、文化惠民等特色社区。

2018 年 1 月 31 日,西沽街道到仁和里社区检查指导社区工作(西沽街道提供)

(于海泉)

【就业和社会保障】　2018 年,西沽街道定期举办招聘会,帮助就业困难人员实现灵活就业,办理十种困难人员认定 863 人,新增灵活就业保险

2018 年 9 月 10 日,西沽街道在湘潭道社区举办未就业高校毕业生招聘会(西沽街道提供)

补贴708人,享受补贴金额495万元。实施百万技能人才培训福利计划,累计培训结业44人次,采集就业岗位600个。落实基本养老、医疗、失业、生育等保险制度,基本养老、医疗保险参保人数完成率100%。

(于海泉)

【社会事业】 2018年,西沽街道举办健康讲座7场、义诊咨询2场,核查流动人口个案信息721条。为80余对育龄夫妇提供免费优生检查、优生咨询与指导。"两节"期间慰问困难户23户、失独家庭170户,送去慰问品折合人民币3万余元。组织开展"迎春送福大拜年""社区文体艺术节"等文化活动380余场次。开展"文化大讲堂"系列培训课程,涵盖声乐、舞蹈、电子琴等文化和艺术类别200余场次。完成2018年社区健身路径的申报、安装工作,为河怡花园社区新建健身器械15件,更新仁和里、涟源里等6个社区的健身器械共109件。

2018年1月26日,西沽街道在河怡花园社区举办"迎春送福、大拜年"进社区活动(西沽街道提供)

(于海泉)

【综治维稳】 2018年,西沽街道完善矛盾排查制度,疏导化解各类矛盾361件。签订《社区社会治安综合治理目标责任书》22份,签状覆盖率100%。围绕重要节点开展维稳工作,派出维稳工作组12次,出动人员50人次。对21个社区的安全生产工作进行包片督导,完善隐患事故排查责任制,签订《安全生产责任书》,各类隐患排查登记造册,建档率100%;成立街道安全生产隐患排查整治工作领导小组,制定安全隐患清查整治工作实施方案,排查隐患1648处,全部落实整改。联合区安监局执法大队、条口单位及世纪广源公司,集中推动隐患排查治理体系建设工作。注册企业32家,上线企业32家,上线率100%。发现隐患417处,整改417处,整改率100%。联合区安监局、宏远电气有限公司对街内卓朗科技、登发大世界等32家重点企业的电气设备安装、使用和电气线路设计敷设是否符合安全要求进行检查。

2018年11月7日,西沽街道在河怡花园社区开展以"全民参与、防治火灾"为主题的消防宣传活动(西沽街道提供)

(于海泉)

【民族宗教】 2018年,西沽街道为红桥北清真寺和同义庄清真寺送去房屋修缮乜贴。在宗教

2018年5月30日,西沽街道在河怡花园社区举办第二十五届民族团结月民族文化进社区书画展活动(西沽街道提供)

节日中看望阿訇、牧师、乡佬和信众,送去祝福。在河怡花园社区和仁和里社区举办民族文化进社区书画展示活动,画家们合画一幅《唱响新时代》,赠予西沽街道办事处。开展清真食品检查工作,维护穆斯林群众合法权益。

(于海泉)

【党建工作】 2018 年,西沽街道组织开展中共十九大精神专题学习、中心组学习 40 余次。班子成员到社区开展宣讲活动 30 余场,举办中共十九大精神主题知识竞赛等系列活动 150 余场。推进"两学一做"学习教育常态化制度化,持续开展"维护核心、铸就忠诚、担当作为、抓实支部"主题教育实践活动。做好社区"两委"换届工作,严把程序关、人选关和纪律关,通过笔试、面试,选拔出 84 名社区骨干担任社区班子成员。认真落实街道"大工委"、社区"大党委"兼职委员制度,推动区域化党建工作有序开展,组织开展主题党日活动百余次。严格落实"两新"组织巩固提升覆盖质量三年行动计划,推动街道党建与驻街单位、新兴领域党建有效融合,成立旭海津药医药有限公司党支部。卓朗科技公司党委被评为首批市级"两新"组织党建工作示范点,西沽街道获得红桥区新的社会阶层人士统战工作实践创新示范基地优秀组织奖。

2018 年 10 月 12 日,西沽街道在湘潭道社区开展"倡导绿色出行、争做文明先锋"主题骑行活动(西沽街道提供)

(于海泉)

三条石街道

【概况】 三条石街道地处子牙河和南运河交汇入海河的三角地带,东至引滦纪念碑(三岔河口),南至南运河北岸,西至西站前街中心线,北至子牙河南岸、津浦铁路线以南。辖区面积 1.47 平方公里(含大胡同地区 0.1 平方公里)。户籍居民 20297 户 50743 人。设 7 个居委会:北开花园居委会、尚都家园居委会、御河湾居委会、大胡同居委会、金领国际居委会、大丰东居委会、千吉花园居委会。办事处地址:南运河北路(御河湾小区旁),邮编:300123,联系电话:87738917。

2018 年,三条石街道全力开展棚户区征收改造和创文创卫工作,加强市容环境综合整治,对存在 60 年的"大丰桥鸟市"聚集点进行集中清理,取缔违法占路行为,全面提升城市环境,做好社会救助、社会保障、综治信访等民生工作,积极履行"红桥卫士"职责,主动作为,全力推进信访维稳安保工作。

(李玉兰)

【棚户区改造】 2018 年,三条石街道群众影院片拆迁安置工作,历时 8 个月完成协商搬迁 614 户,占总户数的 99%。航空机电片区拆迁项目(平房)于 2018 年 12 月再次启动,采取货币安置方式协商搬迁,1 个月时间完成搬迁总数的 87.32%。

(李玉兰)

【创文创卫】 2018 年,三条石街道制订《三条石街道市卫生区复审及国家卫生区创建工作实施方案》《三条石街道国家卫生区创建工作指标任务分解表》,成立双创工作领导机构,以社区为阵地,领导干部包片、职能科室统筹,全面顺序推进双创工作。开展健康教育、病媒防治等知识讲座20余次,累计发放宣传品15000余份,张贴宣传海报60余张,通过微信公众号推送信息40期。完成春灭鼠、夏灭蚊蝇蟑防治工作,累计在400多个重点区域投放鼠药420公斤,向社区、驻街单位发放蜡块20公斤,投放蟑螂药650余袋。对街域内的各个社区进行环境综合整治,清理楼门360个,清刷小广告8000余处,清运杂土792车,清除点位1813处1584吨,拆除圈占81处、花架33处,清除堆物856处、家禽3处。

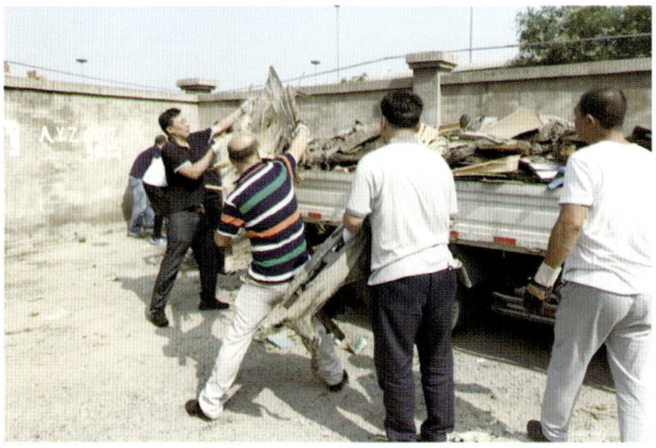

2018年7月,三条石街道组织清理福泉里大街背街里巷的渣土和杂物(三条石街道提供)

(李玉兰)

【市容环境综合整治】 2018年,三条石街道治理辖区沿街道路LED灯10112处、信息牌5321处、灯箱563处。对新建违法建设保持"零容忍"态势,对存量违法建设积极立案查处,累计拆除违法建设38处340平方米,立案9件,完成拆违存量的58.94%。集中对大胡同地区进行提升改造,治理影院街和北开大街破窗改门90处。对存在60年的"大丰桥鸟市"聚集点进行集中清理,取缔违法占路行为,处罚相对人15人,放生各类野生鸟160余只。集中开展露天烧烤、马路餐桌等专项治理,累计出动巡查人员300余人次,出动执法车辆130余车次,劝阻家庭烧烤24次。妥善处理"散乱污"企业,加大散煤巡查治理力度,治理商业散煤10余处。

(李玉兰)

【社区建设】 2018年,三条石街道加强物业管理,完成河海花园物业公司交接工作,配合区物业办进行海河华鼎项目物业拆分,定期召开物业联席会,完成北开花园、尚都家园和河海花园业委会换届工作,完成大胡同"四里"老旧小区提升改造,协调天桂里小区提升改造工程提前一年实施。完成社区两委换届选举工作,配齐配强社区两委班子,同时成立各社区居务监督委员会。

(李玉兰)

【社会救助和社会保障】 2018年,三条石街道开展精准帮扶专项行动,累计救助490户859人。全面落实最低生活保障制度,累计发放保障金及物价补贴162.9万元。加大住房保障工作力度,新增公租房、经济适用房、限价商品房及三种住房补贴受益居民205户。完善社会保障体系,医疗保险及社会保险覆盖面不断扩大,全年累计参保1365人,办理社保卡126个,为5600名下岗失业人员发放救济金650万元。全年举办招聘会4场,采集招聘单位60个,开发就业岗位600个,为280名就业困难人员实现再就业。

2018年3月13日,三条石街道组织召开"春风行动"主题招聘会(三条石街道提供)

(李玉兰)

【文化体育】 2018年,三条石街道以改革开放40周年为契机,组织举办红桥区群众文艺创作表演大赛海选,选送5大类7个节目参加全区比赛,3个节目获奖。全年举办文化活动60余次,惠及社区居民2600余人;举办"文化课堂"培训班,惠及2000余人次。推进全民健身活动,组织机关干部参加"全民健身日"比赛,获三等奖。扎实开展红十字会工作,累计发放知识手册、宣传资料等600余份,张贴海报50余张。

2018年8月,三条石街道组织机关干部及社区工作人员参加全民健身日天津市第三套市民广播体操展示活动(三条石街道提供)

(李玉兰)

【经济普查】 2018年,三条石街道成立第四次经济普查工作办公室,选派社区干部充实普查队伍,利用公众号等宣传方式进行宣传,提高居民对经济普查的知晓率和认知度。完成676家底册企业核实填报,30余家新增企业调查和300家个体经营户入户清查登记工作。

(李玉兰)

【综治与信访】 2018年,三条石街道持续开展安全隐患大排查大整治行动,层层签订责任书,规范安全行为,预防和遏制火灾事故发生。加大监督检查力度,以"零容忍"态度整治重大消防安全隐患,尚都家园社区地下车库违建彻底拆除,北开花园社区车棚拆除,打通消防通道。严格落实信访维稳安保工作责任制,坚持"战区制、主官上",积极履行"红桥卫士"职责,主动作为,全力推进信访维稳安保工作。加大矛盾纠纷排查力度,妥善化解信访积案1件,确保全国"两会"、上合组织峰会、中非合作论坛、2018年天津夏季达沃斯论坛等重要会议、重大活动期间安全稳定。全年受理信访事项21件,调处矛盾纠纷150余件,未发生进京访现象。深入推进平安红桥建设,重点打造御河湾社区,构建"人防、技防、物防"安全防御体系,形成点、线、面相结合的网络全覆盖格局,发挥群防群治力量,全年治安案件发案率同比下降50%。

(李玉兰)

咸阳北路街道

【概况】 咸阳北路街道位于红桥区西北部,东面与丁字沽街道相靠,西面与双环邨街道相依,南面与西于庄街道相连,北面分别与丁字沽街道和北运河相邻。辖区面积2.42平方公里,户籍居民29758户82311人。设17个居委会:凤城居委会、开源居委会、昌图居委会、永进居委会、绥中居委会、彰武居委会、同心居委会、宁城居委会、本溪居委会、永明居委会、幸福居委会、红旗居委会、勤俭居委会、团结居委会、化工居委会、七〇七所居委会、郭辛庄居委会。办事处地址:咸阳北路清源道4号,邮编:300131,联系电话:86513831。

2018年,咸阳北路街道学习贯彻习近平新时代中国特色社会主义思想,开展中共十九大精神学习宣传教育,着眼优化环境、保障民生、维护稳定,全力打好"四个攻坚战",积极开展创文创卫工作,做好社会救助、综治信访、就业服务等基础性工作,推进"四个街区"(美丽街区、文明街区、平安街区、文化街区)建设,各项工作协调并进。

(王丹丹)

【创文创卫】 2018年,咸阳北路街道对咸阳北路社区商业街、唐家湾农贸市场、千里堤花鸟鱼虫市场、昌图道疏导线4座占路市场进行集中清撤，辖区范围内新建蔬菜直通车2台、便民菜点13个、清源道菜市场50余个摊位、永丰楼菜市场100个摊位。组织全街工作人员、社区工作者以及区支援对接单位对脏乱点位开展卫生清整活动，先后清理和富里、宁城道、唐家湾市场、北运河南路等卫生死角、脏乱点位。开展春季灭鼠活动，对街内695个点位进行投药，清除鼠害孳生源。开展夏秋季灭蚊灭蝇活动，对准物业小区和无物业小区的垃圾桶、楼门等隔日消杀一次，加大对重点地区、重点行业、重点部位的防控和清整力度。

2018年9月14日，咸阳北路街道开展唐家湾占路市场清撤工作（咸阳北路街道提供）

（王刚民　王丹丹）

2018年6月21日，咸阳北路街道七〇七社区召开党员大会，进行换届选举投票（咸阳北路街道提供）

（韩小明　王丹丹）

【社会救助与社区建设】　2018年，咸阳北路街道下辖16个社区居委会（除郭辛庄社区属于拆迁片申请延迟换届）完成换届工作。落实各项救助政策，做好扶贫助困工作，解决困难群众实际问题，发放低保金1674万元、残疾人补贴380万元，累计办理经济核查1565户。“两节”期间，发放年终一次性补助金153.4万元，取暖费补贴53.42万元。对1200余户困难家庭实施“两节”、冬夏令救助；对因特殊情况造成临时困难的家庭给予临时性救助，为437户646人发放临时救助款110余万元。为247名残疾人发放残疾证，为持证残疾人和残疾人亲属免费发放旅游年卡3252张。

【综治信访】　2018年，咸阳北路街道在中共十九届三中全会、全国“两会”“上海合作组织峰会”、中非合作论坛、夏季达沃斯论坛等重要会议召开期间和敏感节点，成立工作专组，全街参与稳控、劝访和接访工作800余人次，及时妥善处理各种非访事件。在重点时段强化对人员密集场所反宣品巡查清缴，严格落实日值班制度，明确工作责任，确保人员到位。全年召开矛盾纠纷排查调处工作协调会议24次，排查调处矛盾纠纷300余件。与社区居委会和500余家企业单位签订《消防安全责任书》和《安全生产责任书》，明确各社区、辖区单位的职责任务和工作标准，细化工作职责，层层落实责任。对辖区内的高层建筑、市场商户、楼道、车棚等消防安全隐患进行地毯式排查、整治，及时发现、督促和整改各

2018年6月14日，咸阳北路街道开展安全宣传咨询日活动（咸阳北路街道提供）

类隐患问题,全年未发生重大火灾事故,未有“小火亡人”状况发生。

(张奎亮　王丹丹)

【就业服务】　2018 年,咸阳北路街道享受灵活就业补贴人员 1719 人,新增享受灵活就业补贴人员 695 人;认定各类新增就业困难群体 956 人,新增领取失业金人员 833 人,精准帮扶 14550 人,核发失业保险金 98.3 万元。在全街范围内开展主题为“就业帮扶、真情相助”的就业援助月活动,实现就业 122 人,技能培训、创业培训 153 人。举办各类招聘会 6 场,提供岗位 2900 余个,参加职介会求职人员 4000 余人,其中用工单位与求职人员达成用工意向 800 人,现场咨询 3000 余人。做好城乡居民基本养老保险、医疗保险工作,城乡居民养老保险参保 290 人,异地和天津市领取养老金协助调查 87 人,新生儿童参保 210 人,社险中心下沉的城镇职工社保补缴工作完成 3500 人次;城乡居民医疗保险参保 4100 人,城乡居民医疗保险申报 174 人次,申报金额 126 万余元。

2018 年 9 月 20 日,咸阳北路街道开展“秋季岗位进社区”公益招聘会(咸阳北路街道提供)

(党秀龙　王丹丹)

【人口与文化卫生】　2018 年,咸阳北路街道开展丰富多彩的文化活动,充实活跃社区居民文化生活,举办宣传中共十九大精神系列活动、迎新春文艺演出、“庆三八”文艺联欢活动、“八一”建军节慰问演出、插花艺术大讲堂等文体活动,社区居民积极参与。在世界读书日,举办“歌颂奋斗在幸福路上的新时代”主题活动,居民共同分享读书乐趣。做好食品、药品安全巡查工作,开展打击违法收售药品行为专项治理行动,查处非法售药点 3 处,收缴药品 269 盒,移送公安机关 4 人。春节期间,发挥红十字会在政府人道救助领域的助手作用,救助居民 79 户,金额 15800 元。组织开展“5・8”世界红十字日、人体器官捐献公益宣传周以及“6・14”世界献血者日等活动,普及人体器官捐献和无偿献血知识,提高居民群众对红十字事业的知晓率,弘扬博爱精神。

2018 年 3 月 1 日,咸阳北路街道举办第十五届正月正健康大拜年活动(咸阳北路街道提供)

(陈立志　王丹丹)

【党建工作】　2018 年,咸阳北路街道设计出版《咸阳北路街社区报》,以制作宣传展板、微信公众号推文等形式开展主题宣传,开展中共十九大精神学习宣传教育,建立三级学习体系,撰写研

2018 年 11 月 16 日,咸阳北路街道机关党支部开展主题党日活动,参观时代记忆纪念馆(咸阳北路街道提供)

讨材料27份,开展社区宣讲150余场,街道领导带头开展党课宣讲。组织各社区志愿服务队定期开展爱园护绿、平安社区、敬老爱幼等志愿服务活动,推进学雷锋志愿服务常态化。开展“我们的节日”主题活动,在春节、清明、端午、中秋等传统节日,组织开展一系列群众性文化活动。加强反腐倡廉建设,签订党风廉政建设责任书和为民服务承诺书,组织纠风志愿者队伍进行明察暗访,营造良好监督氛围。

(杨　蕊　王丹丹)

铃铛阁街道

【概况】 铃铛阁街道地处红桥区南部,与南开区毗邻,东至西马路;南至西关街、西门外大街;西至青年路、三元桥;北至芥园道。以天津三宗宝之一的“铃铛阁”坐落于境内而得名。界内有国家级历史文物保护单位吕祖堂和百年清真南大寺,形成铃铛阁街道历史悠久和丰厚的文化底蕴。辖区面积1.21平方公里,户籍居民15379户37656人。设11个居委会:晓春里居委会、乐安里居委会、庆丰里委会、明华里居委会、南头窑居委会、永明寺居委会、西关北里居委会、铃铛阁居委会、新春花苑居委会、睦华里居委会、万华里居委会。办事处地址:红桥区怡闲道32号,邮政编码:300121,联系电话:58529137。

2018年,铃铛阁街道落实区政府20项民心工程,综合治理西北角地区市容环境,取缔西关街违法占道经营,整治西关北里脏乱秩序环境,彻底清除西关街旧物市场;对辖区“鬼市”问题予以根治;持续组织周末清整社区环境义务劳动,营造“双创”工作氛围,“双创”病媒生物迎查获得好评;民计民生等社会各项事业平稳推进。2018年,铃铛阁街道被区委、区政府授予全国“两会”信访维稳安保先进集体荣誉。

(马志强)

【街域经济】 2018年,铃铛阁街道引进企业20家,其中5家为科技型企业,形成留区税收28.35万元。开展“双万双服促发展”活动,处级领导定期主动到企业进行走访问询,发放奖励扶持企业资金13.19万元,辅导19家企业在“政企互通信息化平台”全部上线,上线率100%。做好全国第四次经济普查工作,清查阶段工作录入法人与产业单位530余家、个体户850家。核查单位1200余家,录入单位数比第三次经济普查增长35%,核查单位数是第三次经济普查的2倍。

2018年7月2日,铃铛阁街道党工委书记刘震(右二)走访帮扶企业(徐斌　摄)

(马志强)

【街政工作】 2018年,铃铛阁街道回复“8890”热线、市长信箱、各类举报投诉案例、人大代表建议和政协委员提案等近1000件,街道行政服务大厅办理审批件4400余件,财政预决算、社区广角等信息公开720余件。

(马志强)

【城市环境综合治理】 2018年,铃铛阁街道落实区政府年度20项民心工程的西北角地区市容环境综合治理工程,取缔西关街违法占道经营,整治西关北里脏乱秩序环境。第一阶段行动从1月23日起,清拆欢庆西胡同、无名路两侧87处1300平方米违章占道棚亭;第二阶段行动从4

月 18 日起，集中清拆西关大街西段 216 处西关街旧物市场，引导辖区商户克服思想顾虑，自行拆除违法建设 50 余处，面积 700 余平方米；阶段性收官行动 5 月 29 日开始，区长袁家健等区领导到现场指挥协调，全区 25 个相关部门会同市综合执法局组成 300 余人执法队伍，拆除违章建筑 11 间 210 平方米，拆除违法搭建 86 处 1660 平方米，清理出西关大街、西马路楼口路口 3100 余平方米通道，依法实施清整后的西关街市容环境监管监控，启动西关街立面整修。全年落实巡查、监管、处置、整改工作制度，持续开展占道经营、燃煤污染、河道污染、环境清整、露天烧烤、扬尘及油烟排放专项治理活动，快速处置市环保督察组、区指挥部转发呈办立整立改和“8890”热线等各类举报投诉案例 396 件。

2018 年 5 月 29 日，铃铛阁街西关大街清拆现场（何辉　摄）

（马志强）

【创文创卫】　2018 年，铃铛阁街道补强背街里巷、楼群楼门等薄弱区域，抓好病媒防治领域重点任务，扎实推进点位攻坚，抽调精干力量，指派专人负责，逐一社区进行专项整治清理。统一制作张贴宣传海报 400 余幅、宣传展板 198 个；全街出动执法人员 5000 余人次，规范治理占路摆卖 10000 余处次、马路加工 600 余处次、信息牌 1600 余处次、LED 灯 1000 余次、窗贴 600 余处次；处置各类污染点位 10057 处，清运垃圾、杂草、废弃物 1688 车 2532 吨；拆除拆迁片内违章建筑 200 余间 4000 余平方米，清除空房、占房 429 间 8155 平方米，封堵空房 33 间；各社区拆除违建、圈占等 400 余处，清理堆物 4000 余处，清除小广告 9000 余处，清除废旧自行车、三轮车 2400 余辆，清洗、更换宣传栏百余处，维修和更换垃圾桶 400 余个，完成 2018 年创文创卫各项工作目标和迎检要求。

2018 年 9 月 9 日，铃铛阁街道“坚定初心跟党走　创文创卫我先行”主题党日进社区活动在明华里社区进行（范琳　摄）

（马志强）

【棚户区征收改造】　2018 年，铃铛阁街道辖区拆迁片改造项目东至规划路，西至复兴路，南至西关街，北至铃铛阁大街。2018 年封房 360 余户，剩余 500 余户。2018 年年底，启动辖区聚顺里拆迁片拆迁工作。

（马志强）

【综治信访与安全生产】　2018 年，铃铛阁街道接待信访重点人和集访代表 150 余人次、普通访百余人次，与 1 名重点上访人签订《息诉罢访协议书》。全年在天津市网上信访办件系统办结信访件 24 件。与辖区内 606 家“九小企业”、重点单位签订安全生产责任书，全年排查出隐患 132 项，隐患整改合格率 95.5%，排查出各类不稳定隐患 21 件，全部消除。全年发动志愿者千余人次在辖区 5 个重点点位进行重点时节巡逻、值守。

2018年3月16日，市民政局领导到铃铛阁街检查“两会”维稳安保工作(潘丽晨　摄)

(马志强)

【就业与社会保障】　2018年，铃铛阁街城道乡居民参加医保78人，医保报销68人，报销金额39.50万元，办理灵活就业退出人员70人、年检230人，灵活就业困难人员认定161人、灵活就业社会保险补贴188人，报区技能培训12人、创业培训14人，办理病退11人，劳动监察单位信息维护142个、新增单位50户、书面审查4100户、参保资源排查148户；全民参保登记入户1358人，企业入户208家。采取举办招聘会、就业技能培训会、社会保险扩面等形式推荐项目，共安置就业岗位186个。办理就失业证发放、城乡养老保险、残疾救助金、丧葬补贴、无口可归等16328人次，发放资金980.92万元；为1.1万人

2018年1月30日，铃铛阁街道领导到拆迁户家中走访慰问(李耀宇　摄)

次发放低保金等1471万余元。受理限价房、公租房、廉租房、经济租赁房等各项业务年审500户，6000余人受益。

(马志强)

【文化与卫生】　2018年4月，铃铛阁街道召开药品安全工作部署会，悬挂宣传横幅130条，发放宣传画140余张、公开信16000份，在11个社区开展“严厉打击非法收售假药、过期药”宣传活动。建立社区文艺团队12支，为“新春花苑艺术团”配备1台钢琴，金额为12800元；为睦华里社区、庆丰里社区歌唱团队、西关北里太极拳团队配备演出服装；为南头窑文化站配备演出服装、电脑、空调。全年各社区举办文艺演出15场。

2018年9月21日，铃铛阁街道睦华里社区开展“月满中秋　情满睦华”双创文艺会演活动(张会岩　摄)

(马志强)

【人口与计划生育】　2018年年底，铃铛阁街道有居民15379户37656人，男女性别比为131∶109，全年办理生育登记76人次，全年补录育龄妇女各类信息482条，补录人口各类信息2572条，对全街310名特扶人员进行录入和上报工作，全年发放特扶金238.36万元，为其中121名失独家庭购买综合保障保险，为27名一级伤残家庭参保。

(马志强)

【党建工作】 2018年,铃铛阁街道采取讲党课、开展研讨、社区宣讲、视频录制等形式,深入学习贯彻中共十九大精神、践行习近平新时代中国特色社会主义思想、落实“三个着力”重要要求,全年完成视频录制6个,邀请党校教授为社区党员授课8次。推荐敢担当善作为典型5名,先进事迹在《天津日报》“美丽红桥”专刊和“美丽红桥”微信公众号上登载。

2018年6月15日,铃铛阁街道南头窑社区党员大会召开(张育　摄)

(马志强)

芥园街道

【概况】 芥园街道位于红桥区南部,东起北门外大街,南以芥园道为界与铃铛阁街道衔接,西至旧墙子河(津河)与南开区毗邻,北临南运河与邵公庄街道隔岸相望。辖区面积1.64平方公里。户籍居民17032户38366人,其中回、满等少数民族6237人。设8个居委会:隆春里居委会、世春里居委会、泉春里居委会、芥园大堤居委会、弘丽园居委会、水西园居委会、河滨花苑居委会、河庭花苑居委会。办事处地址:红桥区春和路3号,邮编:300121,联系电话:27580466。

2018年,芥园街道学习宣传贯彻中共十九大精神和习近平新时代中国特色社会主义思想,全面推进创文创卫工作,开展形式多样宣传活动,提升改善城市环境秩序;加强社区建设,完成社区换届选举工作;全力完成棚户区改造,单家面铺片区房屋征收工作提前清零。

(王馨迪)

【街域经济】 2018年,芥园街道对2017年引进的104家企业建立索引归档,完成9家企业2017年度企业扶持资金发放工作。协助配合芥园街商会开展招商引资工作,全年登记引进企业22家。制定工作方案和台账,指定专人管理政企互通服务信息化平台,辅导企业开通企业端口,实现37家企业开通率100%。截至年底,平台累计收集问题63件,所有问题均在24小时内转到相关单位平台。走访帮扶企业70余家次,进行政策宣讲、征求意见,了解企业基本情况、发展现状、发展规划以及急需解决的问题和困难,协调帮助企业通过平台解决实际问题9件。

2018年3月9日,芥园街道党工委书记刘绍谦走访天津市米兰购物广场有限公司(吴仕震　摄)

(王馨迪)

【文明城区创建】 2018年,芥园街道全面推进创文工作,设计制作大量公益广告,开展形式多样宣传活动,集中力量排查整改存在问题,提升改善社区环境秩序、规范改进社区和窗口服务，完善档案，查漏补缺，全面做好迎检准备工作。社区宣讲围绕《中华人民共和国宪法》《推动全面从严治党向纵深发展》、"两会热点"等重点内容，精心定制宣讲专题，开展主题宣讲40场次，受益2500余人次。组织8个社区开展多场快乐营地主题活动。

2018年8月14日，水西园社区开展"向违建说不，向环境说好"——"创文创卫进社区，百日攻坚建家园"宣传活动（高莲　摄）

（王馨迪）

【社区建设】　2018年，芥园街道完成对泉春里社区居委会、弘丽园社区活动站内部提升改造，实施泉春里社区居委会玻璃外墙加固工程。完成芥园街道党群服务中心改造工程，完成大厅搬迁工作，保证服务工作无缝对接。做好社区居委会换届选举工作，实现社区党组织和居民委员会

2018年3月3日，芥园街道组织社区居委会全体工作人员开展"新时代、新概念、新生活"同心共筑社区梦活动（曹珊　摄）

主任"一肩挑"。2018年8月，河庭花苑居委会成立，完成河庭花苑社区居委会"美丽社区"创建工作。加大社区人才培养、管理和使用，加强社区制度建设，强化网格化管理工作。

（王馨迪）

【棚户区征收改造】　2018年，芥园街道单家面铺片区房屋征收工作提前清零。单家面铺片区房屋征收项目是红桥区继西于庄棚改项目之后的第一个房屋征收项目，也是第一个由街道办事处独立组建指挥部承担房屋征收任务的棚户区改造项目。历时两年三个月，单家面铺片区房屋征收工作于2018年5月29日提前清零，400户居民搬离棚户区。

（王馨迪）

【社会保障】　2018年，芥园街道劳服中心成功举办4次就业援助大型招聘会，46人达成就业意向；劳服中心办理社保卡新制卡117人、新制补卡44人，即时卡453人、即时补卡131人，临时卡161人；办理城乡居民医保参保1626人；医药费报销98人；城乡居民养老保险参保101人；"五七工"参保新增17人，发放养老补助5232人次；网上异地养老金资格认证34人；病退受理15人，申报合格5人；十类困难人员援助认定629人，灵活就业新增374人；失业金发放4889人次；创业培训报名60人；建档办证20人，失业登记109人，办理失业证48人，换新失业证30人；职业介绍推荐就业16人，推荐单位参保240人，安置就业267人；社会保险扩面1335人（其中灵活就业年检872人、推荐参保463人），全民参保入户调查1268人，企业入户调查124户；天津市基层人社局服务平台协同办公系统录入业务办理12828人次，咨询访问量5462人次；天津市街乡镇行政服务中心行政服务与能效监察应用系统录入业务办理12828人次。

2018 年 3 月 15 日,芥园街道劳动保障服务中心举办"打造幸福芥园 面向群众 服务社区 促进就业"就业援助招聘会(及明　摄)

(王馨迪)

【城市环境综合治理】 2018 年,芥园街道拆除社区内私搭乱建 274 处 8185.5 平方米。发动联系社区干部、社区工作人员、社区志愿者 5000 余人次,雇佣民工 2000 余人次,清理卫生死角 6000 余处,清理楼内外堆物 1100 余处,清整垃圾堆物 2600 余车。清理流动占路商贩 850 余处、固定摊贩 40 余处,清整支线道路沿线底商违法广告牌 150 余处、废旧自行车 200 余辆,配合区交管等部门清理社区内僵尸车辆 10 余辆。开展"露天烧烤、马路餐桌"专项治理监督工作 5 次,对 5 家店外餐桌高发点下达法律程序。对中央环境保护督查期间的 20 余件信访投诉案件进行整改,督促 7 家餐饮饭店更换油烟净化设备。修订《芥园街 2018 年防汛工作预案》,成立防汛抢险突击队,开展防汛演练,强化值班制度,平稳度过 2018 年汛期。

(王馨迪)

【综治信访】 2018 年,芥园街道完成全国"两会"、第二届世界智能大会、上合组织青岛峰会、中非论坛北京峰会、2018 天津夏季达沃斯论坛期间和重大节日期间的信访维稳安保工作任务。2018 年,芥园街 3 名重点人矛盾基本化解;综治信访服务中心接待群众个访 29 起,集体访 0 起;各社区工作站受理接待纠纷调解和民计民生的咨询服务 683 起,其中调解纠纷 171 起。与全街各科室、社区签署《消防安全生产责任书》,到属地企业和辖区内 350 家企业单位签订《消防安全生产责任书》,登记芥园街消防安全生产隐患台账。组织检查 337 次 694 人次,检查单位 1789 家次,排查出隐患 106 处,完成整改 104 处,特别是日明路市场的店铺彩钢板结构耐火等级低,堵塞居民区、附近学校的消防通道,存在重大消防安全隐患,于 2018 年 8 月 21 日完成拆除。

(王馨迪)

【人口与文化卫生】 2018 年,芥园街道认真贯彻全面二孩、生育证登记制等新计生政策,办理一孩生育登记 175 人次,二孩生育登记 87 人次,办结申请三孩 4 例;新婚建卡 116 条,新生儿录入 266 条,迁出迁入退出完善信息 1766 条;办理独生子女证 4 例,独生子女费关系转入转出退出 83 例;全年实际发放独生子女费及沉淀资金 22000 元。结合各社区特点开展母亲节、"5·15"国际家庭日、"5·29"计生协会会员活动日、"7·11"世界人口日、圆梦女孩系列活动。完成 2018 年 50 对夫妇孕前健康查体目标任务;完成价值 29800 元的避孕药具发放计划;严格执行扶助对象年审和资格确认,完成 249 名特扶对象年审、新增审核录入,发放特扶金 192.20 万余元。组织各社区文卫主任及社区文体骨干,在芥园街道文化站、社区综合文化服务中心开展系列文体活动及公共卫生健康培训 80 余场;在街综合文化站开展"最美"摄影展活动。将文体活动与市区重点工作相融合,发挥捆绑作用,发挥社区文艺队伍社会效应,做好"惠民"服务工作。在红十字博爱送温暖救助工作中,多次到社区入户核实救助人员生活状况,31 户困难家庭得到救助。制定《芥园街市卫生区复审及国家卫生区创建工作实施方案》《芥园街国家卫生区创建工作台账》。

2018 年 9 月 15 日，芥园街道开展圆梦女孩讲座（汤媛　摄）

（王馨迪）

助解决企业发展中遇到的困难。

2018 年 7 月 12 日，市人大常委会副主任梁宝明（前左）到芥园街道河滨社区开展调研（张新梅　摄）

（王馨迪）

【人大工作】　2018 年，芥园街道组织人大代表参加区人大十七届三次会议，认真履行职能，会议及闭会期间提出意见建议 20 条。加强人大工委自身建设，制定全年工作要点，召开工作部署会，每 2 个月召开 1 次人大代表见面会。加强社区代表工作站建设，加强社区工作站制度化、科学化、规范化管理。开展“代表走访调研月”活动，结合“两个直奔”“万千百十”行动计划，将代表分成 7 个课题组，制定调研课题 7 项，围绕全区中心工作和社区普遍关注的问题，特别是加速城市副中心建设、老旧小区改造、消防安全等事关全区经济社会发展稳定的重点工作开展专题调研，撰写高质量调研文章。市人大常委会副主任梁宝明到芥园街河滨花苑社区开展调研；开展人大代表“五比五看”活动，多措并举搭建服务平台，提升代表履职水平。开展“宪法集中宣传月”活动，代表们主动走进社区，开展《中华人民共和国宪法》宣讲活动 13 场，人大代表陈哲、尹静洁到社区开展宪法宣讲活动的信息被刊登在《天津人大》第 5 期；在纪念建党 97 周年之际，开展“习近平谈治国理政知识竞赛”“心系老党员重温入党誓词”等主题活动。街人大工委主任带头走访陆津房地产、中煤设计院、文诺律师事务所、北京银行、泰利信碳素制品有限公司、联通公司等多家代表所在企业，了解企业发展情况，帮助解决企业发展中遇到的困难。

（王馨迪）

【党建工作】　2018 年，芥园街道加强制度建设，对《芥园街社区工作者管理制度》等 4 项制度进行集中研讨、修订和补充。配合区委组织部，做好 1 名副处级调研员、1 名正处级调研员选拔任用相关工作。3 名公务员、1 名选调生、2 名执法大队干部按期转正；通过民主推荐方式选任 4 名干部担任科级职务，包括 2 名正科级干部、1 名副科级干部和 1 名副主任科员；对 1 名正科级干部进行任职转正；对 3 名科级干部进行平职交流。深入开展“维护核心、铸就忠诚、担当作为、抓实支部”主题教育实践活动，推进“两学一做”学习教育常态化制度化。制定实施方案，建立任务台账，引导党员干部践行“四讲四有”，做到“四个合格”。在区“维护核心、铸就忠诚、担当作为、抓实支部”主题教育实践活动中，朱友谊、刘楚琦、侯静、沈洁 4 人被评为优秀共产党员；宁锡金被评为优秀党支部书记；河滨花苑社区获先进党支部称号。6 月，全街 8 个社区党组织顺利完成换届工作，党员到会率 89.2%。对候选人初步人选实行实地考察，核查本人档案、居住社区表现、现实表现等。合理设置党支部，调整后社区党组织共 51 个。构建大党建工作格局，完善街道“大工委”、社区“大党委”推进区域化党建运行工作机制。全街 31 家辖区重点单位党组织负责人被选聘为街道“大工委”和社区“大党委”兼职委员,10家市属机关、企事业单位党组织到社区报到。提升“两新”组织“两个覆盖”工作质量,重点推进商务楼宇党建工作进程,开展走访调研,与重点企业负责人面对面推进工作,开展集中行动8次,常规排查21次,走访企业948家。对5家“两新”党支部重点打造活动阵地,投入费用19.18万元。全年新建“两新”党组织5家,加入“两新”组织党员培养孵化计划企业5家,党组织中31人提出入党申请,12人列为入党积极分子。

(王馨迪)

邵公庄街道

【概况】 邵公庄街道位于天津市红桥区西南部,东至西站前街与三条石街道为邻,南至南运河与芥园街道隔河相望,西至西横堤与西青区接壤,北靠津浦铁路。地势西高东低,南运河流经界内,中环线和西青道贯穿街境。街道面积3.12平方公里,街域内有道路31条、里巷44条,户籍居民29325户71739人,居民中包括回族、满族、维吾尔族、朝鲜族和蒙古族等9个少数民族。设有13个社区居委会:西青道第二社区居委会、西青道第三社区居委会、西青道第四社区居委会、建设里社区居委会、中联社区居委会、洛川里社区居委会、幸福里第一社区居委会、幸福里第二社区居委会、咸阳社区居委会、前园社区居委会、杨庄子社区居委会、千禧园社区居委会、仁爱花园社区居委会。街道办事处地址:西青道闸桥北路5号,邮编:300122,电话:27326896,传真:27726680。

2018年,邵公庄街道党工委、办事处深入贯彻习近平新时代中国特色社会主义思想、中共十九大、十九届二中、三中全会精神和习近平总书记系列重要讲话精神,不断加强班子建设、基层党组织建设、干部队伍建设,脚踏实地、真抓实干,做好创建卫生城区、改善民计民生、强化社区建设、治理市容环境、维护辖区稳定等方面工作。

(石雪露)

【城市管理】 2018年,邵公庄街道清理脏乱死角、垃圾堆物、楼道内堆物共4325处,拆除违章建筑432处、圈占246处,封堵窗改门87处,共清理垃圾4000余车8000余吨。2018年3月至年底,邵公庄街完成市级环保督办件19件。加大“散乱污”企业专项治理工作力度,保持监管高压态势,坚决落实“两断三清”,建立长效机制,确保治理“散乱污”企业取得实效,对街域内6家“散乱污”企业全部关停并转。治理违规广告牌匾103处,清理沿街垃圾堆物26车52吨。启动11个小区的旧楼改造工作,完成静安里、千阳里、建设里17-19门、洛川里、幸福里等10个小区升级改造。全年各类投诉件办结率100%,处理区城管委数字指挥平台案件8000余件,包括环卫类和秩序类,所有案件均按期回复。

2018年11月20日,邵公庄街道领导到南运河沿北岸进行实地检查(邵公庄街道提供)

(石雪露)

【创文创卫】 2018年,邵公庄街道深化支干线道路和背街里巷综合治理,规范商户经营行为、美化沿街市容环境，重点治理西青道、咸阳路、红旗路、邵公庄大街、闸桥北路、龙悦路等支干线道路，确保无沿街摆卖、占路经营等问题，达到市容秩序规范整齐。对煤建东市场、原龙悦路市场、西站前广场周边进行综合治理，规范沿街商户经营行为。加大资金和人力投入，做好重点小区清洁扫保、楼道清理、饲养家禽治理等工作。调动社区群众参与"双创"工作的积极性和主动性，积极营造创建氛围，在全街广泛张贴宣传海报，设立公益广告宣传牌，以社区为单位向居民发放宣传品，包括宣传单、宣传折页、手提袋、扇子、垃圾袋等。利用基层理论宣讲团力量，在社区掀起创文创卫宣讲热潮，向居民讲解创文创卫的意义和双创工作成效，发动群众积极参与。举办主题文艺会演和宣传活动，依托快乐营地、家长学校、五爱教育阵地、心理健康咨询室等与家长和孩子开展相关活动，在街域内营造宣传氛围。

（石雪露）

【社区建设】 2018年，邵公庄街道完成幸福里第二社区办公及服务用房提升改造工作，为社区添置办公家具。社区"两委"换届选举圆满完成，新一届居委会成员平均年龄37.9岁，其中2名研究生学历公务员获选社区居委会主任，形成老中青梯次配备合理结构，一批"四强"干部（政治素质强、服务本领强、协调能力强、担当意识强）充实到社区居委会新班子，成为新时代广大居民群众的"当家人""主心骨"。

（石雪露）

【社会保障】 2018年，邵公庄街道按照保障政策办理限价房收入核查28户，办理公共租赁住房收入核查53户，受理廉租房租房补贴76户，经济租赁房租房补贴56户，享受廉租住房租房补贴年审57户，受理经济租赁房住房补贴年审17户。为60-70岁老年人办理老年证865个，为70岁以上老年人办理老年证167个，发放免费乘车卡70个。街内有百岁老人4人，居家养老新增重度服务对象23人，中度服务对象6人，轻度服务对象6人，享受居家养老服务人员共35人。为23名伤残军人以及81名优抚对象进行信息登记核对，"两节"期间以及"八一"建军节慰问军烈属102人，慰问金合计13600元。街道总工会和劳服科共同举办"春风送岗位"主题招聘会。全年采集信息245家，开发岗位734个，推荐780余人次，安置606人次；离校未就业毕业生登记42人。为607人办理灵活就业社险补贴手续和服务型企业用工困难人员认定；为55人办理就失业证；为634名新增失业人员办理失业登记和发放领取失业保险金存折，共领取失业金78.22万元。为2300名符合城镇居民医疗保险的参保人员进行参保登记，为68人报销43.95万元城镇居民医疗保险药费，下户走访参保调查对象1553人、辖区企业158家。

2018年3月，邵公庄街道总工会、劳服中心召开"春季送岗位"招聘会（邵公庄街道提供）

（石雪露）

【困难救助】 2018年春节期间，邵公庄街道各社区共慰问困难居民397户，为他们送去慰问品米、面、油，折合人民币4.7万余元。慰问市级困难群众23户，送去慰问金8740元，完成1518户低保、特困及优抚人员暖气费减免工作，发放供热补贴72.84万元；给1499户居民发放年终一次性补助179万元；给1486户居民发放饺子费22.16万元，给1668户居民发放电费补贴13.87万元，为578人发放副食补贴51708元。做好低保户审核工作，有低保户1157户，2018年新批低保对象33户，停发低保对象239户；现有特困供养人员11人，新增特困对象5户；有低收入家庭

104户、困境儿童360人,发放最低保障金、物价补贴等每月180余万元。全年临时救助941户1600人,发放救助金155.09万元。救助残疾人1698人,发放救助金326万余元。其中,春节期间向40户困难残疾人家庭送去慰问金20000元,给44户残疾人家庭送去米、面、油等慰问品;为75户残疾学生和困难残疾家庭的子女发放助学金85318.5元。全年办理残疾证340余张,新增发放残疾人机动车燃油补贴6人;为164户视力、肢体、智力残疾家庭申请居家托养服务;给予困难残疾人家庭和一户多残家庭冬季取暖补贴750户30万元。享受水电燃气补贴661人17.41万元;享受通信补贴581人34860元。

(石雪露)

【综治信访】 2018年,邵公庄街道接待群众来访180余人次,解决问题70余件。各社区排查调处各类矛盾纠纷521起,调解成功率95%以上。加强节日值班和信息收集报送工作,全面掌握影响社会稳定的各类信访情况。围绕全国“两会”、世界智能大会、上合组织峰会、北戴河会议、中非合作论坛、夏季达沃斯论坛、节庆假期的社会和谐稳定,在全街范围内开展矛盾纠纷排查化解活动,对影响社会稳定的重难点问题进行全面排查,化解集体访事件2起。对社区孤老户进行消防安全宣传,对高层住宅、居民住宅消防通道、“六小单位”进行安全隐患专项排查。

2018年11月,中国国际进口博览会期间,邵公庄街道到辖区单位检查消防安全隐患(邵公庄街道提供)

(石雪露)

【人口和计划生育】 2018年,邵公庄街道已婚育龄妇女5229人,流入人口230户630人,流动已婚育龄妇女230人,流出人员67人,参加孕前检测94对,办理一孩生育服务登记235人次、二孩生育服务登记86人次,上报再生育许可审批9人次,现居出生239人,录入新婚信息187对,特扶人员336人,其中符合残疾标准200人、死亡标准136人,发放“独生子女父母光荣证”10个,发放独生子女父母奖励费45.12万元。计划生育家庭特别扶助操作流程进一步规范化,对314名特扶对象进行规范年审,对新增34名特扶对象进行初审,上报并录入国家padis平台,退出12人。春节期间对142户计生特困户(含失独家庭、伤残家庭、困难女孩家庭)送上慰问品,折合人民币15600元,为136名失独特扶人员、34名伤残标准特扶人员办理意外保险。中秋节期间为失独特扶家庭送去慰问品折合人民币13600元;为83户失独家庭发放家政服务费24900元。为15户特扶家庭订阅《医食参考》,为16位特扶人员办理爱心就医卡,主动与社区卫生服务中心联动,共同帮扶失独人员,方便“失独”人员到社区卫生服务中心查体、就医,督促并帮助特扶人员做好家庭责任医生签约。开展生育政策调整宣传活动,引导社区群众了解计划生育新政策,发挥各级计生协会组织作用,解答群众咨询电话200余个,社区计生专职工作者和志愿者细心讲解服务保障新体系,深化惠民优质服务,计划生育依法行政得到全面落实,全年免费发放慰问信千余份,利用春节、“三八”妇女节、计划生育协会日等节日、活动日发放宣传品800余份,避孕药具千余盒;对66名怀孕高危育龄妇女进行出生缺陷动态监测,加强流动人口管理和服务,组织流动人口健康月活动。计划生育基础信息及时得到补充、更新、完善,计划生育业务管理系统运行良好。

(石雪露)

【党的建设】 2018年,邵公庄街道党工委坚持中心组学习制度,深入学习贯彻中共十九大精神和习近平新时代中国特色社会主义思想。圆满完成13个社区党组织换届工作，新成立“两新”非公党组织2个，创新开展“迈入新时代、共筑中国梦”红桥区“两新”组织文化艺术节暨邵公庄街道海棠社区文化艺术节活动，推进“万千百十”行动计划，精准帮扶困难党员群众384户，解决实事122件。做好理论学习安排部署，为机关干部推荐理论读物4000余本；组织系列专题讲座4次，160余人次参加，基层宣讲150余次，6000余人次参加；做好舆论宣传引导工作，围绕中共十九大、创文创卫、社区换届、传统节日等重要工作印制宣传展板130余张，发放宣传海报2000余张，发放宣传品20000余份；利用网络新媒体，打造邵公庄街微信公众号平台，全年发布原创信息70条、转发26条，条均阅读量102人次，向区属、市属网站媒体报送信息200条，多条被红桥在线、北方网采用。2018年8月，邵公庄街新成立13个社区团支部，严格执行“三会两制一课”制度，做好重点青少年摸底排查工作，成立预防青少年违法犯罪专项组，全面摸排街域重点青少年情况。开展“3·5学雷锋义务清扫”“笔墨飘香 喜迎新春”青少年书法交流、“创文创卫爱我家，阳光少年我先行”等系列活动，全年开展青少年关爱行动10余场，覆盖青少年300余人；组织活动20余场，500人次参加，推动青年团员积极干事创业、奉献社会。

（石雪露）

【街域经济】　2018年，邵公庄街道引进企业6家，实现注册资本1600万元；帮助1家企业贷款10万元，为企业发展增添动力；服务区域内111家企业完成工商年检工作；做好房产税征收准备工作，调查统计197家企业、非住宅经营性房屋。

（石雪露）

双环邨街道

【概况】　双环邨街道位于红桥区西北部，东靠北运河，南起佳庆道，西至辰昌路，北至龙泉道。辖区面积1.4平方公里，户籍居民13692户34020人。设8个居委会：佳园东里居委会、佳园南里居委会、佳园北里居委会、益春里居委会、浩达公寓居委会、碧春园居委会、新佳园东里居委会、碧春园第二社区居委会。办事处地址：佳园东里佳园道佳园医院旁，邮编：300134，电话：26683800。

2018年，双环邨街道以持续开展“两学一做”学习教育常态化制度化，加强基层党的建设为引领主线，以全面推进从严治党、深化不担当不作为专项治理三年行动为治理重点，以全力打好棚户区改造、招商引资、创文创卫、安全稳定四场硬仗为首要大事，重点突破、全面推进，不断提升辖区人民幸福指数、生活环境水平、安全稳定标准。年内完成报春里地块地上物动迁工作。

（杨　凌）

【街域经济】　2018年，双环邨街道扎实开展“双万双服”活动，强化领导责任，做好联系、走访、服务企业工作，指导辖区企业使用政企互通平台，引进企业19家，注册资金2.33亿元。组织阿联酋天津商会与双环邨街道商会召开座谈会并缔结友好商会，加强商会对外经济交流与合作，营

2018年7月31日，阿联酋天津商会与双环邨街道商会召开座谈会并缔结友好商会（双环邨街道提供）

造良好营商环境。

(倪建军　朱启蒙)

【城市管理】　2018年,双环邨街道落实"双创"工作部署,组织自治社区、准物业社区开展清整84次,督促物业社区清整20余次,清理点位500处,拆除各类违法建设168间2680平方米,拆除圈占115处,拆除违章棚亭10处;拆除新建违法建设9间120余平方米,制止搭建违法建设行为9处。完成佳园里占路市场清撤工作,拆除佳园里占路市场周边违法建设163间2700余平方米,清理拆除废料垃圾300余车。

(贾艳钟　杜春瑶)

【社区文化】　2018年,双环邨街道组织开展迎春送福大拜年、欢度元宵节、社区文体艺术节等群众文体活动,以城市书吧和电子阅览室为载体,举办"我读书 我快乐"阅读活动。举办非物质文化遗产进社区、进校园活动,使民间艺术和传统教育有机结合。开展文体活动52次,举办公益培训讲座20余次,受益群众2000余人。

2018年6月7日,双环邨街道新佳园东里社区开展"非遗进社区"活动(双环邨街道提供)

(李笑楠　朱启蒙)

【就业服务】　2018年,双环邨街道落实就业再就业扶持政策,分类帮扶就业困难人员,办理灵活就业保险补贴404人次。利用微信公众平台等载体,发布招聘信息、政策宣传、办事流程、活动通知等40余期,联系用工单位召开大型招聘会4次,新增录入招聘单位39个,采集就业岗位541个。

2018年12月28日,双环邨街道举办就业招聘会暨养老保险全民参保宣传活动(双环邨街道提供)

(李　欣　朱启蒙)

【社会保障】　2018年,双环邨街道开展"送温暖,惠民生"扶贫助困活动,慰问困难群众583户974人,发放各类救助保障金880万元,残疾人补贴9012人196万元,办理老年证672人,发放敬老卡574张。办理廉租住房租房补贴24件,经济租赁房租房补贴24件,公租房事项办理46件,限价房事项27件,公有租金核减18件,年度审核22件。

2018年3月5日,双环邨街道佳园东里社区开展"走进敬老院 爱心元宵暖人心"学雷锋志愿服务活动(双环邨街道提供)

(李芙蓉　朱启蒙)

【综治信访】　2018年,双环邨街道建立街领导、科室、居委会、志愿者四级共治共管的联防体系机制，对重点点位全天值守，重点人员24小时坚守，完成十九届三中全会、全国“两会”“上合峰会”等重大敏感时期社会面稳控工作。全年排查并调处各类矛盾纠纷2195件，调处率100%。开展安全隐患大排查大整治39次，排查生产经营单位、居民住宅4561家，整改隐患1015处。

2018年6月29日，双环郜街道在启春里社区组织开展消防应急演练（双环郜街道提供）

（张　宁　朱启蒙）

【人口与计划生育】 2018年，双环郜街道依法实施全面二孩政策，办理一孩生育登记180个，二孩生育登记56个，再生育审批5例。开展出生缺陷预防宣传活动，组织参加免费孕前优生检查44对。完善全员人口网络信息化建设，核查育龄妇女信息263条。完成跨省流出人员基本信息核查工作，完善及修改信息内容13项657条。

（李笑楠　朱启蒙）

【党建工作】 2018年，双环郜街道深化“维护核心、铸就忠诚、担当作为、抓实支部”主题教育实践活动，开展“十佳党性实践活动”“十佳主题党日”评选。注重在急难险重工作一线培养干部、识别干部、选拔干部，选拔科级干部5人，平职交流4人，选派1名干部到社区任职。完成8个社区党组织、社区居委会、居务监督委员会、工青妇组织和业委会等组织换届选举工作。投入18万余元为社区安装休闲座椅、晾衣架、购置便民工具箱等，解决群众生活实际问题218件。全面实施精准帮扶，投入17万元建立全区第一家“微实事”工作室，与363户困难群体签约，为“十类人群”提供“菜单式”精准帮扶，提供服务1469次。

2018年5月23日，双环郜街道召开社区组织换届选举工作动员部署会（双环郜街道提供）

（孔北平　李金杰）

【民族团结】 2018年，双环郜街道推进民族团结融合，强化“民族宗教宣讲团”和社区民族宗教专职工作人员队伍建设，举办第25届民族团结月系列活动，组织各社区开展2018年民族宗教政策知识法规竞赛活动，营造依法治理民族宗教事务良好氛围。加强清真食品监管，推进民族团结楼门建设，维护地区民族团结、稳定发展。

2018年6月14日，双环郜街道浩达公寓社区开展“民族团结月　回汉一家亲”活动（双环郜街道提供）

（李芙蓉　朱启蒙）

和苑街道

【概况】 和苑街道地处红桥区西部,北起大明道南侧建筑围墙外立面,南至南岭道北侧建筑外墙外立面;西起宏美带钢厂和英昌钢琴铸件有限公司东侧围墙外立面,东至罗浮路东侧建筑围墙外立面(此范围指和苑西区一期);北起大明道南侧建筑围墙外立面和玉门西里、玉门中里、玉门东里花墙外立面,南至铁北路北侧房屋外立面、建筑围墙外立面;西起罗浮路东侧建筑围墙外立面,东至营雅路、小营雅路西侧房屋外立面、建筑围墙外立面。不包括北起大明道南侧建筑围墙外立面,南至鸿明道北侧建筑围墙外立面;西起罗浮路东侧建筑围墙外立面,东至小罗浮路东侧建筑围墙外立面(此范围指和苑起步区);京沪高铁路南侧围栏,西北半环快速路中心线,西青道北侧人行道缘石所夹区域。辖区面积1.2平方公里,居民9827户20963人,转入户籍3250人。设6个社区居委会:梦和园居委会、康和园居委会、全和园居委会、营和园居委会、和苑家园居委会、名景家园居委会。街道办事处地址:红桥区营玉路4号,邮编:300121,联系电话:60825623。

2018年,和苑街道办事处深化“维护核心、铸就忠诚、担当作为、抓实支部”主题教育实践活动,统筹推进强效率、提质量、促改革、惠民生、防风险各项工作,开展“创文创卫我参与,美好生活大家享”主题宣传活动,践行精准帮扶工作,与甘肃省碌曲县玛艾镇建立结对帮扶关系。

(司　宁)

【党建工作】 2018年,和苑街道制定实施《和苑街关于推进“两学一做”学习教育实施方案》,教育党员干部把学习实践和做合格党员作为重要政治任务。持续深化“维护核心、铸就忠诚、担当作为、抓实支部”主题教育实践活动,活动中3人被评为区级优秀共产党员,1人被评为优秀党支部书记,街道机关党支部荣获先进党支部称号,全街党员干部累计学习培训160余次。强化基层党组织建设,完成社区党组织换届工作,换届后委员平均年龄31岁,班子结构全面优化。完善街道“大工委”、社区“大党委”建设运行工作机制,区人民检察院、和苑派出所、天津师范附属小学、红桥区第一幼儿园、社区卫生服务中心党组织负责人选聘为街道“大工委”和社区“大党委”兼职委员。科学谋划“两新”组织党建工作,以社区合唱团、志愿者服务队为组织架构成立社会组织联合会党支部,完成非公企业——天津市逢德源餐饮服务有限公司独立党支部的组建工作。严格组织程序发展党员,2018年和苑街发展预备党员2人、确定发展对象6人、入党积极分子23人、递交入党申请书51人。注重加大干部培养、锻炼、考察和选拔力度,全年择优选拔11人赴拆迁一线工作,4人到委办局交流锻炼,4名干部平职交流,1名副处级领导提升到调研员岗位。

2018年2月27日,和苑街道2018年党建工作会议暨全年工作启动会召开(和苑街道提供)

(司　宁)

【创文创卫】 2018年,和苑街道开展“创文创卫我参与,美好生活大家享”主题宣传活动,制作宣传展板300块、宣传折扇1000把,发放倡议书千余份,调查问卷800余份。以综合文化中心为载体,举办“迎新春送福送廉进万家”“第二届文化健身大拜年”“京剧表演”“全民读书”系列活动,开展“悦动金秋 喜迎国庆”文艺会演。在“庆祝改革开放40周年”广场舞展演活动中,舞韵舞蹈队荣获一等奖,康定情广场舞队荣获三等奖。开展市容环境整治,共拆除违法建设47处、违章圈占210处、地锁1400余个;清理占绿毁绿68处、占路摆卖160处、乱堆乱放1266处;清除脏乱问题点位6000余处、违规广告2593处。清理辖区内4万余平方米杂草荒地,并进行绿化美化。

2018年8月1日,和苑家园社区环境卫生清整动员会召开现场(和苑街道提供)

(司　宁)

2018年11月12日,和苑街道“今冬明春火灾防控工作部署会”召开(和苑街道提供)

(司　宁)

【安全稳定】　2018年,和苑街道转变工作思路,创新工作机制,主动入户化解信访积案,累计化解信访案件270件,做好事前预防和应急处置工作,完成全年维稳工作目标。做好消防和安全生产工作,悬挂消防宣传横幅36幅,发放宣传布袋千余个,张贴防火常识5000余份,组织辖区门店商户签订消防安全责任书500余份。开展扫黑除恶专项斗争,举办专题讲座8场、集中宣讲2场,发放和张贴宣传单2000余份,注重发动社区党员、复退军人、志愿者等基础力量。打造社会治理网格化平台,作为全区首个试点单位,和苑街道统筹整合网格员力量,科学划分网格信息,努力实现“横向到边、纵向到底、协调联动、无缝对接”的社会治理智能化运行体系。

【扶贫攻坚】　2018年,和苑街道践行精准帮扶工作,与甘肃省碌曲县玛艾镇建立结对帮扶关系,签订帮扶协议,制定实施帮扶方案。组织街道党员干部对碌曲县特色农产品进行认购活动,发动党员干部、社区党员、志愿者、商户、居民自发捐款3000元用于扶贫建设。根据玛艾镇实际情况,创建帮扶可持续发展机制,协调街域企业、爱心人士、社会组织等各行各业,助力重点扶持产业和特色产品发展,增强地区自我发展能力。

(司　宁)

【民生保障】　2018年,和苑街道社会事务服务中心建立中午值班接待和周六、日预约服务工作机制,公布工作人员联系方式,24小时解答居民各类问题,全年共接待居民现场咨询1792次,办理各项公共事务5519次。落实“减证便民”要求,取消各类证明19项。制定实施《和苑街就业服务动态管理标准规程》,结合社区网格化管理,建立失业人员动态管理数据库,举办“和苑街就业服务招聘会”4场,采集就业岗位62个,失业人员比例下降55.7%。开展社会救助工作,累计为低保家庭、低收入家庭和困境儿童发放救助金31.6万元,为失业人员发放失业金44.1万元。承接老年日间照料服务中心运营工作,涵盖老年配餐、便利店、应急呼叫、健康筛查、家政服务、书画阅读、法律咨询等9项服务内容,全年共开展为老服务 83 场,受益老年人 5000 余人次。

2018 年 4 月 25 日,和苑街道组织召开就业服务招聘会(和苑街道提供)

(司　宁)

【基层治理】 2018 年,和苑街道贯彻落实新时代“枫桥经验”,以党建为引领推进网格化建设,进一步创新基层治理招法,配合区委政法委、区综治办和中国电子系统技术有限公司,用时 47 天打造和苑街综治网格信息化管理中心,9 月 28 日正式启动。作为区属二级综治网格信息化管理平台,街级中心借助互联网、大数据,进一步拉近党和群众的距离。网格全域覆盖,以道路、里巷中心线为界确定四至范围,下划 8 个三级社区网格和 38 个基础网格,设置 46 名专业网格员,整合环保、市容、卫计等多部门、多专业网格的 5 名网格员,覆盖全街 20000 人,形成横向到边、纵向到底,人在格中走、事在格中办的体系。网格长、网格员全部由街道社工担任,其中 90% 具有大学专科及以上学历,同时动员社会公众、平安志愿者参与网格社会治理,打造社区共建共治共享的管理格局。建立“发现—解决—处置—督办—考评—奖励(追责)”闭环工作模式,一般性事件 2 个小时内解决,重大问题 5 个工作日内办结。

2018 年 9 月 28 日,和苑街综治网格信息化管理中心上线仪式举行(和苑街道提供)

(司　宁)

【大气防污防治】 2018 年,和苑街道以改善环境质量和保障人民群众身体健康为根本,以防治大气环境污染、遏制生态破坏为重点,履行环境监督管理职能,以“五有”工作机制高效办理中央环保督查件及各类环保信访件,全年接件数为全区最少,办结率 100%,大力整顿“散乱污”企业,严格落实“煤改电”工作要求,强化大气污染防治网格管理检查机制,注重地毯式巡查和日常监管,全街空气质量综合指数始终位居全区前列。

(司　宁)

大胡同街道(大胡同商贸区管委会办公室)

【概况】 大胡同街道(大胡同商贸区管委会办公室,以下简称大胡同管委办)位于红桥区东南部,北马路东段北侧。东至三岔河口汇合处,隔河与河北区相毗邻,东南部临界南开区东北角街,西接芥园街,北靠南运河与三条石街隔河相望,因界内有大胡同地名而得名。辖区面积 0.45 平方公里。街道办事处地址:大胡同 24 号,邮政编码:300091,联系电话(传真):27352640。

2018 年,大胡同街道(大胡同管委办)深入学习贯彻习近平新时代中国特色社会主义思想和中共十九大精神,依托大胡同商贸区等资源条件,聚焦区域政治、经济、社会、文化、环境发展,对在全区打好棚户区改造、招商引资、创文创卫、安全稳定四场硬仗提供有力保障。

(刘　玉)

【安全与综治】　2018年，大胡同管委办分别与商贸区20家重点单位签订消防安全、安全生产、综合治理责任状，督促各单位提高认识，明确责任。组织开展春季安全排查、夏季消防安全综合检查及秋冬安全专项检查活动，做好“安全宣传月”集中宣传，联合区消防救援支队、大胡同派出所及各市场主办方开展大胡同商贸区2018年冬季消防安全知识培训暨应急演练。在重点时期，检查商户1613家次，消除消防安全隐患227处，对81家商户提出安全警告，开具安全提示单和安全建议书43份。广泛开展扫黑除恶专项斗争日常宣传和线索排查工作，完善辖区日常反恐防范工作。

2018年11月21日，大胡同商贸区开展2018年冬季消防安全知识培训暨应急演练（大胡同管委办提供）

（刘　玉）

【创文创卫】　2018年，大胡同管委办对辖区宣传橱窗、宣传展板等进行更换，印制双创宣传袋5000个，分组到各商城及人员密集点位宣传发放，推动企业和商户通过消除安全隐患、规范经营秩序、健全制度规定、完善硬件设施、使用LED、播放视频宣传核心价值观、诚信经营等形式，投入到双创工作中。联合区总工会、区委统战部、区招商局等部门开展卫生清整10余次，组织保洁员开展大规模卫生清理30余次，清理垃圾渣土70余吨，清理卫生死角120余处次，重点对万隆厂区、金钟桥大街、十字街、滨水饭店、天一坊、归贾二支路等脏乱点位进行集中清理。

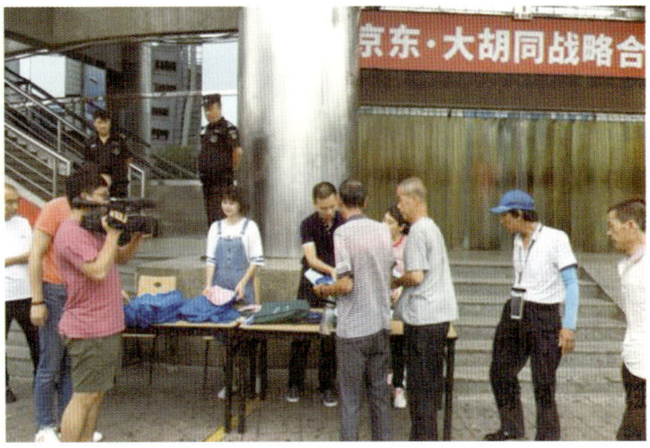

2018年8月6日，大胡同管委办组织开展创文创卫宣传活动（大胡同管委办提供）

（刘　玉）

【天鸿大厦综合整治】　2018年，大胡同管委办联合公安红桥分局、区消防救援支队、区房管局、区市场监管局、三条石街道等部门和单位对天鸿大厦进行综合整治，对楼道堆物进行集中清理，拆除大厦内违章建筑，清除地下仓储，治理违规占用消防通道等行为，降低大厦安全隐患。多次搭建平台，促进城西供电与天鸿物业、万隆置业公司研究拖欠电费事宜。协调天鸿大厦供热事宜，天鸿大厦供暖工程改造完成。

2018年5月9日，大胡同管委办走访包联企业（大胡同管委办提供）

（刘　玉）

【城市管理】　2018年，大胡同管委办联合公安红桥分局、区消防救援支队、区安监局、区综合执法局等部门，先后对过街楼、都行后道、都行前广场等3处违章建筑进行拆除，共38间640余平方米，进一步消除安全隐患，打通消防通道。结合归贾二支路路面维修，协调关闭露天垃圾池，彻底解决长期困扰地区环境面貌的大难题。发挥企业主体责任作用,推动天奕商城(含小百、天奕地下)、都行商城、天鸿大厦垃圾直运。对辖区餐饮企业及商户餐厨、生活垃圾去向进行排查统计,督促餐饮企业、商户按要求进行垃圾清运,泛太平洋酒店、燕春楼、宝轩鱼府等大中型餐饮企业均对接碧海公司统一清运。取缔露天烧烤3户,出具餐饮企业整改通知书36份,督促餐饮企业清洗油烟净化设备11户。

2018年5月5日,大胡同管委办组织干部开展"爱卫月"劳动(大胡同管委办提供)

(刘 玉)

【全国经济普查】 2018年,大胡同管委办选配普查人员,成立大胡同普查办公室,做好划分普查区、普查小区,编制普查区码、普查小区码,绘制普查区、普查小区图等工作。做好前期培训,普查人员入户做好宣传、耐心讲解普查方针政策,做到家喻户晓,争取调查对象支持配合,完成法人产业单位清查600余户、个体户4117户首轮摸底工作。

2018年1月,红桥区领导干部报告个人有关事项集中填报工作部署培训会召开(区委组织部提供)

(刘 玉)

【基层党建】 2018年,大胡同街道(商贸区)党工委对街域内全体党员信息进行核查落实,逐人逐项完善党员电子信息,逐步推动非公经济党组织建立健全党员档案,确保没有失联党员。落实基层党组织例会制度,坚持以会代训,选派"两新"党组织书记参加市、区委培训。推进"三项专项行动",对辖区所属3999家非公企业或商户的党组织和党员进行摸排,全面掌握地区"两新"企业情况。落实基层党组织书记述职评议和党建工作逐级巡查制度,强化基层党组织书记第一责任人和抓党建是第一政绩意识,组织建立"两新党建"工作指导站,强化"两新"党建氛围,提升党组织吸引力和凝聚力。加大对地区特别是"两新"党组织发展党员工作指导力度,发展3名党员和10名积极分子,成立天隆达小商品市场党支部,撤销大胡同街道执法大队党支部和离退休党支部。重点挖掘"两新"组织中先进分子,吸引各层次骨干力量积极向党组织靠拢。

2018年6月30日,都行商城市场党支部开展"党旗下的朗读者"主题党日活动(大胡同管委办提供)

(刘 玉)

【纪检监察】 2018年,大胡同管委办开展不作为不担当问题专项治理三年行动,对执法大队、城管科等一线重点科室进行抽查暗查,查找问题线索2起,发现不作为、不担当问题1件,查处违反中央"八项规定"精神问题线索2起,运用监督执纪"第一种形态",强化监督执纪问责,改进干部队伍作风。

(刘 玉)

区域经济

商务工作

【概况】 2018 年,红桥区商务委(以下简称区商务委)以商贸项目建设、扩大对外开放、楼宇经济发展、节能降耗、招商引资等重点工作引领全局。全年完成外贸进出口额 16.9 亿元,同比增长 3.3%,其中完成外贸出口额 14.4 亿元,同比增幅 16.1%,外贸出口增幅居全市前列。完成实际使用外资额 1085 万美元,完成盘活空置楼宇 12.7 万平方米,万元 GDP 能耗下降率 3.2%,完成商品销售额 803 亿元,同比增长 9.9%,以上四项指标全部超额完成全年任务。完成社会消费品零售总额 216 亿元,同比增长 5.2%。民营经济生产总值增速 3.4%,民营经济生产总值占全区 GDP 的 53.8%。引进各类企业 200 家。2018 年,陆家嘴中心 L+MALL 项目顺利开业;推介居然之家、苏宁电器、万达、龙湖地产等企业与大成广场对接,完成招商储备 60%;加快水游城业态调整,累计完成品牌业态调整 14 个。

区商务委加挂天津市红桥区节能工作领导小组办公室牌子(以下简称区节能办)。

(付丽霜)

【对外开放】 2018 年,区商务委研究制定外贸外资产业扶持政策标准,对进出口业绩好的企业予以奖励。召开政策宣讲会,不断提升贸易便利化水平,为企业加快退税资金回笼和规避贸易风险提供保障;组织 10 余家企业 40 余人参加首届中国国际进口博览会,成交金额超过 1 亿美元。

(付丽霜)

2018 年 11 月,中国吃货网与卜峰国际在进口博览会签订采购协议(李辰爱　摄)

【菜市场建设】 2018 年,红桥区新建大胡同、大丰桥、清源道、芥园道、开源楼、金领 6 座标准化菜市场,对大同门、红卫桥、桃花园、水木天成、子牙里、泊胜达、西青道、永丰楼、中嘉花园 9 座标准化菜市场进行提升改造,新增社区菜店、生鲜便民超市 71 家,实现蔬菜销售网点全覆盖。

2018 年 9 月,西青道菜市场开业(田野　摄)

(付丽霜)

【通信基础设施建设】 2018 年,区商务委联合铁塔、联通、移动、电信等重点运营商,合理布局通信基础设施,协调解决建设施工中涉及基站、室分系统、光纤入户等问题 105 个,新增基站 62 座,光纤入小区 36 个,在信号、光纤全覆盖基础上,实现多运营商信号叠加,为智慧红桥建设提供通信基础保障。

(付丽霜)

【节能降耗】 2018 年,区节能办推进供热办、津酒集团等重点用能单位开展能源计量、能源管理体系建设、能量平衡等工作。严格执行建筑节能标准要求,推进建筑节能,发展绿色建筑,装配式绿色建筑比例逐步提高。促进公共机构能效提升,2 家公共机构入围国家级示范单位名单。

(付丽霜)

【民营中小企业】 2018年,红桥区通过专利提升、精益管理创新、电商转型、股改上市挂牌等路径,50家中小企业实现创新转型。加强服务体系建设,新增国家级中小企业公共服务示范平台1个、市级小微企业双创示范基地1个,全年开展服务对接275次,服务企业人员5000余人次。

(付丽霜)

【楼宇招商】 2018年,区商务委加大楼宇招商引资力度,商务楼宇实际累计引进企业4309户,占企业总数的34.5%,注册资本438.5亿元,占注册资本总额的55.8%。加快楼宇信息化水平,建立楼宇载体数据库。第四批2座亿元楼宇和2017年盘活空置楼宇顺利通过验收。

(付丽霜)

【国企改革】 2018年,区商务委主动对接区国资委及相关企业,积极研讨国企改革方案,初步形成以区国资经营公司为依托的改革实施方案框架。协助区商国投公司做好金桥餐饮公司、新村饮食基层店及下属国有企业整合出清的准备工作,确保完成国企改革各阶段工作任务。

(付丽霜)

【创文创卫】 2018年,区商务委制定创文创卫工作台账,落实责任到人,召开菜市场双创促进专题会议6次,动员全体干部利用节假日到现场指导各市场完善措施,拨付57万元用于改善各菜市场绿色照明、电路节能改造等软硬件水平,完成菜市场病媒防制验收任务。

(付丽霜)

【安全稳定】 2018年,区商务委压实企业主体责任,将责任范围内的重点企业全部列入台账管理,与128家企业签订安全生产责任书;检查企业300余家次,对查出的安全隐患全部整改到位。排查和化解各类风险和问题,对排查出的隐患制定稳控措施,确保敏感时期、重大节日商贸系统安全稳定。扎实开展扫黑除恶专项斗争,全面深入排查,广泛宣传。

(付丽霜)

招商引资

【概况】 2018年,天津市红桥区招商局(以下简称区招商局)推进落实京津冀协同发展战略和打赢脱贫攻坚战决策部署,紧抓招商引资与合作交流两项核心任务,中国电子天津数据中心、中煤水文地质局、同程艺龙等一批优质企业落户,全市营商环境评价指数考核位居第一;打造红桥招商引资品牌项目,第28届天津运河桃花文化商贸旅游节期间,召开"红桥区投资贸易洽谈会";深入贯彻落实京津冀协同发展战略,抓好首都资源疏解的历史性窗口期,成立红桥区北京招商分局,进一步巩固北京固定招商平台建设。全国第五个扶贫日期间举办"东西部协作共赢,携手奔小康——甘肃省合水县、碌曲县农特优产品展卖会",红桥区在2018年天津市东西部扶贫协作和对口支援区县交叉考核中,取得优异成绩。

(商业绯)

【招商引资】 2018年,红桥区新增注册企业2876户,同比增长63.5%,其中注册资金1000万元以上企业260户,同比增长95.5%。中国电子天津数据中心、中煤水文地质局、同程艺龙等一批优质企业落户。全市营商环境评价指数考核位居第一,全市率先推出行政许可中心7个工作日制度和注册企业免费刻章服务。

(商业绯)

【招商宣传】 2018年,区招商局加大招商宣传,打造红桥招商引资品牌项目,举办特色招商活动,第 28 届天津运河桃花文化商贸旅游节期间,召开“红桥区投资贸易洽谈会”,大会签约项目 50 个,意向投资额 155 亿元;津洽会开幕期间召开“红桥区招商引资项目发布会”,重点推介红桥产业发展规划、楼宇载体项目、城建投资项目及“子牙人才”计划;举办“青年企业家汇聚红桥专题座谈会”“长三角企业家红桥行”等 10 余次大中小型推介活动。随天津市代表团参加“津沪交流恳谈会”“2018 天津 · 广东投资合作恳谈会”“2018 京津投资合作恳谈会”等外埠招商活动,利用津洽会、广交会、华博会平台宣传红桥经济发展成果,推介优质招商项目。加强政企联络对接,接待走访中国电子、中核集团、中煤集团、月星集团、金地集团、华鸿集团、正大集团、中交四局、天津社会科学院及重点项目百余次。及时更新红桥区招商宣传资料,结合红桥资源禀赋、政策环境、发展空间等优势制作新版招商宣传片,积极利用新媒体宣传红桥。

2018 年 3 月 23 日,第 28 届天津运河桃花文化商贸旅游节——红桥区投资贸易洽谈会签约仪式举行(区招商局提供)

(商业绯)

【招商培训】 2018 年,区招商局强化招商队伍建设,组织全区招商系列培训活动 5 场,参加市级培训活动 3 次,累计百余人次参加招商引资、知识产权、产业规划、招才引智政策等主题培训活动。为全区招商干部充实业务知识、增强招商本领,促进全年招商任务完成。

2018 年 6 月 8 日,区招商局组织开展招商培训会(区招商局提供)

(商业绯)

【招商机制】 2018 年,区招商局以红桥区招商引资领导小组和指挥部为引领,区主要领导带头招商,组建全区 10 个招商工作部,形成涵盖全区各部门的“招商引资指标单位+建议单位+倡议单位”五级责任区间三级工作台账,形成全区上下齐招商大格局。创新招商模式,聘请 46 名招商顾问,与广泽集团、橙郡社会组织服务中心等多家企业签订委托招商协议,借助其招商力量及信息资源优势开展以商招商、专业招商。夯实招商工作基础,实施招商过程管理,建立并完善工作联席会、信息报送、通报考核等系列工作制度。

(商业绯)

【京津冀协同发展】 2018 年,区招商局深入贯彻落实京津冀协同发展战略,抓好首都资源疏解的历史性窗口期,设定光荣道科技产业园为集中承载区域,5 月,成立红桥区北京招商分局,进一步巩固北京固定招商平台建设。丰富开展北京招商活动,广泛搜集和挖掘项目线索,召开“红桥区投资环境推介会”“京津冀智能科技产业协同招商推介大会”,参加“京津冀投资合作恳谈会”“中国互联网大会”等活动,接待走访华鸿集团、万达集团、津浦伟业地产公司、广泽集团、中冶集团、北京丰台区统战部、新浪微博等多家单位企业。成功引进中电国信数据有限公司、中电节能科技有限公司、天津异乡好居网络科技有限公司、小马驾驾科技有限公司、小度众盟科技有限公司、够谱出行科技公司等多家企业落户红桥。

2018 年 11 月，红桥区北京招商工作部挂牌成立（区招商局提供）

（商业绯）

【营商环境】 2018 年，区招商局加大政策扶持力度，以“双万双服促发展”活动为抓手，贯彻落实“津八条”“海河英才”行动计划，先后出台“红十条”“子牙人才”计划和产业扶持政策等，扶持优质企业发展壮大，吸引优质人才建设红桥，打造红桥产业、人才高地。结合“放管服”“一制三化”改革政策，依托红桥区招商帮办平台和区领导服务重点企业面对面活动，对新注册企业、新投资项目提供政策解答、工商注册等一条龙式服务，第一时间了解并协调解决企业发展难题，为

2018 年 8 月，区招商局依托北京招商工作部拓展北京资源，与车库咖啡洽谈合作意向（区招商局提供）

项目落地保驾护航。树立企业家良好形象，在“红桥招商”微信公众号设立企业风采专栏，宣传卓朗科技、中海油天津化工研究设计院、艺点意创等区内优质企业，扩大行业龙头带动效应。

（商业绯）

【扶贫协作和对口支援】 2018 年，红桥区围绕“两不愁三保障”，坚持“有限”与“无限”、“扶智”与“扶志”相结合，落实多层全覆盖和精准“滴灌”工作要求，针对甘肃省碌曲县、合水县两县脱贫实际需求，党政主要领导多次开展对接座谈，研究、完善工作举措，推动帮扶工作进展。先后组织教师、医生以及管理等专技人员开展中长期交流互学与跟岗培训；组织“博士团”帮扶活动 3 批次，邀请知名院校与企业高管等各领域高端人才到两县开展对接培训帮扶；全国第五个扶贫日期间举办“东西部协作共赢，携手奔小康——甘肃省合水县、碌曲县农特优产品展卖会”，现场销售合水苹果 1000 公斤，发动社会力量认购合水苹果 10 万公斤；利用互联网和红桥区教育资源优势，打造“徐长青远程教育工作室”，与受援县共享优质教育资源，开展长效教育帮扶；从资金帮扶、干部人才交流、产业帮扶、劳务协作以及工商联、残联结对等各方面深入开展工作。红桥区在 2018 年天津市东西部扶贫协作和对口支援区县交叉考核中，取得优异成绩。

2018 年 10 月，“东西部协作共赢携手奔小康”——甘肃省合水县、碌曲县农特优产品展卖会举办（区招商局提供）

（商业绯）

驻区企业

正鑫商贸有限公司

【概况】 2018 年,天津正鑫商贸有限公司(以下简称正鑫公司)强化规范管理,创新经营思路,倡导优质服务,提升经济效益。全年销售 3886.90 万元,同比增加 315.90 万元,增幅 8.85%;利税 302.20 万元,同比增加 16.50 万元,增幅 5.78%。3 月 22 日,公司董事会换届,召开股东大会换届选举,王月琴继续担任董事长。2018 年,董事长王月琴荣获全国商业优秀企业家、红桥区"维护核心、铸就忠诚、担当作为、抓实支部"优秀党支部书记荣誉称号;姚强荣获红桥区"维护核心、铸就忠诚、担当作为、抓实支部"优秀共产党员称号;正鑫公司党支部被评为"天津市两新组织党建工作示范点";正鑫公司荣获全国诚信兴商双优示范单位。

(王月琴)

【企业增效】 2018 年,正鑫公司在春节前做好动员部署,预测市场,组织货源,盯紧销售,发挥正兴德老字号优势,节前充实人员到东北角茶庄总店,保证销售任务完成,同时做好特色产品汤圆的制售。一季度公司实现销售 1298.20 万元,比上年同期 1158.60 万元增加 139.60 万元,增幅 12.05%。二季度抓住清明节、"五一"劳动节、端午节商机,保证清明前绿茶及时进津上柜,做好清明节糕点小包装展示,增加茶叶、糕点礼品盒种类。至 6 月底实现销售 2171.43 万元,比上年同期 1973.60 万元增加 197.83 万元,增幅 10.02%。中秋、国庆黄金销售期,扩大传统糕点、津味月饼营销。

(王月琴)

【安全工作】 2018 年,正鑫公司强化安全管理,公司定期检查、不定期抽查,对重点部位电源、电线、电器设备、机械设备、燃气设施进行检查,规范电源电线插座。年内对茶叶仓库整修,对一品香外檐牌匾维修,排除安全隐患。

(王月琴)

中海油天津化工研究设计院有限公司

【概况】 2018 年,中海油天津化工研究设计院有限公司(以下简称化工研究院)坚持高质量、可持续发展,坚持改革创新,以优化结构、提升效益为重点,全院各项工作取得新发展。2018 年是天津化工研究院建院 60 周年,在 60 年的发展历程中,天津院共取得 1300 余项科研成果、500 余项专利授权和近 1400 项国家/行业技术标准。天津院的科研成果、生产产品及技术服务遍及全国 1000 多家企业。

(张　晖　郭明英)

【企业管理】 2018 年,化工研究院加强制度化建设,使内控体系更加完备,实施精细管理,优化流程。优化科研机构,天津市炼化催化工程技术中心暨中海油重质油加工重点实验室启动,初步形成天津院在新能源材料、环保新材料和膜材料等新材料研发方向,完善考核和奖励机制。加强人才队伍建设,大力引入管理、市场成品和高端科技人才。对安全工作常抓不懈,保持各项安全工作零事故。倡导低碳节能发展,在产能产量同比增加情况下,节能减排明显。设立以全国政协委员、天津院副院长刘红光个人命名的“中国海油刘红光建言献策工作室”。到蓟州区马伸桥乡淋河村实施精准扶贫，促进当地经济发展，帮助群众脱贫致富。

（张 晖 郭明英）

【科研工作】 2018年，化工研究院获得各类科技奖励8项，获得授权专利39项，其中发明专利35件，制修订国家和行业标准52项，6项技术申报国家重大工业节水工艺、技术和装备（第三批）目录；5项技术入选天津市水污染防治技术指导目录；3项技术入编工业和信息化部2018年国家鼓励的重大环保装备。活性氧化铝技术团队，建成世界单套最大生产装置，巩固天津院在行业的领军地位。新型净水剂工业化生产工艺确定，产品质量控制体系制定完成，水处理剂产品在国内成功运用，并走向国际市场；系列超支化聚合物破乳剂、反相破乳剂等一批新产品形成稠油油田采出液综合处理技术；第三代海上油田生活污水处理与装备运行成本降低25%以上，占地和重量分别减少50%和30%。天津院以科技创新为发展驱动力，以科研创新能力和商业创造力作为打通发展经脉的核心关键点，以科技创新成果提升市场竞争力，获得的经济效益再反哺科技创新，保证科研后劲，实现以产养研、以研促产的良性循环。

（张 晖 郭明英）

【产业布局和对外合作】 2018年，化工研究院推进在新能源新材料领域规划布局，电池用新能源材料建设项目取得进展。科技成果产业化基地项目启动，为催化材料、膜材料、水处理一体装备、炼化助剂等科技成果的工业化生产提供必要条件。取得危化品经营许可证，标志着天津院的专业方向进入新领域。防爆中心在对外合作、3C认证资格工作方面取得成效。完备对外合作相关体系文件，规范操作流程，发挥专业技术优势开展对外合作，分别组建难降解固液废物处理先进技术与装备国家地方联合工程研究中心、天津市化学品安全工程技术中心、天津市炼化催化技术工程中心、天津市炼化催化技术工程中心、中海油天津化工研究设计院山东分院。

（张 晖 郭明英）

天津鹏欣水游城

【概况】 天津鹏欣水游城（以下简称水游城）项目坐落于红桥区大丰路西侧，毗邻天津西站，是集购物、餐饮、娱乐、文化等为一体的一站式都市休闲购物中心，水游城品牌以“精细化管理”为特色、以“寻求创新”为经营策略、以“用心服务”为根本，实现购物中心创新、跨界、主题、场景、体验的相互融合。2018年，水游城在第四届天津商业金地标颁奖盛典中荣获天津市工商联房地产商会商业地产专委会所授予的区域项目领航奖，获得新浪天津颁发的“2018微博天津年度商业人气大奖”、网易天津颁发的“2018态度城市盛典新消费带动年度商业模式创新奖”及津云颁发的“2018天津商业风云评选商业风云项目年度商业运营突破奖”3项殊荣。

（王静祎）

【运营管理】 2018年，随着西北角商圈日渐形成，水游城的辐射半径随之扩大。水游城借势商圈流量红利，不断发掘消费者新消费需求。积极响应区政府创文创卫号召，在餐饮区打造“美丽红桥，健康一条街”，进一步提高全民饮食健康理念及营养意识，提倡健康生活方式，树立科学饮食理念、注重培养营养健康意识。

（王静祎）

【行销活动】 2018年，水游城通过客群画像分析及品牌数据分析，针对主流消费群体80、90后的成长，消费需求及新支付方式的改变，积极调整行销策略。春节，美陈“旺年福纪”在中国商业地产美陈影响力评选中荣获“金灯奖”。4月，水游城联动红桥区第 28 届“天津运河桃花文化商贸旅游节”,打造“春风十里,盛世桃源”主题活动。7 周年店庆主题活动期间,通过创新行销方式及媒介形式,创造开业至今销售及客流新高。

(王静祎)

【招商管理】 2018 年,水游城继续改造升级,紧跟潮流步伐,积极引进酷乐潮玩、三福等时尚品牌;餐饮品牌上,和府捞面、井格火锅、甘兔庵等优质品牌纷纷入驻;三色熊亲子餐厅、麦颂 KTV、马博士等潮流娱乐品牌入驻,完善水游城一站式消费服务。

(王静祎)

L+MALL 天津陆家嘴中心

【概况】 L+MALL 天津陆家嘴中心(以下简称陆家嘴中心)是上海陆家嘴金融贸易区开发股份有限公司在商业领域的全新力作,项目地处天津市区成熟商圈,占据城市交通核心枢纽,地铁西北角站上盖,配备 3000 余个车位。陆家嘴中心所处区块涵盖高端住宅、写字楼、高端酒店以及外籍公学,聚集中高端消费力人群、商务办公客群及中高档消费家庭,培养区域内互动式社交体验,形成高集群化精准核心客群,打造地标式城市综合体。陆家嘴中心总面积 11 万平方米,项目主体分为地上七层、地下一层,集精品零售、特色餐饮、儿童体验、主题娱乐、生活家居、服务配套等多元业态功能于一体;打造反向寻车、室内定位、互联网+理念,移动端便捷会员服务,营造智能便捷感受。陆家嘴中心 2018 年度获得商业风云项目之年度商业影响力标杆奖、商业管理典范奖、城市商业新地标奖、年度商业影响力奖、商业风云人物之年度商业领袖奖、商业地产卓越推动人物奖等荣誉。

(刘　佳)

【开业盛况】 2018 年 9 月 22 日,陆家嘴中心正式开业,开业商户 118 家,当日进店客流量 28 万人次。项目涵盖多家首次进津或首次进入红桥区域品牌,包括宝燕到家会员店、G-Super 绿地超市、百丽宫影城、缪卡 KTV、海底捞、Meters/Bonwe、ME&CITY 等主要品牌以及创新型体验式业态品牌谦祥益文苑、雪乐山、AIR SPACE 蹦客地带等。

2018 年 9 月 22 日,陆家嘴中心开业(陆家嘴中心提供)

(刘　佳)

【团队建设】 2018 年 4 月,陆家嘴中心举办为期 23 天的读书系列活动,活动分为 21 天读书打卡和陆津朗读者朗读大赛两部分,各部门员工积极参加,丰富员工业余生活,激发员工自主学习热情。5 月,为培养团队凝聚力、向心力,让员工

2018 年 5 月,陆家嘴中心组织开展家庭日拓展培训活动(陆家嘴中心提供)

家属了解公司,组织家庭日拓展培训活动,感谢家属支持员工筹备期紧张工作。每月组织不同主题员工生日会活动,加强企业文化建设,为过生日员工送上真挚祝福,共同感受陆津大家庭的温馨与和谐。

(刘　佳)

【安全管理】 2018 年,陆家嘴中心将安全放在各项工作的重中之重,坚持以预防为主,全年组织消防安全检查 69 次;对各专业、各岗位员工进行每月不低于 2 次、每次不少于 10 人的安全培训,集中培训 18 次;全年组织消防疏散演习、反恐防暴演习 34 次,累计参加人数 900 人次。

2018 年 11 月 26 日,陆家嘴中心组织开展反恐防暴器材实操演练(陆家嘴中心提供)

(刘　佳)

天津卓朗科技发展有限公司

【概况】 2018 年 2 月,天津卓朗科技发展有限公司(以下简称卓朗科技公司)乔迁新办公大厦——卓朗科技大厦,开启全新发展篇章。公司全年业务指标继续保持高速增长,全年实现营业收入 8.79 亿元,实现利润总额 2.03 亿元,缴纳税款 3152 万元。2018 年有员工 579 人。公司总部位于天津市红桥区,在北京、吉林、江西、河南、西安设立全资子公司,在成都、上海、广州、沈阳等地设置办事处,在全国设置 3 个分销产品物流中心。主要利用虚拟化等云计算技术,为客户提供软件、云计算、系统集成、IDC 建设与托管、IT 产品分销五大“一站式”IT 服务。2018 年,卓朗科技公司获得“涉密信息系统集成和软件开发(甲级)”资质,成为天津市唯一双甲企业。

天津卓朗科技园区实景(卓朗科技公司提供)

(蒋　婷)

【科技创新】 2018 年,卓朗科技公司自主研发 USB 重定向技术替代国外同类产品,提升虚拟化软件对外设的识别速度;实现 GPU 直通透传的解决方案;申请 16 个虚拟化方向发明专利。搭建完整的工业软件开发平台;实现工业网关定型量产;针对烟草、煤化工、机械制造等行业开发新的工业软件,推动生产全链条数字化升级。搭建统计大数据分析平台;开发整套数据分析敏捷 BI 工具;建设一体化统计数据管理与应用开发平台。深入研发合作,与 CheckPoint 公司共同开发针对工业安全的防火墙,并实现量产。

(蒋　婷)

【市场开拓】 2018 年,卓朗科技公司积极拓展国内外集成业务,参与投标 162 项,中标 76 项,中标率 46.91%;新签集成项目合同 196 项,同比增长 40.1%。其中,新签约重点项目有中交集团党建管理系统、301 医院医疗设备全生命周期管理系统、天津市“双万双服”平台、上饶市智慧城市项目、联通总部智慧访客系统、辽源现代职教园区信息化项目实现整体验收、国家电网长春供电公司项目等。卓朗科技公司充分发挥自身在云计算、大数据、软件服务领域的品牌、技术、服务、资源等优势,持续开拓带动市场占有率提升。

(蒋　婷)

【产品研发】　2018 年,卓朗科技公司云计算始终坚持自主研发软件产品,完成“打卡助手”“朗云视讯”“朗云直播”“朗云平台”“卓朗云邮”“政道搜索”等数款产品发布上线,在华为、苹果、小米、OPPO、VIVO 和魅族等终端应用商店为全球用户提供服务,用户超 110 万人。为浪潮云、华为云、百度云、京东云和微软云向 20000 余家企业提供云计算服务。

卓朗科技公司研发的视讯平台带来的会议新模式(卓朗科技公司提供)

(蒋　婷)

【数据中心基建优化】　2018 年,卓朗抚州云计算数据中心一期工程顺利完工;天津卓朗科技园数据中心基本具备业务上架条件;新增 IDC 服务合同 3 项,新投产数据中心机柜 2024 个,稳定出租机柜 1320 个;节能减排继续保持领先水平,全年节约用电 340 万千瓦时,全年节约用水 1230 吨,数据中心 PUE 值控制在 1.37 以内,各项排放全部达标。

卓朗抚州云计算数据中心一期实景照片(卓朗科技公司提供)

(蒋　婷)

【企业党建】　2018 年,卓朗科技公司探索“三抓三促”工作法(抓党员教育管理、促企业凝聚力提升;抓党员示范引领、促企业竞争力提升;抓党员服务群众,促企业公信力提升),推动理论学习常态化、探索教育管理信息化,设置“习近平新时代中国特色社会主义思想主题墙”“新的社会阶层人士统战工作主题墙”“党建文化长廊”。公司把党建写入公司章程,把支部建在项目组,设立“卓朗科技志愿者服务队”,与西沽街湘潭道社区共建结对,开展“请你走近卓朗的‘科技梦’”系列活动,解民忧、聚民心、汇民智。

卓朗科技公司内设置的“习近平新时代中国特色社会主义思想主题墙”(卓朗科技公司提供)

(蒋　婷)

天津津酒集团有限公司

【概况】 2018年，天津津酒集团有限公司（以下简称津酒集团）全年销售收入完成2.10亿元，比去年同期2.40亿元下降12.49%；盈利371万元，比上年同期增加305万元；产值完成1.76亿元，与上年同期1.75亿元基本持平；从业人员年人均报酬增长率10.14%。2018年，津酒集团荣获“2018年度酒类流通行业诚信建设示范单位”荣誉称号。《津酒扁凤壶系列产品的品质提升项目》荣获“天津市2018年质量攻关优秀成果”。

（王秀颖）

【混合所有制改革】 2018年，津酒集团积极寻找意向投资者，与多家战略投资者进行混改初步洽谈，聘请专业机构对意向投资者进行尽职调查；确定混改方式、资产范围和“清审评”基准日，完成清产核资、资产评估、财务审计；制订混合所有制改革实施方案、职工安置方案和社会风险稳定评估报告，并经过相关会议程序审议；拟定新公司章程及公司法人治理结构，在专业管理咨询团队协助下对混改后的战略规划、人力资源激励机制开展调研及制定；落实在天津行政区域内新津酒建设用地，委托设计公司对新津酒项目进行初步规划设计；按照法律审核及内部决策机制，混改实施方案、职工安置方案及混改社会稳定风险评估报告等相关文件履行法务审核程序，上报渤轻集团审核批准。截至年底，完成混改工作准备阶段任务，待渤轻集团对津酒混改方案进行审核。

（王秀颖）

【电商营销】 2018年，津酒集团累计完成销售收入463万元，比上年同期的237万元增长95%，扩大津酒外埠市场知名度，外埠市场代理咨询电话增多。品牌推广借助新品“津味小酒”系列酒上市契机，围绕“津酒66周年，开启白酒新风尚”的核心，进行多维度媒体宣传。选择马路名牌、公交站牌、地铁平面、津酒微信自媒体等平台对津味小酒和津酒品牌进行推广。借助帝王、扁凤搭赠活动，通过自媒体和网络媒体开展“津酒，天津人，家的味道”系列宣传。

2018年11月，津酒集团电商“双11”活动实现销售量、销售额双高，图为工作人员填写快递单为消费者发货（津酒集团提供）

（王秀颖）

【产品质量】 2018年，津酒集团建立质量安全追溯信息平台，先后对系统进行45次升级更新，涉及300多项内容。截至年底，完成各项基础数据录入和信息填报工作，生成质量安全追溯二维码，并在帝王风范、津酒祥凤、津酒扁凤等系列产品上进行加贴，将消费者的关注与津酒的产品原料、检验信息关联在一起。采用酶标仪结合白酒

2018年5月，津酒集团技术中心人员运用先进设备进行样品检测（津酒集团提供）

塑化剂快速检测试剂盒对白酒中塑化剂 DBP 含量进行检测,建立白酒中塑化剂 DBP 含量标准曲线,与国家质检机构进行样品比对,确保检测结果准确性,保证津酒产品质量安全。

(王秀颖)

天津西站

【概况】 天津西站位于天津市红桥区邵公庄街新村街社区居委会西站前街 1 号,北临子牙河、南邻南运河。车站普速场中心里程为 137 公里+831 米处,高速场中心里程为 12 公里+474 米处。车站上行方向与南仓站南信号相邻,下行方向与天津车务段曹庄站相邻。车站站界为东起下行进站信号机 136 公里+810 米,西至上行进站信号机 141 公里+780 米,全长 4 公里+970 米。天津西站枢纽由中央站房、无站台柱雨棚、四角 A、B、C、D 辅楼、东西高架桥及落客平台、出租车道、行包地道等附属建筑组成,总建筑面积 22.9 万平方米。站场共 24 台 26 线,从北向南依次为津保车场 4 台 4 线、普速车场 2 台 4 线、津秦京沪高速车场 12 台 12 线、京津城际车场 6 台 6 线。车站共设人工售票处 4 处。日常开行旅客列车 236 列,周末 242 列,高峰线 254 列。在职干部职工 943 人,党员 309 人。

(段韶宁)

【设备管辖及担当任务】 天津西站管辖天津西、天津南、廊坊、沧州西、德州东 5 个京沪高铁车站及津霸客专胜芳站,共 6 个车站。管辖京沪普速 136 公里+961 米至 141 公里+042 米,京沪高铁 59 公里+237 米至 316 公里+256 米,津秦高铁 0 公里+0 米至 12 公里+474 米,京津城际 110 公里+495 米至 122 公里+058 米,津霸客专 0 公里+0 米至 36 公里+934 米,石济客专 204 公里+953 米至 212 公里+002 米,合计管辖里程 329.12 公里。

(段韶宁)

【生产与经营】 2018 年,天津西站(包括各中间站)完成运输收入 31.77 万亿元,发送旅客 2131.01 万人,实现连续安全生产 2597 天。2018 年,天津西站被中国铁路北京局集团有限公司表彰为 2018 年度“三型”(学习型、服务性、创新型)领导班子,先后获得春运宣传工作先进集体、政务信息先进单位、食品安全管理先进单位、爱国卫生优秀单位、计划生育红旗单位、武装工作先进单位、信息化工作先进单位等荣誉称号。

(段韶宁)

综合经济管理

发展和改革

【概况】 2018年,红桥区发展和改革委员会(以下简称区发展改革委)深入推进京津冀协同发展战略,召开“一基地三区”项目座谈会,加快推进“一带一路”建设,围绕重点企业和科研院所,筛选“一带一路”项目8个,投资额50亿元;完成《红桥区“十三五”规划纲要中期评估报告》和2017年度绩效管理、迎评、考评工作;依法履行价格职能,维护市场秩序,为促进经济增长、保障社会稳定营造良好价格环境。2018年,红桥区实现地区生产总值209亿元;完成区级财政收入18.2亿元;完成固定资产投资86亿元;新引进、注册企业3133家。

(王　莉　王　雷)

【国家战略实施】 2018年,区发展改革委发挥深入推进京津冀协同发展战略工作领导小组办公室作用,制定《红桥区深入推进京津冀协同发展2018年工作要点》,建立工作台账,明确分工责任,推动各项任务落地,召开“一基地三区”项目座谈会,梳理出目标清单、推进清单、对接清单重点项目7个。加快推进“一带一路”建设,围绕重点企业和科研院所,筛选“一带一路”项目8个,投资额50亿元,涉及油田开发、天然气开采、基础设施建设、跨境电商等领域,2个项目纳入国家、市项目库。

2018年3月28日,区发改委组织召开“一基地三区”重点项目座谈会(区发展改革委提供)

(支晓坤　苗书辉)

【区域发展环境优化】 2018年,区发展改革委制订领导联系服务企业、企业家以及重点项目工作台账,研究设计《受理企业问题反映单》,企业、项目提交复杂问题28件,均得到妥善解决。牵头研究制定“红十条”责任分工、《产业扶持方案》《补充方案》和《补充说明》,优化兑现机制和流程,做好与“子牙人才”计划对接,增强政策吸引力和竞争力,累计发放产业扶持资金6372万元。加强活动宣传报道,宣传明星企业、新锐企业21家,企业家、知名专家24人,提高企业、企业家和专家知名度和影响力。

(朱顺华)

【产业升级】 2018年,区发展改革委在20个专项规划评估报告基础上,形成《红桥区“十三五”规划纲要中期评估报告》及《调整方案》,完成方案制定、过程评估、征询意见、实地考察、会议审议等工作。深化产业行业定位研究,将“十三五”规划确定的六大主导产业聚集为四大主导产业,进而优化为新一代信息技术、文化创意、高端商务商贸三大主导产业。

2018年11月,北大后EMBA商业领袖班参观红桥区“十三五”规划展示馆(区发展改革委提供)

(祝　耀)

【招商引资】 2018年,区发展改革委发挥招商平台和招商顾问的桥梁纽带作用,参加各类招商活动,开展招商外埠行,做实上海招商分局。对接符合业态的各类企业，一批知名企业落户，与一批知名央企、国企和民企达成合作意向。

2018年9月12日，重点招商项目——中铁二十局集团有限公司一行到区调研参观（区发展改革委提供）

（苗书辉）

【项目投资管理】 2018年，区发展改革委发挥重大前期项目指挥部职能作用，以领导包联为抓手，以解决立项、入库等实际问题为切入点，促进投资快速增长；全年实现新开工项目8个，总投资规模117亿元，新开工项目个数创历史最高水平。2018年，完成固定资产投资86亿元，同比增长10%，增速位居全市前列，完成区人代会计划目标。

（牛 艳）

【绩效考评】 2018年，区发展改革委完成2017年度绩效管理、迎评和考评等各项工作。探索实施绩效差异化考评、差额化奖励，绩效管理指挥棒和风向标作用更加突出，高质量考核取得重要进展。研究制定2018年绩效考核实施方案，结合实际调整领导小组，组织有关部门制定考评实施细则，建立绩效考评指标体系，提升绩效管理工作科学化水平。

（赵 媛）

【价格管理】 2018年，区发展改革委依法履行价格职能，坚持执法检查和提醒告诫相结合，强化明码标价和公平竞争意识，维护市场秩序，为促进经济增长、保障社会稳定营造良好价格环境。创新开展电信领域、烟酒价格、机动车停车收费等专项检查，主动承接保障房定价工作。落实价格举报、投诉和咨询案件，处理各类案件244件。完成涉纪、涉案价格认定工作，共受理各类价格认证案件240余件。

2018年8月20日，区发展改革委开展清理规范产业园区、商业综合体转供电加价行为专项行动（区发展改革委提供）

（郑 健 郑开勇）

【粮食管理】 2018年，区发展改革委严格落实粮食安全区长责任制，粮食储备、市场监测、安全生产等目标任务高质量完成。在迎接国家和天津市两级考核过程中，考核组给予高度评价。在年度考评中被确定为优秀等次、排名全市第一。

2018年6月5日，国家发展改革委经贸司到区实地抽查考核粮食工作（区发展改革委提供）

（周 洁）

统计管理

【概况】 2018年,红桥区统计局(以下简称区统计局),认真履行统计职责,深化统计体制改革,坚持标本兼治提高统计数据质量,推动统计改革建设取得新进展。经市统计局初步核算,2018年完成地区生产总值209.02亿元,按可比价计算(下同)同比上升6.2%;其中,第二产业实现增加值8.64亿元,同比下降5.8%;第三产业实现增加值200.38亿元,同比增长6.9%。红桥区2018年全年城镇常住居民家庭人均可支配收入42891元,增长6.5%。

(朱亚娟)

【统计管理体制改革】 2018年,区统计局将防范和惩治统计造假、弄虚作假纳入政府各部门及各级统计机构工作人员依法行政、依法履职责任范围,对统计造假、弄虚作假实行"一票否决"。重新修订《统计数据发布制度》,建立《红桥区领导干部违规干预统计工作记录制度》和《红桥区统计局防范和惩治统计造假弄虚作假责任制》,印发关于学习贯彻《建议》《办法》的意见,不断深化各级领导和广大统计干部防范和惩治统计造假、弄虚作假责任。

(祝凯庆　朱亚娟)

【统计执法】 2018年,区统计局坚持把统计执法作为惩治统计造假的重要手段,通过执法监督、违法举报、双随机抽查、基础数据核查等多种方式,及时发现统计违法行为。加强名录库维护管理工作,严格做到先有库、再有数。强化数据审核评估,开展专项整治和统计执法检查工作。全面开展一套表名录真实性核查和统计数据质量专项治理工作,查找数据质量中存在的薄弱环节和突出问题,特别是对"线上"重点企业数据进行全面审核评估。开展统计执法检查工作,年初要求全区限上单位进行全面自查,下半年启动执法检查抽查工作,对全区30家单位进行现场执法检查,覆盖全部专业。对发现的问题及时责令整改,警告、处罚。各专业在加强基础数据质量核实修正、夯实统计基层基础、加强统计培训等方面完成大量工作。完善统计信用体系建设,促进全区统计数据质量提高。

(祝凯庆　谭佳青)

【经济普查】 2018年,区统计局开展第四次经济普查工作,全面调查区内第二产业和第三产业发展规模、布局和效益,了解产业组织、产业结构、产业技术、产业形态现状以及各生产要素构成,全面准确反映供给侧结构性改革、新动能培育壮大、经济结构优化升级等方面新进展。完善覆盖各行业的基本单位名录库以及部门共建共享、持续维护更新的机制,进一步夯实统计基础,完善"三新"(新产业、新业态、新商业模式)统计,推进国民经济核算改革。利用红桥有线台、大型商业广场电子屏等滚动播出经济普查宣传口号,营造家喻户晓、社会关心良好氛围,提高调查对象配合度。做好普查员选聘、经费申请、设备购置、物资采购、普法宣传、不同阶段业务培训等各环节规定动作。建立清查日报制度、周例会制度、服务包联制度和质量保障制度等,及时解决清查过程中的问题。截至2018年年底,红桥区完成12991户底册全部核查工作,核查率100%。在中心城区企业存活率名列前茅。

(佟志欣　朱亚娟)

【统计服务和调研分析】 2018年,区统计局完成GDP核算、居民可支配收入、名录库维护、公众民主评议等工作。负责搜集、整理、汇总、管理全区部门统计资料,做好全区统计信息资源共享工作,定期发布《全区国民经济和社会发展情况统计公报》和《红桥区统计月报》;围绕经济社会发展主要目标,及时开展 GDP、工业、建筑业、能源、投资、服务业等月度、季度经济运行监测,进一步健全 GDP 月监测季通报制度;积极做好人口、劳动就业、社会科技、文化产业等领域统计数据监测,全面客观反映出全区经济社会发展状况。全年完成统计分析 27 篇,分析影响经济运行的因素,从数据变化中捕捉趋势性和规律性问题,提出意见建议。利用微信公众号、微博、手机党报新媒体发布统计信息 300 余条。

(朱亚娟)

【专项调查】 2018 年,区统计局做好红桥区农民工市民化进程动态监测抽样调查,城镇劳动力、规模以下企业抽样调查,企业创新调查等专项调查及其他临时性调查任务,依法调查,依法统计,为全面分析红桥区产业结构、经济结构、社会资源等情况提供准确基础数据。组织开展红桥区 2018 年度绩效考核公众评议问卷调查工作,制订《红桥区 2018 年公众评议工作实施方案》,明确公众评议范围、主体、内容、方法等环节,严格规范调查程序,确保调查质量。

(佟志欣 刘雨冬)

【统计法制建设】 2018 年,区统计局加大统计普法力度,落实统计"七五"普法规划,深入学习宣传统计法律法规,广泛开展统计从业人员普法宣传,以经济普查为契机,在"12·4"法制宣传日、《中华人民共和国统计法》颁布纪念日等重大时间节点对从业人员进行法制教育。加强统计执法检查,与相关监督执法部门紧密合作,坚决查处统计违法案件。全年检查 30 家企业,完成统计执法处罚零的突破,圆满完成执法检查任务。

(祝凯庆 刘雨冬)

审计监督

【概况】 2018 年,红桥区审计局(以下简称区审计局)落实"真审计、严审计,以真严的审计倒逼新发展理念、绿色发展、质量变革的落实"工作要求,创新审计理念,围绕全区中心工作,积极推进审计全覆盖,探索完善审计新模式,依法全面履行审计监督职责,在促进经济高质量发展、促进全面深化改革、促进权力规范运行、促进反腐倡廉方面发挥积极作用。2018 年,完成审计单位 36 个,其中审计项目 34 个、专项审计调查项目 2 个。查出主要问题金额 1.36 亿余元,其中违规金额 3159.49 万元、管理不规范金额 1.05 亿元;出具审计报告和专项审计调查报告 46 篇,被批示、采用 16 篇。审计处理处罚金额 7133.91 万元,其中应上缴财政 2209.91 万元、应归还原渠道资金 151.43 万元、应调账处理金额 4772.56 万元;移送司法机关、纪检监察机关和有关部门处理事项 6 件,移送处理人员 219 人,移送处理金额 117.2 万元。审计促进整改落实有关问题金额 1713.07 万元;移送处理落实事项 2 件。审计提出建议 32 条,被采纳 17 条;提交审计信息 196 篇,被批示、采用 178 篇次。向社会公告审计结果 1 篇。

(陈柏羽)

【重大政策贯彻落实跟踪审计】 2018 年,区审计局对红桥区 2017 年盘活空置楼宇工作目标完成情况、财政存量资金、"十三五"期间红桥区东西部扶贫协作和对口支援帮扶情况开展审计调查,提出审计建议,督促整改落实,推动各项决策部署有效发挥作用。

2018年9月,区纪委监委牵头,区审计局与区财政局、区招商局等单位组成检查组,共赴甘肃省庆阳市合水县、甘南藏族自治州碌曲县开展东西部扶贫协作和对口支援审计(区审计局提供)

(陈柏羽)

【财政审计】 2018年,区审计局开展区级预算执行、部门预算执行和决算大数据全覆盖审计,对预算执行进度、"三公经费"使用、政府采购、利息收入挂账等情况进行审计,对50个一级预算单位和部分二级预算部门开展联网实时审计,配合市审计局开展红桥区2017年财政决算大数据全覆盖审计,审计内容涉及市级转移支付及区内财政重点资金支出等,累计核查疑点单位31家,开具疑点核查通知书48份,向纪检、组织部门移送问题线索3件,审计报告得到区人大常委会充分肯定。

2018年6月,红桥区第十七届人大常委会第十三次会议听取并审议区审计局局长李萍受区政府委托所作的《关于2017年红桥区预算执行情况和其他财政收支的审计工作报告》(区审计局提供)

(陈柏羽)

【经济责任审计】 2018年,区审计局开展领导干部经济责任审计项目14个,查出违规问题金额3057.27万元、管理不规范资金1828.9万元。按照市审计局统一部署,对西青区人民法院院长开展经济责任审计。组织召开红桥区经济责任审计工作联席会议,调整联席会议成员单位。

2018年4月9日,红桥区2018年经济责任审计工作联席会议召开(区审计局提供)

(陈柏羽)

【固定资产投资审计】 2018年,区审计局对2017年红桥区老旧小区及远年住房改造工程、红桥中医医院临时周转用房改造项目进行审计。

2018年5月,区审计局对"民心工程"——2017年老旧小区及远年住房改造工程项目情况进行跟踪审计(区审计局提供)

开展保障性安居工程跟踪审计，对全市棚改货币化安置情况进行审计，查出的东丽区某单位拆迁补偿资金公款私存问题移送相关部门。

（陈柏羽）

【民生资金项目审计】 2018年，区审计局开展红桥区卫生信息化建设项目资金、就业创业服务补贴资金、环保专项资金、和苑智慧社区项目资金审计。参加全市保障性安居工程审计，查出违纪问题移送相关部门。赴甘肃省合水县、碌曲县审计东西部扶贫协作和对口支援资金管理使用情况。对红桥区重度残疾人护理补贴应补尽补情况及普通高中国家助学金政策落实情况进行审计。

2018年9月，区审计局在对区环保局开展的环境保护和污染治理专项审计中，重点关注“散乱污”企业整治情况并进行实地核查（区审计局提供）

（陈柏羽）

【企业审计】 2018年，区审计局对红环乐业再就业公司等4个区属国有企业开展资产负债损益审计，重点关注国有企业经营状况、资产管理以及内控制度建设等内容，提出审计意见和建议，督促被审计单位进行整改，促进国有资产规范运行。

（陈柏羽）

【联网实时审计】 2018年，区审计局实现对全区52家一级预算单位和24家二级预算单位实时监督，核查疑点单位31家，开具疑点核查通知书48份，向纪检、组织部门移送问题线索3件，区纪委监委对31名经商办企业的区财政供养人员立案，27人给予党纪处分。

2018年10月，区审计局到区教育局开展联网审计工作调研（区审计局提供）

（陈柏羽）

【内部审计】 2018年，区审计局组织召开全区内部审计工作会议，下发工作要点，举办案例培训，开展调研，制定《关于进一步加强内部审计工作的实施意见》，指导全区各单位内审工作开展。向区政府提出在重点部门、单位设立专职内部审计机构的建议。实行“边审边改+审后整改”及审改分离，对审计问题整改实行“挂销号”制度，跟踪督促问题整改落实。

2018年3月，区审计局组织召开红桥区2018年内部审计工作研讨会（区审计局提供）

（陈柏羽）

市场和质量监督管理

【概况】　2018 年,红桥区市场和质量监督管理局(以下简称区市场监管局)发挥大部门市场监管优势,提升服务发展质量,增强市场监管效能,安全隐患有效治理,基层基础建设取得实质进展,全局上下履职尽责,得到社会各界认可,共收到锦旗 8 面、表扬信 2 封,得到上级领导批示 14 次。《中国工商报》《今晚报》等多家媒体先后 6 次对区市场监管局工作进行报道。

(肖忠生)

【行政审批】　2018 年,区市场监管局认真落实简政放权各项措施落地,积极推进"一制三化"建设,严格执行"多证合一""证照分离""简易注销""市场准入负面清单"和全程电子化登记等制度,用足用好政策,牢牢抓住高端服务业、科技型企业、新兴产业等带动性增长点,促进经济结构优化。专设京津冀企业登记咨询窗口,采取手续齐全企业登记注册一天办结、信用承诺容缺后补、团体化办公一站式服务、开辟重点企业绿色通道等举措,降低企业创办门槛,优化市场准入环境,市场主体持续稳步增长。全年新注册各类企业 3133 户,新增注册资本 113.48 亿元,同比增长 63.95%和 50.96%,网上注册 100%。其中千万元以上企业 278 户,注册资本 73.81 亿元,同比增长 86.58%和 43.39%。全年新增个体经营户 5349 户,申报注册资金 2.73 亿元,同比增长 54.46%和 27.49%。

2018 年 3 月,区市场监管局审批人员指导服务京津冀天雄(天津)实验仪器设备有限公司成功落户红桥(区市场监管局提供)

(肖忠生)

【服务市场主体】　2018 年,区市场监管局积极开展"双万双服促发展"活动,建立"企业家微信群",办实事、解难题。先后到天津艺点意创科技有限公司、中铁北京工程局集团(天津)工程有限公司、天津市景清生物科技有限公司、陆家嘴置业有限公司、天津卓朗科技有限公司、宏仁堂药业有限公司等企业调研,向企业负责人解读注册登记相关法律法规和政策措施,将企业实际需求建立工作台账。开辟注册登记绿色通道,指定专人与企业进行工作对接,提高工作效率,确保企业尽快落地、健康发展。利用政企互通服务平台,实现全天候服务、全过程追溯。建立网上企业家联系群,动态推送政策及各类信息,及时向社会公布新出台的重大政策内容。积极落实京津冀协同发展战略,促进京津冀企业成功落户红桥区,设立京津冀企业登记咨询窗口,指定专人为企业提供政策讲解,着力为京津冀市场主体准入提供服务,帮助京津冀天雄(天津)实验仪器设备有限公司成功落户红桥。2018 年,区市场监管局完成招商 40 户,引进资金 1.98 亿余元,其中注册千万元及以上 4 户。区个体民营企业协会提升接待窗口文明服务效能,为会员提供相关政策咨询服务 52 人次,为会员办理贷款证明、子女升学、电表增容等事项。加大服务工作力度,创新超前发展意识,全力推进"五个平台"建设要求,为会员与银行之间牵线搭桥,积极促进银企之间融资服务发展,搭建融资平台。经过协会与银行协调,共促成协会会员单位与银行之间达成贷款协议 21 人次,贷款金额 1322 万元。4 月 12 日,区个体民营企业协会联合区政协提案委员会邀请上海交大特聘教授于长滨举办以《改变世界的一带一路战略》为题的讲座，从 8 个方面为会员理事们阐述“一带一路”战略的重大意义。为全区从事餐饮行业的个体会员办理健康证开具介绍信 2200 余张，为其提供身份证明，免费办理健康体检。

2018 年 2 月 26 日，区市场监管局到天津艺点意创科技有限公司开展“双万双服促发展”大走访活动（区市场监管局提供）

（肖忠生）

【药械监管】 2018 年，全区有医疗器械生产、经营、使用单位 346 家，其中医疗器械生产企业 10 家、经营企业 222 家、使用单位 114 家。认真做好“五个结合”（日常检查与专项检查相结合，执法检查与普法宣传相结合，监督检查与器械抽验相结合，日常检查与执法办案相结合，执法检查与企业自查相结合），提升红桥区医疗器械监管工作水平，着力把握监管关键点、质量管理薄弱点、问题易发风险点，狠抓重点产品及环节监管工作落实，进一步强化日常监管，深入开展专项行动，督促区内医疗器械生产、经营企业及使用单位，建立质量安全监管体系，强化企业主体责任意识。对《医疗器械监督管理条例》《医疗器械经营企业监督管理办法》等有关法律法规进行讲解，将事后监管处罚向事前防范转变，督促相关企业全面落实质量管理规范要求。对监督检查中发现的问题，责令相关单位限期整改，定期进行回查。组织开展医疗器械生产企业质量管理体系核查、医疗器械网络经营专项检查、无菌和植入性医疗器械及其他第三类医疗器械监督检查、违法违规经营使用医疗器械行为专项整治、生产企业量化分级管理 5 项专项检查工作。做到医疗器械抽验与日常监督检查相结合，对医疗器械生产、经营、使用的购进验收、储存养护、索证索票等方面进行重点检查。完成 2018 年国家医疗器械抽验任务 3 批次。加强高风险医疗器械不良事件监测力度，督促企业强化监测和报告职责，提高上报质量，与检验结果、监管数据相结合，发挥医疗器械不良事件早期预警作用。全年共上报各类医疗器械不良事件 140 例，医疗器械生产企业和医疗机构报告比例为 38%，全面达到可疑医疗器械不良事件报告数 100 份/百万人口、医疗器械生产和医疗机构报告比例不少于 30%的要求。协助天津市不良反应中心在天津市人民医院完成“十三五”期间重点监测品种“丙烯酸树脂骨水泥”监控工作。坚持依法行政，严格行政审批，受理药品、医疗器械行政许可 108 项（其中药品 55 项：开办 11 项、换证 6 项、变更 23 项、注销 5 项、GSP10 项；医疗器械 78 项：开办 17 项、备案 29 项、延续 6 项、变更 20 项、注销 6 项），均及时办结。全年实施各类日常及专项监督检查 375 家次（生产 10 家次、经营 236 家次、使用 129 家次），下达责令改正通知书 2 家次，批评教育告知 58 家次；开展培训 3 次，立案 5 起，结案 3 起，罚没款 25 万元。

（肖忠生）

【消保维权】 2018 年，区市场监管局坚持协同一体化监管，开展红盾维权行动，督导企业落实消费维权主体责任，指导红星美凯龙申请成为全国“ODR”企业。“3·15”“诚信兴商宣传月”活动期间，举办主题宣传和消费体验。2018 年，办理投诉举报 3978 件，同比增加 72.95%，办结率 97.8%。落实《天津市市场和质量监管投诉举报程序规定》，畅通消费者诉求渠道，推行线上线下一体化维权。对维权工作特点进行融合梳理，每季度进行投诉举报分析，投诉、举报内容集中在餐饮、食品行业，投诉、举报地域集中在综合商圈与大型超市。严格投诉举报工作处理时限和处置程序,实现对消费纠纷网上接收,网上跟踪督办,健全诉求回馈考核,提升投诉举报平台运行效率。开展"诚信服务·放心消费"创建活动,引导服务行业组织及经营者制定服务标准,提升服务质量,完善消费纠纷处理机制。妥善处理怡乡春竹、卡其乐、苹果装饰预付卡问题。积极开展宣传工作,联合街道办事处开展消费者权益保护、抵制非法收售药品等宣传活动,以医疗器械相关法律法规为重点,向现场群众讲解安全用械、假劣医疗器械辨别技巧、网络购械等消费者关心问题。

(肖忠生)

【食品安全监管】 2018年,区市场监管局制定出台《天津市红桥区2018年食品安全监管计划》,组织召开红桥区食品安全委员会全体会议,部署2018年食品安全监管工作;区食安办制订《红桥区提升餐饮业质量安全水平工作方案》《红桥区校园及周边食品安全综合治理百日行动方案》《红桥区食品安全风险大排查大整治"百日行动"方案》《红桥区2018年食品安全宣传周活动方案》等10余个指导性文件,明确各项食品安全工作目标、任务和措施,进行全面部署。全面落实食品安全责任制,与各相关单位、街道办事处签订目标责任书,明确工作职责,层层分解责任。严控食品安全监管风险,加强对生产企业现场检查和证后核查,督促企业落实主体责任。完成食品生产企业追溯体系建设,以津酒集团作为典型,现场召开酒类生产企业追溯体系建设现场观摩及经验交流会。开展食品安全大排查大整治百日行动、校园及其周边专项整治、非洲猪瘟排查等10余项专项行动,累计查处违法违规行为176件,是上一年度的5.02倍;累计罚没款79.51万元,是上一年度的19.39倍。其中移送案件5件,公安机关取保候审2件、刑事拘留1件。坚持监督抽检快检与日常监管相结合、与监管重点相结合、与重点时段相结合的原则,制订《2018年红桥区食品(保健食品)安全抽检快检计划》,突出时间节点和各环节监督抽检重点品种、重点项目。新办许可证和备案证经营单位2326户,其中新增食品销售917户、餐饮服务单位260户、早餐车备案283辆、小餐饮单位866户,小餐饮单位备案数量较2017年增长322%,全区410辆早餐车全部备案完毕。食品经营单位"三防"设施基本到位,安装防鼠板3000块,防蝇帘配备率99%,先后对二号路、五爱道、洪湖南路、红桥客运站、青年路乐安里等地区进行综合治理。着眼于重点品种和重点区域经营单位,不断突出抽样检测在日常监管中的指导作用,完成食用农产品抽检364批次,监督抽检46批次,合格率98%。其中对1批次猪肉、1批次姜糖片、4批次白酒检验不合格的情况,分别予以立案;对1批次鸡蛋、1批次羊肉检验不合格的情况,移送公安机关。完成食品销售领域快速检测363批次,涵盖食用农产品、保健食品等多品类,对吊白块、盐酸克伦特罗、农药残留、西布曲明类等指标进行快速检测,结果均合格。餐饮服务环节开展火锅底料、麻辣烫老汤罂粟碱抽检27批次,未发现存在非法添加问题;完成快检807批次,涵盖餐具洁净度、瘦肉精、蔬菜农残、紫外线灯照度、食用油油质等多项指标,对快检发现的不合格问题,当场责令限期改正,并加强复检力度,坚决监督整改到位。深入推进"明厨亮灶"工程,在进一步巩固水游城餐饮单位示范街管理水平的基础上,确定红桥区陆家嘴商业广场为2018年餐饮安全示范街,指导商圈内各餐饮服务单位建立高水平食品安全基础设施,突出示范单位引领作用。加强"明厨亮灶"工作宣传,逐户讲解工作要求和意义,提高餐饮单位认知度和配合度,统一在各餐饮单位入口处安装设施设备,使商业中心内40余户餐饮单位明厨亮灶工作落到实处。落实"放心肉菜超市"创建工作,确定物美超市丁字沽店为红桥区"放心肉菜超市"培育对象,在物美超市总部组织召开"放心肉菜超市"宣传动员部署会,多次开展面对面指导,向经营单位着重解析"放心肉菜示范超市"建设实施办法和考核评价标准,指导梳理完善管理文件、优质精品肉菜认证证书以及相关证明性材料、供应商资质档案及审核记录等全部信息，形成整套资料体系。2家食用农产品交易市场快检室被授予示范快检室称号。把握节假日、大型赛事等关键节点，对供餐食品进行干预，对专供原料逐批快检，对运动员用餐逐餐快检，落实48小时留样制度。高考期间对考点周边餐饮经营单位进行全面、重点检查，对44户学校食堂进行全覆盖快检。将超范围经营凉菜作为夏季餐饮食品安全整治重点，对128家经营烧烤的餐饮单位进行集体约谈。全年未出现一起食品安全事故。

2018年2月元宵节期间，区市场监管局利用食品检测车辆及快速检测设备对元宵、汤圆食品进行快速检测（区市场监管局提供）

（肖忠生）

【药品化妆品监管】 2018年，区市场监管局联合公安红桥分局、区综合执法局等部门对前园

2018年3月30日，市市场监管委主任林立军（前排左）到红桥区、南开区交界的西关大街自发市场，就非法售卖过期药品问题进行突击检查（区市场监管局提供）

道、西关大街等重点区域开展非法收售药品打击行动。全年出动执法人员巡查10054人次，检查药品经营、使用单位239家次，巡查市场、楼群2291处次，取缔摊点、窝点49处，没收药品1774盒，货值金额23000余元。立案处理非法渠道购进药品案件、非法收购药品案件4起，货值金额34000余元，罚没款12.2万余元。完成药品抽检206批次，完成率100%。化妆品抽验59批次，国家和市医疗器械抽验6批次。

（肖忠生）

【特种设备安全监管】 2018年，区市场监管局开展新一轮安全生产大检查和特种设备安全隐患大排查、大清理、大整治专项行动。检查特种设备生产使用单位125家、设备362台（套），对2062台（套）设备进行检验预警提示。组织41家涉及民生、人员密集场所的特种设备使用单位开展自查自改，并对以上重点使用单位全部进行现场检查。进一步加强特种设备安全隐患排查治理工作，对辖区内190家特种设备使用单位下发通知及自查表，进行自查自改。加大对住宅电梯调处力度，全年处理群众投诉举报55件。

2018年12月22日，区市场监管局组织召开安全生产工作会议（区市场监管局提供）

（肖忠生）

【质量监管】 2018年，区市场监管局牢固树立“质量第一”意识，深入落实“质量提升行动”指导意见，推动红桥区成立质量工作领导机构，以政府质量考核为抓手，全面推进产品、服务、工程

三大质量提升。指导天津宏仁堂药业有限公司参加全市2018年质量攻关项目申报。持续推进企业诚信体系建设,都行商城和红星美凯龙红桥店第5次获得区级诚信市场称号,推荐为市级诚信市场候选单位。集中开展一次流通领域的电线电缆产品执法检查,检查商户10余家,不存在冒证或无证出厂、销售,超期超范围使用认证证书和标志的违法行为。做好流通领域消防产品强制性产品认证监督检查,对流通和生产领域消防产品生产销售情况开展2次摸底,检查销售消防产品商户11家次,涉及产品5种。

(肖忠生)

【市场经营主体监管】 2018年,区市场监管局组织学习《天津市人民政府办公厅关于进一步加强我市无证无照经营综合治理工作的通知》,持续加强日常监管和集中监管,按程序办理无证无照经营案件,按期报送无证无照经营月报表,全年累计引导办照637户,停止经营288户,出动执法人员1730人次,出动执法车辆180余车次,确保全年不出现因无证无照经营引发的重大群体事件。完成专项治理及长期未经营企业清理工作,及时认领红桥区监管平台待认领企业及个体工商户。提前完成169户天津港口岸降费提效治乱出清优化环境专项行动。按时间节点完成299户校外培训机构专项治理等各类专项治理工作32项,累计检查1700余户,出动执法人员2700余人次。以涉嫌长期停业未开展经营市场主体名单为依据,对涉嫌长期停业未开展经营活动的25户企业进行专项检查,对其中8户连续两年未年报、无纳税记录、通过登记的住所无法联系的市场主体,予以立案吊销营业执照处罚。深入推进"信息公示、风险分类、随机联查、结果告知、联合惩戒"五环相扣链条式监管体系,保证监管公平透明。2018年完成2次抽查工作,上半年抽查名单为总局抽取并下达的19户企业,下半年定向抽查企业546户,不定向抽查个体工商户546户;完成辖区内58户企业的跨部门联合抽查检查工作。传递协同监管和联合惩戒信息6936条。1734户企业被列入经营异常名录,7159户个体被标记为经营异常状态,依申请将102户企业移出企业经营异常名录、78户个体工商户恢复正常记载状态。全力根治西于庄棚户区无证无照经营,全面摸底排查重点整治区域和点位,集中发放"综合整治通告",逐户走访约谈,反复开展思想动员和说服转化,对拒不停业的商户采取行政强制措施,配合相关部门拆除违章建筑,为棚户区改造扫清障碍。妥善处置长庚老年公寓地下室经营安全隐患,局主要领导9次研究部署,执法人员11次到消防、房管部门调查取证,证实被许可人以欺骗等不正当手段取得行政许可的违法行为,依法撤销浴池、网吧营业执照,从源头彻底消除地下经营安全隐患。

(肖忠生)

【商标监管】 2018年,红桥区工商企业有注册商标4120件,其中驰名商标4件、现存天津市著名商标9件。全年接到涉及商标类投诉举报44件,较上年22件增长100%。持续开展"打击侵犯知识产权和制售假冒伪劣商品"工作,以保护经营者注册商标专用权和消费者合法权益为目标,以保护驰名商标、地理标志商标、涉外商标专用权和老字号商标为工作重点,持续加强对重点区域和重点商品监管力度,以提高经营主体自律性、严查假冒商标标识印制、严查商标违法代理行为、加大侵犯注册商标专用权案件查办力度为工作措施,坚持"标本兼治、着力治标、探索治本、打防结合"工作原则,加大商标监管执法力度。2018年,立案侵犯注册商标案件30件,结案24件,罚没款14.37万元,全部录入行政执法与刑事司法衔接信息共享平台。开展打击商标侵权"溯源"专项行动,强化对商标侵权商品源头的追溯力度,防范和遏制商标侵权地域性、行业性集中爆发风险,避免造成重大恶性后果的商标案件发生。开展打击使用违反《中华人民共和国商标法》禁用条款行为"净化"专项行动,开展2018年知识产权宣传周活动,宣传《中华人民共和国商标法》《商标法实施条例》《中华人民共和国反不正当竞争法》等有关法律法规并开展咨询活动,召开商标保护和企业广告宣传问题座谈会,坚持把政策宣讲到位,为企业服务到位。指导企业依法使用商标,提升商标价值,做大做强主导产业和特色产品,认真听取企业在广告宣传和商标运用保护过程中遇到的问题,对企业提出的问题,逐一进行解答。宣传周期间,发放各类宣传材料 177 份。

(肖忠生)

【广告监管】 2018 年,区市场监管局开展互联网广告、互联网金融广告专项整治工作,制定相关专项整治工作方案和工作安排,加强重点领域广告监管,将 5 类违法互联网广告作为整治重点,依托全国互联网广告监管平台开展互联网广告监测,监督指导广告活动主体履行广告发布审查法定职责和义务。开展金融广告监管工作,以整治宣传高收益、高回报,明示或暗示保本、无风险、保收益,对金融产品或服务未合理提示或警示,金融机构对产品或服务进行虚假或夸大表述,违法发布吸收存款、信用贷款广告为重点整治内容。对辖区银行金融网点、239 户重点企业进行排查,对相关新闻媒体和 3 家杂志社进行行政指导提示。推进食品、保健食品欺诈和虚假宣传广告整治工作,制定食品、保健食品欺诈和虚假宣传(广告)整治方案,进一步强化广告经营主体在代理、制作、发布食品、保健食品广告的主体责任、法律责任和审查义务,确保整治工作落在实处。加强房地产市场广告监管工作,对惠灵顿、亿城堂庭等 3 处在售楼盘和 1 处预售楼盘的房地产开发建设销售企业开展检查,宣讲专项政策法规,重点宣讲《中华人民共和国广告法》《房地产广告发布规定》,要求各房地产广告活动主体要遵循真实、合法原则,规范广告行为。对 1 家发布含有"国家级、最高级、最佳"等用语广告的房地产开发企业实施行政处罚,罚款 30 万元。处置"蟹兴阁"涉嫌违法户外广告,组织各监管所对辖区"蟹兴阁"户外广告进行紧急排查和跟踪处置,对铃铛阁所辖区先春园泉春里四块"蟹兴阁"道闸广告进行拆除更换。组织开展"大棚房"广告专项整治,对"大棚房"互联网广告进行筛查,协调委处室和相关部门规制"大棚房"销售违法广告。2018 年,接到涉及广告类投诉举报 341 件,较上年 130 件增长 262%,类型涉及绝对化用语、虚假广告等。广告案件立案 28 件,结案 11 件,累计罚没款 61.59 万元。

(肖忠生)

【创文创卫】 2018 年,区市场监管局机关、各监管所、稽查大队与街道社区结成帮扶对子,局领导带领科室人员,协助基层所开展督导巡查,补齐创建工作短板,基本实现包含"三小"在内的全部食品经营单位达标。对检查发现个别新建市场存在的消防安全隐患,及时向区商务委反馈。10 月,红桥区在市内六区率先通过病媒生物防制标准考核,圆满完成"双创"阶段性任务。

2018 年 8 月 31 日,区市场监管局对重点点位创卫工作进行督导检查(区市场监管局提供)

(肖忠生)

【计量管理】 2018 年,区市场监管局以能源计量为切入点,到津酒集团、丁字沽供热站开展为企业服务活动,完善企业计量检测体系,提高企业计量管理水平,促进企业节能降耗。开展能效标识专项执法检查,出动执法人员 20 人次,检查销售企业 10 家,涉及冰箱、空调、洗衣机、电风扇、电热水器等 8 类 12 个品牌及型号。组织开展眼镜店计量检定工作和集贸市场计量推动工作,出动执法人员 134 人次,检查单位 67 家,检查计量器具1204台。抽查定量包装商品及预包装食品27批次,合格25批次,合格率92.59%,立案1起、结案1起、责令改正1起,罚款270元。对辖区内封闭菜市场、餐饮店、超市在用强检计量器具进行集中检查,出动执法人员56人次,检查单位28家,检查计量器具367台。其中检查集贸市场9家次、计量器具233台;检查餐饮店10家次、计量器具18台;检查超市9家次、计量器具116台。强化对加油站和加油机的计量监管,检查加油站17家次、加油机78台,为车用乙醇汽油推广使用提供计量保障。开展健康计量进医院活动,走进医院15家次,检查计量器具681台件,未发现使用不合格计量器具及超周期使用强检计量器具的违法行为。开展安全计量检查,对中海油天津化工研究设计院、中研院附属医院、天津西站、红星美凯龙家具广场、中嘉花园供热站5家企业进行检查,共检查安全防护类计量器具压力表629块,均有出厂产品合格证。加强制造、修理计量器具许可取消后的监督管理工作,主要检查制造企业的生产检验条件、出厂检验记录以及销售企业销售的计量器具是否存在违规操作等行为,检查制造计量器具单位7家、销售计量器具单位4家、计量器具120台。开展计量关爱老年人健康活动,5月20日,组织红桥区计量检定所技术人员到天津市第六老年公寓,进行计量宣传和计量检测等相关服务,为其免费检定血压计3台、心电图机2台,对群众关心的计量问题进行解答。开展计量进校园服务活动,到天津市第一轻工业学校,进行计量宣传和计量检测等相关服务,为天津市第一轻工业学校保健站使用的血压计、人体秤进行免费检定。开展计量进社区服务活动,到湘潭道社区居委会,进行计量宣传和计量检测等相关服务,现场接待和咨询30余人次,发放各种宣传材料30余份,免费为群众计量血压计20余台,免费为群众计量人体秤5台,解答群众有关计量问题。5月18日,在麦德龙超市开展2018年“5·20”世界计量日宣传活动,现场接待和咨询30余人次,发放各种宣传材料30余份,免费为群众计量血压计12台,免费为群众计量人体秤2台。

(肖忠生)

【质量认证】　2018年,区市场监管局开展百城千业万企对标达标提升行动,对区内企业执行标准情况进行摸排调研,通过业态筛选,选定区内天津华云自控股份有限公司和天津科翼鑫益达科技发展有限公司2家特色产业、新兴业态企业,参加专项行动。与企业主动对接、上门走访,向企业宣传对标达标行动重要意义,帮助企业填报对标达标系统,助推产业发展质量稳步提高,促进辖区质量水平整体跃升。加强流通领域认证产品监督管理,开展商品条码、强制性认证产品、有机食品专项检查8次,全年出动执法人员200余人次,检查强制性认证产品涉及企业百余家。检查产品涉及生产厂家200余个、产品型号500余种;检查有机产品14种,检查条码13个单位。在春节、“六一”国际儿童节对大型超市、商场家用电器、儿童玩具等热点产品进行检查,共检查大型商场、超市5家,各类商户23家,涉及生产厂家200余个、产品型号480余种,无伪造、冒用、超期、超范围使用认证证书、认证标志的违法行为。开展有机产品专项检查,春节期间检查有机奶、有机杂粮等有机产品6种。6月,对2家超市开展有机产品专项检查,主要检查有机杂粮、有机海带、有机紫菜等8种产品,涉及厂家17个,经核查证件齐全。开展商品条码专项检查,对麦德龙、华润万家2家超市内的杂粮、奶、食用油等6种产品13个厂家使用商品条码情况进行专项检查。

(肖忠生)

【标准化管理】　2018年,区市场监管局深入推动企业标准化工作,定期对平台的企业和标准信息录入情况进行监管。信息平台录入企业44家、上报标准199个、涵盖242种产品,较上年增加企业5家、标准44个、产品种类48种。“世界认可日”和“世界标准日”期间,在红桥政务网宣传绿色产品标准、认证和标准化相关政策。到强制性认证获证企业和区内重点企业、商场、超市发放宣传海报。到商场和社区发放儿童玩具强制性认证宣传材料百余份，对强制性认证相关知识进行讲解和宣传。

（肖忠生）

【执法办案】 2018年，区市场监管局提升现代化执法装备，引进4G执法记录仪及指挥平台，实现执法监管视频数据即时回传，强化重大执法案件现场指挥能力。从机制上进一步整合组建稽查大队，将参公人员整编充实到位，增强执法力量，加大执法人员培养力度，以干代陪、以案代训。累计结案257件，罚没款278.86万元。6人被稽查总队评为办案能手。成立法治建设领导小组，建立公职律师队伍，制发一系列长效机制文件，积极推动行政决策合法化、行政执法规范化。结合“行政案件大起底、线索大排查”专项整治工作，全面梳理办案环节中存在的问题，建立问题案件台账，实行销号管理，强化办案全过程监督，严肃责任追究。

（肖忠生）

安全生产监督管理

【概况】 2018年，红桥区安全生产监督管理局（以下简称区安全监管局）牢固树立安全发展理念，弘扬“生命至上、安全第一”思想，强化安全红线意识，完善安全生产责任体系，深化隐患排查治理，组织安全生产宣传，推进安全监管信息化建设，严格监管执法和处罚，做好安全生产事故查处，抓好危险化学品企业安全整治，深入开展职业健康监督检查，加强基础建设和干部队伍建设，推动工作创新取得成效，提高全社会安全生产保障水平，为“打造绿色城区，建设美丽红桥”提供安全稳定的社会环境。

（李亚彬）

【安全生产责任体系建设】 2018年，区安全监管局召开全区安全生产工作会议11次，印发红桥区安全生产委员会（以下简称区安委会）文件39份，及时传达国家及市安全生产工作精神，积极推动区委、区政府安全生产工作部署要求。严格贯彻落实“党政同责、一岗双责”制度，年初组织区安委会成员单位与区政府签订安全生产责任书，强化属地和部门监管责任落实。认真组织学习《地方党政领导干部安全生产责任制规定》，区委常委会和区政府常务会上进行专题传达学习，区安委会组织召开全体成员单位主要领导、分管领导进行集体学习。全区各单位层层进行学习贯彻，进一步明确工作目标和职责分工，细化落实措施。

（李亚彬）

【安全生产改革发展】 2018年，区安全监管局经过多轮次征求意见，正式出台《中共红桥区委、红桥区人民政府关于推进安全生产领域改革发展的实施意见》，并印发到全区各单位，进一步加强对安全生产工作的领导，明确重点任务、措施、完成时限和责任人，确保各项改革举措和工作要求落实到位。

（李亚彬）

【安全生产巡查整改】 2018年6月1日至6月14日，市安全生产巡查组到区进行为期半个月的安全生产巡查，巡查组主要采取召开座谈会、列席会议、个别谈话、查阅资料、受理举报和抽查暗访等方式开展巡查工作。全区各街道、各部门全力支持配合市安委会巡查工作，主动接受巡查。针对市安全生产巡查组反馈红桥区的126项隐患问题，区安全监管局先后组织4次会议，分别对区安委会各成员单位进行动员、传达反馈、协调落实整改，按照一项问题一份处理报告的要求,确保各项整改工作落实到位。

2018年6月7日,区安全监管局组织召开安全生产工作巡查会(区安全监管局提供)

(李亚彬)

【安全生产隐患排查】 2018年,区安全监管局以持续开展安全生产隐患大排查大整治工作为主线,组织开展危险化学品安全综合治理、夏季安全生产隐患专项排查、电动自行车综合治理、建筑施工领域等专项治理。制定《红桥区进一步加强隐患排查治理和重点行业领域专项整治工作方案》,成立重点行业领域专项整治工作领导小组,全面开展安全专项整治。全区出动检查人员28146人次,检查企业28272家次,查出安全生产隐患8432项,整改8044项,动态整改率95.4%。

2018年12月11日,区安全监管局领导带队到水游城进行安全检查(区安全监管局提供)

(李亚彬)

【重点地区安全监管】 2018年,区安全监管局对天津西站、大胡同商贸区等重点地区和人员密集场所实行动态安全隐患排查,发现问题第一时间限期整改。2018年,结合棚户区改造、环保综合治理等工作,先后出动200人以上的联合执法队伍,对存在长期安全隐患的大新街、城防里大街、增产大街、津门美食广场、西关大街等进行彻底清整并打通消防通道,消除安全隐患。

(李亚彬)

【安全隐患大清查】 2018年,区安全监管局深刻汲取北京大兴“11·18”和天津河西“12·1”重大火灾事故教训,迅速在全区范围内开展新一轮安全事故隐患突击排查整治。全体区级领导分片包干,从区内抽调110名机关干部,从社会招募110名志愿者,区消防救援支队指派11名消防专业人员,充实到全区11个街道。全区共清查企业、商户和居民楼16.76万余处,共排查出隐患2.13万余项,及时化解重大隐患。检查人员在清查工作过程中广泛宣传安全知识,以发放公开信和张贴宣传海报的形式,不断加大对安全的宣传力度,增强居民和商户的安全意识,提高应急处置能力,切实维护辖区安全稳定。

(李亚彬)

【安全生产宣传教育】 2018年,区安全监管局开展安全生产宣传“七进”“安全生产月”活动,坚持正面宣传、反面曝光、事故警示相结合,开展安全生产宣传教育活动。组织全区22个重点行业主管部门集中进行“6·16”现场宣传咨询,向全区普及安全生产知识。组织“守护生命”网络安全知识竞赛和“安全在我心中”演讲比赛,通过开展多种形式宣传教育活动,广泛宣传安全常识,营造安全第一、生命至上、安全发展的良好氛围。加大安全生产培训,提升安全意识和技能,将宣传培训直接落实在基层企业员工和社区居民,督促企业加强职工安全生产教育培训工作。6月份,组织安委会成员单位和驻区重点企业安全负责人集中开展安全生产法制培训。区安委会在全区范围内开展学习宣传习近平总书记重要训词精神的活动，要求区安委会各成员单位高度重视并认真组织好学习，务必将训词精神传达到位、落实到位。

2018年6月15日上午，区安全监管局在西沽广场举办2018年“安全生产月”集中宣传咨询日活动，图为市民在展台咨询安全生产知识并领取安全生产知识宣传品（区安全监管局提供）

（李亚彬）

【安全生产应急管理】　2018年，区安全监管局以创新工作机制为抓手，积极探索建立安全生产应急联动机制，稳步推进应急联动协调机制建设，加强应急能力和事故应急处置工作。指导推动企业应急预案编制评估、备案工作，建立健全应急培训、应急演练机制，扎实开展应急演练，提升应急救援能力，全年组织相关单位开展大型应急演练活动5次，参与演练693人。加强“12350”安全生产举报电话的及时受理和规范处置工作。

（李亚彬）

【安全风险防控体系建设】　2018年，区安全监管局积极推进安全生产隐患排查治理体系信息化建设，全区在信息系统上注册企事业单位316家，上线运行316家，日平均开展隐患排查工作的企事业单位297家，排查运行率94.29%，系统内隐患上报总数2204项，隐患整改率97.64%。推进全区安全风险评估和分级管控工作，加强对各类风险的管控措施，做到底数清楚、措施到位。通过危险化学品在线监控平台对区内加油站等危化企业进行24小时监控，实现“全域覆盖、全网共享、全时可用、全程可控”。

（李亚彬）

【安全生产执法检查】　2018年，区安全监管局科学制定实施年度执法计划，履行安全生产监督管理责任，规范监管检查方式方法，不断提升安全生产行政执法能力和水平。对重点领域、重点单位加大监管监察执法频次，坚持零容忍、严执法，对违法经营、违规作业的，一律按上限处罚，坚决消除各类安全隐患，推动企业严格履行安全生产主体责任。全区进一步加大执法检查力度，共执法检查生产经营单位6718家次，立案处罚73件，直接处罚金额94.33万元。

2018年12月24日，区安全监管局到国美电器西沽店开展安全生产执法检查（区安全监管局提供）

（李亚彬）

【生产安全事故查处】　2018年，区安全监管局扎实稳妥开展生产安全责任事故查处工作，切实做到举一反三，督促事故责任单位深刻汲取事故教训，严肃处理相关责任人，切实落实防范和整改措施，按照“四不放过”原则，严肃查处事故和责任追究。2018年，调查处理事故3起，其中涉及上报天津市事故1起，追究责任单位1家，追究责任人1人，依据相关法律法规对相关责任单位和责任人进行行政处罚，确保责任追究落实到位。

（李亚彬）

【危化品专项整治】 2018 年,区安全监管局对区内危险化学品企业进行安全检查,对发现的违法违规问题一盯到底,做到闭环处理。重点对危险化学品企业安全台账、管理制度等进行检查,到企业生产场所查看安全设施设备、警告警示标志等,依法严惩违法违规行为,治理各类安全隐患,严肃问责问题不落实、措施不力的单位和责任人。全年检查企业 24 家次,出动人员 77 人次,立案处罚 6 家,针对发现的隐患责令企业落实整改。

(李亚彬)

【职业健康监督检查】 2018 年,区安全监管局加强职业安全健康监督管理,采取有效措施,加大监管执法力度,指导和督促企业加强职业健康安全工作。重点加大对职业危害突出的重点行业、重点企业和重点人群监督检查,开展职业卫生宣传月活动,提高市民的职业病防治意识,保障劳动者健康权益。认真落实国家卫生城市创建中重点场所职业卫生方面工作要求,推进长效管理措施,做好各项迎查工作,确保全区创卫工作顺利开展。

2018 年 12 月 21 日,区安全监管局陪同市安全监管局检查组到中船重工七〇七所进行职业卫生检查(区安全监管局提供)

(李亚彬)

【重大安全隐患治理】 2018 年,区安全监管局针对全区重点督办项目长庚老年公寓,在水、电、暖、消防、电梯等方面存在重大安全隐患,对居民生活影响较大,造成极其恶劣的社会影响等问题,主动汇总近年来长庚老年公寓各类材料,向市政府申请安全生产专项治理资金。经审批,共申请安全生产专项资金 1300 余万元,用于长庚老年公寓重大隐患治理。

(李亚彬)

【用电安全隐患排查】 2018 年,区安全监管局与市安全生产协会协调,组织专家为区内所有行政机关、事业单位及企业用电安全进行排查,摸清各单位用电安全管理现状和主要问题,消除各类用电安全隐患。结合全区“双创”工作和各单位工作实际,建立健全安全生产各项工作制度,形成安全生产长效机制,杜绝用电等各类安全事故发生。

(李亚彬)

【安全生产指导手册编制】 2018 年,区安委办将近年来习近平总书记关于安全生产的重要讲话和重要指示进行收集整理,选取党中央、国务院和市委、市政府以及红桥区印发的一些重要文件,编制《红桥区安全生产工作指导手册》,向全区各机关、企事业单位和社区发放。提高全区各级党政领导干部、广大干部职工和社区工作者对于抓好安全生产工作重要性的认识,为做好安全生产工作提供依据和方法。

(李亚彬)

财政　税务

财 政

【概况】 2018年,红桥区财政局(以下简称区财政局)积极发挥财政职能作用,深入挖掘增收潜力,调整优化支出结构,有效推进棚改融资,全力保障稳增长、促改革、调结构、惠民生、防风险各项工作,促进经济社会持续健康发展,实现全区财政平稳有序运行。

2018年区级公共财政预算收入完成18.20亿元,完成年初区人大批准预算的100%,比上年实际完成增长5.3%。区级公共财政预算支出完成35.31亿元,完成区人大常委会批准调整预算的100%。区级一般公共预算收入加上市财政转移支付补助、上年结余、预算稳定调节基金,区级累计一般公共预算财力为35.31亿元。调整后区级一般公共预算支出为35.31亿元,保证当年一般公共预算财政收支平衡。新增地方政府专项债务收入54.00亿元,按照财政部要求,相应增加政府性基金预算支出54.00亿元,此外安排专项债务利息7700万元,安排债券发行费704万元,政府性基金预算支出完成54.84亿元。新增地方政府专项债务收入加上上年结余、调入资金,区级累计政府性基金预算财力达到54.85亿元,调整后区级政府性基金预算支出为54.84亿元,保证当年收支平衡略有结余。区级国有资本经营预算收入完成200万元,区级国有资本经营预算支出完成200万元。无区级社会保险基金收支预算,按照财政体制市财政统筹安排编制社会保险基金预算。新增政府债券额度54.00亿元,全部为专项债券,用于西于庄、丁字沽及西沽南棚户区改造项目。市对区一般转移支付和专项转移支付公共财政预算资金完成82964万元。市对区一般转移支付和专项转移支付政府性基金预算资金完成2398万元。

(宋学宇 柴围围)

【企业服务】 2018年,区财政局以落实"津八条"和"红十条"为契机,以"双万双服促发展"活动为抓手,积极落实财政金融相关政策,支持区内企业发展、转型升级。2018年,拨付专项资金7019万元用于扶持科技、金融企业,支持楼宇经济、商业设施改造等工作。专项设立1000万元基金助推"双万双服促发展"活动。完成1家企业股改,兑付企业股改上市奖励资金500万元,促成区政府与华夏银行股份有限公司天津分行建立全面战略合作关系。

(宋学宇 柴围围)

【公共服务】 2018年,市、区两级财政安排民生专项资金86.32亿元,占财政预算总支出的87.49%。保障财政对民生支出资金的投入,促进全区公共事业健康发展。其中:安排专项资金19277万元,用于三条石小学建设启动、五十一中学新校区加固整修、师范附小南校区改造、进城务工人员随迁子女接受义务教育等;安排专项资金1825万元,支持文体惠民工程,提升基层公共文化服务、"三馆一站"(图书馆、少儿图书馆、文化馆、街道文化活动站)免费开放、运河桃花商

2018年1月5日,区财政局和区房管局联合组织召开2018年棚户区改造项目融资会 (区财政局提供)

贸旅游节活动;安排专项资金57625万元,用于就业补助、完善社会救助体系,落实最低生活保障和残疾人“两补”补贴制度等;安排专项资金24030万元,用于社区清整、占路市场拆除、提升菜市场等双创经费、旧楼区综合提升改造等;组织发行全国首支棚改专项债。

(宋学宇 柴国国)

【改革保障】 2018年,区财政局深化预算管理制度改革,加强财政预算管理精细化,推进预算信息公开工作,配合审计部门做好预算执行和其他财政财务收支审计、重点专项资金审计工作,完善相关预算管理制度和办法。深化税费制度改革,规范财政专户管理,完成准备期内158户养老保险和职业年金申报工作,加快推进非税收入收缴电子化管理工作。深化税收征管改革,强化收入目标责任制,对红桥区200户重点企业税收收入情况进行统计、服务与监控,努力扩大税源基础。深化财政投入方式改革,加快政府购买棚改服务推广应用,完成采购金额443.06亿元,节约资金22.80亿元,资金节约率4.89%。深化财政国库管理制度改革,完善本级国库集中支付电子对账体系建设,实现全区全部一、二级预算单位集中支付全部上线,动态监控所有实行集中支付预算单位,推进公务卡结算业务改革。

2018年8月29日,区财政局组织召开全区机关事业单位准备期养老保险和职业年金清算工作会议(区财政局提供)

(宋学宇 柴国国)

【财政管理】 2018年,区财政局加强内控建设和资产管理,采取强化培训、重点督导、现场帮扶等方式推进全区行政事业单位内部控制建设和实施,协助区政府办、教育系统、西于庄街建立完善内部控制体系。组织开展全区行政事业单位资产清查核实和出租出借专项清查工作,为执行政府新会计准则制度、做好新旧制度衔接、编制行政事业单位国有资产报告奠定基础。对区环保局2017年环保专项资金、西沽公园健身中心资金使用开展检查调研,对发现的财务管理不规范及部门决算公开存在的问题等及时向单位相关人员进行反馈、提出合理化建议,切实强化财政监督。严格“三公”经费预算管控,“三公”经费支出221万元,同比下降36.67%。加强政府债务管理,严格政府举债程序和债务预算管理,优化存量债务结构,防范财政金融风险。

2018年10月17日,区财政局组织召开全区贯彻实施政府会计准则制度动员部署会及新旧会计制度衔接、内控建设、资产管理培训会(区财政局提供)

(宋学宇 柴国国)

【党建工作】 2018年,区财政局加强全体党员干部思想政治教育,编发政治理论学习材料,组织开展中心组和党员干部集体学习,邀请区委党校老师讲授党课3次,参观警示教育主题展2次,收看警示教育专题片2次,召开全局警示教育大会和向先进模范学习交流研讨会。认真组织开展“三会一课”、组织生活会、主题党日等党内组织生活。领导干部到企业走访调研,积极解决企业难题。与绮水苑社区结对包保,组织干部到社区参加环境清整 10 余次,发动党员干部募捐,设立服务困难群众基金,建立帮扶长效机制。落实述责述廉、谈话函询和领导干部报告个人事项等党内监督制度,适时运用监督执纪"第一种形态",及时发现提醒和纠正干部存在的苗头性和倾向性问题。修订完善"三重一大"、党组议事规则等制度 8 项。

2018 年 11 月 15 日,区财政局召开全局警示教育大会(区财政局提供)

(宋学宇　柴围围)

国有资产监督管理

【概况】 2018 年,天津市红桥区国有资产监督管理委员会(以下简称区国资委)以加强国有资产监督管理,确保国有资产保值增值为核心任务,脚踏实地、真抓实干,严防国有资产流失,促进国有资产保值增值。区人大常委会会议听取《区人民政府关于区属国有企业资产管理情况的报告》。协调解决区红桥建筑工程有限公司等企业"退市"中出现的历史遗留问题,积极筹措资金,努力解决困难职工生活保障问题。

(孙　莹)

【国企改革】 2018 年,区国资委拟写《红桥区关于进一步深化国有企业改革实施方案(征求意见稿)》,向区委、区政府、区人大、区政协相关领导及相关部门征求意见后,进行修改完善。经区委常委会和政府常务会议审议通过,由区委、区政府联合正式印发《中共天津市红桥区委天津市红桥区人民政府印发〈红桥区关于进一步深化国有企业改革的实施方案〉的通知》,全面推动红桥区深化国有企业改革工作,方案确定进一步深化国有企业改革的主要目标。成立红桥区深化国有企业改革领导小组,区委副书记、区长袁家健担任组长,领导小组成员包括区委组织部、区国资委等部门负责人,办公室设在区国资委,副区长徐卫京担任办公室主任。领导小组负责研究制定红桥区国有企业改革实施方案、落实举措,协调解决重大问题和难点问题,统一指挥和监督考核改革落实进展。区政府办牵头,区国资委配合,组织召开红桥区深化国有企业改革工作会议,对红桥区深化国有企业改革重点工作进行部署。区国资委拟定《红桥区 2018-2020 年国有企业改革重点任务台账》,征求区委、区政府领导及相关部门意见后,进行修改完善,经 57 次区长办公会议审议通过,推动改革方案落实到位。

(孙　莹)

【房产调查】 2018 年,区国资委做好全面开展全区机关事业单位、区属国有企业房产清查、登记工作。通过 2 轮全区行政事业单位国有企业房产调查工作,摸清底数,形成报告,汇总国有企业 23 户、行政事业单位 144 户调查表,其中行政机关及附属事业单位 48 户、街道 11 户、教育系统 53 户、卫生系统 16 户、市容系统 6 户、文化系统 7 户、民政系统 3 户。按照在用办公用房、出租房产、闲置房产、借出房产进行针对性调查和登记。进一步加强全区国有资产统一监督管理,为全区招商引资、房屋征收、菜市场建设等重点工作提供房源服务。

（孙　莹）

【生产服务管理处改革】　2018年，区国资委创新管理体制，优化资源配置，完成生产服务管理处改革，对区内各街道生产服务管理处及实业公司和劳服公司资产情况进行摸底调查，将其资产纳入红桥区国有资产统一管理，保证国有资产安全完整。制定印发《红桥区街道生产服务管理处改革实施方案》，组织对行政机关原办三产、街道生产服务管理处及下属实业公司人员、资产情况进行2次摸底调查，走访区人社局、区财政局、区编办进行工作研讨，探讨改革路径。完成街道管理处及下属企业情况调研和房产分类，制定街道生产服务管理处不良资产处置办法，协调职能部门妥善安置人员。

（孙　莹）

【棚改工作投融资平台搭建】　2018年，区国资委做好搭建棚改工作投融资平台工作，整合区政府资源，拓宽棚户区改造和保障住房建设投融资渠道，深化棚户区改造安置住房制度改革，破解棚户区改造和保障住房建设资金难题。红保公司是经区国资委批准，由区国投公司投资设立的全资子公司，负责为区内棚户区改造建设贷款融资。2018年，红保公司完成同义庄项目、群众影院项目拆迁安置款发放工作。为保证西沽南、郭家菜园、西菜园棚户区改造顺利进行，区国投公司对红保公司增加注册资本金，为全区棚改工作加快推进、为拆迁工作安全稳定提供保证。

（孙　莹）

【区属国企负责人薪酬改革】　2018年，区国资委以天津市红桥区国有资产投资有限公司（以下简称区国投公司）为试点搭建国有企业领导班子，做好区属国企负责人薪酬改革工作。制定区国投公司改革工作方案，以区国投公司为试点，通过社会化方式，为区国投公司公开选聘职业经理人3名，搭建区国投公司领导班子，组建国投公司党支部，发挥党组织政治核心作用，促进区国投公司各项工作顺利开展。多次走访市人社局、区人社局进行沟通协商，拟定《天津市红桥区国有资产投资有限公司负责人经营业绩考核意见》《天津市红桥区国有资产投资有限公司负责人薪酬管理意见》。多次到区国投公司就区国投公司及下属单位考核指标和目标确认书中各项经济指标进行研究探讨，双方对考核目标值达成一致意见后完成考核责任书签订，编制2018年度《红桥区国有负责人薪酬及福利待遇管理手册》印发给企业，保证区国投公司在薪酬改革试点工作中实现公开透明。

（孙　莹）

【企业出清】　2018年，区国资委积极推动区教育局所属企业出清工作，多次组织区教育局、红教修建公司等3家单位、企业、中介机构进行研讨，区教育局对红教修建公司在职及退休人员进行妥善安置。按工商注销规定，红教修建公司退出，需先注销其出资成立的3户子企业才能完成退出。3户子企业出清工作完成，红教修建公司退出工作正在稳步开展。

（孙　莹）

【国资监管】　2018年，区国资委对区属国有企业经营性国有资产涉及重大产（股）权变动、重大资产处置、资产评估、重大投融资、担保及资产重组等行为，严格按照制度规定履行审核备案程序，落实重大事项报告等制度。完成2017年度区属国有企业财务决算工作。强化日常财务监管，做好区属国企国有资产产权登记等重大事项的核准备案工作。

（孙　莹）

【“双万双服”】 2018 年,区国资委以“双万双服促发展”为主题,以落实“天津八条”和“红桥十条”为主线,坚持项目化、工程化、具体化服务,支持实体经济发展,推动重点项目建设,促进全区经济持续健康发展,制定实施《红桥区国资委 2018 年“双万双服促发展”活动工作方案》,成立区国资委“双万双服促发展”活动领导小组,组织区国资委干部到企业、项目一线,委领导联系走访区国投公司、中嘉花园供热站、天津市新华书店红桥区店,为企业解答薪酬制度改革问题、股权转让后的法律问题、职工队伍稳定问题以及帮助企业协调解决经营问题。

(孙　莹)

【“三供一业”】 2018 年,区国资委积极推进接收中央驻津企业“三供一业”(企业的供水、供电、供热和物业管理)物业管理职能移交和市政移交工作。成立红桥区中央和市管驻区国企职工家属区“三供一业”、市政社区移交工作领导小组。帮助中海油天津化工研究院协调区市政局落实中海油集团下辖桓仁楼小区内道路及排水设施移交工作,区市政局对桓仁楼小区内道路现状及排水设施病害问题进行调查和制定维修改造方案。双方多次研究,中海油集团负责草拟正式移交协议,根据移交协议内容条款再次进行对接,促进推动移交工作。区国资委牵头对坐落在红桥区的央企七〇七所、中海油天津化工研究院、中铁六局、中国铁路设计集团、中国能源集团天津电建公司涉及的“三供一业”、市政社区管理、物业管理职能移交问题,协调走访区房管局、物业办帮助企业解决移交问题,督促相关街道办事处,做好企业与接收单位移交工作。涉及红桥区“三供一业”物业管理分离移交工作的央企和市管企业有 13 家(其中央企 7 家、市管企业 6 家),共 3955 户,建筑面积 17.02 万平方米,双方签订物业移交协议,截至 2018 年 9 月 25 日,全部完成分离移交。

(孙　莹)

【安全生产】 2018 年,区国资委认真完成各项安全生产相关工作,建立区国资委安全生产检查记录台账、安全生产培训台账、安全生产工作制度等,印发《红桥区国资委党政领导干部安全生产“党政同责、一岗双责”暂行规定》。向区属国企传达、转发各项安全生产相关制度文件,建立安全工作专题会议记录,安全检查记录,定期到区国投公司对其落实安全生产责任制及安华物业对国投大厦的安全管理制度、安全管理消防系统的实施进行全面检查,将安全生产工作做到实处。

(孙　莹)

【招商引资】 2018 年,区国资委招商注册企业 5 户。其中,注册资金 500 万元的 1 户,为天津防盾科技有限公司;100 万元的 2 户,分别是天津惟展空间建筑装饰工程有限公司和卓联(天津)网络科技有限公司;50 万元的 1 户,为天津市鸿程广告有限公司;30 万元的 1 户,为辰虞个人形象设计(天津)有限公司。

(孙　莹)

【国企党建】 2018 年,区国资委加强和完善党对国有企业领导、加强和改进国有企业党的建设。在国资两委掀起学习中共十九大、十九届二中、三中全会精神,学习习近平新时代中国特色社会主义思想热潮,组织召开班子会、全体会集中学习研讨,制定学习方案,通过理论宣讲、专题研讨、下发文件等形式,迅速将中央和市、区委有关会议精神和工作要求传达到下属国有企业、机关党支部,制订《红桥区关于加强红桥区国有企业党建工作重点任务分工方案》,将党建工作任务细化,明确工作重点,积极筹备 2018 年度红桥区国有企业党组织书记培训班。在区国投公司成立党支部,健全党组织建设,夯实党建工作基础,以党建工作促进国有企业各项工作顺利开展。做好国有企业党建工作摸底调查,对国企党建工作实行动态管理,建立档案。定期到下属国有企业进行落实全面从严治党主体责任和党建重点任务工作督查,印发整改通知,督促企业整改落实,形成专题工作报告。

(孙　莹)

【队伍建设】 2018 年,区国资委制订学习教育实施方案和中心组学习安排,组织国资委机关干部和下属国有企业进行专题学习研讨,领导班子带头开展理论学习 18 次、专题研讨 6 次,机关支部和区国投公司党支部共组织党员开展集中学习 26 次,党委书记、班子成员为党员干部讲授党课 4 次,领导干部到基层征求意见 18 条,所有意见全部完成整改。区国资委将 2018 年确定为"制度落实深化年",进一步健全基本制度,明确权责清单,完善决策、执行、监督 3 个环节。进一步完善《国资委议事规则》《国资委"三重一大"制度》《国资委强化担当作为行为规范》等工作制度,监督下属国有企业制定完善《红桥区国投公司管理制度》,制订《干部分析研判制度》和干部培养考核机制,严格进行选人用人工作专项自查,积极探索企业干部选任方式,以区国投公司为试点搭建企业领导班子,严格监督下属企业干部选拔任用工作,确保企业员工招录及选人用人严格遵守干部管理条例和相关法律法规规定进行。组织委领导班子、科室负责人和下属国有企业党政负责人层层签订全面从严治党和廉政目标责任书、承诺书。加大廉政警示教育力度,做好重要节点和国资监管关键环节监督。

(孙　莹)

税　务

【概况】 2018 年,国家税务总局天津市红桥区税务局(以下简称区税务局)以组织收入为中心,以夯实税基为重点,以从严治党为基石,以人才强税为保障,深入贯彻落实国税地税征管体制改革各项工作要求,顺利实现国地税合并。2018 年,组织全口径税收收入 23.8 亿元,区级收入 8.44 亿元。

(李　蕊)

【机构改革】 2018 年 7 月 5 日,国家税务总局天津市红桥区税务局正式对外挂牌,标志着原天津市红桥区国家税务局、天津市红桥区地方税务局正式合并。区委副书记、区长袁家健和市税务局副局长董继业共同为新机构揭牌。区税务局成立机构改革工作小组,形成以改革工作小组为统领,13 个专项组、1 个监督检查组和 1 个指导协调组为组织架构的推进机制,制定区局改革方案,编制改革任务书、时间表、路线图,经督导组及市局审核批准,实行挂图作战、对表推进,按要求按步骤按节点落实各项改革任务,研究落实

2018 年 7 月 5 日,国家税务总局天津市红桥区税务局正式对外挂牌(区税务局提供)

“三定”工作思路,制定区局落实方案。整合办公用房,调整办公网络,完成部门负责人对接,做好工作、资产、档案等接收工作以及各部门行政印章和派出机构正式牌子制作工作,科室职责顺利划转。2018年9月27日,区税务局完成内设机构、派出机构、事业单位迁址,实现同一科室同址办公,完成科室职责划转、工作交接、人员到岗、公文系统人员信息配置等工作。

(李　蕊)

【征收管理】　2018年,区税务局把握重点税源、重点行业,筛选确定159户重点税源企业,密切跟踪收入进度,实施全面动态监管。加强房地产等重点行业管理,了解企业项目销售情况,确保征足管细。加大土地增值税清算力度,对各项目实施专人管理,做到应征尽征。完成2017年度企业所得税汇缴工作,汇缴面100%。承接市税务局快反任务和自行发起快反任务共5批次,涉及14户纳税人。

(李　蕊)

【个人所得税改革】　2018年,区税务局开展新个人所得税政策宣传,通过电话辅导、召开培训会、社区宣传、发放宣传材料等形式进行宣讲,帮助纳税人尽快适应政策变化,享受减税红利。多次开展系统内部人员培训,帮助全局干部全面深入掌握政策。落实集中办公制度,派专人解答并记录纳税人问题。开展自然人身份信息核验与修正,做好数据清理工作。

(李　蕊)

【社会保险费及非税收入职责划转】　2018年,区税务局组建职能科室,制订工作方案,明确任务、责任部门和完成时间节点。安排多名干部派驻社会保险中心实地学习,定期组织征管业务培训,定制政策汇编和问题库资料。走访区财政局、区社会保险中心等部门,摸清过渡期间征缴工作现状,掌握一手资料。

(李　蕊)

【纳税服务】　2018年,区税务局开展“便民办税春风行动”,紧密结合“放管服”改革、“双万双服促发展”“大调研大走访”等活动,助力企业更好发展。办税服务厅实现“一厅通办”,实行“一套资料办”“主税附加税一次办”“最多跑一次清单”“一网通办”等系列便民举措,5大类160个办税事项实现“最多跑一次”,94个办税事项可在网上完成,9大类138项涉税业务可“同城通办”,进一步降低纳税人办税成本。推行网上办税,规范减少进户执法,严格落实办税服务厅服务制度和领导值班制度,制定应急处置预案,提升纳税人满意度。

(李　蕊)

城市建设与管理

城市建设管理

【概况】 2018年,红桥区建设管理委员会(以下简称区建委)坚持以服务促项目,以创新解难题,以管理保安全,抓好项目建设、招商引资、房屋征收、建筑市场管理和民计民生等工作,为红桥区经济社会发展提供保障。全力以赴推进4大类34项重点项目建设,全区累计在施工程面积270万平方米,其中36万平方米项目实现启动,70万平方米项目实现完工。

(高世娟)

【基础设施建设及投资】 2018年,区建委编制完成红桥区市政基础设施建设三年储备库,协调市、区有关部门,克服资金和程序审批难题,推进丁字沽零号路及勤俭支道界外工程、海源道、民畅道、团结路、保康东路、本溪路等项目建设。

(董向博)

【建筑业及建筑市场管理】 2018年,区建委牢固树立安全发展理念,强化"安全第一、预防为主、综合治理"管理模式,加强建筑市场管理,严格规范工程招投标程序,公开招标率、合同审查率均100%。受理解决农民工拖欠工资投诉5件,涉及金额435万元。

(葛如福)

【区级重点工程项目】 2018年,区建委为市民族文化宫、油脂储炼厂、三条石小学、光荣道科技园配套道路等重点项目和企业协调解决难题70余件,推动项目建设进度。孟春里、油脂储炼厂等7个项目顺利启动,大成广场、陆家嘴广场等8个项目实现完工。加快全区电网规划建设发展,制订《红桥区电网发展"1001工程"实施方案》,建立高层沟通协调联络机制,推动西站前广场变电站、本溪路变电站选址、规划调整工作。

2018年8月,陆家嘴广场项目完工(白秀涛 摄)

(白秀涛)

【城建科技与节能】 2018年,区建委建立健全建筑节能目标分解评价考核机制,推进建筑节能量化管理。对西站消防中队等13个项目提出装配式、绿色建筑相关建设要求,积极推动红桥区公共建筑节能改造工作。

(张洪波)

【海绵城市与地下管廊】 2018年,区建委将海绵城市建设和城市双修作为重要课题,启动试点片区和苑C地块海绵城市改造工作;推进6个小区旧楼改造中海绵元素融入工作。完成城市双修工作2平方公里实施片区的选定工作,制订实施方案。完成《红桥区燃气发展规划》编制,规范区内燃气实施。

(董向博)

【建设工程质量安全】 2018年,区建委强化责任主体的质量行为,加强安全管理,整顿规范监理市场秩序。全区管理在施工程23个,总建筑面积108万平方米。受监工程质量合格率100%,无重大安全事故发生。

2018年3月28日，市建委总队到海上花苑二期工地检查(刘金轶 摄)

(肖春生)

【建设领域行政审批和行政处罚】 2018年，区建委完成工程报建备案24项，项目总投资138亿元。完成施工招标31项(38标段)，中标总价30亿元；完成施工合同告知或备案38项；完成监理招标27项(29标段)；完成勘察招标10项；完成设计招标25项(26标段)。完成施工、监理、设计、勘察4大类93项103标段招标，涉及金额31亿元。开展建筑市场质量安全排查专项行动，行政处罚14起，处罚金额523.2万元。

(蔡宝强 刘金轶)

【民计民生】 2018年，区建委完成红桥区中医院临时周转代建项目，承接西沽社区卫生服务中心等9个区重点工程代建任务；全面启动三条石小学、西站消防中队、红桥交警支队项目安置周转建设工作；完成大同门菜市场、怡德路菜市场建设工作，推进佳园里供热站改造成菜市场建设工作；完成和苑营和园非经营性配套公建的交接工作；配合燃气集团完成2018年远年燃气改造施工工作。完成2017年远年二次供水改造项目14片，完成2018年远年二次供水项目16片；加快推进节水型单位、节水型居民小区创建工作。完成90个片区1.43万户"煤改电"工作；改造人民家园、南江里等供热管网8300米；实施同心楼等5个小区5600米的老旧管网改造工程；完成本溪路一次网改造工程，推动红咸里等6处换热站建设改造工作；完成3个供热站15台燃气锅炉的低氮改造工作。

(邢丽新 马祥龙)

规划管理

【概况】 2018年，天津市规划局红桥区规划分局(以下简称区规划分局)不断提升规划编制和规划管理能力水平，深化行政审批制度改革，落实"一制三化"，提升规划营商环境。重点推进棚户区改造和民计民生配套设施规划实施，做好西于庄地区城市设计、子牙河城市设计等规划管理工作，完成西站南广场地块、民畅园社区卫生服务站、团结村地块、培仁楼地块、红旗路与芥园道交口地块、杨庄子粮库地块等策划方案，主动推动三条石小学等区重点民计民生项目进度。完成红桥区菜市场规划研究成果。全年召开分局业务案件会审会46次。2018年主动公布基本信息、主要职责、内设机构、领导信息、部门动态、党员活动、政策法规、财政公开、专题专栏、在线办事、服务情况、公告公示等信息385件。其中，在红桥政务网公开政务信息100条；北方网公开政务信息100条；报送政务微博100条；回复政民零距离29件。全年接待群众来访103人次，接待率100%；接群众电话来访75次，答复率100%；信访系统转件8件，答复率100%。收到依申请信息公开220件，全部进行书面答复。配合区综合执法部门开展工作，办理来函929件。办理行政复议2件。

(谭 昕)

【城市设计】 2018年，区规划分局规划以西于庄新经济活力区为核心，协同西沽公园生态区与西站南广场商务区，形成一河两岸、三角互倚、主轴贯通、多点互动的规划结构。完善西站南广场、西沽南、同义庄等重点区域规划设计方案。在子牙河两岸红桥区段整体规划设计中,重点突出子牙河两岸地区发展定位、堤岸提升和近期可实施性。

(罗桂香)

【重点地块规划调整】 2018年,对于站前西地块、南广场景观广场、五十一中地块、单家面铺4个拟出让地块,区规划分局及时与区政府进行对接,明确思路要求。多次与市规划局对方案进行研究,严格履行规划调整及方案审查程序,力促区重点地块尽快开工建设。

(刘 颖)

【规划引领】 2018年,区规划分局多次与区建委、区房管局、区人防办等部门进行沟通,在核提规划条件前,对地块可行性方案探讨论证,积极采纳各部门意见及建议。完成西站南广场地块、民畅园社区卫生服务站、团结村地块、培仁楼地块、红旗路与芥园道交口地块、杨庄子粮库地块等策划方案。深入贯彻海绵城市建设管理要求,组织对建设项目规划审批管理中落实海绵城市情况进行自查自纠。关于海绵城市、绿色建筑和装配式建筑的建设要求书面函询区建设行政主管部门意见,明确规划要求。

(刘 颖)

【棚户区规划】 2018年,区规划分局对涉及红桥区棚改及平衡地块涉及控规修改的17项工作进行梳理,明确工作进度。积极与区相关部门研究对接和苑西区二期、报春里地块、和苑A地块等还迁房地块策划方案,梳理红桥区棚户区改造工作进度、还迁方式、还迁户型要求及户型比例,结合规划审批程序,拟定红桥区棚户区改造项目试点工作规划建议,推动红桥区棚户区改造工作。

(刘 颖)

【营商环境营造】 2018年,区规划分局主动帮助重点企业协调解决前期咨询和项目实施等方面规划难题。多次参加区有关部门组织召开的项目招商座谈会,对红桥区重点项目等规划情况,进行详细讲解,为推动红桥区重点地块尽快出让,营造良好营商环境。提前进行方案预审,提高项目实施效率。对三条石小学地块、和苑西区二期地块、区档案馆和消防站等项目,指导设计单位优化方案平面布局;对于涉及土地细分导则调整的地块,组织规划院开展论证研究,组织召开征求部门意见会及专家论证会,审定论证方案,加快核发用地管理规划手续。

(刘 颖)

【民计民生项目】 2018年,对于区重点民计民生项目三条石小学,规划分局在总平面布局确定后,为体现地方特色,对立面外檐提出完善方案,主动推动项目进度,严格按照规范设计,与区教育局等相关部门主动沟通协调,加快图纸审查。地铁6号线红桥辖区设有人民医院站、复兴路站、西站站、北竹林站4站,区规划分局多次主动服务地铁公司,对核发"建设工程规划许可证"中存在的问题进行摸底,帮助地铁公司协调相关部门,推动地铁项目进度。

(赵 娟)

【精品项目打造】 2018年,区规划分局对重点建设项目多次研究规划方案和建筑方案,反复协调有关部门。对泰融商业中心项目方案反复推敲,通过对运河保护和景观的关系、建筑形式的历史传承、停车与商业的关系,研究方案特色。主动征求文物部门意见,组织召开专家论证会,邀请知名专家从泰融商业中心的历史沿革、历史文化等角度深入论证,优化建筑方案。

(赵 娟)

【市政项目建设】 2018年,区规划分局对天鸿大厦供热工程、光荣道35千伏变电站扩建线路工程、天津市少年宫改建项目电力配套工程全部核发"建设工程规划许可证"。团结路、民畅道、丁字沽北大街、湘潭北路、西关北街等市政道路工程核发"建设用地规划许可证"。

（赵　娟）

【"一书两证"核发】 2018年，区规划分局共办理选址意见书8件、规划条件3件，审批规模63381.4平方米；建设用地规划许可证20件，审批规模88.11万平方米；修建性详细规划9件，审批规模62.78万平方米；规划总平面7件，审批规模45072.51平方米；建设工程规划许可证24件，审批规模81.20万平方米；建设工程规划验收10件，审批规模49.59万平方米。

（骆庆华）

【"一制三化"落实】 2018年，区规划分局优化审批流程，缩短审批时限，将原规划许可6个事项简化合并为4个事项，包括选址意见书（含规划条件）、建设用地规划许可证、建设工程规划许可证、建设工程规划验收合格证；总承诺办理时限由66个工作日压缩至20个工作日；对建筑类及线性市政类建设项目行政许可事项要件进行梳理简化，将80项要件减少到29项；简化规划许可环节，取消建筑类项目修建性详细规划审批程序；取消用地面积小于2万平方米地块总平面设计方案审批程序；将建筑类建设工程设计方案相关内容纳入建设工程规划许可证时审查，不再进行城乡规划报审的30个工作日公示程序；取消建设项目阶段交通影响评价审查；简化临时、零星建设规划手续。

（骆庆华）

【证后管理】 2018年，区规划分局为天津市人民法院审判综合楼、七〇七导航综合楼以及动力中心、河庭花苑（二期）、名景花园等10个建设项目核发"建设工程规划验收合格证"，发证面积49.5万平方米。对历史遗留未规划验收保障房项目，多次进行现场调研，分析项目在规划验收中存在的难点，研究法规政策，定期召开专题会，制定解决方案。

（张　菡）

【执法监察】 2018年，区规划分局根据区内建设项目情况制定巡查路线图，每月制定巡查计划表，节日前制定节日巡查表，坚持每月对辖区按路线巡查，对涉及分局的二级、三级巡查区域，每月巡查次数不少于规定。完善巡查台账登记制度，对巡查时间、路线等问题做好详细记录，巡查现场照片及时存档，确保不漏项、全覆盖。全年组织各类巡查111次，立案5起，结案5起。

（张　菡）

【安全大排查】 2018年，区规划分局制定房屋建筑安全大排查实施方案，对全区未申请规划验收项目进行检查。梳理整改过程中存在问题。通过多次约谈建设单位、发催办函等措施，督促建设单位尽快完善审批手续。

（张　菡）

市政工程管理

【概况】 2018年，红桥区市政工程管理局（以下简称区市政局）以养护管理为中心，以提升设施服务水平为目标，以服务创新为突破，坚持"确保路美水畅，奉献红桥发展"工作理念，全面调整完善区、街两级河长制组织体系，对区内"五河一湖两坑塘"符合标准的水面，实行"全面挂长"。与市交委争取道路大中修专项改造项目，市交委对纪念馆路、日月路等5条区管道路进行大中修改造。推进民畅道道路工程，用4个多月时间完成施工前期主要手续，截至年底，民畅道道路工程完成排水管道、人行道全部内容，完成车行道、交通工程、路灯工程大部分施工内容。

（刘雯霞）

【设施养护】　2018 年,区市政局维修区管道路 85 条,共 5.87 万平方米,其中车行道 2.23 万平方米、人行道 1.28 万平方米、里巷养护维修 2.36 万平方米。调整井子 212 座,调整树穴 174 个,更新侧、缘石 651 米,解决路面坑洞、人行道缺损等问题。全年掏挖检雨井 44.47 万余座,疏通管道 91.14 万米,维修检雨井 2656 座,补配井盖 611 个(套)。对天桂里、植物园东里、浩达公寓等 31 个社区的雨污水管道进行翻修重建,共 1024.6 米,新建各型井 73 座。

2018 年 3 月 23 日,区市政局进行市政设施养护(区市政局提供)

(李　宽　郑立尚)

【设施管理】　2018 年,区市政局加大巡视力度,对巡查发现和各渠道反映的市政设施问题,做好反馈、限时修复,监督跟进。做好占、掘路审批项目咨询受理工作,规范占、掘路网上申报程序,为申请单位做好因工掘路行政审批及执法服务,共办理因工掘路审批 30 件,审批面积 25100 平方米。联合红桥交警支队、区市容园林委、区综合执法局等单位,围绕整治货车非法超限超载,开展治超联合行动。结合创文创卫工作,做好丁字沽二号路、怡闲道、中嘉南道、纪念馆路、闸桥南路、习艺所南街等 30 余处商家自建水泥门坡清理工作,共清运渣土 20 余吨,与相关部门组织“禁止向雨水井乱泼乱倒”联合宣传活动。做好信访、热线、平台问题处理工作,全年受理解决各类平台信息和转办单 4193 件,其中政府“8890”热线及区市容园林委平台 2054 件、“12319”网格化及便民平台 1616 件、热线电话 259 件,案件办结率 100%。督办解决各类产权井盖丢失、井塌井损 530 个,污水外溢 1390 起,巡视反馈路面严重病害信息 2273 处,区市容园林委派件 133 件,处理各类违章行为 15 起。

2018 年 3 月 31 日,区市政监察管理所组织开展行政执法宣传(区市政局提供)

(李　明)

【防汛抢险】　2018 年,区市政局修订完善全区防汛应急预案,重新调整红桥区防汛抗旱指挥部成员,组织召开全区防汛大会,明确全区各成员单位分工,落实责任。组织区内排水、建设、拆迁等重点单位,提前摸排防汛隐患,完善防汛应急措施。加强防汛物资储备,检修调整防汛视频监控系统,升级改造区防汛指挥部大厅远程防汛视频监控,确保全区重点积水点位监控全覆盖。组建应急力量由区武装部组织并展开汛前演练,提升军地联合防汛应急能力。重点关注区域内拆迁片、老旧社区、低洼片区等易积水地区,建立三级预警机制,提升指挥调度和应急抢险能力,做到遇有汛情及时处理。2018 年汛期(自 6 月 1 日至 9 月 30 日),区内降雨 29 次,总降雨量 600.7 毫米,汛期较上年同期降雨量增加 180.6 毫米,较大降雨集中在 7 月 17 日(69.3 毫米)、7 月 24 日(194.7 毫米)、8 月 7 日(73.9 毫米)和 8 月 13 日(88.4 毫米)。特别是 7 月 24 日,受台风“安比”影响,区内出现大面积强降雨天气,区防汛指挥部提前做好准备,区主要领导亲临防汛指挥部全程指挥，强降雨期间，区领导到一线查看灾情，指导排水抢险工作，确保安全度汛。

（李　明）

【“河长制”工作】 2018年，区市政局全面调整完善区、街两级“河长制”组织体系，对区内“五河一湖两坑塘”符合标准的水面，实行“全面挂长”。落实天津市“持续开展河湖水环境大排查大治理大提升三大行动”“迎接国家黑臭水体专项检查整治行动”“清河行动”、水利部“河湖‘清四乱’专项整治行动”等专项河湖整治行动。全年排查河湖水环境问题141处，及时解决140处，历史遗留问题逐步协调解决。组织区级总河长、河长巡河工作制度落实，全年区级总河长、河长巡河80人次，街级河长巡河536人次。组织开展区河湖长制业务骨干培训5次，共80余人次参加。全年区河长办迎接市级“河长制”工作督导小组检查4次，市委巡视组及市环保督察各1次，在参加市“河长制”工作年度评估中成绩优异。

（肖　林）

【地道改造工程】 2018年，区市政局积极协调市建委、市水务局、市规划局、市国土局、北京铁路局等部门，落实团结路地道改造工程资金和方案，缩短审批时间，全力推进工程前期审批手续。12月初，施工一标段完成招标，施工单位进场清理作业区域并开始打桩施工。

（李　宽　郑立尚）

【社区道路整修和积水点改造工程】 2018年4月，区市政局积极推进社区道路整修和积水点改造工程项目建设，结合2018年老旧小区及远年住房改造工程，合理安排施工，2项工程全部完工，积水点（43片）改造工程新建排水干管6931米、支管2285米、检查井320座、收水井635座。社区道路（26片）整修工程完成整修车行道12.16万平方米、人行道25799平方米、缘石47437米。

2018年5月7日，区市政局对社区道路进行整修（区市政局提供）

（李　宽　郑立尚）

【撤市道路整修工程】 2018年6月，区委、区政府部署清撤区内10个占路市场专项行动，区市政局连夜对10个占路市场涉及的16条市政道路进行设施排查，现场制订道路、排水整修方案。7月初，与各街道、区市容园林委、区商务委等相关部门联合行动，全力推进占路市场清撤工作，在占路市场拆除后组织道路整修、排水管道疏通和更换工作。截至年底，16条道路整修工作全部完成，累计整修车行道38638平方米、人行道38226平方米，更换排水管道1958米，更换井盖76个，维修及新建检查井328座。

2018年7月30日，区市政局开展撤市道路整修工程（区市政局提供）

（李　宽　郑立尚）

房地产管理

【概况】 2018年,红桥区房地产管理局(以下简称区房管局)完成征迁24万平方米,截至年底,红桥区棚改征迁户数、面积和资金房源筹集连续两年位居全市首位。牵头历史遗留产权证办理协调工作,尊和园、尚和园、雅和园、金筑家园、名景家园、新凯东里、翠溪园、悦春里6个项目8个小区具备发证条件。深化政策普惠和便民服务,全年“六条保障线”受理5377户,发放各类住房保障资格证书5205户;提升窗口服务效能,改造窗口软硬件条件,建设“一窗式”受理模式。

(李金枝)

【棚户区改造】 2018年,区房管局完成征迁24万平方米,单家面铺、子牙河渔村、群众影院、西于庄、双环邨、丁字沽北大街、和苑西二期7个项目实现清片;推进西沽南、丁字沽平房、运输六场、航空机电4个新启动项目。多方筹措资金和房源,棚改专项证券筹集资金37亿元,加快和苑西区二期、和苑A地块、双环报春里等安置房项目前期工作推进。截至年底,区棚改征迁户数、面积和资金房源筹集连续两年位居全市首位,受到国务院督查表扬。

(李金枝)

【旧楼区提升改造】 2018年,区房管局创建项目组织代建制、标段划分战区制、三会联动协调制等工作机制,创造“改造+物业+互联网”模式,率先引入EPC总承包模式,实现设计、改造与后期管理无缝衔接,破解资金和后期养管难题。全面推进118个406.07万平方米改造任务,除个别示范小区外,年底前均实现竣工,工程进度和现场考核均位居全市首位。

(李金枝)

【历史遗留房地产项目产权证办理】 2018年,区房管局牵头历史遗留产权证办理协调工作组,建立集体会商和问题包保制,尊和园、尚和园、雅和园、金筑家园、名景家园、新凯东里、翠溪园、悦春里6个项目8个小区具备发证条件,全年受理办证4068件。

2018年5月25日,区人大常委会调研区历史遗留房地产项目产权证办理工作情况(区房管局提供)

(李金枝)

【住房保障】 2018年,红桥区住房保障深化政策普惠和便民服务,全年“六条保障线”受理5377户,发放各类住房保障资格证书5205户,

2018年5月,区房管局工作人员收到群众送来的锦旗(区房管局提供)

新增受益居民5785户，超额完成2018年民心工程任务目标。住房保障大厅提升服务功能，推行“一窗式”受理模式，加设叫号系统、政策宣传电子屏、等候座椅等设施设备；设立雷锋岗，增加急救包、雨伞、轮椅等便民物品；组织专业礼仪培训、推行文明用语和服务标准化，进一步提升窗口服务形象。连续5天24小时集中受理公租房申请，共受理居民申请948户，受理总量和居民好评率居全市前列。

（李金枝）

【土地整理】 2018年，区房管局完善“两库一网”，把握整理节奏，做到出让一批、整理一批、收购一批、储备一批，持续释放区域土地资源。西站前广场西、西站南广场景观广场地块加快土地整理进度，解决下放项目端阳里纳入土地整理成本、带现状35千伏变电站出让等问题，培仁楼地块首创租赁方式供地。科技园9号地、5-北-1地块和红咸里地块实现政府收益返还2.04亿元。

区房管局对土地整理地块做好苫盖（区房管局提供）

（李金枝）

【房地产市场管理】 2018年，区房管局构筑全覆盖无盲区监管体系，强化在售项目巡查，重拳打击房地产开发企业以及房地产经纪机构违规行为，维护房地产市场良性发展。全年新建商品房累计成交4221套，二手房成交4863套，实现房屋契税收入1.56亿元，土地契税1.06亿元，协调非税收入2.59亿元，全年为区财政收入贡献5.22亿元。培育房屋租赁市场，打击违法群租，引入、扶持正规租赁企业，有万科泊寓、我爱我家相寓、链家自如、美丽屋、青春界、蛋壳、零号公寓等租赁企业在区内开展住房租赁业务。

2018年5月9日，区房管局召开红桥区房地产市场管理工作调研会（区房管局提供）

（李金枝）

【物业管理】 2018年，区房管局实现物业企业信用等级评定和双四级考核常态化，指导物业管理项目完成评定，48个项目534.54万平方米纳入等级考评，其中优秀项目3个、良好项目5个，其他合格项目及不合格项目积极整改。宣传贯彻新的《物业管理条例》，理清职责边界，压实六方责任。全面接收维修资金管理，实现受理、踏勘、施工、结算四大环节制度化、程序化，全年受益群众1.2万户。“互联网+”智慧物业研究成果逐步转化为实用工具进行试点。

（李金枝）

【房屋管理】 2018年，区房管局加大日常巡查和应急排险力度，完善24小时应急保障机制，“两书一报告”落实到位，强化与辖区街道办事处、居委会多方联动。加大汛期值守和险情排查，出台《红桥区2018年汛期既有房屋查勘和解危修缮工作方案》，外檐脱落、灰片开裂等房屋安全问题做到及时发现、及时排险、全程跟踪。做好公用公房资产分类梳理和权属管理，强化房屋安全管控,规范公用公房修缮工作,继续推行修缮施工单位竞标入围制和末尾淘汰制,全年公用公房完成租金收缴388万元,累计完成大中修面积1.8万平方米,修缮费用245万元,碎修、抢修300余处,超额完成全年修缮任务。协调完成区属公建征收补偿费收缴共2.59亿元。

(李金枝)

【招商引资】 2018年,区房管局加大招商引资力度,完成招商引资企业49家,引进注册资金1000万元以上企业4家、注册资金5000万元以上企业1家,注册资金共1.4亿元。重点培育和发展住房租赁市场,先后引入万科泊寓、龙湖冠寓、美丽屋、青春界公寓等10余家品牌公寓公司在区内开展住房租赁业务,其中万科泊寓以康源公寓200余套房屋作为长租公寓经营。

(李金枝)

【群众服务】 2018年,区房管局提升窗口服务效能,改造窗口软硬件条件,建设"一窗式"受理,增设各类便民设施,严格服务标准,自觉接受群众监督;落实信访工作条例,主动化解职责范围内信访事项,全年受理群众来信290件、来访163件次234人次,接听热线、接待群众咨询1800余次。

(李金枝)

房产总公司

【概况】 2018年,天津市红桥区房产总公司(以下简称区房产总公司)全力以赴推进红桥区棚改"三年清零"行动,丁字沽北大街(京津公路南段)房屋拆迁项目实现报捷,拆除各类房屋2500余间35109平方米,1719户居民告别危漏平房、搬入新居。成立创文创卫工作领导小组,组建创文创卫办公室,完成红桥区创文创卫责任清单中屋面清理杂物项目。2018年,西于庄房管站和铃铛阁房管站被评为2018年度人民满意房管站。

(孔 雪)

【直管公产房屋经营修缮管理】 2018年,区房产总公司全年收缴直管公房租金2351万元,完成年计划105.5%。旧欠、未经营租金收缴112万元,完成年计划311.11%。全年出售公产房屋599户2.95万平方米。直管公房分、并、过户审核391户,非住宅公产房屋使用权转让11户,公房置换审核482套。完成10处6000余平方米未登记房屋补登工作。接管原由天津市宗教产房产公司负责管理的红桥区宗教产房屋76户,建筑面积3616.72平方米。直管公房修缮任务完成9.77万平方米,大中修工程质量优良率28%以上、屋面及其他工程合格率100%。房屋抢危止漏和汛期防汛抢险以及冬季烟道查勘、防寒防冻等季节性服务工作全面落实,全年未有塌房伤人及烟道熏人事故发生。汛期修复漏房858处,平房大修解危37处、施工面积890平方米,完成屋面工程6处2665平方米。

2018年5月13日,丁字沽房管站强化雨季房屋抢危补漏工作,在进入雨季之前对管片老旧公房房屋进行专项维修(杨树洵 摄)

(孔 雪)

【征收拆迁】 2018年,区房产总公司全力以赴推进红桥区棚改"三年清零"行动,丁字沽北大街(京津公路南段)房屋拆迁项目实现报捷,拆除各类房屋2500余间35109平方米,1719户居民告别危漏平房、搬入新居。丁字沽平房片区棚户区改造项目全面启动,涉及6600余户,自2018年12月1日开始,45天计时期完成全片75.3%拆迁任务。西于庄棚户区危陋平房改造项目自2017年10月1日指挥部机构调整及两个"百日会战"以来,走户数在全区13个分指挥部中一直高居榜首。同义庄项目于2018年6月进入征补期,总任务数2356户,截至2018年年底完成1909户。加大对各拆迁片服务力度,承揽全区房屋拆迁配套水电切改等相关工程,完成西于庄、西沽南、丁字沽、同义庄、运输六厂等拆迁片拆房11800间。完成红桥分局片、西青道下沉片、航空机电片移交工作。承担小伙巷、南头窑等10余片维稳和安全维护工作。

(孔　雪)

【市区重点工程】 2018年,区房产总公司完成红桥区直管公房非成套老旧住宅供电线路提升改造工程,2018年6月开工,9月25日竣工,涉及21幢楼房3.68万平方米,投入资金335.95万元,1214户居民受益。围绕直管公产房屋修缮职能,投入资金9.87万元,对100户困难住户进行房屋修缮帮扶,项目包括更换老化电线、维修门窗、维修屋面防水、更换室内顶棚、修补碱蚀墙面、更换下水管道、修补地面等。完成对2018年度老旧小区改造中严损房屋鉴定工作,进行安全隐患排除、施工质量管理,组织对总包单位及三个标段监理公司、代建公司进行综合修缮部分培训,完成27个小区验收工作。配合完成2017年度老旧小区改造21个小区综合修缮验收工作。

(孔　雪)

【创文创卫】 2018年,区房产总公司成立创文创卫工作领导小组,组建创文创卫办公室,健全机制,明确任务。完成红桥区创文创卫责任清单中屋面清理杂物项目,投入120余人对全区直管公产楼房屋面各类垃圾杂物及卫生死角进行清理,消除安全隐患,改善环境,共清理100个小区604幢楼房,清理屋面投影面积40.5万平方米,清理杂物31.5吨。投入300余万元,对所管6个物业项目开展环境大清扫大整治及提升改造工作,铺装面包砖2.8万平方米,粉刷79栋107个楼门,擦拭电梯152部,清运楼内堆物楼外垃圾300余车,清理僵尸车28辆,清理共享单车和废弃自行车500余辆,清除违搭违建6处,清理圈占12处,彻底清理卫生死角,改善基础设施。开展健康机关建设活动,做好病媒生物防制,完善各种档案卷宗。公司机关和各基层单位按照划分的包保社区,开展卫生大清整活动。

2018年9月1日,区房产总公司在碧春园社区开展环境大清扫大整治活动(王红娜　摄)

(孔　雪)

【窗口服务】 2018年,区房产总公司落实窗口标准化建设,提高服务水平和工作效率,重大节日开展多种形式便民活动。西于庄房管站和铃铛阁房管站被评为2018年度人民满意房管站。直管公产房屋碎修服务及时率98%以上,满意率95%以上。红桥区房屋维修中心全年吸污及疏通排污管道1768处,处理井塌及井盖丢失269处,添配井盖423套,维修化粪井26处。

(孔　雪)

【公租房管理】 2018年,区房产总公司推进公租房规范化、标准化建设，成立双青盛泰园公租房管理中心，完成项目验房、配租工作，为1403户办理入住手续，2018年6月1日起租；成立恒惠馨园公租房管理中心，完成项目选房、验房、配租工作，为1378户办理入住手续，2018年8月1日起租。完成福悦里项目659户验房、网上登记、摇号工作；完成双青盛福园项目网上登记、摇号工作；完成秋怡家园项目第三次续租工作。对双青盛康项目车辆出入口、道闸、地下车库和院内监控系统进行提升改造。截至年底，运营公租房项目4个，建筑面积44.04万平方米，配租8836户，配租率96%；累计收缴租金18068万元，租金收缴率98%。完成修缮任务单14235张，修缮率、完成率、及时率均100%。完成三批次零散房源登记、摇号、选房、配租等工作。

2018年7月9日，恒惠馨园公租房项目办理入住现场(赵妍　摄)

(孔　雪)

【物业管理】　2018年，区房产总公司着重做好高层还迁房小区节日服务和消防安全、防汛排险等工作，以高层项目的消防和电梯为重点排查隐患。开展消防通道清整活动，清出杂物百余吨。组织各项目对小区排水、避雷设施进行检查，完成清掏杂物、外檐排险和设备检修等工作。新接管双青盛泰园公租房和文瑞家园保障房2个住宅项目以及双环邨社区医院非住宅项目；成功取得双青盛福园公租房项目的物业管理权。住宅项目物业费平均收缴率89%，非住宅项目保持100%，通过天津市物业管理企业信用等级查验。

(孔　雪)

【改革转型】　2018年，区房产总公司进一步充实下属企业力量，将金潞公司(津房通公司)并入下属相关企业，工作交接、人员安置、清产核资等工作平稳完成。以邵公庄房管站为班底成立双青盛泰园公租房中心，以铃铛阁房管站为班底成立恒惠馨园公租房中心。

(孔　雪)

【信访维稳】　2018年，区房产总公司畅通信访渠道，完成信访网络系统升级更新及新老系统无缝衔接工作，提高信访工作效率和水平。落实“战区制、主官上”要求，开展信访积案化解攻坚工作，梳理不稳定因素，严密掌握稳控对象的动态，建立遗留问题、积案统计分类台账，及时跟踪问题发展态势。做好2000年协解人员维稳工作，推进历史遗留房地产项目产权证办理工作。

(孔　雪)

【安全生产】　2018年，区房产总公司未发生安全生产消防事故，严格落实安全生产责任，签订《安全生产责任状》，明确职责。持续深化隐患大排查大整治有效防范重特大生产安全事故工作，重点对管辖房屋安全，各单位生产用房、仓库、操作车间的安全，出租房屋安全，施工现场安全，消防安全，高层房屋安全，车辆安全7大领域进行整治。完成安全生产培训工作，制定安全生产应急预案，开展防汛抢险演练和消防安全应急演练；开展“安全生产月”和“安全生产专题行”活动。开展建筑施工安全专项治理行动，排查范围涵盖各房管站的日常碎修、中修、大修及专项维修改造等工程以及各直属公司、公租房项目等在施工程项目。

(孔　雪)

市容和园林管理

【概况】　2018年，红桥区市容和园林管理委员会（以下简称区市容园林委）以市容环境综合整治带动城市环境面貌整体改善，以深入推进网格化管理带动各项工作高效发展。实施园林绿化建设提升工程，实施地被栽植、线路管道铺设、设施维修翻新等项目的西沽公园提升改造工程；以三岔河口地区、子牙河沿线、光荣道科技产业园为重点实施夜景灯光建设提升工程；完成洪湖里、咸阳北、佳园里、龙悦路等10个占路市场清撤工作，对清撤后道路建筑立面和园林绿化进行提升改造。

（王　颖）

【园林绿化管理】　2018年，区市容园林委实施园林绿化建设提升工程，实施地被栽植、线路管道铺设、设施维修翻新等项目的西沽公园提升改造工程。完成大明道、北门外大街、河北大街、团结路、勤俭道（湘潭路至纪念馆路段）、新开大街、北马路等道路，明珠园、彰武楼、中嘉中心园绿化建设提升工程。全年新建绿化1.18万平方米，提升改造34.3万平方米，栽植乔木3080株、花灌木18269株、地被17.4万平方米、草皮4.5万平方米。开展全民义务植树活动，在西沽公园现场栽植桃树1000余株。

2018年，区市容园林委实施西沽公园提升改造工程（区市容园林委提供）

（王　颖）

【环境卫生管理】　2018年，区市容园林委完成实施环卫公厕建设提升工程，新建曾公祠（海河）和明珠公园（双环）一类等级公厕2座，提升改造公厕36座。通过政府采购移动公厕28座，取代待拆迁平房区旱厕，完成移动公厕设置6座。清理各类杂土杂物3.4万余吨，对84条440万平方米机扫水洗道路开展无盲区、无死角精细化作业。购置果皮箱213个、垃圾箱桶2680个、扫道小电动车3辆、四轮电动垃圾收集车30辆、360升垃圾袋10.18万个，落实生活垃圾袋装和清运车辆密闭要求。对区主干路沿街2000余家商户完成签订责任书、悬挂门前三包责任标牌工作，对主干路沿线商户门前三包落实情况进行日常巡查，发现问题及时下达到所属街道办事处进行整改。

2018年，区市容园林委对机扫水洗道路开展无盲区、无死角精细化作业，图为正在进行机扫水洗作业的车辆（区市容园林委提供）

（王　颖）

【市容秩序管理】　2018年，区市容园林委实施夜景灯光建设提升工程，以三岔河口地区、子牙河沿线、光荣道科技产业园为重点，推动周边竣工建筑落实“三同时”（同步规划、同步使用、同步施工）建设要求，提升改造子牙河桥、西站西大桥、西河桥3座桥梁夜景灯光，完成区委、区政府夜景灯光改造工程，对海河沿线周边夜景灯光设施进行维修维护,确保开启率和完好率。

(王　颖)

【考核和数字化管理】　2018 年,区市容园林委数字化管理平台共受理案件 14.68 万余件,由区级各单位处置 10.65 万件,办结 10.44 万余件,办结率 98.05%;按期办结 10.22 万余件,按期办结率 96.01%。全年数字化城市管理系统平台案件办理成绩均在市内六区排名第一。与公安部门协调,实现公安所属红桥区范围内 120 条道路上的 2356 个视频监控系统点位视频资源共享。设定专人利用视频监控设备,按照道路等级不同,对所有道路进行一或两周 1 次的全覆盖巡查,随时发现各类城市管理问题,向相关单位反馈。组织开展新一轮定位管理系统政采前期准备工作。完成指挥呼叫系统功能提升,为 99 台指挥呼叫系统终端设备安装钉钉办公系统软件,增加指挥应答、信息传输、公告发布、考勤打卡等功能,便于城市管理工作开展。

(王　颖)

【社会宣传教育】　2018 年,区市容园林委以文明督导队等社会宣传队伍为依托,围绕创文创卫工作,推动各街道组织开展“全民动员、全民参与、争创卫生城区”“创文创卫我参与、美好生活大家享”“创文创卫一起来,红桥因你而精彩”等主题宣传活动 10 余次,落实宣传工作量化考核。组织开展职能宣传和专题报道,挖掘工作亮点。重视民调工作,走访 56 个居委会,发放问卷 1120 份,征求城市管理工作意见和建议,并全部落实。

(王　颖)

【安全生产】　2018 年,区市容园林委完善落实安全生产责任制和各项管理制度,开展各类安全防范教育培训,推进安全生产长效机制建设,不断深化隐患排查治理和重点区域、重点领域专项治理,开展工程施工与日常作业领域,公共场所、人员密集场所,楼体立面装饰檐线、空调罩、户外广告牌匾、围挡广告、夜景灯光设施,特种设备设施,消防安全专项治理,及时消除安全隐患,确保安全生产工作无盲区、无死角。

(王　颖)

【社区综合整治】　2018 年,区市容园林委配合相关街道,完成洪湖里、咸阳北、佳园里、龙悦路等 10 个占路市场清撤工作,清拆市场棚亭 1614 间,清理摆台 1835 个,清拆占路市场总面积 42000 余平方米,清理市场周边违章搭建 683 处,总面积 7050 平方米,封堵市场周边门改窗 188 处,对清撤后道路建筑立面和园林绿化进行提升改造。组织对欢庆西胡同、无名路两侧 87 处 1300 平方米的违章占路棚亭进行拆除;对“鬼市”占路经营集中治理,拆除违章棚亭 216 处;拆除西关大街原旧物市场违章建筑 7 间 181 平方米,拆除空房占房 92 间 1630 平方米,封堵空房 18 间,清退强占空房经营非法商贩 58 户;对西关街进行首层门脸和牌匾规范,巩固集中治理成果。采购 60 个分类果皮箱用于天津西站人流量密集区域;对站区 3 座非标准公厕进行提升改造;修复南北广场石材 5500 平方米。提升西站站区整体绿化水平,加快建设提升子牙河、北运河、南运河沿线绿化景观,改善西沽公园水环境,做好园林绿化养护工作;推动作业单位、属地街道对“五河一湖”(海河、北运河、子牙河、南运河、津河、西沽公园湖)周边道路落实保洁工作责任制,及时处置河岸(湖岸)及周边道路留存的生活垃圾和建筑垃圾;加强河上桥梁及河岸周边夜景灯光设施巡查维护;推动治理占岸经营、违法搭建、露天烧烤、乱吊乱挂等问题;加强巡查考核,强化安全管理,督促问题整改。组织铁路沿线属地街道及铁路局环治办天津管理部、天津西站、北京高铁工务段等相关部门对铁路沿线两侧的道路及社区环境卫生、环卫设施设备、广告牌匾标识灯光、园林绿化等进行综合整治,清理各类杂土杂物 1700 余吨。

(王　颖)

环境保护

【概况】 2018年,红桥区环境保护局(以下简称区环保局)紧紧围绕"打造绿色城区、建设美丽红桥"发展主题,全力打好大气、水、土壤污染防治攻坚战,积极推进生态环境保护工作。2018年,区国控点勤俭道综合指数5.89,同比改善12.4%;$PM_{2.5}$平均浓度54微克/立方米,同比改善15.6%,达标天数196天。综合排名在全市16个区中列第5位。

(杨 涛 刘星华)

【大气污染防治】 2018年,区环保局全面落实"六个百分之百"扬尘管控措施,对区内裸地实施动态监管;组织各街对区463家餐饮油烟治理设施进行排查,建立餐饮企业动态名录库,持续推动餐饮油烟治理工作;全面推动散乱污企业整治,完成2017年上报的9家散乱污企业的关停取缔工作。完成3家汽修企业的喷漆车间挥发性有机物治理工程。强化巡查执法,紧盯空气质量监测数值,动态指挥基层抽查,组织重污染天气应对工作9次,确保重污染天气应急减排措施落实到位;抓好三级网格巡查,坚持每周召开专职网格员工作例会,分析空气质量状况和各街数据排名。对发现的问题及时联系责任单位下发督办单落实整改,全年共下发督办单47件,办结率100%。

2018年10月16日,市环保局到区调研环保工作(区环保局提供)

(刘星华)

【水污染防治】 2018年,区环保局建立清水河道指挥部与河长办双协调机制,推行清水河道指挥部与河长办对属地及部门双考核机制,启动黑臭水体排查与河道排查双排查机制,开展河道与湖泊、地上与地下二维治理模式,积极推动区水污染防治工作。完成11座加油站41个储油罐的地下储油罐内衬防渗漏改造工程。联合区卫计委推动9家医疗机构的废水处理设施提标改造工程。推动天津津酒集团实施污水处理设施及自动在线的提升改造工程。2018年,区地表水环境考核断面综合排名全市第十,全境7条断面累计达标,水质优良(达到或好于Ⅲ类)比例为100%。

2018年3月13日,区环保局召开清水河道全年考核部署会(区环保局提供)

(刘星华)

【土壤污染防治和生态保护】 2018年,区环保局制订《红桥区打好净土保卫战三年作战计划(2018—2020年)》。完成土壤环境信息化管理平台建设共享工作,借助互联网技术,实现数据共享与动态更新,发挥土壤环境大数据在污染防治、城市规划、土地利用中的作用。会同国土部门督促土地使用权人开展土壤环境状况调查评估,环境调查与风险评估结果作为用地申报前置要件。加强建设项目布局论证,严格执行企业布局选址要求,严格控制工业用地和物流仓储用地准入。创建区第22个天津市安静居住小区国和园,对9个安静小区进行复测。严格危险废物和医疗废物监管,为20余家危险废物产生单位、30余家医疗废物产生单位分别在线上和线下开展转移联单审批。

(刘星华)

【总量减排及排污许可证排查】　2018年,区环保局编制《红桥区2018年减排计划》,全年安排水污染物减排项目1个,削减化学需氧量55.60千克、氨氮2.20千克、总氮3.20千克、总磷0.70千克;安排大气污染物减排项目4个,削减二氧化硫1.04吨,氮氧化物71.00吨,在增减平衡的基础上超额完成减排任务。全年为5个新建项目总量增减进行审核,实现排放总量倍量发放。对照排污许可证名录开展排查,确定截至2020年的发放单位。完成16家重点企业的环境统计数据网上直报。

2018年10月26日,区环保局工作人员在和苑三维针织厂核查排污许可证(区环保局提供)

(刘星华)

【第二次全国污染源普查】　2018年,区环保局推进污染源普查工作,在第三方技术支持单位、指导员、普查员的配合下,通过无人机空中勘察与地面勘察相结合方式,完成全区小区划分、清查建库、入户调查、普查填报等年度普查工作任务,共普查工业源企业21家、移动源加油站9家、生活源锅炉21家、生活源社区117个。

2018年5月7日,区环保局工作人员在西于庄街组织第二次污染源入户调查(区环保局提供)

(刘星华)

【环境执法】　2018年,区环保局推进群众信访举报件高标准整改,对取得阶段成效转办件严格按照期限督导落实。全年办结群众环保信访件504件、强化督查件4件,办结率100%,信息公开率100%,办结"8890"热线、"12369"热线、微信、政民零距离等各类平台转办及群众"三来"(来电、来访、来信)反映问题共1711件,全部保质保量完成,办结率100%。针对扬尘、工业企业等强化监管,全年出动执法人员680余人次,检查扬尘、工业企业等污染源340余次。对区水源地周边的排污企业、违法建设项目等进行全面排查,全年进行执法检查19次,检查点位133个,出动执法人员266人次。

2018年10月,区环境行政执法支队执法人员检查油烟设备安装使用情况(区环保局提供)

(刘星华)

【环保法治宣传】 2018年，区环保局对各类环境违法案件下达行政处罚决定书35件，收缴罚款52.1万元。加强环保宣传教育，打造“童声嘹亮”环保纪念日主题活动，开展“文明过新年，禁燃烟花爆竹”“6·5世界环境日”“6·13世界低碳日”主题宣传活动，营造全民参与环境保护良好氛围。

2018年3月，区环保局参与红桥区“建功新时代 创建文明城 志愿我先行”主题宣传活动（区环保局提供）

（刘星华）

【机动车检控】 2018年，区环保局重点加强中重型柴油车监管，对24个用车大户建立“一户一档”，落实企业主体责任，强化大户制管控。高标准完成45辆中重型柴油车加装颗粒物捕集器（DPF）环保验收工作，严厉查处机动车超标排放行为，对中、重型柴油车超标现象形成高压态势和执法震慑。全年出动执法人员1904人次，检查点位634户次，检测车辆3870辆、非道路移动机械128台，处罚车辆361辆。

2018年7月，区环保局检控站执法检测人员联合交管部门在快速路北营门桥开展路检路查工作（区环保局提供）

（刘星华）

【环境监测】 2018年，区环保局完成地表水环境质量监测数据673个、重点排污单位监督性监测数据82个、环境空气质量监测数据220个、声环境质量监测数据198个。完成国家地表水水质自动监测系统海河流域大红桥断面、井冈山桥断面两座自动水站基础设施的新建工作，水质监测数据联网至生态环境部数据平台。

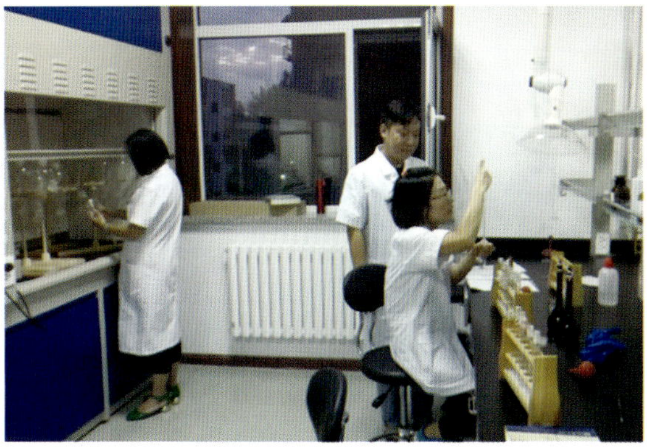

2018年8月，区环保局监测分析人员演练持证上岗考核项目（区环保局提供）

（刘星华）

城市管理综合执法

【概况】 2018年，天津市红桥区城市管理综合执法局（以下简称区综合执法局）以推动“双创”工作为落脚点，以深入贯彻落实“两个直奔”活动为契机，积极投身于红桥区市容环境综合整治、五年违法建设专项治理、棚户区改造、校园周边治理、占路市场清撤、共享单车治理等工作当中。指导、督促各街道开展道路环境专项治理行动，强化对辖区道路秩序问题整治力度，提升道路环境面貌。2018 年度,区综合执法局被市机关事务管理局评为天津市节约型公共机构示范单位;机关干部荣获红桥区“三八红旗手”1 人,红桥区团员标兵 1 人,红桥区“向上向善”好青年 1 人,在深入开展“维护核心、铸就忠诚、担当作为、抓实支部”主题教育实践活动中,被评为优秀党支部书记 1 人、优秀共产党员 1 人。

(徐增辉)

【服务重点工程】 2018 年,区综合执法局协助区拆迁指挥部开展棚户区“三年清零”行动,配合区公证处对搬迁现场进行全程跟踪录像,配合区指挥部完成西于庄、同义庄、铃铛阁等强制执行 90 余次;配合区市容清整组,到拆迁片区开展安全隐患清除、违法建设专项清拆行动,共拆除城房里大街、大新街、桥口街、屠宰场前街、增产大街、韦陀庙大街、永明寺大街、消防会同等拆迁片区各类违法建设、圈占、棚亭等 400 余处,面积 7700 余平方米。做好全区性重点治理活动的组织协调,配合属地街道完成辖区内 10 处占路市场清拆工作,对市场周边存在的违法建设进行拆除。

(徐增辉)

【露天烧烤治理】 2018 年,区综合执法局联合相关职能部门及各属地街道办事处组成百余人联合执法队伍,以辖区晚间露天烧烤、马路餐桌、占路经营为治理重点,在全区范围内开展晚间集中治理行动,行动中出动各类执法车辆、指挥车、工具车 20 余辆次,出动执法人员 200 余人次,现场暂扣各类炉具 4 套,清理乱堆乱放、乱摆乱卖、马路餐桌等物品 10 余车(箱货、卡车)。

(徐增辉)

【集中治理】 2018 年,区综合执法局积极协调全区相关部门,配合铃铛阁街道对西北角地区周边居民、商户自发占路经营、搭建违法建设、违章棚亭,阻碍出行、存在安全隐患等诸多历史问题,从前期建设疏导市场、中期周边治理以及后期集中清理、沿线整修等几个步骤开展相关工作,并强化与南开区的协同合作,集中合力对西北角地区开展综合治理工作。元旦后,先期对西关北里社区、铃铛阁社区、清真南大寺周边欢庆西胡同、西关北街等地区实施大规模集中整治行动,共拆除各类违章搭建 296 处 6000 平方米。针对西关大街“鬼市”占路经营问题,采取占领式管理,每天凌晨开始安排执法人员提早上岗,与属地街道共同进行巡查、管理。5 月,区领导带队对西关街及西马路沿线开展集中清拆行动,全天共拆除占路经营、违法搭建商户 303 户,扣押违章摆卖商贩 26 家,清除违章棚亭 20 个(450 平方米)、售货车 5 个、违法搭建遮雨棚 1 处、违章建筑 11 间(210 平方米)、违法搭建 86 处(1660 平方米),清理出西关大街、西马路路口 3100 余平方

2018 年 8 月,区综合执法局组织开展夜间露天烧烤、马路餐桌集中治理行动(区综合执法局提供)

2018 年 5 月,区综合执法局协助开展西关大街违法建设集中整治工作(区综合执法局提供)

米通道,清理安全隐患、打通消防通道。

(徐增辉)

【共享单车治理】 2018 年,区综合执法局多次与区市容园林委、红桥交警支队、区市政局等部门进行对接,形成部门协同治理、齐抓共管的模式,召开专题会议,对相关企业运维情况进行详细了解,提出日常管理要求,建立微信联系群,组织相关部门开展共享单车联合清理行动,组织单车企业现场清理乱堆乱放及占压盲道的共享单车 8 车次(1000 余辆),8 月起先后组织共享单车清理执法行动 9 次,累计出动暂扣车辆(箱货)140 余辆次,暂扣违法单车车辆 4000 余辆。统筹考虑市民群众出行需求、市容环境秩序需求、单车企业实际需求等方面,推进区内共享单车管理工作落实规范化、精细化、长效化进程,组织各相关单位及单车企业围绕区内公共交通站点、学校、医院等重点区域逐点位进行实地勘察和部门联审,完成 160 余处点位施划工作。

2018 年 3 月,区综合执法局开展共享单车治理工作(区综合执法局提供)

(徐增辉)

【违法建设治理】 2018 年,区综合执法局作为区指挥部办公室,制订工作计划方案,明确“遏制增量、消减存量”工作目标,落实住建部和市治安办“用 5 年左右时间,全面清查并处理建成区违法建设,坚决遏制新增违法建设”的具体要求,运用法律资源、优化执法程序、统筹协调联动、狠抓工作落实,全面清查并依法查处全区各类新建及遗留违法建设。累计销账违法建设 31113 间 40.62 万平方米,完成全区存量销账进度的 83.38%,超额完成全年工作任务,严格控制各类新建违法建设的增加,做到发现一处、拆除一处,开展五年拆违行动以来共拆除新建违法建设 11941 间 11.01 万平方米。

(徐增辉)

【夜间运输撒漏治理】 2018 年,区综合执法局对全区在建施工工地周边、入区口、重点道路进行不间断巡查、管理。全年多次到民族文化宫、河庭二期、河与海、科技园九号地等有渣土运输作业的工程施工现场,开展法律法规宣传和执法管理工作。累计出动夜检人员 4297 人次,执法车辆 1194 车次,宣传教育 210 余次,对各类运输撒漏行为下达限改 27 份,立案 26 起。

(徐增辉)

红桥区城市建设投资有限公司

【概况】 2018 年,天津市红桥区城市建设投资有限公司(以下简称区城投公司)认真落实基层党组织建设的各项工作,以中共十九大精神为指导,深入学习贯彻习近平总书记系列讲话精神。部署安全生产、消防安全及防汛工作,组织各项隐患排查和专项治理,加强安全性教育,形成长效管理机制,定期巡查,发现问题及时通报。2018 年,完成暖洋家园,丽水苑碧春园一期、二期,益春里产权证办理的资料汇总;继续加快推进报春里地块拆迁进度,提前办理相关出让手续。

(李子楠)

【安置房销售管理】 2018 年,区城投公司承接同义庄、群众影院、铃铛阁、西沽南、运输六厂地块等拆迁项目的安置销售管理工作,全面对接安置红桥区80%以上的拆迁居民,全年完成10余个项目房源的认购和入住工作。对接全区各拆迁指挥部由区城投公司订购及管理的定向安置房购房协议签署及房屋入住通知单办理工作,全年共签署协议2214套,办理进住1464套。其中,和苑B地块签署协议367套,办理入住286套;碧春园二期签署协议262套,办理入住262套;双青地块签署协议942套;文瑞家园签署协议376套,办理入住376套;民康园签署协议509套,办理入住508套。

(李子楠)

【窗口建设】 2018年,区城投公司加强窗口型单位管理、监督和指导,建立服务公约、规范文明用语,加强窗口型单位工作人员的综合素质培训。房管所全年催收欠费、解决历史遗留问题2户;解决电线老化、自来水主管、下水管更换38户;入户碎修367次;办理新增低保户享受优惠租金1户;办理公房出售37户;过户39户,其中死亡过户19户、置换过户20户;接待拆迁来访户435户;接待开具住房保障证明67户;接待工作范围以外的单位咨询90余户。

(李子楠)

【信访维稳】 2018年,区城投公司接待群众上门来访2290余人次。其中,集体访21次55人次;电话来访1100余次;答复网上信访来件327个;参加公仆热线12次,答复热线问题7个,做到件件有答复;对外开具各项目产权证相关证明570余件。

(李子楠)

潞河环境建设有限公司

【概况】 2018年,天津市潞河环境建设有限公司(以下简称潞河环境公司)负责全区441万平方米主干道路和道路两侧绿地清扫保洁,包括56条主干道路清扫保洁、机械水洗和清融雪,28条支干道路机械水洗;107座公共厕所日常清理、保洁、消杀、除碱、清掏、化粪井清吸及公共厕所服务设施维修保养;10座垃圾转运站运行与维修及生活垃圾清运工作;全区道路及西沽公园、桃花园、44座小公园的日常养护和园林绿化建设工作。负责全区主干道路210万平方米园林绿化公共设施养护管理、绿地保洁和园林绿化工程设计,负责社区93万平方米绿地养护和1.6万余株树木养护。加强党建工作,组织全体党员、部室负责人及公司职工代表到天津美术馆参观"利剑高悬 警钟长鸣"天津市警示教育主题展;组织全体党员开展"缅怀先烈,传承精神",参观周邓纪念馆主题党日实践活动。

(刘群生　闫　芝)

【爱国卫生】 2018年,潞河环境公司组织各部室、基层单位开展内部集中清整,对各单位院内、绿地杂草、垃圾废品、卫生死角、公共厕所等环境问题进行全面整治,对辖区内布控鼠饵站及捕蝇笼。为全区100多座公厕及队部大院各班组站点布防毒鼠饵站575个,悬挂安置捕蝇笼650个,做好持续投放毒鼠饵、苍蝇饵料及捕蝇笼工作。选派12人配合各社区创文创卫工作,认真履行社区环境巡查职责,积极参与卫生清扫等工作。对全区40座公厕进行改造,从旱厕改造为水冲厕,对旱厕巡回刷保由两刷两保改为四刷四保,专人厕、承包厕做到随脏随保,日常对手盆、镜台、门窗、栏杆、挡板、地面进行擦拭,发现问题及时报修。

(刘群生　闫　芝)

【防汛抢险】 2018年7月23日晚,全市强降大暴雨,造成多处路段积水严重,道路清扫队冒雨出动作业人员210人,做好主次干道路、路段交叉口、学校门前等重点位置生活垃圾处理和雨水井口污物保洁；公厕保洁队出动保洁司机、抱管人员30人，对区内重点公厕及积水严重公厕进行紧急清吸，对各公厕电气设备设施、公厕内外各项安全及化粪井井盖情况进行紧急巡查，要求所有公厕保洁人员雨天注意安全，加强安全方面巡查，发现问题及时上报；垃圾清运队提前对垃圾收集、转运设施进行防汛安排，及时清运生活垃圾、淤泥，积极与各街道社区沟通，确保垃圾有序外运。桃花堤、南头窑、本溪路等10处中转站共清运垃圾24车；西沽公园由于水势浩大，河水倒灌，采取闭园整顿处理。架4台水泵加紧向外抽水，对隐患点位全部拉上警戒线，密切观察及时排险；园林出动抢险人员30人、抢险车辆3部、抽水车4部，对大丰路、海源道、咸阳北路、南运河北路4处倒伏树木进行抢险；出动抢险人员20人、水泵6台，对滨河公园、红桥公园、竹园、快速路4处绿地进行吸水作业。

（刘群生　闫　芝）

【消防演习】　2018年12月19日，区市容园林委与潞河环境公司联合举办消防安全知识培训及消防应急演习，切实加强冬季火灾防控工作。邀请第三方消防培训公司进行理论知识培训和实战教学，为全体干部职工开展消防知识讲座，模拟火灾现场进行灭火实战演习，演练过程由负责人现场指挥，干部职工积极配合，分为灭火行动组、疏散救援组、后勤保障组和安全警戒组，模拟演习出一场火灾现场。

（刘群生　闫　芝）

西站地区综合管理

【概况】　2018年，天津西站地区综合管理办公室（以下简称站区办）加强站区安全管理，全方位排查站区内安全隐患，督促各相关单位落实整改；联合站区各成员单位开展出租汽车“百日清整专项行动”，严厉打击黑出租、揽客、违章停靠等各类非法运营行为，优化站区营商环境；落实环境卫生监管职责，以红桥区创建国家卫生区为契机，协调潞河环境公司加大站区扫保力度，协调市容园林等部门及时修缮、更换破损石材、广告牌、果皮箱等公共服务设施；强化站区法治建设，在全年重要时间节点组织开展法治宣传主题活动，加强法治培训和宣传，提升工作人员依法行政水平；加强站区志愿服务队伍建设，通过多种形式为旅客提供便民服务，广泛宣传文明出行、文明旅游、社会主义核心价值观等；建立铁路护路专职队伍，加强铁路沿线巡查工作，定期组织召开联络会议和联席会议，对巡线过程中发现的问题隐患进行通报，督促各相关部门落实整改；加强春运、第二届世界智能大会、第十二届夏季达沃斯论坛等重点时期综合管理，打造西站地区良好的窗口形象。

（张锡凯）

【安全管理】　2018年，站区办制订和完善年度安全生产、消防安全工作计划及应急预案，与站区各成员单位签署《安全生产责任书》《消防安全责任书》，完成“今冬明春”和夏季消防安全阶段性整治工作任务，汛期严格落实24小时防汛值班制度，加大防汛检查力度，在春节、“两会”“智能大会”“达沃斯论坛”、国庆节等重点时期，强化安全生产红线意识，落实属地管理责任，加强各单位安全隐患排查与督促整改工作，确保站区安全稳定。全年组织召开安全生产、消防安全

2018年7月，站区办会同区消防救援支队及站区各成员单位开展天津西站地区消防演练（站区办提供）

专题工作会议3次，制订实施方案5个，组织安全生产及消防安全培训32次，联合各单位开展消防演练4次，开展安全集中宣传活动4次，组织安全生产及消防安全知识答题活动2次，向站区各单位发放安全宣传材料300余份，联合区安监局和区消防救援支队进行站区安全大检查3次，组织安全生产隐患大排查大整治63组次，排查区域涉及西站南、北广场及国铁、公交、地铁、长途、邮政等企业，查出安全隐患45处，隐患整改完成45处，完成率100%。

（张锡凯）

【秩序维护】 2018年，站区办坚持全天候全覆盖网格化管理模式，完善《岗位管理标准》和《站区办考核监督管理办法》，做好巡查、考核等日常管理工作。做好“春运”“暑运”“五一”“十一”等客流高峰以及“两会”“2018天津世界智能大会”“夏季达沃斯”、迎送新兵、新生等重点时段综合保障，保持站区良好出行环境。落实全市关于出租汽车行业“提升服务品质优化营商环境”专项治理的部署，联合市客管办稽查大队、西站治安派出所、交管西站大队等执法单位开展“百日清整专项行动”，严厉打击黑出租、揽客、违章停靠等各类非法运营行为，加大处罚力度，加强宣传教育，保持常态化高压管理态势。建立健全网约车、共享单车管理方式，规划共享单车专用停放区域，主动联系摩拜等运营单位，协同做好车辆管理，探索完善新业态管理，方便百姓出行。全年站区办与市客管办、公安西站派出所、交管西站大队联合清理百余次，疏导各类机动车100余万辆，管理发出出租车60余万辆次，纠正违规停靠等行为20000余次，批评教育3000余人次，治理疏导不文明行为1000余次，下达整改通知书50余份，疏导管理共享单车存放600余辆。

（张锡凯）

2018年12月，站区办会同市道路运输管理局、公安西站派出所等站区执法部门开展出租汽车行业专项治理（站区办提供）

【环境卫生】 2018年，站区办严格落实环境卫生监管职责，遵循“五控”（工程质量控制、工程进度控制、工程成本控制、工程安全控制、环境保护控制）工作法，控制站区各类扬尘污染源，加强对站区内涉油烟单位、施工现场等污染源的排查、监管，建立每日巡查台账，细化工作任务、落实责任分工，加强源头把控，时时跟踪环境问题整改，确保站区内施工单位严格落实扬尘控制“八个百分之百”（施工现场围挡达标率100%，裸露土方覆盖率100%，出入车车辆冲洗率100%，主干道硬化率100%，设置扬尘监督牌率100%，拆除工程洒水压尘率100%，设置$PM_{2.5}$、PM_{10}在线检测仪率100%，场内非道路移动机械达标率100%）要求。协调潞河环境公司加强对南、北广场及各功能区域的扫保与水洗，根据客流特点合理安排机洗车辆和保洁人员，加强人机作业结合。协调市容园林等部门及时修缮、更换破损石材、广告牌、卫生间、果皮箱等公共服务设施，做好绿地植被养护、修整。利用周末休息时间组织环境卫生义务清整日活动，开展环境卫生宣传教育，提高市民卫生意识。

2018年4月，站区办协调园林绿化部门对站内绿地植被进行修整（站区办提供）

（张锡凯）

【法治建设】　2018年，站区办强化站区法治建设，加强法治培训和法治宣传，营造人人守法的执法环境。在重大节日及法制宣传日等重要时间节点组织开展“加强法治宣传，服务站区旅客”“创建文明城区，树立窗口形象”“平安达沃斯”等主题活动，做好网上学法用法工作推动落实，组织执法干部集中学习《中华人民共和国宪法》《中华人民共和国民法》《中华人民共和国监察法》以及习近平总书记关于全面依法治国的重要论述，邀请区委党校讲师讲解《中华人民共和国宪法》，组织参加区司法局开展的网上答题等系列活动。每半年组织辅助执法人员开展一次集中法律知识考试，提升辅助执法人员依法执政能力。加大站区行政处罚力度，依法严厉打击站区内黑出租、揽客等非法运营行为。2018年，站区办办理一般程序案件20起，处罚金额29400元；简易程序案件1起，处罚金额50元。

2018年12月，站区办在西站南广场组织宪法知识宣传活动（站区办提供）

（张锡凯）

【文明服务】　2018年，站区办印制公益广告，广泛宣传文明出行和社会主义核心价值观，烘托站区文明氛围，带动社会文明风向。制订《站区办开展窗口单位文明行业创建活动的实施方案》，加强“青年志愿者服务队”“站区党员先锋队”队伍建设，吸纳新成员加入站区志愿服务队伍，增强志愿服务力量。加强与天津西站、西站长途客运站等部门沟通，根据车次变化及时更新印制《天津西站换乘服务指南》《天津西站国铁列车时刻表》等便民宣传材料。提升站区工作人员综合素质，严格落实《天津西站地区综合管理办公室执法人员行为规范》，在“强素质、展风貌、树形象”上下功夫，狠抓执法人员文明服务监督工作。2018年，站区办组织开展各类文明服务活动30余次，志愿者参与人数2000余人次，发放“天津西站温馨提示卡”3000余张、换乘指南8000余份，解答旅客咨询10万余次，帮扶困难旅客千余人次。

2018年10月，站区办工作人员在西站南地下出站口解答旅客咨询（站区办提供）

（张锡凯）

【铁路巡线】　2018年10月，站区办建立铁路护路专职队伍，正式启动红桥区铁路沿线巡查工作任务。红桥区铁路线路总长7.44公里，沿线两侧200米内涉及西站站区和西沽、三条石、邵公庄、和苑4个街道。站区办每天对区内铁路沿线进行巡查，及时发现并记录铁路沿线存在的安全隐患；建立铁路沿线巡查基础台账，规范台账内容填写，每月向区委政法委上报铁路沿线巡查工

2018年10月，站区办对区内铁路沿线巡查工作进行前期调研（站区办提供）

作信息；定期对护路队员开展教育培训，加强巡线队伍建设；定期组织联络会议和联席会议，对巡线过程中发现的问题隐患进行通报，督促各相关部门落实整改。全年站区办发现铁路沿线安全隐患 60 余处，督促整改 30 余处。

（张锡凯）

【春运保障】 2018 年，站区办结合客运部门对春运期间客流情况的预估情况及站区实际特点，分析预判春运形势，制订《2018 年天津西站地区春运工作实施方案》，组织站区内各职能部门召开“天津西站地区春运工作会议”，明确“以客为主、安全第一、服务至上、保障有力”的总体要求，细化各部门任务分工，强化责任落实。组织辖区各职能部门成立联合行动小组开展专项清整行动，增强执勤队伍力量，增加巡查巡控频次，加大对非法揽客等影响站区秩序、损害站区窗口形象的各类违法违规行为的打击力度，客流高峰时段加强人员引流疏导，保证站区安全稳定。加强站区志愿服务，在旅客密集区域设置春运宣传服务岗，配备饮水机、桶装水、轮椅、便民药箱、便民换乘指南服务卡等各种宣传和服务用品，为过往旅客提供导向、咨询等服务。春运期间，铁路天津西站迎送旅客 160 余万人次；长途客运站迎送旅客 10 万余人次；站区引导进站运营出租汽车 81000 余辆次，分流疏导社会车辆 52000 余辆次，纠正违规机动车 8500 余辆次、非机动车 620 余辆次；立案处罚非从业人员 2 人次，批评教育各类违规人员 390 余人次，排除安全隐患 2 处，劝离非法留宿人员 3 人次，清理非法张贴广告 20 余张，下达责令整改通知书 30 余份；站区志愿服务队伍开展大型宣传和志愿服务活动 2 次，为过往旅客提供咨询服务 63000 余件次，发放各类宣传服务卡片 500 余份，为行动不便的旅客提供帮扶 1390 余件次，为旅客找回丢失的手机、钱包、电脑等贵重物品累计价值万余元。

2018 年春运期间，站区办工作人员主动帮助行动不便的旅客搬运行李（站区办提供）

（张锡凯）

【重大活动保障】 2018 年，站区办协助第二届世界智能大会组委会、第十二届夏季达沃斯论坛组委会在站区布置宣传标志，设置迎送车辆等候区，加强活动期间秩序保障。在京津城际列车综合检测期间，站区办组织站区各单位召开保障工作会议，明确“安全、有序、优质、畅通”的总体要求和“以人为本、安全为先、科学组织、优质服务”的工作举措，在站区重点点位加派人手，加强站区秩序保障，完成检测期间 54 列城际列车停靠天津西站保障任务。协调站区各单位做好新生接站和新兵迎送的保障工作，为天津地区 19 所高校 60 余辆接新生车辆以及部队 40 余辆迎送新兵车辆提供保障服务。

2018 年 9 月，站区办工作人员为部队新兵迎送工作提供保障服务（站区办提供）

（张锡凯）

社会事业

科　技

【概况】　2018 年,天津市红桥区科学技术委员会(以下简称区科委)、天津市红桥区科学技术协会(以下简称区科协)着力贯彻创新驱动发展和京津冀协同发展等重大国家战略,着力推动科技创新工作高质量发展,着力服务科技型企业和科技工作者,着力推进全面从严治党向纵深发展,全区天津市科技型中小企业累计达到 2589 家,国家科技型中小企业累计达到 235 家,规模超亿元科技型企业累计达到 26 家,股份制改造企业累计达到 15 家,上市牌企业 6 家。全区发明专利万人均数 16.16 件,在全市排名第六,市内六区排名第二。2017 年度区财政科技支出 3209 万元,占一般公共预算支出比重 0.79%。天津市科技创新能力统计监测显示,2017 年度红桥区科技创新能力综合指数 88.39%,位居市内六区第 4 位。

(师　慧)

【国家自主创新示范区红桥分园建设】　2018 年,宝能科技广场、泰盈科技大厦等分园载体加快建设;正融科技大厦竣工,企业签约入驻率 70%。国家自主创新示范区红桥分园实施园区企业季报制度,筹备成立园区服务公司。区科委优化营商环境,引导分园内众创空间、工程技术中心、企业重点实验室等创新主体强强联合,激发企业创新创业活力;赴北京、河北、广东等省市招商引资,引导和推动创新资源要素向自创区分园加速聚集。中煤地质总局二级总部、中煤集团产业研究院、天津晨星衡祥科技公司、深圳华特瑞电子科技公司以及够谱出行科技(天津)有限公司等重点项目和优质企业实现落地。全年引进企业 150 家,总计注册资金 7.33 亿元。

(刘　勇)

【创新服务体系建设】　2018 年,区科委、区发展改革委联合印发《红桥区关于强化实施创新驱动发展战略进一步推进大众创业万众创新深入发展实施意见》,全力支持龙头企业落地发展。天津艺点意创科技发展有限公司建设艺点创意产业园,聚集尖端创新资源,做大做优双创大厦。天津卓朗科技发展有限公司打造以云计算、物联网、大数据为基础的信息技术产业“双创”基地和企业培育平台,鼓励员工进行内部创业。支持青年创业园打造“青创意美文化众包基地”。组织 14 家企业参加 2018 年天津市创新创业大赛,红天智能科技(天津)有限公司获优秀奖。引进南开大学博士团队入驻卓朗科技产业园,建设启工智能科技创新中心,2018 年注册企业 13 家。天津复印技术研究所有限公司技术工程中心成立“科技驱动创新发展检验检测技术产业联盟”,利用检测数据服务中小企业数字办公产品的设计生产。天津市船舶与海洋导航技术工程中心、天津市交通工程绿色材料技术工程中心、天津市炼化催化技术工程中心 3 家工程中心通过天津市工程技术中心验收;天津市微特电机技术企业重点实验室、天津市工业节水与废水资源化企业重点实验室获批筹建天津市企业重点实验室;河北工业大学新增认定天津市重点实验室 4 个。

2018 年 2 月 24 日,启工智能科技创新中心揭牌(区科委提供)

(刘　勇)

【知识产权管理】　2018 年,区知识产权局坚持

“以数量布局、以质量取胜”为导向,实施创新驱动发展战略和知识产权战略,多措并举促进专利创造增量提质。全年新增专利申请1356件,新增专利授权857件。中海油天津化工研究设计院有限公司的“一种铝盐辅助水热合成拟薄水铝石的方法”获得2018年天津市专利奖金奖。天津金米特科技股份有限公司成为全区首家知识产权贯标企业。4月10日,由市知识产权局与市工商联主办、区知识产权局承办的知识产权创新创业发明与设计大赛优秀项目投融资对接会在八戒园区举办,来自全市20个企业近30个专利项目参会,16家投融机构入场洽谈。

(刘 扬)

【知识产权服务】 2018年,区知识产权局组织开展两批次专利资助工作,为30家企事业单位和个人发放资金补贴75.98万元。河北工业大学获得天津市知识产权局高价值专利培育项目立项,获项目支持经费50万元;天津复兴中学获得天津市知识产权示范校培育项目立项,获项目支持经费50000元。创新转型工作中,实现专利提升企业5家。开展专利执法维权“雷霆”专项行动,组织开展专题宣传和执法活动4次,向商家宣传和普及相关法律知识,营造诚信规范市场环境,监督商家为消费者提供质量高、让消费者放心的产品。

(刘 扬)

【科技型企业发展】 2018年,全区新增科技型中小企业422家,其中新增天津市科技型中小企业188家、新增国家科技型中小企业234家。全年完成科技型企业转型15家。新认定规模超亿元科技型企业2家,天津市战略新兴产业领军企业2家。新增市级高新技术企业认定25家,新增国家级高新技术企业认定24家,4家企业通过国家级高新技术企业重新认定。印发《2018年“双万双服促发展”活动联系服务企业、企业家工作台账》,为企业配备服务专员,开展调研帮扶活动,全委干部走访服务企业120余家,搜集整理问题80余个,协调推动40余家企业问题解决。区科委在天津市政企互通服务平台企业评价满意率100%。

(陈云红)

【高质量发展动力变革重点企业服务】 2018年,区科委制订《2018年红桥区推动高质量发展动力变革重点企业服务台账》,明确服务领导、服务单位和责任人,开展专项帮扶。全年新增天津市重点新产品5项,京津冀协同创新项目、京津冀科技成果转化项目、新药创制科技重大专项、智能制造加大研发投入支持专项项目4项,争取市财政专项扶持资金415万元。落实天津市企业研发投入后补助政策,帮扶25家企业获得市财政补助资金142.59万元。全年完成科技型企业股份制改造5家,实现挂牌上市1家。全区获批各类科技项目累计40余项,累计获得市财政资金支持2180万元。12月12日,区科委联合市科技统计与研究发展中心举办“红桥区2018年度企业研发经费政策”专项培训会,邀请市科技局、市税务局、专业服务机构的专家进行专题讲解,全区规模以上企业负责人及区服务部门相关负责人参加,培训会就企业研发投入统计、企业研发经费加计扣除政策、企业研发费归集及辅助账建立等内容进行培训。

2018年12月12日,2018年度红桥区科技研发投入政策培训会召开(区科委提供)

(陈云红)

【科技智能产业发展】 2018年,区科委出台《红桥区智能元年工程实施方案》,明确发展目标、重点任务和保障措施;成立“红桥区智能科技元年工程”领导小组,统筹指导、协调推动“红桥区智能科技元年工程”深入实施。红桥区在全市率先制发《红桥区落实〈天津市关于加快推进智能科技产业发展的若干政策〉的实施细则》,从加强财政资金扶持和引导、建设智能科技人才高地等6个方面明确资金支持条件、资助额度和办理渠道。启工智能科技创新中心于2018年2月24日揭牌正式运营,“天津大马智能产业技术研发推广中心”签约落地。中煤水文局地质勘查有限公司成功落户,中煤天津地下工程智能研究院挂牌成立。天津卓朗科技发展有限公司、天津意点艺创科技有限公司及正融科技大厦等企业参展第二届世界智能大会,向世界展示红桥区智能产业方面优秀项目。启工智能创新中心承办“全国信标委卡及身份识别委的标准讨论会”,吸引全国21家企事业单位25名专家参加;赞助天津职业技术师范大学举办的“首届天津市青少年人工智能教育(无人机)成果展示决赛”,培养吸纳支撑产业专业人才。

2018年11月20日,中煤天津地下工程智能研究院揭牌仪式举行(区科委提供)

(刘　勇)

【科技成果转化】 2018年,红桥区完成天津市科技成果登记98件;技术合同认定登记279份,技术合同认定登记交易额32.42亿元。“抗恶劣环境国产安全可信计算机”等4个项目成功申获2018年天津市科技进步奖二等奖。

(于　淼)

【科技人才队伍建设】 2018年,区科委制订《处级领导联系专家制度工作方案》,推荐19位科技型企业家入选区委联系专家。中海油天津化工研究设计院有限公司、天津卓朗科技发展有限公司、天津正本电气股份有限公司的4位企业家获得天津市科技领军企业和领军培育企业家综合贡献奖。组织开展天津市企业家队伍建设“111”工程申报和天津市创新人才推进计划申报工作;全年新增两个批次天津市新型企业家入选人才7人,总数达到26人。天津异乡好居网络科技有限公司印建坤等2人入选天津市科技创新创业人才,中船重工集团公司第707研究所孟凡彬入选天津市中青年科技创新领军人才,中海油天津化工研究设计院有限公司陈赞的高性能膜材料及成套设备开发创新团队入选天津市重点领域创新团队。拨付第六批新型企业家培养工程入选人才专项资助16万元。贯彻落实《红桥区关于实施“子牙人才”计划加快创新创业发展的意见》,组织科技型企业参加区企业家座谈会、区人才招聘会、北大博士团红桥行、天津市计算机研究生学术会议延揽人才等对接活动;组织“互联网+”、大数据云计算、人工智能等重点行业的科技型企业申报引进“双一流”毕业生政策补贴,累计受理天津卓朗科技发展有限公司等5家企业40位毕业生申请。

(陈云红)

【科学普及】 2018年,区科协结合文明城区创建,调动各类科普资源和社会科普力量,以科普社区共建、科普知识推广、科技企业发展、科学精神培育为目标,面向在校青少年、社区群众和公务员,在科技活动周、全国科普日等时间节点,组织开展科技夏令营、社区群众甲状腺疾病专项筛查义诊等系列科普活动。区科协提升科普信息化水平,推进科普内容、宣传形式、传播方式、运营管理等机制和方法创新,在和苑街康和园、全和园等社区建设科普E站,通过触控电子屏将优质科普产品送到群众身边。做好“红桥科技”微信公众号推广,关注用户1200人,累计整理发送科技、科普信息700余条。

（于　森）

【科协组织建设】 2018年，区科协印发《天津市红桥区科协系统深化改革实施办法》，推动科协机关机构和科协系统改革；进一步加强党对科协工作的领导，设立区科协党组。优化领导机构人员配置，设置主席1名、专职副主席1名、兼职副主席2名、挂职副主席1名。调整科室设置和职能，将内设机构调整为“一室两部”，即办公室、科学技术普及部和基层组织工作部，将科协机关人员编制增至9名，明确科协下属事业单位科技进修学院红桥分院改革方向。加强企业科协建设，批准中铁十五局集团第五工程公司、天津艺点意创众创空间、天津猪八戒网天津园区、天津青年创业园区等企业和园区设立基层科协组织。

（于　森）

【党建工作】 2018年，区科委组织理论中心组学习24次，开展党员全体会议和党员干部集中学习交流30余次；出刊《新学习》理论专刊6期，开设党建“新课堂”，领导干部带头讲党课。拓展基层党建“万千百十”行动计划，与植物园东里、礼貌楼等社区结成帮扶对子，定期在双环邨街道全和园社区进行创文创卫志愿清扫服务。开展廉文荐读“每月一课”，组织参观“利剑高悬警钟长鸣”天津市警示主题教育展览，加大警示教育力度。修订《关于进一步加强机关干部作风纪律建设的规定》，制订《红桥区科委关于加强党组建设的实施意见》，印发《红桥区科委关于深入开展不作为不担当问题专项治理三年行动方案（2018-2020年）》，发展预备党员1名。完善选人用人工作，完成3名科级干部试用期转正、1名科级以下干部试用期转正。

（于　森）

教　育

【概况】 2018年，红桥区教育局（以下简称区教育局）对启春里地区配套幼儿园进行接收，投入1500万元对校园进行整修。投入1.1亿元对老五中、怡和中学、八十中学初中部、五十一中学高中部、民族中学分校和第十幼儿园进行校舍加固维修工程。投入1800余万元安装校园门前防冲撞设施、电子围栏，检测消防设施、燃气管道设施和防雷设施，维修三中、五十一中等7所学校消防设施。设立反恐地标试点校。开展校外培训机构专项整治活动。完成15所学校32个项次的区级督导评估。建设完成选课走班排课系统，新课改年级顺利实现走班教学。培智学校、第二十幼儿园被评为“天津市师德建设先进单位”，第三中学教师孙媛等8人被评为“天津市师德先进个人”。组建红桥区第三届师德宣讲团，开展宣讲6场，全区中小学、幼儿园、特殊单位2400名教师到场参加活动。稳步推进扶贫协作和对口支援西部地区工作。

2018年，红桥区有公办中学12所、民办中学2所、公办小学19所、民办小学1所、各类型幼儿园22所、特殊教育学校1所、中等职业学校1所。在职教职工4984人，在校中小学生28297人、职教学生2799人，在园幼儿5945人。

（代超建）

【教育经费收入与支出】 2018年，红桥区教育经费总收入14.14亿元，比上年12.86亿元增加1.28亿元，增加9.96%。其中，国家财政性教育经费12.98亿元，事业收入8196万元，其他教育经费及捐赠收入3384万元。全年教育经费总支出13.99亿元，比上年14.10亿元减少1090万元，下降-0.77%。其中，人员经费支出11.14亿元，公用经费和资产购建支出2.84亿元。

（代超建）

【“三杯一奖”活动】 2018年,区教育局开展新一届“三杯一奖”活动,初赛阶段,全区中小幼、职业教育、特殊教育各级各类学校共49个单位组织全员参与,经过校内竞赛,共推荐933名教师参加区级竞赛。复赛阶段,不同组别经过理论考核、业绩量化等竞赛形式,筛选出526名教师进入决赛阶段。决赛阶段,邀请市教科院、市教研室及各区县专家、名师担任竞赛评委,竞赛评选出获奖教师500名,区教师进修学校等28个单位获优秀组织奖。

(代超建)

【招生工作】 2018年,红桥区小学一年级新生人数3401人,其中本市户籍2963人、随迁子女438人;红桥区培智学校新生人数11人。参加初中招生工作学校13所。其中,民办校2所,招生计划400人;公办校11所,招生计划1980人。民办校最终录取400人,公办校随机派位录取1842人,回红桥区升学18人,所有应届小学毕业生均保有学位。初中在校生共6317人。普通高中学校(包括艺术类高中学校、市重点高中学校、其他高中学校)实际录取1173人,各类中职学校(五年制高职和中高职衔接系统培养技能型人才项目试验学校及专业、中职学校“三二分段中职接高职”类专业、其他各类中职学校)实际录取714人。高中在校生共4573人。

(代超建)

【主题教育活动】 2018年9月20日至10月10日,区教育局面向全区34所中小学、职校组织开展“向国旗敬礼”主题教育活动,引导未成年人强化爱国意识、激发报国志向,积极践行社会主义核心价值观。各学校将此项活动与深入学习贯彻中共十九大精神和纪念改革开放40周年相结合,围绕热爱党、热爱祖国、热爱家乡主题,通过升旗仪式、主题班会、观看红色影片、参观爱国主义教育基地、唱响红歌、讲述革命故事、诵读红色经典、主题征文、演讲比赛、制作手抄报等多种形式开展教育实践活动。中小学组织学生开展“向国旗敬礼·为祖国祝福”网上签名寄语活动,学生们登录津云客户端、天津文明网为祖国签名寄语,部分学校开展寄语展评、集锦等活动。

2018年9月,天津师范学校附属小学召开“向国旗敬礼”主题班会(区教育局提供)

(代超建)

【校外培训机构专项整治】 2018年,红桥区成立校外培训机构专项治理工作领导小组,出台《红桥区切实减轻中小学生课外负担开展校外培训机构专项治理行动方案》,公布举报电话和邮箱,以街道为单位成立由教育、属地市场监管所、公安、消防、街道含执法队组成的10个专项治理工作组,形成长效工作机制。区教育局从各基层单位抽调28名干部、教师,派驻到各街道办事处,与街道办事处共同开展摸排工作,各部门通力合作,现场检查、指导、责令整改。2018年,全区各相关部门独立或联合检查500家市场主体,出动检查或执法人员800余人次,确认或疑似有办学行为的校外培训机构192家,全部完成整改,依法取得办学许可证的机构36家,关停或不再开展培训的机构156家。

(代超建)

【平安校园建设】 2018年,区教育局构建局校两级安全责任网络体系,全年学校自查安全工作470余校次,机关下校检查300余校次,节假日电话查班590余校次。组建突发事件应急、微消站义务消防员、人防志愿者、平安志愿者及防汛抢险等各类应急队伍;聘用专职保安员343人,配齐安全防护器械。完成视频监控局校联网工程，实时监控学校门前动态，全面升级换代所有校区一键报警设施，对所有小学和幼儿园安装电子围栏。建成73个微型消防站，为所有幼儿园安装楼体联动烟感报警系统。各校集中开展校园欺凌治理专题、品德、心理健康和安全教育。

（代超建）

【特殊教育提升计划】 2018年，区教育局全面落实第二期《特殊教育提升计划（2017—2020年）》，提高区域特殊教育普及水平，确保入学率逐年提升，严格落实“一人一案”，做好特殊儿童少年教育安置。加强区域普通学校随班就读工作，发挥特殊教育中心辐射作用，强化随班就读巡回指导机制的完善与落实。落实《全国培智学校义务教育课程标准》，推进“医教结合 综合康复”的实践研究，加大特殊教育教师培训力度，提高专业化水平，为每一位有特殊需求的儿童少年提供优质教育服务。

（代超建）

【社区教育】 2018年，区教育局积极开展0-3岁婴幼儿家长教育活动，开展早教亲子班、“早教直通车进社区”等活动，提高全区0-3岁婴幼儿及看护人受教育率。开展“名师进社区”家教咨询活动，学校选派市优秀教师、教学能手与社区干部一起走进家庭，发放《家长如何成就学生》倡议书，向居民了解家庭教育情况，解决居民提出的教育困惑，社区、家庭、学校形成合力，促进孩子健康成长与发展。各街道利用宣讲团、关工委和社区志愿者队伍，针对未成年人开展各种形式教育活动。

（代超建）

【义务教育学校现代化标准建设】 2018年5月8日至6月14日，红桥区6个义务教育学校现代化建设标准评估验收专家组，集中完成对泰达实验中学、佳春里小学等15所学校的学生素质发展、教师专业发展、学校文化建设、优化资源配置和学校信息化5个专项的区评估验收工作。10月17日，市政府教育督导室专家组对红桥区2018年实施《天津市义务教育学校现代化建设标准（2016-2020年）》情况进行巡回督导。专家组通过听取局领导汇报、与局科室负责人和校长及督学评估专家座谈访谈、查阅资料等方式，对红桥区推进义务教育学校现代化标准建设及区级督导评估工作、区域内义务教育学校现代化标准建设情况进行督导。随机抽取红桥区外国语小学、天津市铃铛阁外国语中学、红桥区佳春里小学、红桥区中心小学、红桥区文昌宫民族小学、天津市第八十九中学6所学校进行实地查看。

2018年4月，区教育局开展义务教育学校现代化建设工作指导，图为在天津市西青道中学进行服务指导（区教育局提供）

（代超建）

驻区高校

天津商业大学

【概况】 天津商业大学(以下简称天津商大)始建于1980年,隶属于原商业部,原校名天津商学院,1998年归天津市管理,2007年更名为天津商业大学。学校以建设商科特色鲜明、对接社会需求的高水平大学为目标,服务经济社会发展。学校位于天津市北辰区光荣道409号,占地面积近89.33万平方米,建筑面积近49万平方米。2018年,天津商大教学科研仪器设备总值5.14亿元,中外文藏书210.98万余册,中外文数据库107个,电子图书498.55万册。学校坚持以学科建设为龙头,经济学、管理学、工学、法学、文学、理学、艺术学等学科门类协调发展、相互支撑,设有14个学院和大学外语教学部、基础课教学部、体育教学部3个教学部,以及多个研究所(中心)。有54个本科专业(方向)、70个硕士点,在校生2.4万余人。学校有教职工1432人,拥有专任教师958名,其中正高级152名、副高级293名;具有博士学位者405名、硕士学位者444名、市级以上人才37人。学校有市级重点学科7个、教育部工程研究中心1个、天津市工程中心1个、天津市重点实验室2个、国际联合研究中心2个,天津市人文社会科学重点研究基地2个,天津市高校智库2个,国家级实验教学示范中心2个、天津市级实验教学示范中心8个,天津市级虚拟仿真实验教学中心1个,天津市A级(优秀)众创空间1个,市级教学名师11名,市级教学创新团队2个,市级教学团队11个。学校具有推荐优秀应届本科毕业生免试攻读研究生资格,以及港澳台研究生招生资格和同等学力人员申请硕士学位授予权。

(陈　雷)

【教育教学】 2018年5月21日至24日,教育部本科教学工作审核评估专家组对学校本科教学工作进行全面考察,通过走访座谈、听课看课、抽查毕业生论文(设计)、考察校外实习实践基地和毕业生就业单位等工作程序,对学校定位与目标、师资队伍、教学资源、培养过程、学生发展、质量保障及特色项目进行全面考察并提出意见和建议。学校将整改工作作为全面提高本科教学工作水平和人才培养质量的重要举措,狠抓学风教风建设,强化质保体系建设,不断夯实人才培养中心地位和本科教学基础地位。推进专业内涵发展,探索多元化人才培养模式,推进协同育人新机制,获批教育部产学合作协同育人项目8项。强化应用型专业建设,8个市级优势特色专业、12个市级应用型专业建设工作稳步实施,推进27个专业向应用型专业转型。深化课堂教学改革,推动信息技术与课堂教学深度融合,引进使用“雨课堂”智慧教学工具,探索线上线下混合式教学模式;增加优质网络教育课程资源,引入智慧树和超星尔雅网络课程百余门。强化实践教学平台建设,2个国家级实验教学示范中心通过教育部年度验收,5个实验教学示范中心建设单位正式获批市级实验教学示范中心,2个实验教学项目入选天津市国家虚拟仿真实验教

2018年5月24日,天津商大在校图书馆召开本科教学工作审核评估专家意见反馈会　(刘东岳　摄)

学项目推选名单。获得天津市第八届高等教育教学成果奖12项，其中一等奖3项、二等奖9项，并有1项获推参评国家级教学成果奖。《地方行业特色型高校新工科人才创新创业能力培养模式研究》教学改革项目入选教育部首批“新工科”研究与实践项目。5位教授当选2018－2022年教育部高等学校教学指导委员会委员。

（陈　雷）

【科学研究和社会服务】　2018年，天津商大推进动力工程及工程热物理天津市一流学科、冷链物流和现代服务业天津市特色学科群建设。建成生产性服务业、融资租赁、现代服务业私法保障、现代商业评价决策、会展产业、智能财务与管理创新6个特色方向团队。组织实施《博士学位授权立项建设实施方案》，推动动力工程及工程热物理、应用经济学2个授权学科按照建设标准加快建设。推进“十三五”综合投资建设进度，完成天津市高校“十三五”综合投资规划绩效评价中期考核汇报工作。推进省部级科研平台和创新团队建设，“冷冻冷藏教育部工程中心”通过教育部专家验收，中国融资租赁研究与教育中心获批成为天津市高校智库。获批国家自然科学基金项目、社会科学基金项目19项，获批教育部人文社会科学项目7项、科技部重点研发计划子课题1项；获批省部级科研项目77项；获得天津市科技进步一等奖1项、天津市社会科学优秀成果奖9项。发表SCI、EI收录期刊论文86篇，其中SCI一、二区24篇；发表SSCI、CSSCI收录期刊论文67篇，重要报纸理论版文章及短论14篇。获得授权专利179项。学校科技成果转化中心建设完成验收，新增技术经纪人10人，12名科技特派员获评优秀并得到市科委项目资助。

（陈　雷）

【创新创业教育】　2018年，天津商大强化“大商科”优势，将创新创业教育与专业教育相结合，完善意识养成、知识学习、能力培养、实践体验“四位一体”的创新创业教育体系，构建商工相融、复合培养的创新创业人才培养模式。深化创新创业教育改革，加强创新创业实践平台和师资队伍建设，构建以“天商微渡”众创空间为龙头，辐射带动国家级、市级和校级“三级”实验教学示范中心为载体的创新创业实践平台。作为天津市唯一上榜高校，学校入选2018年度全国创新创业典型经验高校“50强”。学校毕业生创业项目《野生黑枸杞全产业链综合扶贫》荣获第四届中国“互联网+”大学生创新创业大赛“青年红色筑梦之旅”赛道金奖，学校获先进集体奖，教师李建颖、梁强获得优秀创新创业导师奖。天津天商酷凌科技有限公司项目获得2018年“创青春”全国大学生创业大赛创业实践挑战赛全国银奖。《嗨天商》项目获得第八届全国大学生电子商务“创新、创意及创业”挑战赛国家级一等奖。“天商微渡”众创空间再次获评天津市A级（优秀）众创空间。9位校内外导师入选市级优秀创新创业导师人才库。学校获批大学生创新创业训练计划国家级项目51项、市级项目44项，获得国家级和市级学科竞赛奖励251项。

2018年10月13日至15日，第四届中国“互联网+”大学生创新创业大赛总决赛在厦门大学举行，天津商大获第四届中国“互联网+”大学生创新创业大赛总决赛“青年红色筑梦之旅”赛道金奖（周大鹏　摄）

（陈　雷）

【师资队伍建设】　2018年，天津商大获批天津市青年千人计划人选1人、天津市“131”创新型人才培养工程第一层次人选1人、天津市“有突出贡献专家”1人、天津市教学名师1人。落实引进博士教师待遇,为29名博士申请海河英才人才资助,全年新入职教职工129人。18名教师通过“中青年骨干教师出国研修计划”出国研学深造,对首批13名“青年英才百人计划”人选进行中期考核。加强对“高校学科领军人才”11人、“中青年骨干创新人才”26人、天津市“131”创新型人才培养工程第二、三层次人选39人的培养。落实“教师产学研创新实践活动”实施办法,资助个人项目12项、团队项目63项,参与教师人数231人,推进学校“双师型”师资队伍建设。落实离岗创业政策,为学校首位离岗创业人员办理相关工作手续。教师发展中心隆重揭牌,教师培训工作全面推进。

2018年11月7日,天津商大在校图书馆三楼国际报告厅举行教师发展中心揭牌暨2018-2019学年教师培训班开班仪式(王琳 摄)

(陈 雷)

【国际交流与合作】 2018年,天津商大加强3个合作办学项目建设,顺利通过教育部年度审核。实施“国际化办学推进计划”,与国外高校开展“2+2”“3+1”“3+1+1”等多种形式合作,新签和续签合作项目14个。全年派出81名教师赴国(境)外学习进修和交流访问,76名学生赴国(境)外学习,完成来自美国、英国、澳大利亚、罗马尼亚、新加坡等国家和地区31个团组170多人次的接待工作。深化与罗马尼亚布拉索夫特兰西瓦尼亚大学的全面合作,完成年度师生互访与合作研究工作,就进一步扩大合作领域和规模达成一致意向。加快建设高水平国际科研合作平台,工程热物理基础及工程国际联合研究中心、食品科学与工程国际联合研究中心被认定为天津市第四批国际科技合作基地。召开“热力学基础及工程国际研究中心”年度会议,举办第五届全谷物食品与健康国际研讨会、“一带一路与现代服务业发展”学术研讨会。健全留学生日常教育管理制度,制定《天津商业大学招收和培养国际学生管理办法(试行)》《天津商业大学招收和培养国际学生管理实施细则》和《天津商业大学国际学生奖助学金管理办法(试行)》。招收本科和研究生层次学历留学生11名,有168名国(境)外长、短期留学生到校交流学习。实施“留学天津计划”,创建“中国经济与文化”体验项目,建立中新生态城、天津市电子商务产业园等留学生“中国经济与文化”体验项目基地。

2018年12月25日,天津商大举办“一带一路与现代服务业发展”学术研讨会(王琳 摄)

(陈 雷)

【综合改革】 2018年,天津商大推进校级领导干部任期全职化改革试点探索,成立试点工作领导小组,对重大工作部署、重要发展指标、重点改革任务多次研究探索,制订试点工作总体方案、目标任务书、年度任务清单和136项改革具体任务。深化人事分配制度改革,开展首次科级干部全员竞聘上岗工作和管理人员轮岗交流工作。推进校院两级管理体制改革,强化学院办学主体地位,制订《中共天津商业大学委员会 天津商业大学校院两级管理体制改革实施意见》,明确改革总体思路和方向。强化新形势下学校依法治校工作顶层设计，出台《天津商业大学依法治校工作规划(2019-2021)》。加强财务和国有资产管理工作，严格落实内部控制制度，全面实行预算管理，提高预算执行进度。规范审计与招标工作，启动“业务审计一体化”，开展新建项目和部分修缮项目全过程跟踪审计，严控基建工程和修缮项目风险。严格落实食品安全责任制，严控食堂食材采购源头，加快校内食堂食材集中采购管理平台建设，600平方米食材配送中心投入使用，增强集中采购透明度和计划性。规范校园超市经营活动，引进华润万家、物美2个政府集中定点采购企业进校经营，对超市经营内容以外项目统一实行公开招租。

(陈　雷)

【校园建设】　2018年，天津商大加强基础设施建设，推进基建工作科学化、规范化管理。彰显商学文化特征的新建主校门落成通车，原药校、学生公寓等维修改造工程竣工并交付使用，老游泳馆危房拆除项目顺利完成，学生公寓扩建和3号教学楼外檐改造工程进入尾声。推进智慧校园建设，信息技术与学校工作进一步融合，招生管理平台有效提升招生效率，人脸识别和实时数据分析助力迎新工作，移动端教务注册服务顺利上线。校园无线网覆盖率进一步提升，校园数据中心完成升级，提升校园网应用承载能力。开展学校扫黑除恶专项工作，维护校园安全稳定。开展安全生产隐患大排查大整治工作，校园技防监控设施和消防设施提升改造工程全部完成。

2018年8月23日，天津商业大学新校门竣工(张孟凯　摄)

(陈　雷)

河北工业大学

【概况】　河北工业大学(以下简称河北工大)占地199.9万平方米，校舍建筑面积90.38万平方米。2018年，河北工大有教职工2648人，专任教师1536人，其中正高级职称390人、副高级职称532人、中级职称571人，1031人具有博士学位；博士生导师233人，硕士生导师1020人。全日制在校生28222人，其中普通本科生21497人、硕士研究生5870人、博士研究生855人。学校设有18个教学机构，拥有71个本科专业，拥有1个国家“世界一流学科”建设学科、2个国家重点学科、4个河北省强势特色学科、20个河北省级重点学科、2个天津市重点学科、9个博士后科研流动站、10个一级博士学位授权点、26个一级硕士学位授权点、7个专业学位类别(含MBA和EMBA)、17个工程硕士授权领域。拥有省部共建国家重点实验室、国家级工程技术研究中心、国家地方联合工程实验室、省部共建协同创新中心等国家和省部级科研平台55个。河北工大城市学院设有13个系52个本科专业，在校生7326人。学校固定资产总值27.91亿元，其中教学科研仪器设备8.33亿元，藏书241万册。

(李志明　肖盛光)

【重点工作】　2018年，河北工大加强干部教育管理，开展干部集中培训和网络培训，组织全校处级以上干部分别赴延安和江苏昆山集中培训一周；制订《河北工业大学高校党建重点任务分解表》，严格落实“三会一课”制度，完成全校各党支部换届,开展教师党支部书记“双带头人”培育工程;5个团队入选河北省“巨人计划”创新创业团队。落实《世界一流学科建设工作方案》,积极培育交叉学科和新的学科增长点。完成本科教学工作审核评估整改工作。举办115周年校庆活动,成功举办校友座谈会及校友论坛,邀请部分省部级、厅级校友及高校校友代表回母校见证母校发展成就,共谋母校发展大计,累计开展活动200余场。

(李志明　王大本)

【教育经费收入与支出】 2018年,河北工大教育经费总收入14.15亿元,比上年增加0.37亿元,同比上升2.69%。其中河北省一般公共预算拨款8.93亿元(基本支出拨款3.69亿元、专项项目拨款5.23亿元)、学费和住宿费收入3.02亿元、科研事业收入1.23亿元、其他收入0.97亿元。全年经费总支出16.04亿元,比上年增加3.54亿元,同比上升28.32%。其中,教育事业支出12.1亿元、行政管理支出7534.79万元;后勤保障支出1.2亿元、离退休支出1亿元、科研事业支出9901.16万元。

(王大本　李亚函)

【学科建设】 2018年,河北工大材料科学、化学、工程学进入ESI全球排名前1%;高分子材料与工程、测控技术与仪器、通信工程3个专业通过教育部工程教育专业认证,机械设计制造及其自动化、电子科学与技术、自动化、制药工程、过程装备与控制、电子信息工程6个专业完成认证申请工作;推动“新工科”专业建设,启动机械设计制造及其自动化、电子信息工程、计算机科学与技术、智能科学与技术4个专业新工科试点班;工业设计专业被确定为河北省高等学校工业设计重点建设专业。

(李亚函　张艳楠)

【教育教学】 2018年,河北工大在全国31个省(自治区、直辖市)招收本科生7153人,其中本科一批5880人、本科三批1000人、专接本273人。本科一批在河北省“理工类”“文史类”开档分数分别高出控制线91分、66分,第一志愿全满,位居河北省高校首位;天津市“理工类”开档分数高出控制线184分,第一志愿全满。招收博士研究生152人,招收全日制硕士研究生2122人,其中学术型研究生1050人、专业学位研究生832人;招收录取MBA学员195人。授予博士学位63人、硕士学位1954人。完成2018届河北工大3667名本科毕业生离校派遣工作,就业率97.68%;完成2018届河北工大城市学院3449名本科毕业生离校派遣工作,就业率48.54%;为1840名研究生办理就业派遣手续。新增河北省优秀博士论文3篇、优秀硕士论文17篇。开展优质课程建设,打造通识核心课程,制定“一核三环”课程思政建设方案;入选国家首批“新工科”研究与实践项目等省市级以上教改、教研项目33项;获批各类厅局级以上实践教学基地7个。制订修订研究生培养方案指导意见、加强研究生过程培养管理考核、指导教师条例及招生资格审核、论文抽检及处理办法等文件7个。在全国大学生节能减排社会实践与科技竞赛、全国大学生化工设计竞赛、全国大学生机械创新设计大赛、中国国际飞行器设计挑战赛、全国大学生生物医学工程创新设计竞赛等比赛中均获得国家最高奖。学生葛炳为荣获第十一届中国青少年科技创新奖。《中国高校创新人才培养暨学科竞赛评估结果》显示,学校竞赛评估结果位列全国第76名。

(李志明　张艳楠)

【科学研究】 2018年,河北工大全年到校科研经费1.8亿元。获批国家自然科学基金85项、国家社科基金11项,其中获批自然科学基金重点项目3项(含1项参与)、国家社科基金重大项目1项。新增国家级平台3个;新增省级科研平台6个,有河北省动力系统污染物控制工程技术研究中心、天津市新能源汽车动力传动与安全技术重点实验室、天津市装配式建筑与智能建造重点实验室、天津市本质安全化工技术重点实验室、天津市清洁能源利用与污染物控制重点实验室、河北省交通基础设施智能建造与管养重点实验室。4个省级科研平台参加年度评估,其中河北省绿色化工与高效节能实验室和河北省新型功能材料实验室获得优秀;河北省分子生物物理重点实验室通过验收。科技部重点研发计划等项目和课题立项21项。学校与河北省科技厅签署《科技创新战略合作协议书(2018-2020)》,建立厅校会商工作机制;成立"河北工业大学(张北)产业技术研究院""河北工业大学冀南工业技术研究院""河北工业大学(惠州)研究院""河北建投工大研究规划院"等校地、校企研究院;与富士康集团、北辰经济技术开发区、海河产业基金签署协议共建"智能建造产业研究院"。全年共获省部级以上科技奖励31项,河北省科学技术奖一等奖4项、二等奖5项、三等奖4项;天津市科学技术奖二等奖5项,天津市社科二等奖1项、三等奖1项;河北省社科二等奖3项、三等奖8项。科研论文中,SCI论文687篇、EI论文724篇。授权专利467项,其中发明专利288项,245项计算机软件到国家版权局进行软件登记。通过"国军标质量管理体系"专家试预审核;首次承担军委装发部国防重点实验室项目。举办燕赵科学论坛之机器人与智能制造高峰会议暨企业家论坛;承办"河北省'四个精准'科技成果推送活动暨校企产学研合作对接交流会";举办"天津智能科技型企业与河北工业大学的项目对接会"。产学研成果获"中国高校科技成果交易会优秀组织奖、优秀项目展示奖""第二十届中国国际工业博览会高校展区优秀展品二等奖"等多个奖项,获第九届中国技术市场协会金桥奖。大学科技园成果超市线上服务平台用户企业620家,初步打造成一个集科技成果对接、科技金融、法务咨询、项目评估等为一体的一站式服务平台。

(李志明　王大本)

【师资队伍建设】 2018年,河北工大实施"元光学者"计划,"元光学者"有193人;党委教师工作部结合建校115周年系列活动,组织开展"工大双献之星"评选及表彰活动;全职引进"千人计划"青年项目1人、"国家优秀青年科学基金"获得者1人。1名外籍教授入选河北省第二批"外专百人计划",1名外籍教授获"燕赵友谊奖";学校获批河北省"引智工作站"和"引才引智示范基地"。招聘94名来自清华大学等国内外知名高校优秀博士到校工作。1人入选"国家万人计划科技创业领军人才",1人入选享受国务院政府特殊津贴专家,3人入选河北省"百人计划",1人入选"第三批天津市人才发展特殊支持计划青年拔尖人才"。

(李志明　李亚函)

【学生工作】 2018年,河北工大有219名学生获得省级三好学生、优秀毕业生荣誉称号;4个班集体获得省级优秀班集体荣誉称号;1804名学生获得校级三好学生、年度人物、优秀毕业生荣誉称号;67个班集体获得校级先进班集体荣誉称号。133名研究生获国家奖学金,99名研究生被评为省级优秀研究生毕业生。提高学生资助工作精准度,向6585人发放包括国家奖助学金、校级奖学金以及各类社会奖学金在内的所有奖助学金共1040.53万元;为1496名学生提供勤工俭学岗位,发放勤工俭学补助185.61万元;为家庭经济困难学生办理助学贷款累计1109.04万元,减免学费、住宿费等各类费用163.61万元。开展"三走进一引领"专项工作,全年组织800余人次开展各类辅导员培训活动15场,组织43人分批次与国内22所一流大学开展调研与交流。承办河北省高校博士辅导员领航工程"一招鲜"研讨会,成立"石榴籽"少数民族辅导员工作室和"芬芳海棠"辅导员成长工作室,支持2名新疆内派管理教师做好新疆少数民族学生辅导工作。辅导员工作精品项目获河北省二等奖1项,辅导员优秀论文获全国高校辅导员优秀论文二等奖1项。在河北省教育厅组织的辅导员暑期"大家访"活动中,3人荣获省级先进个人,学校被评为省级先进单位。多个社会实践团队和个人获得中国大学生农村支教奖全国“金奖”等国家级荣誉11项,40余支社会实践团队和百余名师生荣获省市级表彰。开展青年志愿者服务活动,参与志愿服务学生近万人次,获得省市级以上优秀志愿者10人、优秀志愿团队6个、志愿服务先进集体3项,研究生支教团荣获第四届中国青年志愿服务项目大赛全国赛铜奖。在由共青团中央、全国学联指导,全国大学生创新创业联盟发布的高校团学创业促进工作指数100强榜单中,学校位列第41名;在“双一流”高校团学创业教育工作指数50强中,学校位列第37名。新建大学生创新创业实践基地14个。完成全国高校共青团“第二课堂成绩单”制度试点验收工作。

(王大本　李亚函)

【国际交流与合作】　2018年,河北工大录取42个国家189名学历留学生,成功申请到中国政府奖学金“高校研究生”博士项目5人和“丝绸之路”本科项目10人,获批河北省地方政府奖学金招生名额5人,中国政府奖学金——商请项目获批4名留学生招收名额。积极推进“河北工业大学——亚利桑那工业学院”申办工作,完成教育部答辩并进行整改;获批与佛罗里达国际大学合作办学项目——电气工程及其自动化专业本科教育项目;与爱尔兰沃特德理工大学达成电子信息工程专业合作办学意向;与德国耶拿应用科技大学签署合作谅解备忘录;与法国巴黎高等计算机学院达成初步合作意向,共建法国巴黎高等计算机学院亚洲分校;与美国加州大学伯克利分校、加拿大不列颠哥伦比亚大学签订合作协议。新增中外合作办学项目生221人,中外合作办学项目生总数790人,来华留学生270人;举办或联合举办“首届智慧基础设施产教融合论坛”“校企合作开放式创新平台国际技术创新方法研讨会”“第三届交通基础设施与材料国际会议(ICTIM2018)”“第二十届TRIZ国际学术会议(AI TRIZCON2018-II)”等国际学术会议,承办省教育文化国际交流与合作协会第二届理事会第三次会议暨2018年度年会,发起组织首届“外国院士校园行”活动,召开首届国际化建设工作会议。全年派出63批144人次赴国(境)外访问与学术交流;接待来自美国亚利桑那大学等10余个国家(地区)的教育代表团212人次;聘请外籍教师6人。

(李亚函　张艳楠)

【学校基本建设】　2018年,河北工大开工建设化工海洋学院实验教学楼、博士教师公寓;加强对廊坊校区建筑物防水项目、部分路面升级改造、运动场建设等基础设施建设;完成机械材料学院楼、生物辐照中心室外铺装和绿化工作,完成北辰校区教学区和后勤服务区环保验收;自主设计室内照明节能控制系统,升级路灯智能化监管系统,安装移动支付售饭系统,校园建设与管理服务平台功能升级以及智能信件管理系统投入使用,荣获全国教育后勤协会“高校后勤信息化建设先进单位”称号。加强平安校园建设和管理标准化、制度化,严格落实学校安全工作主体责任和监管责任清单,完善人防、物防、技防相结合的校园安全防控体系;加强视频监控、消防监控系统建设与维保,新增视频监控点位68个,在红桥校区部分学院危化品实验室新增视频监控点位17处。完成数据采集、微信平台、学工服务、网上办事大厅系统的建设与集成;搭建云桌面服务平台方案3种;完成1000平方米的数据中心机房建设及设备、服务迁移;完成学校大数据平台建设和校园“一卡通”系统升级改造工程,实现学生公寓和北辰办公楼楼宇门禁系统全面覆盖;完成红桥校区无线网设备安装、调试和系统联调、开通服务。

(李志明　张艳楠)

【党建工作】　2018年,河北工大扎实推进“两学一做”学习教育常态化制度化,坚持每两周一次对“两学一做”学习教育进行安排,评出“创最佳党日”优秀活动案例22个,在全校宿舍楼建立党总支,实现学生公寓党组织全覆盖。开展纪念建党97周年系列活动,对40个先进基层党组织、162名优秀共产党员和22名优秀党务工作者予以表彰。开展“维护核心、铸就忠诚、担当作为、抓实支部”主题教育实践活动,选树2个校级新时代高校党建“双创”工作标杆院系和10个样板支部,1个党支部入选教育部首批“全国党建工作样板支部”培育创建单位。落实“三会一课”等组织生活,评出后进党支部32个,选举产生2个学院新一届学院党委委员会,组织42人参加河北省委教育工委、天津市委教育工委举办的支部书记培训会,为全校135名教职工党支部书记开展网络培训,举办各二级党委书记、副书记和优秀党支部书记培训班。推进中共十九大精神“三进”工作,制订《关于推进新时代学校思想政治工作改革攻坚的实施方案》,推进习近平新时代中国特色社会主义思想和中共十九大精神学习工作,落实意识形态工作责任,加强思想政治工作,在全省率先成立校级思想政治工作委员会。选派4名处级干部在河北省、天津市挂职锻炼,6名处级干部参加河北省中青年干部培训班。加强对干部联系基层、离津(廊)请假、个人有关事项填报、因私出国境、干部集中培训和网络培训等一系列干部日常管理工作。开展“巡视整改”“一问责八清理”和“‘微腐败’专项整治回头看”工作,邀请天津市河北区检察院主要领导、中国纪检监察学院专家为全校党政管理干部、党支部书记做学习辅导报告。选派1个工作组到武清区参加天津市扶贫工作,全年为4个村提供帮扶资金和物品价值47万元。开展新媒体宣传工作,《你好,我是河北工业大学,今年115岁了》阅读量历史性突破10万,斩获全国高校官微单篇阅读量全国第二名;全年学校各类新闻事件在《中国教育报》《河北日报》《天津日报》等多家媒体发布报道千余篇次;津云平台推送新闻稿122篇;获中国高校校报好新闻评选摄影类、版面类、微信类三等奖各1项;加强与红桥区的文化交流与合作,成功举办第28届运河桃花节,打造“桃花学府”品牌活动;河北工大校史馆、北洋大学堂旧址被评为天津市爱国主义教育基地。校民盟基层委员会、民进支部分获河北省“先进基层组织”“民进河北省委宣传思想工作先进集体”荣誉称号。学校工会组织青年教师参加高校青年教师教学竞赛,分获全国三等奖1项,天津市特等奖、一、二、三等奖共8项。

2018年10月26日,天津市委副书记、市长张国清(中)到河北工大调研(河北工大提供)

(王大本 李亚函)

文化 旅游

【概况】 2018年,红桥区文化和旅游局(以下简称区文化和旅游局)加快构建现代公共文化服务体系,推动文化旅游业发展,传承弘扬优秀传统文化,为打造绿色城区、建设美丽红桥做出积极贡献。2018年,区非遗保护中心曹金萍被文化和旅游部评为全国非物质文化遗产保护先进个人。区文化馆原创作品《我的国》《烟殇》在全国第十八届“群星奖”天津赛区选拔赛中获得金奖。

（陈龙菲）

【改革开放40周年系列文化活动】　2018年，区文化和旅游局组织开展“致敬四十载 奋进新时代”红桥区庆祝改革开放40周年文艺演出。以“歌颂新时代、唱响新生活、共建文明城”为主题，组织开展首届全区群众文艺创作表演大赛，以文艺形式展示红桥区政治、经济、文化、社会、生态文明巨大变化，活动设声乐、舞蹈、戏剧（小品、情景剧）、曲艺、诗歌朗诵五大艺术门类，分海选、初赛、决赛3个阶段，参赛选手来自全区教育、卫生、街道等行业领域，最小年龄5岁，年长者年过八旬。举办“携手奋进新时代 同心共筑中国梦”红桥区统战系统庆祝改革开放40周年文艺会演。

2018年12月20日，“致敬四十载 奋进新时代”红桥区庆祝改革开放40周年文艺演出举办（石启砺 摄）

（石启砺）

【现代公共文化服务体系构建】　2018年，区文化和旅游局在全区开展基层公共文化设施达标创建和验收工作，编制《2018年红桥区公共图书馆总分馆制建设推动方案》《红桥区基层公共文化设施达标验收工作实施方案》，首批创建7个达标街道综合文化服务中心、49个社区综合文化服务中心，创建8个街道图书馆分馆和49个图书馆社区基层服务点，分馆实现通借通还。开展落实全市《加快构建现代公共文化服务体系实施意见》情况中期评估活动，组织各相关单位准备佐证材料迎接检查。开展街道综合文化服务中心效能专项治理。印发《关于加强街道公共文化服务体系建设专项资金管理暂行办法（试行）》，核拨公共文化服务固定类补助资金428万元。开展基层公共文化调研活动，发放公共文化服务满意度调查问卷214份，设施调查表31份，形成调研报告。

2018年11月23–24日，市公共文化服务体系建设协调组对红桥区落实全市《关于加快构建现代公共文化服务体系的实施意见》情况进行考核（石启砺 摄）

2018年红桥区公共文化大事一览表

表4

序号	时　间	地　点	主　题	活动内容及效果
1	2018.2.9	区图书馆报告厅	红桥区2018年文化和旅游工作会议	会议表彰2018年度文化、旅游、文物工作先进集体和先进个人。区文化旅游局主要负责人就2017年工作进行回顾总结，并对2018年主要工作任务进行部署。副区长刘玉明出席会议并讲话

续表

序号	时　间	地　点	主　题	活动内容及效果
2	2018.6.8	西沽公园	2018年红桥区文化和自然遗产日非遗代表性项目展示暨第十六届社区文体艺术节开幕式	艺术节从6月持续至10月，期间围绕纪念改革开放40周年、“创文创卫”、弘扬优秀传统文化等主题，举办“歌颂新时代、唱响新生活、共建文明城”群众文艺创作表演大赛、全国非遗曲艺周百场进社区展演活动、第八届全民健身运动会、公共文化巡讲活动、廉政漫画新作品展览等群众性文化体育活动，唱响文化主旋律。开幕式进行文艺演出和非物质文化遗产代表性项目展示
3	2018.6.21-6.29	区文化馆	2018年度社区文艺骨干培训	培训开设声乐、模特、摄影、舞蹈、绘画等门类
4	2018.6.29	西沽街道燕宇社区	“不忘初心跟党走·我为党旗添光彩”红桥区文化系统送文化进社区精准帮扶活动	区文化和旅游局党委书记、局长刘春玲为各街道困难家庭代表赠送购书卡；红桥区公共文化服务志愿者为社区群众表演文艺节目
5	2018.7.25-7.26	区图书馆报告厅	2018年全国公共文化巡讲活动天津培训班	来自全国公共文化服务体系建设专家委员会的专家就完善公共文化服务体系、推进基层综合性文化服务中心建设等内容进行4场专题讲座。区文化系统干部，区各社区文化管理员参加培训
6	2018.9.9	天津陆家嘴中心	红桥区群众文艺创作表演大赛决赛	活动共设声乐、舞蹈、戏剧（小品、情景剧）、曲艺、诗歌朗诵五大艺术门类，分海选、初赛、决赛三个阶段。大赛参赛选手来自全区教育、卫生、街道等行业领域，年龄最小的5岁，最年长者年过八旬
7	2018.10.23	区人大常委会会议室	向区人大常委会主任会议汇报工作	区文化和旅游局党委书记、局长刘春玲向区人大常委会主任会议做《努力提升公共文化服务水平 打好创建文明城区攻坚战》汇报
8	2018.11.1	——	——	市文化和旅游局印发通知，公布第十八届“群星奖”天津地区选拔赛获奖作品。红桥区文化馆选送的音乐类作品《我的国》、舞蹈类作品《烟殇》获金奖；音乐类作品《绽放》《画不完的美丽》、舞蹈作品《古韵》获银奖
9	2018.12.20	民族中学礼堂	“致敬四十载 奋进新时代”红桥区庆祝改革开放40周年文艺演出	活动由区委、区政府主办，区委宣传部、区文化和旅游局承办，以文艺形式共庆改革开放40周年，向波澜壮阔的40年致敬，区各有关单位代表观看演出。演出结束后，区委宣传部、区委网信办、区文化和旅游局联合开展“我最喜爱的节目”网络评选活动，《我的国》《梨花颂》《同圆中国梦》入围

（石启砺）

【文化产业】 2018年,区文化和旅游局组织区内有关企业参加深圳文博会、中国北京国际文化创意产业博览会等活动。艺点意创有限公司申报天津市第五批文化产业示范基地。邀请河北省沧州市旅游局参加运河桃花节活动开幕式,并进行合作交流洽谈。接待清华大学社会实践学生开展文化产业发展座谈。对天津青年公社餐饮管理有限公司、天津燕赵学术交流中心进行调研走访,为企业解决难题,提供优质服务。在燕赵学术交流中心开展书画创作慰问活动;为天津青年公社餐饮管理有限公司联系社区招聘会。意库创意产业园获市文化产业示范园区专项资金20万元。

(石启砺)

【非物质文化遗产保护】 2018年,红桥区第七批非物质文化遗产代表性项目代表性传承人14人。“益德成”闻药制作技艺传承人马卫东获第五批国家级非物质文化遗产代表性项目代表性传承人。实验小学等4家学校设立非物质文化遗产传习基地。举办全国非遗曲艺周曲艺进社区红桥区展演活动4场;举办2018年文化和自然遗产日红桥区非物质文化遗产代表性项目展示活动,3个动态项目和13个静态项目进行现场展示;组织有关项目参加全区首届“两新”党组织文化艺术节非遗展示活动;结合“万千百十”行动,组织有关代表性项目在双环邨街新佳园东里社区进行展示。

(石启砺)

2018年6月11日,全国非遗曲艺周曲艺进社区红桥区展演活动走进和苑街道营和园社区,图为来自重庆的国家级非遗代表性项目“重庆金钱板”(石启砺 摄)

【文物文博】 2018年,区文化和旅游局加强文物安全管理,与文保单位签署安全生产责任书,建立安全制度、预案,明确安全岗位职责。对区博物馆、纪念馆消防、保安器材、电路、监控等设施,进行隐患排除,对干部职工定期组织培训演练,切实做好文物安全工作。推进文物保护维修,完成瑞蚨祥绸布店旧址修缮工程专项补助资金申报,落实天津普通中学堂旧址电力维修工程的项目申报及补助资金再次申报,完成义和团吕祖堂坛口遗址防雷工程国家专项补助资金申请。开展西沽南地区文物踏勘工作,形成调研报告。配合区规划分局、区房管局、拆迁部门做好全区特别是西沽南、西于庄、铃铛阁地区文物保护工作,做好全区不可移动文物复核工作。深入挖掘红桥历史文脉,设计制作《历史名人在红桥》展览,在桃花堤、义和团纪念馆展出。开展公益性教育活动,举办反映红桥区历史文化的4个展览分别在外国语小学、邵公庄小学和三条石街道展出,累计参观学生和社区群众3000人次。组织红桥实验小学等共建学校到觉悟社旧址等其他区文化场馆开展主题实践活动。以横幅、展览形式加强对文物保护、消防安全、文明旅游、防灾减灾、扫黑除恶等法律法规、条例宣传。做好免费开放

2018年8月9日,《历史名人在红桥》主题展览在三条石街道御河湾社区展出(李永斌 摄)

服务，两馆共接待观众15000余人次。

（石启砺）

【旅游开发】 2018年，区文化和旅游局举办第28届天津运河桃花文化商贸旅游节，创新办节理念，转变办节模式，首次实行市场化运作，以运河桃花节为契机搭建平台，突出“旅游+”效应，发展“桃花经济”，提升“桃花科技”，弘扬“桃花人文”。先后举办文艺表演、相声表演、小学生传统文化展演、桃花特色小吃展卖等各类活动50余场次，以“讴歌新时代，赞美新天津；赏运河桃花，享美好生活”为主题，以地方人文和自然资源为载体，充分展示红桥区文化商贸旅游资源和城区变化。参展2018中国旅游产业博览会，红桥区再次以独立单位参展，面积100平方米，以“打造绿色城区，建设美丽红桥”为主题，分为特色旅游景点、品牌特色活动、非物质文化遗产、餐饮娱乐住宿等几大板块，展示益德成鼻烟、汇蚨源手工布艺、小李烧鸡、马家熬糖等非遗项目和特色商品，深入推进东西协作、对口支援项目和京津冀协同发展战略，展会期间发放各种旅游宣传资料3000余份，红桥区获得优秀展台奖。2018年8月，谦祥益文苑从估衣街乔迁至陆家嘴商业中心，使传统文化与现代时尚有机融合，在津城、在全国相声圈掀起一阵波澜。2018年9月19日至23日，举办第九届天津相声节，以“老传统、新相声”为主题，19个省市28个相声团队参加演出，推出新作品专场演出7场；为L+MALL陆家嘴商业中心正式开业贺喜，准备多场“原生态”相声演出，回归旧时撂地演出形式，让观众和演员近距离接触，让观众感受一场场精彩演出和传统相声魅力。依托AAA级景区西沽公园内荣宝斋、圣和轩书画院举办怀真抱素——当代名家学术邀请展、2018天津春季文物艺术品拍卖会等活动10余场；依托义和团纪念馆与三条石历史博物馆开展爱国主义教育主题活动14场次；依托平津战役纪念馆举办“5·18”国际博物馆日、国家公祭日、“不忘初心 开创未来”庆祝天津解放69周年主题纪念活动等红色旅游活动20余次。

2018年3月22日，第28届天津运河桃花文化商贸旅游节开幕（区文化和旅游局提供）

（徐 明）

【协同发展】 2018年，区文化和旅游局抢抓京津冀旅游协同发展新契机，邀请河北省沧州市旅游局参加运河桃花节、中国旅游博览会，进行文化旅游节庆交流；接待河北省饶阳县委宣传部、文化旅游局到益德成闻药博物馆参观，对接文化产业合作洽谈，践行京津冀旅游一体化战略，推进区域文化旅游合作。贯彻落实区政府与甘南州碌曲县、庆阳市合水县的全面对口扶贫工作，建立文化旅游对口支援项目。借第28届天津运河桃花文化商贸旅游节、中国旅游产业博览会，举办碌曲、合水旅游宣传推介活动，设计制作灯箱、背板，在桃花堤明显位置矗立，向游客进行宣传，发放两县宣传折页、图册千余份。桃花节期间，与区商务委合作，在桃花堤设立对口支援地

2018年11月9日，区文化和旅游局邀请河北省沧州市旅游局参加中国旅游产业博览会（张朝锋 摄）

区旅游特产专卖点位。

（徐　明）

【文化市场管理】　2018年，区文化和旅游局严格落实行业监管职责，先后完成文化市场主体年度报告和印刷企业、出版物零售企业年度核验等工作；组织区内印刷企业集中开展印刷行业法规培训；联合区审批局完成印刷企业许可证更换。组织读书爱好者参加“4·23”全民读书日和“2018书香天津·读书月出版物惠民展示展销活动”；联合市新闻出版局、市全民阅读活动办公室、平津战役纪念馆、区教育局等部门开展2018年度“读红色经典 做英雄少年”主题演讲展示活动。加强城市书吧工作指导，开展书吧管理员业务培训，做好书吧出版物补充更新。组织公安红桥分局、区委网信办、区文化市场行政执法大队开展年度“剑网”行动；组织全区政府机关单位开展推进软件正版化工作，邀请市版权局负责人和金山软件有限公司业务指导老师为各单位工作人员进行正版软件推广业务培训。加强网吧专项治理，坚持重大节假日、寒暑假、“黄金周”长假期间对网吧和歌舞娱乐场所进行重点监控、巡视、检查。全年累计检查企业435家次，出动检查人员1305人次，办理一般处罚案件21件，其中警告10件、停业整顿10件、罚款1件，罚款金额2000元。

2018年10月30日，区文化和旅游局在平津战役纪念馆举办2018年度“读红色经典　做英雄少年”主题演讲展示活动(孙铁华　摄)

（徐　明）

【扫黄打非】　2018年，区文化市场行政执法大队召开2018年度“扫黄打非”工作会议，部署2018年全区“扫黄打非”工作。区文化和旅游局、区文化市场行政执法大队联合相关单位开展“清源”“净网”“护苗”“秋风”“固边”5个专项行动，重点打击邪教迷信、淫秽色情、非法政治性出版物，清查非法出版物源头。推动“扫黄打非”工作向基层延伸，积极开展示范创建工作，全区10条街道42个社区和2个景点完成创建任务。加大“扫黄打非”宣传力度，到景区、社区广泛开展宣传。

2018年3月31日，区文化和旅游局在燕宇社区开展“扫黄打非”进社区宣传活动(柳涛　摄)

（徐　明）

【读书活动】　2018年，区图书馆、区少年儿童图书馆组织全区中小学生参加天津市中小学生“好书伴我成长”读书系列活动，在诵读、征文、绘画

2018年5月15日，区图书馆、区少年儿童图书馆组织开展“好书伴我成长”读书系列活动演讲选拔赛(田立锋　摄)

及剪纸4项比赛中,68名学生荣获市级奖项,75名学生获区级奖项,12名教师获市级优秀辅导教师奖。世界读书日开展“书香红桥全民读书月”活动,组织主题讲座5场、主题展览2场,利用微信公众号为读者们推送好书。区少儿图书馆组织少儿剧场、成长课堂、亲子乐园、绘声绘色、七彩阅读、“我们的节日”等活动,年内累计开展活动70场,5633人次参与。举办“绿书签”护苗活动5场,包括绿书签图书推荐、绿书签发放“护苗行动”宣传、读后感征集、绿书签读书简报征集、绿书签经典阅读作品展等。区图书馆开展讲座50场,其中御河讲坛讲座43场,在永进社区、天津三中、红桥区实验小学、丁字沽小学举办社科讲坛7场;组织培训4场、基层辅导7次、《改革开放40周年图片展》等展览11场。

(徐　明)

2018年红桥区图书馆借阅统计表

表5

项　　目	单位	指标
一、总流通人次	人次	422663
其中:书刊文献外借人次	人次	100512
二、书刊文献外借册次	册	452304
其中:本馆书刊文献外借册次	册	331937
流通点外借册次	册	120367

2018年红桥区少年儿童图书馆借阅统计表

表6

项　　目	单位	指标
一、总流通人次	人次	238494
其中:书刊文献外借人次	人次	45374
二、书刊文献外借册次	册	113437
其中:本馆书刊文献外借册次	册	113437
流通点外借册次	册	0

2018年区文化馆文艺团队及个人获奖情况一览表

表7

类别	作者(单位)姓名	参加比赛	主办单位	获得奖项	时间	级别
楹联	张永龄	“圆梦中华 弘扬诗钟传统文化”全国诗钟大赛	中华诗钟社	三等奖	2018.2	国家级
	王家祥			优秀奖		
	桂绿岩			优秀奖		

续表1

类别	作者(单位)姓名	参加比赛	主办单位	获得奖项	时间	级别
文学	杨　萍	第二十七届“东丽杯”孙犁散文评选	天津市文化广播影视局 天津市东丽区人民政府	二等奖	2018.9	市级
	滑卫红			三等奖		
	李　振			个人组织奖		
漫画	李志平	第五届“三毛杯”(2018)中国漫画大赛	中国美术家协会漫画艺术委员会	入选	2018.9	国家级
		“老道湾杯”全国文明旅游漫画大赛	湖南美术家协会漫画艺术委员会	三等奖	2018.3	市级
国画	李天伟	天津市首届青年美术创作双年展	天津市群众艺术馆	入展	2018.6	市级
				优秀组织奖		
		“不忘初心 翰墨澄怀”天津市群艺书画沙龙迎新作品展	天津市群众艺术馆	入展	2018.1	市级
		2018“你好天真”天津市第三届少儿美术创意美术展	天津市文化广播影视局	优秀组织奖	2018.9	市级
		天津市第十二届社区教育展示周书画邀请赛	天津市第十二届社区教育展示周组委会	优秀作品奖	2018.11	市级
		“正气清风”庆祝中国共产党建党九十七周年书法作品展	天津市群众艺术馆	优秀组织奖	2018.7	市级
摄影	韩富良	“喜迎全运·幸福生活·健康天津”市民摄影大赛	天津市新闻摄影学会	大众奖	2018.3	市级
	詹高越			特别奖		
摄影	李学礼	“上马台·美好家园”摄影展	天津市摄影家协会	三等奖	2018.1	市级
		第六届天津市“先锋视觉杯”摄影大赛	天津市艺术摄影学会 天津市和平区总工会	三等奖	2018.4	
		“美丽天津·魅力五大道”摄影大赛	天津市新闻摄影学会 天津日报	三等奖	2018.5	
		第四届“美丽天津”摄影大赛	北方网	优秀奖	2018.1	
		“大美天津健康生活”摄影大赛	北方网	优秀奖	2018.1	
摄影	张中庆	“不忘初心跟党走”——天津各界深入学习宣传贯彻党的十九大精神主题摄影展	天津市摄影家协会	入展	2018.2	市级
		中国·天津第九届妈祖节主题摄影展	天津市摄影家协会	入展	2018.9	

续表2

类别	作者(单位)姓名	参加比赛	主办单位	获得奖项	时间	级别
摄影	张德泉	第二届“西井峪杯”山村风情摄影大赛	天津市摄影家协会	入展	2018.10	市级
		天津市第十二届社区教育展示周摄影邀请赛	天津市第十二届社区教育展示周组委会	优秀作品奖	2018.11	
摄影	刘凤珍	天津市第十二届社区教育展示周摄影邀请赛	天津市第十二届社区教育展示周组委会	优秀作品奖	2018.11	市级
音乐	响板合唱团	“新时代歌声”合唱比赛	天津市公共频道	最佳指挥奖	2018.9	市级
		天津市“和平杯”第五届合唱比赛	天津市文化广播影视局 天津市和平区人民政府	百灵奖	2018.10	
音乐	红桥区文化馆《我的国》	第十八届“群星奖”天津地区选拔赛	天津市文化广播影视局	金奖	2018.11	市级
	红桥区文化馆《绽放》			银奖		
	红桥区文化馆《画不完的美丽》			银奖		
	李安娜 井立娜	天津市第十二届社区教育展示周声乐邀请赛	天津市第十二届社区教育展示周组委会	优秀表演奖		
舞蹈服饰	舞蹈队	天津市第二届老年广场舞大赛		三等奖	2018.11	市级
	服饰队			三等奖		
	张竞文	天津市第三届市民艺术节	天津市文化广播影视局	优秀组织奖		
	红桥区文化馆《烟殇》	第十八届“群星奖”天津地区选拔赛	天津市文化广播影视局	金奖		
	红桥区文化馆《古韵》			银奖		
朗诵	李福海 许克美	天津市第十二届社区教育展示周诵读邀请赛	天津市第十二届社区教育展示周组委会	优秀作品奖	2018.11	市级

广播电视

【概况】 2018年，天津广播电视网络有限公司红桥分公司(以下简称广电红桥分公司)抓牢发展机遇，促进公司转型，主营电视宽带高清业务、节目编播、集客业务，负责全区广播电视网络的统一规划、统一建设、统一经营、统一管理，是重要的舆论宣传阵地。

(高 岚 王 薇)

【新闻宣传】 2018年,广电红桥分公司坚持正确的舆论导向,围绕区域经济社会发展、全区中心工作和重点工程、创新创业和民计民生等,通过新闻和专栏节目进行宣传报道,以多种形式展现全区各个行业发展态势和工作氛围。《红桥新闻》继续做好《美丽红桥我来拍》《青春梦想在行动》《情暖红桥》《监督台》《阅读》《天文探索》6个新闻品牌栏目,打造《运河文化大讲堂》品牌效应,联合区卫计委、区司法局策划制作《健康文明讲坛》《释理说法》等新闻专题。2018年,子牙河北岸郭家菜园段行洪河道清理工程从项目正式启动前,派出报道组,每天到郭家菜园进行跟踪拍摄,逐门逐户与居民沟通、了解家庭生活情况和居民盼搬迁的迫切愿望,并对重点户从入户到搬迁全过程进行拍摄,累计拍摄素材时长200余分钟。截至年底,红桥频道全面播发《红桥新闻》265期、《一周新闻回顾》35期,天津卫视《天津新闻》栏目播发本台报送新闻30条。

(高 岚 王 薇)

【用户服务】 2018年,广电红桥分公司营业厅作为窗口部门了解掌握居民需求,为居民有针对性的推荐产品,从4月开始,广电红桥分公司到各个社区现场宣传,入户进行一站式服务安装,发放宣传单15000余张。2018年完成工单50000余张,每一张工单都经过客服人员二次复审,为居民解决实际问题。

(高 岚 王 薇)

【业务拓展】 2018年,广电红桥分公司完成红桥区旧楼区改造项目278点位的监控链路施工工作、红桥区雪亮工程46点位监控链路的施工工作、红桥区智慧社区示范区的监控点位监控链路的施工工作;完成大量交管数据业务;完成红桥区委大院光纤入户改造工作。完成河庭二期、河海二期、振业名邸3个新建小区的光纤入户工程收尾工作。

(高 岚 王 薇)

【网络优化】 2018年,广电红桥分公司调整工作思路,提高信号传输质量,通过各项数据业务拓展和开发,充分利用时机,在数据业务工程施工的同时,在涉及的各个小区大量施工光缆交接箱,为其他业务开发与应用奠定网络基础。对辖区内多个远端和简易机房进行巡检和安全隐患排查,在重要时期对远端机房进行巡检,确保安全保障期的网络安全播出传送,保障远端机房正常传输。完成咸阳北地区多个小区全负荷光纤改造工作。

(高 岚 王 薇)

卫生和计划生育

【概况】 2018年,红桥区卫生和计划生育委员会(以下简称区卫生计生委)深化医药卫生体制改革,推动公立医院改革,建立10个不同类别医联体,区域远程影像诊断、检验、心电、会诊中心和双向转诊平台平稳运行。红桥区公立医院完成智慧门诊建设,预约人次提升23%;启动基层医疗机构智慧门诊建设项目,设立和苑街社区卫生服务中心为试点。区中医医院平稳搬迁,8家医疗机构完成修缮改造,启动西沽街社区卫生服务中心建设。完成“改善医疗服务质量提升患者就医感受百日行动”,启动人才培养“双十工程”。原妇幼保健院人员关系转移到妇女儿童保健和计划生育服务管理中心。各级医疗机构国医堂增强中医适宜技术应用,加强中药饮片质量管理,组织区中药饮片质量管理联席会成员实地验证饮片供应商资质。红桥医院全科医师规范化培训基地师资获得国家级荣誉,红桥医院被列为京津冀地区临床检验结果互认医疗机构。吴炳忠全国名老中医药传承工作室完成三年培养任务。区属医疗服务总量367.7万人次,门诊

313.3 万人次，出院 1.3 万人次，社区卫生服务总量 258.5 万人次，占服务总量的 70.3%。红桥区代表天津市以高分通过第三批全国健康促进区复核评估。全年甲、乙类传染病报告发病率 451/10 万，继续保持发病率低于市内六区平均水平，无甲类传染病和重大疫情发生；快速处置 15 起传染病聚集性疫情和 1 起学校猩红热突发公共卫生事件，及时处置 6 起学生肺结核病疫情。2018 年，红桥区直属卫生机构 18 个、社会办医医院 15 个，门诊部 18 个，诊所、保健站 24 个。

（刘　铮　王　欢）

【卫生改革】 2018 年，红桥医院、华博医院被市卫生健康委确定为现代医院管理制度试点医院。中医医院启动公立医院薪酬制度改革。全年 2 所二级医院药品让利 1739 万元。红桥区获得市级公立医院改革专项奖励 120 万元。建立 10 个不同类别医联体，打造具有红桥特色医联体运行模式，区域远程影像诊断、检验、心电、会诊中心和双向转诊平台运行良好，检查结果互认。完成 400 余项 5267 例送检项目、10898 人次远程影像诊断、2 例疑难心电图会诊；二级医院上转病人 234 人次，下转 456 人次。基层医疗卫生机构门急诊同比增长 9.8%，比综合医院增幅高 20 个百分点，占全部门诊总量的 74%。家庭医生签约居民 18.21 万人，签约服务覆盖率和重点人群签约服务覆盖率分别为 32% 和 88%；设计个性化家庭医生签约服务包，服务 1397 人次。侧重服务重点人群，备足 33 种“高糖冠脑”病（高血压、糖尿病、冠心病、脑卒中）患者常用药品。为居家卧床老人提供上门服务 9942 人次，提前超额完成民心工程任务。

（周　姝　李　萍）

2018 年，区域远程放射影像诊断中心平稳运行（区卫生计生委提供）

【医政管理】 2018 年，区卫生计生委完成“改善医疗服务质量提升患者就医感受百日行动”，启动“进一步改善医疗服务行动三年行动计划”，二级医院成立患者门诊服务中心、住院患者服务中心、投诉受理中心，为患者提供一站式服务。7 月 1 日，辖区内提供住院服务的 10 所医疗机构全部完成疾病手术操作编码统一工作。新增医院管理专业质控组，完善医疗质量监管网络。红桥医院积极推进国家级卒中防治中心建设，急诊科实现分类分区标识腕带管理，增设“新生儿疾病专科门诊”和“儿童呼吸疾病专科门诊”，化验室列为京津冀地区临床检验结果互认机构。为 2018 年全国残疾人田径游泳锦标赛、天津市首届公园健身大会、第 28 届天津运河桃花文化商贸旅游节、赴菲律宾遣返 78 名中国台湾籍电信诈骗犯、西于庄棚户区征收改造、环境清整消除隐患等市、区重点项目派出 192 批次 407 人次医护人员提供医疗保障服务。

2018 年 3 月，区卫生计生委为第 28 届天津运河桃花文化商贸旅游节提供医疗保障（区卫生计生委提供）

（周　姝）

【疾病预防控制】　2018 年，红桥区代表天津市以高分通过第三批全国健康促进区复核评估。区疾控中心实验室仪器设备配置率 97%，检测项目 279 项。接种门诊均完成升级改造和评审验收，1 家达到市级示范标准、3 家达到区级示范标准。红桥医院动物致伤处置门诊达到甲级门诊标准。开展 60－74 岁人群大肠癌筛查工作，完成初筛 30894 人；为 6 个街道 6061 名 40－74 岁居民开展恶性肿瘤早诊早治筛查；开展 7－9 岁儿童窝沟封闭工作，窝沟封闭牙数 14895 颗。落实严重精神障碍患者管理治疗，在和苑街建设红桥区第一家“心灵驿站”。开展艾滋病高危人群社区干预、HIV 阳性人群结核菌筛查工作。

2018 年 6 月，区卫生计生委联合区体育局举办红桥区 2018 年“健康快步走预防慢性病”暨“家庭医生：我承诺我服务”大型宣传活动（区卫生计生委提供）

（周　晶）

【妇幼保健】　2018 年，区卫生计生委完成《妇女儿童健康促进计划》各项重点工作指标，全区未发生孕产妇死亡，妇女儿童疾病筛查 10 万人次以上。国家免费孕前优生健康检查项目完成率 109%。为 21285 名已婚育龄妇女开展免费妇科病普查，超额完成 26.7%。

2018 年 8 月，区卫生计生委在红桥医院开展母乳喂养宣传日活动（区卫生计生委提供）

（周　晶）

【卫生执法监督】　2018 年，区卫生计生委以“双随机一公开”打造公平公正市场竞争环境和法制化便利化营商环境，全年完成 90 户次随机监督抽查、检测及结果公示。日常监督 846 户次，行政处罚案件 47 件，罚没 11.6 万元；向公安红桥分局移送 3 起涉嫌非法行医案件，并抄送区人民检察院。

（李　珺）

【社区卫生】　2018 年，红桥区人均基本公共卫生服务经费财政补助标准提高到人均 70 元，居民电子健康档案建档率 94.03%，老年人、高血压、糖尿病患者健康管理率均超过市级标准。社区卫生服务总量 258.5 万人次，占服务总量的 70.3%。

2018 年 4 月，芥园街道社区卫生服务中心为老年人开展健康体检（区卫生计生委提供）

（周　姝）

【科研与教育】　2018 年，区卫生计生委举办市级继续医学教育项目 3 项。依托市中医药重点领域科技项目平台，3 所区属社区卫生服务中心与天津市中医药研究院开展糖尿病肾脏疾病慢病管理科研合作。吴炳忠全国名老中医药传承工作室完成三年培养任务。

（刘奕然）

【对口帮扶】 2018年，区卫生计生委派出11名技术骨干为甘肃省合水县、碌曲县开展对口支援，其中皮肤科、骨科、神经外科填补帮扶县专业空白；接收当地医疗卫生人员到津进修实训13人。与4个对口县医疗机构签订结对帮扶协议。

2018年6月，区卫生计生委对口支援地区甘肃省庆阳市卫计局到芥园街道社区卫生服务中心调研社区卫生服务工作（区卫生计生委提供）

（刘奕然 刘金环）

【多元化办医】 2018年，区卫生计生委加强医疗质量监管，每年对辖区内的各级各类医疗机构进行质控；加强预防保健监管，确保社会办医机构依法依规报告法定传染病；加强专业技能培训，为社会医疗机构开展继续医学教育和专业技术培训工作。开展生物安全实验室管理培训及备案管理服务。加强行风监督，签订《2018年度天津市卫生计生行业作风建设责任书》。加强党建保障，举办红桥区民办医院各支部书记述职交流座谈会，强化对民办医疗机构的干部培训，全面完成民办医院党建工作进章程。

（刘 铮 王 欢）

【人口和家庭公共服务】 2018年，区卫生计生委实施全面两孩政策，人口出生率5.39‰，出生人口性别比为104.20，法律法规规定的奖励、扶助政策落实率100%。开展创建幸福家庭、圆梦女孩志愿行动等活动，建设母婴设施3个。开展整治“两非”专项行动，加大出生人口性别比综合治理工作力度。完成跨省流动人口个案信息核查工作6937件。育龄群众免费避孕药具获得率95%。落实计划生育家庭特别扶助、独生子女父母奖励等扶助政策。成立区特扶家庭医疗咨询服务队。

（刘明红 韩 琳）

【爱国卫生】 2018年，红桥区抽调各部门人员成立创文创卫办公室，统筹推动创建国家卫生区各项工作。建立政府组织与全社会参与相结合的病媒生物防控机制，机关、企事业单位和社区积极开展病媒生物预防控制活动，顺利通过市创卫办病媒生物考核验收，乐安里社区通过天津市病媒生物防制示范社区验收。区卫生计生系统积极开展创建国家卫生区工作，加强“两废”（医疗废弃物和医源性污水）管理，全面升级改造污水排放设施，建立10个医疗废弃物处置中转站。为全区制作安装健康教育宣传栏265个，开展各类健康知识讲座80余场，受益人数6000人。推动“四小”行业（小旅店、小美容美发店、小歌舞厅、小浴室）无证户清零。全系统包保16个社区，利用节假日进行环境清整，并派出60人次开展长期包保服务。

2018年4月10日，区卫生计生委举办第30个爱国卫生月启动仪式暨红桥区创建国家卫生区主题宣传活动（区卫生计生委提供）

（李 珺 张 硕）

【行风建设及党建工作】 2018 年,区卫生计生委开展医药领域顽症痼疾攻坚战专项行动。结合"5 · 12"护士节、首届医师节,开展职业宣誓活动。组建 32 人党风政风监督队伍,每月突出重点对基层单位"四风"问题进行明察暗访。举办 2018 年基层党组织书记专题培训班,加强民办医院党建工作监督管理,1 名社会办医院发展对象入党。区卫生计生委党委获得天津市"维护核心、铸就忠诚,担当作为、抓实支部"先进基层党组织。

2018 年 10 月,区卫生计生委机关党支部组织开展学习狼牙山五壮士主题党日活动(区卫生计生委提供)

(李　珺　刘金环)

体　育

【概况】 2018 年,红桥区体育局(以下简称区体育局)以不断满足人民群众日益增长的体育需求为基本出发点,扎实办好群众体育活动,积极推进全民健身活动蓬勃开展,不断提高竞技体育水平,繁荣发展体育产业。红桥区青少年组在天津市第十四届运动会上获得金牌 30 枚、银牌 30 枚、铜牌 35 枚,团体总分 1604.5 分。群众组获得金牌 6 枚、银牌 6 枚、铜牌 4 枚,展现红桥区群众体育基础。

2018 年 7 月 11 日,天津市第十四届运动会游泳比赛在天津奥林匹克中心游泳跳水馆进行,图为红桥区青少年组参赛队员(区体育局提供)

(吴　镇)

【全民健身】 2018 年,区体育局发挥西沽健身中心等全民健身基地作用,开展篮球城市公园联盟赛事,搭建群众体育队伍交流平台,天津市首届公园健身大会在西沽公园开幕,全市百座公园健身队伍展示公园健身成果。组织开展"乐走津沽大地共享健康人生"健身大拜年、第五届红桥武术节、第十六届家庭趣味运动会、第八届全民健身运动会、第十六届社区文体艺术节等大型体育活动。推广健步走、健康跑、健身骑行"活力三项"运动;推动群众性足球、篮球、排球三大球和乒乓球、羽毛球、网球三小球运动项目;发展健身健美、广场舞、游泳、轮滑等群众喜闻乐见的健身项目;鼓励开展健身气功、风筝等传统趣味运动项目;开发适合不同人群、不同地域和不同行业特点的特色运动项目。办好红桥区第八届全民健身运动会及青少年、社区、职工、妇女、老年人、残疾人等各类人群体育赛事活动,各街道结合地域文化、行业文化及体育资源,打造"一街一品""一行一品"全民健身赛事活动品牌。组织开展第三套市民广播体操培训,各街道健身队伍、西沽公园健身会骨干代表、全区机关单位代表 200 余人参加培训。组队参加第十五届全国武术之乡套路比赛,获得一等奖 6 个、二等奖 7 个、三等奖 16 个和纪念奖 4 个。

2018 年 10 月 18 日，红桥区第十六届文体艺术节闭幕式在区体育局院内举行，图为儿童篮球展示(区体育局提供)

(吴　镇)

【“十五分钟健身圈”建设】 2018 年，区体育局新建多项社区健身设施，完善体育场社区健身中心建设，做好全民健身体育设施的普查、维护、保养工作，满足不同人群健身需求。组织干部群众参加体质监测活动，参与测试 1300 余人。创新和探索废旧厂房变身运动工厂的途径，发挥闲置厂房资源优势用于体育健身。

2018 年 5 月 11 日，天津市乒乓球羽毛球小球运动管理中心党支部到西沽健身中心乒乓球场地与区体育局机关党支部、区体育场党支部共同开展党员为基层群众健身服务支部主题党日活动(区体育局提供)

(吴　镇)

【协会组织】 2018 年，区体育总会举行换届仪式，团结全区各体育协会、体育工作者和体育爱好者，开展全民健身工作，助推红桥体育事业发展。组建红桥区社会体育指导员协会，满足人民群众对健身服务的需求，为社会体育指导员和健身爱好者之间搭建服务平台。“享锻炼”—天津社会体育指导员工作平台开通上线，利用新媒体和微信公众平台在协会负责人、社会体育指导员和志愿者中扩大信息传播。

2018 年 5 月 5 日，红桥区第八届全民健身运动会启动仪式暨红桥区社会体育指导员协会成立大会在西沽健身中心举行(区体育局提供)

(吴　镇)

【竞技体育】 2018 年，红桥区组织乒乓球队伍参加 2018 年天津市青少年乒乓球锦标赛，获得冠军 4 个、亚军 4 个、第三名 2 个；足球项目组队参加 2018 年天津市青少年室内五人制足球锦标赛获得第四名，参加 2018 年天津市青少年足球冠军杯赛男 u8、男 u7 分别获得亚军；游泳项目组队参加 2018 年天津市青少年游泳锦标赛，获得冠军 1 个、亚军 8 个、第三名 11 个；柔道项目参加 2018 年柔道锦标赛，获得冠军 1 个、亚军 1 个、第三名 3 个；击剑项目参加 2018 天津市青少年击剑冠军赛，获得第三名 2 个、第四名 2 个、第六名 1 个；摔跤队参加 2018 年天津市青少年摔跤锦标赛获得冠军 1 个。

2018 年 5 月 19 日，2018 年天津市青少年乒乓球锦标赛在天津团泊体育中心进行，图为红桥区乒乓球参赛队伍(区体育局提供)

(吴　镇)

社会生活

人力资源和社会保障

【概况】 2018 年,红桥区人力资源和社会保障局(以下简称区人社局)稳步推进就业、社会保障、人事人才、劳动关系等各项工作,实现全区城镇新增就业人数 3.46 万人,完成年度指标 3.4 万人的 102%;发放创业担保贷款 171 笔 1136.2 万元,完成年度指标 1020 万元的 111%;全区城镇职工基本养老、基本医疗、失业、工伤、生育保险参保人数分别为 7.83 万人、10.08 万人、7.60 万人、6.86 万人、7.29 万人,圆满完成全年计划指标;全民参保入户调查 1436 户;本市户籍养老保险未参保人员资源排查 14932 人。

(刘　洋)

【就业创业】 2018 年,区人社局精准帮扶重点群体,引导和支持大学生就业创业,开展"就业援助月""春风行动"等专项就业服务活动,认定各类就业困难群体 5080 人,其中零就业家庭 2091 人、其他各类就业困难群体 2989 人。鼓励企业吸纳就业困难人员 3053 人,享受社会保险补贴 3207.6 万元,岗位补贴 1238 万元。养老服务型企业带动就业 49 人,享受补贴 100.2 万元。分门别类建立家庭和个人档案,制订帮扶措施,实现零就业家庭、低保家庭人员至少一人就业,其他各类就业困难群体就业率 85% 以上。给予 234 人次参保职工学历、职称、技能提升补贴 31.3 万元,给予 16 户参保单位援企稳岗补贴 76.1 万元。举办"红桥区 2018 年人才招聘会"等各类招聘会 40 场,提供招聘岗位 3396 个。开展 2018 届应届高校毕业生实名制信息监测统计工作,针对就业愿望和服务需求,及时提供岗位信息、职业指导等各方面服务。择优开发就业见习资源,全年新申请见习基地 9 家,3258 人次享受就业见习补贴 535.94 万元;238 家企业享受大学生创业房租补贴 282.6 万元,6 户孵化基地享受创业孵化基地补贴 90 万元;小微企业、初创期科技型中小企业、大学生自主创业吸纳高校毕业生 819 人,享受补贴 716.93 万元。

2018 年 4 月 28 日,红桥区 2018 年人才招聘会在陆家嘴金融广场 B 座举办(区人社局提供)

(刘　洋)

【技能培训】 2018 年,区人社局强化职业技能和创业培训,举办创业培训班 14 期,培训人员 420 人。组织红桥区 22 家培训机构对企业职工开展技能培训 2796 人。其中,开展失业人员技能培训 2 个专业 7 个班次 290 人;在职人员技能培训 3 个专业 18 个班次 752 人;在职人员自费培训 5 个专业 56 个班次 1754 人。

(刘　洋)

【对口帮扶】 2018 年,区人社局面向对口帮扶的甘肃省合水县、碌曲县招聘 13 名事业单位工作人员;面向碌曲县、合水县招聘 10 名社区戒毒、社区康复专职工作人员。与合水县合作举办"2018 年天津市红桥区对口帮扶 SYB 创业培训",培训学员 180 名,帮助当地学员掌握开办企业、公司运作、会计的相关技能。携手合水县、碌曲县人力社保局联合举办现场招聘会,提供就业岗位 2500 多个,助力当地劳务输出。全年合水县和碌曲县两地到津就业累计 108 人。

2018年3月2日,区人社局组织10家知名企业赴甘肃省庆阳市合水县,携手合水县人社局联合举办现场招聘会(区人社局提供)

(刘　洋)

【社会保障】 2018年,区人社局继续实施全民参保登记计划,推进全区未参保户籍人员摸底调查和入库登记工作,督促各类单位应保尽保,维护职工社保权益,不断扩大社会保障覆盖面。全年发放各类失业保险待遇26.8万人次1.42亿元,发放灵活就业社会保险补贴16.9万人次1亿元,给予1633人次学历职称技能补贴238.9万元,给予27户稳岗补贴138.7万元。建立工伤快速认定、快速结算机制,工伤认定154起,工伤鉴定55人。办理失业人员退休手续3618人。开具各类证明材料19306人次,接收档案9556份,转出档案4675份。

2018年3月16日,区人社局会同相关职能部门负责人到天津津酒集团有限公司进行调研(区人社局提供)

(刘　洋)

【依法维权】 2018年,区人社局不断健全劳动维权机制,维护劳动关系和谐稳定,全年劳动合同续签变更4625人,开展薪酬调查企业27家,签订工资集体协议企业2986家。2018年新创建区级和谐企业9家。以《中华人民共和国劳动合同法》发布实施十周年活动为契机,借助"公仆走进直播间"、微信公众号等载体,宣传劳动合同相关政策;组织拍摄劳动合同法宣传微视频,在局劳动保障服务大厅实时播放;联合区总工会开展和谐劳动关系大讲堂活动,到街道、社区、企业开展劳动合同法宣传周、宣传日活动,进一步构建和谐劳动关系。建设完成劳动监察管理指挥中心,全年立案查处投诉举报案件165起,开展大型专项检查与日常巡查企业770余家,完成农民工工资支付情况、用人单位遵守劳动用工和社会保险法律法规情况、开展清理整顿人力资源市场秩序等专项检查,为劳动者追回工资福利待遇710万余元;完成全区4300余家企业劳动保障书面审查及用人单位守法信用等级评价工作;出台《红桥区欠薪应急周转金管理办法》,开展以建筑业、餐饮服务业为重点的专项执法检查,确保劳动关系和谐稳定。2018年,劳动人事争议仲裁院受理各类劳动争议案件457件,其中立案378件、不予受理案件79件;结案312件,其中调解案件155件、裁决案件157件,时效内结案率100%。为职工挽回经济损失520.21万余元。受理集体劳动争议案件1起,涉及职工28人。

2018年12月17日,区治欠保支联席会议办公室组织召开治欠保支成员单位部署工作推动会(区人社局提供)

(刘　洋)

【人才服务保障】　2018 年,区人社局配合区委组织部启动“子牙人才”计划,面向“双一流”高校招聘一批优秀毕业生;开展“青年英才”评审工作;积极落实“海河英才”行动计划,共受理落户 14880 人,发放调档函 1528 张,发放准迁证 6241 张,落户办结 5729 人。多渠道宣传非公经济组织人员和自由职业者职称申报政策。全区企事业单位专业技术人员职称申报 73 人。天津协盛科技股份有限公司总经理刘铁超入选天津市“131”创新型人才培养工程第一层次人选。区教师进修学校副校长徐长青 2018 年享受政府特殊津贴。加快培养高技能人才队伍,积极选拔红桥区高技能人才参加天津市技术能手、名师带徒、技能大赛等评选工作。中船重工七〇七研究所的 5 名高技能人才被评选为天津市技术能手。

2018 年 3 月 9 日,区人大代表到公共就业(人才)服务中心调研(区人社局提供)

(刘　洋)

【公务员管理】　2018 年,区人社局公务员考录工作顺利完成,全年录用公务员 105 人,为全区党政人才队伍增添新力量。严格规范职位管理,全年办理科级职务晋升、转正审核审批 52 人,公务员职务与职级并行 4 人。推进公务员平时考核、年度考核工作,全区行政机关参加年度考核人员共 1102 人,考核优秀等次 148 人,其中给予嘉奖 118 人、连续三年考核优秀记三等功 30 人。对在子牙河北岸郭家菜园段行洪河道清理工程和单家面铺棚改项目实现清片报捷中贡献突出的 16 名同志记三等功、25 名同志给予嘉奖。强化公务员培训工作,及时举办初任和任职培训,全年培训公务员 1936 人次。

(刘　洋)

【机关事业单位管理】　2018 年,区人社局不断完善事业单位绩效工资政策,落实公立医院薪酬制度改革试点工作方案,推进机关事业单位养老保险制度改革,做好机关事业单位工作人员工资调整和津贴补贴监督检查工作。全年公开招聘事业单位工作人员 217 人。严格岗位聘用工作,区属事业单位岗位变动人员 419 人。严格考核比例,坚决杜绝超比例评优现象,2018 年统计,2017 年全区事业单位实际参加考核 7559 人,其中优秀等次 1451 人。

(刘　洋)

【军转安置】　2018 年,区人社局完成军转安置任务,接收军转干部 20 人全部安置到位。春节期间,组织相关单位对 78 名企业退休军转干部进行慰问。退休企业军转干部生活困难补助及时发放到位,全年发放补贴 520 余万元,累计发放 3200 余人次,提高企业军转干部生活水平,保证涉军群体稳定。

(刘　洋)

民政工作

【概况】　2018 年,红桥区民政局(以下简称区民政局)救助低保、低收入、特困供养、临时救助困难群众 2.35 万人次,累计发放保障金 1.8 亿元;登记造册 7752 名辖区军队退役人员,建立 5 个社区养老服务体系,为全区 9.3 万名 65 岁及以上老年人免费办理“助老健康御险”,发放敬老卡 10928 张;完成全区 122 个社区居委会换届工作,创建美丽社区累计 53 个;全年办理结婚登记

4044 对。

（刘 畅）

【社会救助】 2018 年，低保标准由 860 元提高到 920 元，低收入家庭救助金由 258 元提高到 276 元。全区共有低保家庭 8748 户 12595 人，低收入家庭 798 户 1485 人；新审批低保低收入家庭 752 户 1294 人，停发 2681 户 4481 人；特困人员供养 77 户 77 人，临时救助 5429 户 9320 人，累计发放保障金 1.8 亿元。为 154 名医疗自费超过 20000 元的大重病困难户发放特殊医疗救助金 231 万元，为 4600 名困难残疾人发放补贴资金 1472 万元，为 9269 名重度残疾人发放护理补贴资金 2242 万元，为 36022 人次低保、低收入家庭中生活困难儿童发放基本生活费补助 720.40 万元。深入开展“问需帮困十个百户”专项行动，为 56 户困难家庭免费赠送空调，为 100 户困难家庭免除暖气费。发挥全区精准帮扶行动办公室作用，协调全区 32 个职能部门办成一批惠民实事，共 1000 户困难家庭受益。委托第三方调查机构参与申请救助家庭入户抽查，重点对 500 户困难群众进行全面核查。

2018 年 10 月 25 日，区民政局工作人员在西青区佳和贤庭公租房管理中心协助困难家庭办理社会救助相关业务（李智 摄）

（刘 畅）

【优抚安置双拥】 2018 年，区民政局在全区建立区、街、社区三级复退军人服务联络点 133 个，打造“军队退役人员之家”，实现全覆盖。辖区军队退役人员登记造册 7752 人，建立 3 个社区军休干部文化站。春节、“八一”建军节期间，区四大班子主要领导慰问驻区部队活动，送去慰问金和慰问品 42 万元。为退役军人和烈、军属家庭悬挂“光荣牌”4100 块。完成转业士官安置工作，5 名转业士官全部安置到事业单位和国有企业，为 9 名 2017 年冬季退役士兵发放自主就业金 57.75 万元。组织 87 名退役士兵参加培训；举办专场招聘会，百名退役士兵参与应聘，半数达成就业意向；30 个社工岗位定向招录退役士兵全部上岗。围绕机构改革，做好与区退役军人局（筹备组）的工作衔接和过渡。

2018 年 12 月 26 日，区民政局在区劳动服务保障中心召开退役士兵专场招聘会（王君 摄）

（刘 畅）

【社会养老服务】 2018 年，区民政局全年发放敬老卡 10928 张，办理老年证 10918 本，发放百岁老人营养补贴 30.80 万元。“敬老月”期间，走访慰问 75 户老年家庭，发放慰问金 3.75 万元。由区政府出资 186 万元，区民政局与中国人寿天津分公司为全区 9.3 万名 65 岁及以上老年人每人免费办理一份“助老健康御险”保险。2018 年底，理赔咨询累计 2681 人次，完成赔付 121 人。与区红十字会联合在桃花源养老院四新道分院开展应急救护技能现场演示活动，发放 50 个“红十字急救包”。开展养老院服务质量建设活动，全区 23 家养老院消防柜覆盖率 100%，燃气报警器覆盖率 100%。医养互助签约率 90%。6 家养老院通过消防验收并办理养老许可证；聘请第三方专业机构制定养老院消防安全整改措施,消除事故隐患。依托和苑街老吾老日间照料中心、西于庄街礼貌楼日间照料中心、芥园街河庭花苑日间照料中心等5个社区养老服务体系,开展延伸到家庭服务。

2018年8月31日,三条石街北开花园社区老人王庆荣获得“助老健康御险”理赔金1860元(中国人寿提供)

(刘　畅)

【社区建设】　2018年,红桥区面向社会和退伍士兵公开招聘100名社区工作者。印发《关于核定社区居民委员会、社区工作者限额及各社区居民委员会管辖区划的通知》,确定全区社区组织建制、各社区社工编制。全市第一个完成社区居委会换届工作,全区122个社区全部实现党组织书记和居委会主任“一肩挑”。印制《社区管理网格化手册》,设置社区网格长122名、社区网格员688名、环境网格员116名。向全区每个社区拨付1万元联系群众专项经费,共计122万元。通过配套、租赁等方式,多方筹措资金,对幸福一社区、勤俭社区、泉春里社区硬件设施进行提升改造,面积均达到300平方米以上。创建美丽社区累计53个。制订《关于在“创文创卫”工作中社区工作者履职尽责的通知》,开展“双百”活动(“创文创卫进社区,百日攻坚建家园”和“履职作为,百日整顿”),集体约谈全区旧楼区准物业公司主要负责人20人。区民政局领导班子和干部20余人次,对区内9个街道40个管理“短板小区”和194个旧楼区进行全覆盖大督查,推动旧楼区管理和创文创卫病媒防治工作达标。开展街道旧楼区长效管理“互比互查”活动7期,组织社区物业专管员160人次,互查旧楼区172个,推动社区环境问题点位整改2340处,统一全区准物业保安服装和标志,改善社区环境面貌。

2018年8月29日,区民政局到丁字沽街桃花园东里小区对旧楼区管理情况开展现场调研(李鹍　摄)

(刘　畅)

【社会专项事务】　2018年,区民政局依托“5·12”防灾减灾日,联合市红十字会、区人防办、区应急办等单位,举行“行动起来,减轻身边的灾害风险”主题防灾减灾宣传活动,普及防灾减灾知识。开展流浪乞讨人员专项救助行动,健全区、街、社区三级救助网络。组织百名市民参加“都市文明集体公祭”活动,转变传统殡葬观念。开展巩固提升“两新”组织党组织覆盖质量专项行动,推进社会组织党组织组建工作。婚姻收养登记处全年办理结婚登记4044对,离婚登记2677对,补发婚姻证书1203对,全部合法有效,登记合格率100%。

(刘　畅)

退役军人事务管理

【概况】 2018年7月，红桥区退役军人事务局筹备组（以下简称区退役军人局筹备组）成立，坚持边组建、边推进工作，攻坚克难、开拓进取，狠抓各项工作推动和落实。7月4日，区委召开常委会，传达市委常委（扩大）会议精神，决定成立中共天津市红桥区委退役军人事务工作委员会，确定筹备组工作人员，明确区委政法委牵头区退役军人局筹备组工作。7月10日，区退役军人事务局筹备组正式挂牌。

（李　伟）

【服务网络建立】 2018年，区退役军人局筹备组建立"一中心两站""两会一站"服务网络，实现服务退役军人全覆盖，打造无障碍沟通体系，制定工作制度和办事流程；公开工作职责、服务内容和服务电话；制作退役军人工作手册、来信来访登记簿、"一对一"帮扶解困服务簿。及时梳理汇总各类情况，分类施策，全力开展服务，切实将"一中心两站""两会一站"打造成为"退役军人之家"。

（李　伟）

【退役军人权益保障】 2018年，区退役军人局筹备组着力实施稳心、安心、贴心、暖心、忠心"五心工程"。执行重点优抚对象抚恤补助政策，做好重点优抚对象各种身份认定和各项待遇落实。加大对困难退役军人和优抚对象的帮扶力度，设立专项帮扶资金每年100万元。2018年为80余名困难退役军人和优抚对象发放帮扶救助款50余万元。开展区级领导与困难退役军人、优抚对象"一对一"结对帮扶活动。2018年，与17名重点服务对象结成帮扶对子，建立帮扶台账，解决实际困难，确保精准帮扶到位。开展"爱心献功臣""大走访"系列慰问活动，春节、"八一"建军节期间，对区内退役军人开展走访慰问活动，发放慰问金和慰问品50余万元，发放慰问信、春联、福字12000余套。春节、"八一"建军节期间，组织区领导慰问驻区部队，送去慰问金和慰问品共42万元。到退役军人和烈、军属家中，开展悬挂"光荣牌"和"信息采集"工作。截至年底，信息采集12000余人，悬挂光荣牌12000余块。全力搭建退役军人就业创业平台。圆满完成28名军转干部和10名转业士官安置工作；组织103名退役士兵参加职业技能培训，举办退役士兵专场招聘会，邀请区属相关企业为退役士兵提供就业岗位；在2018年公务员招录工作中，面向退役军人招录6名参公人员，充实到区综合执法队伍。设置30个社区工作者岗位定向招聘退役士兵，为退役军人就业提供广阔空间。

（李　伟）

【维护社会稳定】 2018年7月，区退役军人局筹备组成立以后共接待退役军人和优抚对象1200余人次。采取思想引领与宣传教育相结合，谈心谈话与帮扶救助相结合的方式化解矛盾。对各类退役军人进行摸底排查，落实动态管控和疏导化解；准确把握各类退役军人相关优抚和安置政策，教育引导退役军人通过正当渠道反映诉求和解决问题，发现问题及时进行沟通；针对重点服务对象，坚持"战区体制、领导包保"原则，一户一户关爱、一户一户化解，确保将各类信访矛盾吸附在基层、解决在当地、化解在源头。

（李　伟）

民族　宗教

【概况】 2018年,红桥区人民政府民族宗教事务办公室(以下简称区民宗办)积极引导宗教与社会主义社会相适应,健全和完善少数民族服务管理体系,加强各民族群众之间的交往交流交融,切实推动全区民族宗教工作取得新进展。文昌宫民族小学、民族中学、天津五中新疆内高班获天津市民族团结进步示范学校光荣称号。

(胡雪菲)

【民族团结月】 2018年,区民宗办制订《红桥区第25届民族团结月活动实施意见》,与伊斯兰教界代表人士进行座谈、慰问清真寺、"盖德尔夜"走访、救助少数民族困难户、组织参观考察活动、开展民族团结进步创建活动、清真食品市场监管、开展群众性活动8项内容。区委书记与伊斯兰教界代表人士举行座谈,向各清真寺赠送慰问款。区级主要领导带领成员单位部门负责人,到各宗教活动场所及社区,对宗教界代表人士、穆斯林养老院老人和少数民族困难群众进行慰问,与少数民族群众共度传统节日。

(胡雪菲)

【民族工作】 2018年,区民宗办发挥民族宗教工作三级网络作用,推动各街每月上报辖区内清真食品安全巡查工作情况。强化清真食品生产经营依法监管,启动清真食品网上备案,完成40余家清真企业网上备案工作。为357名初、高中少数民族学生办理加分认定,为3人办理更改民族成分。

(胡雪菲)

【宗教工作】 2018年,区民宗办制订和完善《加强宗教事务管理相关实施意见》,加强宗教团体和宗教活动场所依法管理,完善各宗教活动场所制度。发挥民族宗教工作三级网络作用,与相关部门及各街道办事处紧密配合,维护宗教领域大局稳定。积极为宗教场所及信教群众服务,做好穆斯林群众朝觐工作,全年15名穆斯林群众赴沙特朝觐。强化场所安全防范意识,做好反恐工作;加强对基督教私设聚会点的规范管理。针对治理百日放生非法活动,在子牙河、南运河沿岸重点点位悬挂宣传横幅,进行引导教育。开展联合行动,对西沽公园内佛像进行清撤,同时做好稳控工作。做好宗教活动场所"四进"活动有关工作,区9座清真寺及1座基督教堂,共10座宗教活动场所,全部落实"四进"活动要求,特别是国旗进场所要求。

(胡雪菲)

人　　物

国家级荣誉

全国最美家庭获奖情况一览表

表 8

序号	姓　名	工作单位全称	获奖时间	荣誉称号	授予部门	上报单位
1	黄显亚家庭	原天津市泰达中学校长、书记(离休)	2018.05	全国最美家庭	全国妇联	区妇联
2	李亚红家庭	天津市红桥区国家税务局	2018.05	全国最美家庭	全国妇联	区妇联

(区妇联提供)

全国五好家庭获奖情况一览表

表 9

序号	姓名	工作单位全称	获奖时间	荣誉称号	授予部门	上报单位
1	周陈熊家庭	原天津市红桥区政协副主席(离休)	2018.05	全国五好家庭	全国妇联	区妇联
2	刘云章家庭	原天津动力机厂(退休)	2018.05	全国五好家庭	全国妇联	区妇联
3	王　珊家庭	天津市红桥区第一幼儿园	2018.05	全国五好家庭	全国妇联	区妇联

(区妇联提供)

市级荣誉

2018 年度天津市“五一劳动奖章”获奖情况一览表

表 10

序号	姓名	性别	工作单位	获奖时间	荣　誉　称　号	授予部门	上报单位
1	李士同	男	天津陆津房地产开发有限公司	2019.04	2018 年度天津市“五一劳动奖章”	天津市总工会	区总工会
2	徐学广	男	天津市红桥医院	2019.04	2018 年度天津市“五一劳动奖章”	天津市总工会	区总工会
3	邸盼虎	男	天津圣威科技发展有限公司	2019.04	2018 年度天津市“五一劳动奖章”	天津市总工会	区总工会
4	巩书凯	男	天津艺点意创科技有限公司	2019.04	2018 年度天津市“五一劳动奖章”	天津市总工会	区总工会

(区总工会提供)

2018年度天津市“五一劳动奖状”获奖情况一览表

表11

序号	工作单位	获奖时间	荣誉称号	授予部门	上报单位
1	天津华业希望房地产开发有限公司泛太平洋大酒店	2019.04	2018年度天津市“五一劳动奖状”	天津市总工会	区总工会
2	天津市红桥区人民法院	2019.04	2018年度天津市“五一劳动奖状”	天津市总工会	区总工会

（区总工会提供）

2018年度天津市工人先锋号获奖情况一览表

表12

序号	单位名称	集体名称	获奖时间	荣誉称号	授予部门	上报单位
1	天津鹏安投资有限公司水游城假日酒店	前厅部	2019.04	2018年度天津市工人先锋号	天津市总工会	区总工会
2	美亚影城（天津）有限公司	运营部	2019.04	2018年度天津市工人先锋号	天津市总工会	区总工会
3	天津卓朗科技发展有限公司	系统集成事业部	2019.04	2018年度天津市工人先锋号	天津市总工会	区总工会
4	锦江麦德龙现购自运有限公司天津红桥商场	收银部	2019.04	2018年度天津市工人先锋号	天津市总工会	区总工会
5	天津艺卓文化传播有限公司	大艺时代团队	2019.04	2018年度天津市工人先锋号	天津市总工会	区总工会

（区总工会提供）

第十八届天津市级青年五四奖章获奖情况一览表

表13

序号	姓名	性别	工作单位	荣誉称号	获奖时间	授予部门	上报单位
1	缪淑玲	女	公安红桥分局	第十八届天津市级青年五四奖章获得者	2018.05	天津团市委	团区委
2	刘轶超	男	天津协盛科技股份有限公司	第十八届天津市级青年五四奖章提名者	2018.05	天津团市委	团区委

（团区委提供）

天津市级优秀团干部获奖情况一览表

表 14

序号	姓名	性别	工作单位	荣誉称号	获奖时间	授予部门	上报单位
1	王斌华	女	共青团红桥区委员会	天津市级优秀团干部	2018.05	天津团市委	团区委
2	李　跃	男	天津市红桥区口腔医院	天津市级优秀团干部	2018.05	天津团市委	团区委

（团区委提供）

2018 年度天津市“三八红旗手”标兵获奖情况一览表

表 15

序号	姓　名	性别	工作单位	获奖时间	荣誉称号	授予部门	上报单位
1	白　榕	女	红桥区司法局	2019.03	天津市“三八红旗手”标兵	天津市妇联	区妇联

（区妇联提供）

2018 年度天津市“三八红旗手”获奖情况一览表

表 16

序号	姓名	性别	工作单位	获奖时间	荣誉称号	授予部门	上报单位
1	王淑玲	女	红桥区体育场	2019.03	天津市“三八红旗手”	天津市妇联	区妇联
2	邢丽新	女	红桥区人民政府住宅建设配套办公室	2019.03	天津市“三八红旗手”	天津市妇联	区妇联
3	刘彩虹	女	红桥区人民检察院	2019.03	天津市“三八红旗手”	天津市妇联	区妇联
4	张　宣	女	天津市第三中学	2019.03	天津市“三八红旗手”	天津市妇联	区妇联
5	陶艳红	女	红桥区税务局	2019.03	天津市“三八红旗手”	天津市妇联	区妇联
6	刘婷婷	女	天津协盛科技股份有限公司	2019.03	天津市“三八红旗手”	天津市妇联	西于庄街道

（区妇联提供）

2018 年度天津市三八红旗集体获奖情况一览表

表 17

序号	工作单位	获奖时间	荣誉称号	授予部门	上报单位
1	红桥区疾控中心传染病应急科	2019.03	天津市三八红旗集体	天津市妇联	区妇联
2	天津市红桥区培智学校阳光家庭送教课堂	2019.03	天津市三八红旗集体	天津市妇联	区妇联
3	天津文诺律师事务所律师团队	2019.03	天津市三八红旗集体	天津市妇联	区司法局

（区妇联提供）

2018年度天津市(特级)优秀人民警察获奖情况一览表

表18

序号	姓名	性别	工作单位	荣誉称号	授予部门	上报单位
1	缪淑玲	女	公安红桥分局	天津市特级优秀人民警察	天津市人民政府	公安红桥分局
2	吴伯扬	男	公安红桥分局	天津市优秀人民警察	天津市公安局	公安红桥分局
3	林　松	男	公安红桥分局	天津市优秀人民警察	天津市公安局	公安红桥分局
4	赵斌斌	男	公安红桥分局	天津市优秀人民警察	天津市公安局	公安红桥分局
5	赵　斌	男	公安红桥分局	天津市优秀人民警察	天津市公安局	公安红桥分局
6	李志江	男	公安红桥分局	天津市优秀人民警察	天津市公安局	公安红桥分局
7	张　鹏	男	公安红桥分局	天津市优秀人民警察	天津市公安局	公安红桥分局
8	赵　鑫	男	公安红桥分局	天津市优秀人民警察	天津市公安局	公安红桥分局
9	黄　敬	男	公安红桥分局	天津市优秀人民警察	天津市公安局	公安红桥分局
10	杨　前	男	公安红桥分局	天津市优秀人民警察	天津市公安局	公安红桥分局
11	李　伟	男	公安红桥分局	天津市优秀人民警察	天津市公安局	公安红桥分局
12	刘天松	男	公安红桥分局	天津市优秀人民警察	天津市公安局	公安红桥分局
13	蒋观军	男	公安红桥分局	天津市优秀人民警察	天津市公安局	公安红桥分局

(公安红桥分局提供)

人物名表

2018年红桥区晋升副高级及以上职称人员情况表

表19

序号	单位名称	姓名	专业技术系列	资格专业	资格级别	资格名称	授予时间
1	天津桓轩圣景景观设计有限公司	张　斌	工程技术	园林绿化	副高级	高级工程师	2018. 12
2	天津仁和易建建筑设计咨询有限公司	高凤兰	工程技术	建筑结构设计	副高级	高级工程师	2018. 12
3	天津市卓朗科技发展有限公司	张亚丽	工程技术	计算机	副高级	高级工程师	2018. 11
4	天津市华泰苑环境艺术景观设计有限公司	王　静	工程技术	园林绿化	副高级	高级工程师	2018. 12
5	天津市瑞景园林建设发展有限公司	穆瑞丹	工程技术	园林	副高级	高级工程师	2018. 12
6	天津市瑞景园林建设发展有限公司	裴　明	工程技术	园林	副高级	高级工程师	2018. 12
7	天津市红桥区道路管理所	崔　钰	工程技术	市政工程	副高级	高级工程师	2018. 12
8	天津市红桥区排水管理所	吴宗昊	工程技术	给排水工程	副高级	高级工程师	2018. 12

续表1

序号	单位名称	姓名	专业技术系列	资格专业	资格级别	资格名称	授予时间
9	天津贝尔科技发展有限公司	王泽龙	经济	经济	副高级	高级经济师	2018.11
10	天津金米特科技股份有限公司	谢炎民	工程技术	自行车 电动自行车	副高级	高级工程师	2018.10
11	天津市红桥区邵公庄小学	穆　娜	中小学教师	德育	副高级	高级教师	2018.12
12	天津市红桥区邵公庄小学	苏亚楠	中小学教师	科学	副高级	高级教师	2018.12
13	天津市红桥区跃进里小学	孙秀花	中小学教师	数学	副高级	高级教师	2018.12
14	天津市红桥区实验小学	王赫男	中小学教师	语文	副高级	高级教师	2018.12
15	天津市红桥区实验小学	袁　静	中小学教师	德育	副高级	高级教师	2018.12
16	天津市红桥区实验小学	张月英	中小学教师	语文	副高级	高级教师	2018.12
17	红桥区工人新村小学	张丽茹	中小学教师	语文	副高级	高级教师	2018.12
18	天津师范学校附属小学	侯立岷	中小学教师	德育	副高级	高级教师	2018.12
19	天津师范学校附属小学	董　芳	中小学教师	语文	副高级	高级教师	2018.12
20	天津师范学校附属小学	王宝玲	中小学教师	语文	副高级	高级教师	2018.12
21	天津师范学校附属小学	谢元媛	中小学教师	语文	副高级	高级教师	2018.12
22	天津师范学校附属小学	孙　莹	中小学教师	德育	副高级	高级教师	2018.12
23	天津市红桥区外国语小学	郭玉萍	中小学教师	英语	副高级	高级教师	2018.12
24	天津市红桥区外国语小学	刘　茹	中小学教师	数学	副高级	高级教师	2018.12
25	天津市红桥区洪湖里小学	于　莉	中小学教师	语文	副高级	高级教师	2018.12
26	天津市红桥区佳宁里小学	姜淑杰	中小学教师	语文	副高级	高级教师	2018.12
27	天津市红桥区佳园里小学	高　鑫	中小学教师	语文	副高级	高级教师	2018.12
28	天津市红桥区铃铛阁外国语中学	刘　净	中小学教师	英语	副高级	高级教师	2018.12
29	天津市红桥区铃铛阁外国语中学	邵轶潇	中小学教师	英语	副高级	高级教师	2018.12
30	天津市民族中学	朱秋田	中小学教师	数学	副高级	高级教师	2018.12
31	天津市西青道中学	关　巍	中小学教师	地理	副高级	高级教师	2018.12
32	天津市西青道中学	刘　丹	中小学教师	数学	副高级	高级教师	2018.12
33	天津市第五十一中学	王　妍	中小学教师	生物	副高级	高级教师	2018.12
34	天津市第五十一中学	刘　娟	中小学教师	数学	副高级	高级教师	2018.12
35	天津市第五十一中学	彭志伟	中小学教师	语文	副高级	高级教师	2018.12
36	天津市第五十一中学	时天霞	中小学教师	美术	副高级	高级教师	2018.12
37	天津市第三中学	喻冬至	中小学教师	地理	副高级	高级教师	2018.12
38	天津市第三中学	王　淼	中小学教师	语文	副高级	高级教师	2018.12
39	天津市第三中学	谷文杰	中小学教师	化学	副高级	高级教师	2018.12
40	天津市第三中学	李　丹	中小学教师	数学	副高级	高级教师	2018.12
41	天津市第三中学	杨黎明	中小学教师	语文	副高级	高级教师	2018.12

续表2

序号	单位名称	姓名	专业技术系列	资格专业	资格级别	资格名称	授予时间
42	天津市第五中学	柳　旭	中小学教师	语文	副高级	高级教师	2018.12
43	天津市第五中学	马德鑫	中小学教师	语文	副高级	高级教师	2018.12
44	天津市第八十中学	王　彬	中小学教师	历史	副高级	高级教师	2018.12
45	天津市第八十中学	郭宗楠	中小学教师	物理	副高级	高级教师	2018.12
46	天津市第八十中学	李　婷	中小学教师	物理	副高级	高级教师	2018.12
47	天津市第八十中学	艾丽丽	中小学教师	通用技术	副高级	高级教师	2018.12
48	天津市第八十九中学	张华强	中小学教师	历史	副高级	高级教师	2018.12
49	天津市第八十九中学	王桂侠	中小学教师	数学	副高级	高级教师	2018.12
50	天津市佳春中学	孙　喆	中小学教师	语文	副高级	高级教师	2018.12
51	天津市红桥区新华中学和苑学校	赵　静	中小学教师	历史	副高级	高级教师	2018.12
52	天津市红桥区第一幼儿园	赵　群	中小学教师	幼教全科	副高级	高级教师	2018.12
53	天津市红桥区第三幼儿园	苏　平	中小学教师	幼教全科	副高级	高级教师	2018.12
54	天津市红桥区第八幼儿园	鹿晶华	中小学教师	幼教全科	副高级	高级教师	2018.12
55	天津市红桥区第十幼儿园	刘可艳	中小学教师	幼教全科	副高级	高级教师	2018.12
56	天津市红桥区第十一幼儿园	卞莲珠	中小学教师	幼教全科	副高级	高级教师	2018.12
57	天津市红桥区第十四幼儿园	王　婷	中小学教师	幼教全科	副高级	高级教师	2018.12
58	天津市红桥区第二十幼儿园	郭永静	中小学教师	幼教全科	副高级	高级教师	2018.12
59	天津市红桥区第二十三幼儿园	刘　颖	中小学教师	幼教全科	副高级	高级教师	2018.12
60	天津市红桥区西北角回民幼儿园	常瑞雪	中小学教师	幼教全科	副高级	高级教师	2018.12
61	天津市红桥区少年宫	张　凡	中小学教师	体育与健康	副高级	高级教师	2018.12
62	天津市红桥区少年宫	王　悦	中小学教师	幼教全科	副高级	高级教师	2018.12
63	天津市红桥区培智学校	李俊义	中小学教师	数学	副高级	高级教师	2018.12
64	天津市瑞景中学	苏　驰	中小学教师	数学	副高级	高级教师	2018.12
65	天津市瑞景中学	刘金凤	中小学教师	英语	副高级	高级教师	2018.12
66	天津市瑞景中学	董　琳	中小学教师	数学	副高级	高级教师	2018.12
67	天津市瑞景中学	戴伟娟	中小学教师	生物	副高级	高级教师	2018.12
68	天津市瑞景中学	宋　薇	中小学教师	历史	副高级	高级教师	2018.12
69	天津市瑞景中学	马　媛	中小学教师	英语	副高级	高级教师	2018.12
70	天津市求真小学	穆佳蕊	中小学教师	语文	副高级	高级教师	2018.12
71	天津市红桥医院	王瑞华	卫生技术		副高级	副主任医师	2018.12
72	天津市红桥区疾病预防控制中心（天津市红桥区结核病防治所）	刘秋爽	卫生技术		正高级	主任技师	2018.12
73	天津市华红桥医院	张　莉	卫生技术		正高级	主任护师	2018.12
74	天津市华红桥医院	尹守斌	卫生技术		副高级	副主任医师	2018.12

续表3

序号	单位名称	姓名	专业技术系列	资格专业	资格级别	资格名称	授予时间
75	天津市红桥区中医医院	陆宏伟	卫生技术		正高级	主任医师	2018.12
76	天津市红桥医院	卢丙艳	卫生技术		副高级	副主任医师	2018.12
77	天津市红桥医院	徐学广	卫生技术		副高级	副主任医师	2018.12
78	天津市红桥区芥园街社区卫生服务中心	彭秋月	卫生技术		副高级	副主任医师	2018.12
79	天津市红桥区和苑街社区卫生服务中心	张　颖	卫生技术		副高级	副主任医师	2018.12
80	天津市红桥区西于庄街社区卫生服务中心	张　勉	卫生技术		副高级	副主任医师	2018.12
81	天津市红桥区芥园街社区卫生服务中心	潘敬顺	卫生技术		副高级	副主任医师	2018.12
82	天津市红桥区西沽街社区卫生服务中心	张亚军	卫生技术		副高级	副主任医师	2018.12
83	天津市红桥区双环邨街社区卫生服务中心	张立虹	卫生技术		副高级	副主任医师	2018.12
84	天津市红桥区芥园街社区卫生服务中心	张光耀	卫生技术		副高级	副主任医师	2018.12
85	天津市红桥区和苑街社区卫生服务中心	姜福爱	卫生技术		副高级	副主任医师	2018.12

（区人力社保局提供）

人物简介

黄显亚

黄显亚，85岁，是一名教育系统离休干部，其家是四世同堂的大家庭，夫妻俩均是具有66年党龄的老党员，一生热爱祖国和伟大的中国共产党，从不动摇。多年来，逐步形成爱党爱国，爱岗敬业；心怀感恩，诚信友善的家风。

好家风促使夫妻和睦。黄显亚夫妇一辈子互敬互爱，互相促进。每天坚持读书看报、听广播，随着新闻媒体的不断变迁，又虚心向子女学习上网、微信等方式加强理论学习。因眼疾视力下降后，老伴就每天为她读书读报。在读到有关国家法律法规、有关子女教育的，都剪下来让孩子们阅读。经常参加老干部理论辅导报告会、参观、知识竞答等活动，保持思想常新，信念坚定。和老伴平时练习书法、画画，参加老干部书画作品展，丰富精神文化生活。将人生感悟和书画作品编辑成《难忘的岁月》等3本画册，印刷数本送给老友及晚辈共飨。

好家风熏陶儿女孝顺。黄显亚夫妇平时以身作则，对孩子严格要求。常常写警示、励志的书画作品送给孩子们，让他们牢记家风，牢记宗旨，也常常借家庭聚会的机会，给他们讲国家方针政策，告诫他们要做对社会有用的人。儿女们都是共产党员，对党和国家充满感恩之心，并把“接力棒”传递给孙辈们。女儿退休后在社区担任党支部书记，发挥余热。曾到孙媳妇主管的养老院参观并鼓励她加入共产党，在养老院建立党支部，孙媳妇欣然接受。

黄显亚和老伴特别注重孝敬长辈，这对子女影响也很大，孩子们都很孝顺，细心、耐心照顾父母，想尽办法让父母开心快乐，还经常带父母去郊游，让父母感受在党的领导下家乡日新月异的变化。

好家风促进邻里和谐。黄显亚夫妇积极发挥老干部自身优势，在社区发挥余热。老伴多年来坚持清扫、擦洗楼道，受到邻居的赞扬和好评。当小区有矛盾，黄显亚就主动站出来协调化解，建议业主和有关部门协调后，为小区安上隔离墙、清理垃圾堆，避免业主与物业的矛盾纠纷。老两口还自费购买树苗绿化社区，美化环境。在他们的带动下，孩子们都积极发挥党员的先锋模范作用，为构建文明社区、和谐社会奉献自己的力量。

李亚红

李亚红，现任天津市红桥区国家税务局案件审理科科员，自参加工作以来，始终踏实为人，勤恳做事，连续三年公务员考核为优秀，4次被评为区、局优秀共产党员，两年绩效先进个人，其爱人刘怀玉在部队服役，平时家中的大小事情全落在她一人肩上，作为军嫂，她无怨无悔、默默支持丈夫的国防事业。

李亚红在怀孕期间，双方父母都在外地，丈夫不能回来，每次产检都是自己一个人挺着大肚子早早起来去医院，排队、缴费、检查，每次都要折腾到中午一两点才能回来，其中辛苦可想而知。在临产前，考虑到丈夫工作的特殊性、父母到津照顾不方便，她放弃天津大医院良好的生产条件，回老家的县城医院进行分娩，丈夫在她阵痛进医院，才匆匆赶回老家。孩子出生后，为孩子哺乳和工作便利，李亚红放弃住自己买的房子而在单位附近租房住，这样她能中午回家多陪孩子一会，平时孩子的生活起居样样她都要想着。孩子得幼儿急疹发高烧，她一个人半夜十一点多打车去儿童医院看急诊，凌晨三点多才回来，孩子生病的几个晚上都不敢合眼，为不耽误丈夫工作，直到孩子病好才告诉他。

在父亲脑梗病重期间，丈夫刘怀玉因在外地执行重大保障任务，无法回家照顾，那段时间李亚红白天在医院照顾病重的父亲，晚上等孩子睡着后还要准备单位的业务大比武考试，每天都要深夜一两点才能睡觉。经过努力，父亲的病情渐渐好转，她本人也取得全市国税系统业务大比武税务稽查类第一名的好成绩。

在平时工作中，李亚红牢记“为国收税、为民聚财”的工作宗旨，无论在哪个岗位都能勤学肯干，尤其在“百日双打”期间，克服临产前身体不适，加班加点帮局里检查科完成总局打虚76户重点企业中4户企业4000余条发票数据的筛查、补充和上传工作；到审理科后，发挥业务强项，先后审理巧妇乐虚开偷税案件、10余户走逃失联企业虚开增值税专用发票案件，7户涉嫌虚开企业移送公安。

正是妻子的默默付出，才能让丈夫全身心地投入到部队的工作中，在她的全力支持下，丈夫荣立三等功一次、多次被评为军事训练先进个人、优秀士官、北京军区老干部移交先进个人等。

周陈熊

周陈熊是红桥区政协的一名离休干部。离休后，他和老伴一直余热生辉，在家风建设、社区建设等方面积极凝聚正能量。2015年12月，周陈熊被《天津中老年时报》上的一篇文章触动：天津市血液病医院附近的一家“沙县小吃”店，推出“墙上的餐桌”活动，顾客可自愿购买“爱心饭菜”,然后把菜单写在彩色便条纸上粘贴在墙面上,在血研所看病的贫困患者和家属可摘下纸条免费换取食物。看完这篇文章,周老突然萌发去购买“爱心餐”的想法,他和老伴王凤砚商量后一拍即合,老两口坐一个多小时公交找到这家饭店,吃一顿饭,捐一次餐。老两口购买近2000元餐条,让多位身处困境的患者及家属感受到社会的温暖和关爱。他们的事迹曾在中央电视台等媒体报道。

多年来,周陈熊老两口通过言传身教发挥表率作用,坚持做和亲睦邻的模范长辈。离休后,周陈熊坚持“离岗不离党,退休不褪色”,担任区政协离退休干部党小组组长,参加区老干部摄影组,担任组队长。在区委老干部局组织的参观考察、文艺演出等活动中主动承担拍照任务,每年自愿花千余元冲洗照片,开展摄影图片展或送给老干部留作纪念。他带领摄影组老同志到平津战役纪念馆、西于庄安置还迁房和苑新区等地参观、摄影,使离退休老同志们亲眼看见美丽红桥建设发展新成果,更加坚定“四个自信”,为红桥的发展建设贡献智慧和力量。在摄影采风的同时,制作“爱护花草树木”等宣传牌,宣传环保知识。

在老两口的教育引导下,子女们在各自的岗位上尽职尽责,遵规守纪,用勤劳和汗水换得幸福生活。在家庭聚会时,老两口积极做家庭的“宣讲员”,给孩子们讲国家方针政策,念“紧箍咒”,告诫他们要做对国家有益的事,做对社会有用的人,为维护社会和谐稳定传递正能量。在红桥区连续两届离退休干部和谐家庭创建活动中,周陈熊家庭被评为“好家庭”。2017年度被评为天津市最美家庭标兵户和全国最美家庭。

刘云章

刘云章,致力于社区建设与党性的传播,胜灾社区宣讲团的成员,无时无刻把自己的高洁品质和无尽的正能量传递给身边的居民。是无形的精神丰碑,讲述一个共产党人执着理想信念、致力党和人民事业的不懈奋斗,为广大群众谋福祉的非凡业绩,张扬出一个志虑忠纯、品行高洁的人的光辉境界。

刘大爷常说,建立和谐的社会,首先需要建立和谐的家庭,家庭作为社会的一个细胞,要时时发挥着自己的作用,所以培养优秀的家风,是每一个家庭的必修课。从自己做起,给身边的人做一个榜样,是作为一名退休党员,作为社区一份子,理应做到的一件事。

家住十二段4门301的刘云章家庭在胜灾社区的发展建设中,爱国守法,模范遵守模范廉洁家庭行为公约,廉洁奉公,家庭成员有较强的廉洁意识、法律意识及自警意识,崇尚廉洁、遵纪守法、尊老爱幼、团结邻里、互助街坊,热心公益,积极为受困有难群众捐资献物,在社区有较高的群众威信;崇尚科学,努力学习,家庭学习氛围浓厚,具有积极向上的生活情趣,是社区及邻居的学习榜样。

作为一名退休党员,刘大爷充分认识到“家庭助廉”是促进领导干部廉洁自律的一种有效办法。通过学习,他认识到作为党员家庭,“家庭助廉”是领导干部监督制约机制的有机补充。通过教育,4双儿女能自觉当好反腐倡廉的宣传员、防微杜渐的监督员和抵御诱惑的守门员,共同努力,严把“权力关”“金钱关”“亲情关”,形成“反腐倡廉从我做起”和“看好自家门,管好自己人”的良好局面。

在家庭中,刘大爷勤俭持家,倡导以廉为荣的家风,引导家庭成员手拉手,争当助廉的好帮手,共创廉洁好家庭;提醒家庭成员要自我教育,加强自我约束,注重自身品质修养的培养,弘扬中国传统美德的学习和传承。4对儿女十分孝顺,即使本身也步入老年,但依然常怀一颗孝顺之心,时不时地带着家人过来照顾两位老人,并给予物质和经济上的赡养义务。

刘云章大爷的老伴王秀英大娘也是胜灾社区的老党员，老两口几十年来相敬如宾，相濡以沫。而王大娘不幸患上小脑萎缩，站不起来，说不出话卧病在床，刘大爷这些年来一直不离不弃，独自无微不至地照顾妻子，每天都要给她洗脸、喂饭、喂药、擦洗身子、推拿按摩，虽然随着年龄的增大，大爷的身体已不如当年，但是，他却一直默默坚持，背负着精神负担，却乐观的微笑地说着照顾妻子的点点感人事情，他毫无怨言地承受着外人难以想象的压力和艰辛。“我照顾她一切只凭良心”，他是这么说的，也是这么做的。他以自己的实际行动几年如一日的照顾自己的妻子，是一份责任，更是一份坚持，值得每一位党员去学习。

除了在社区宣讲，刘大爷还是社区的好帮手。举个例子，在2011年自来水公司免费更换旧管道公告发布后，他和楼长挨门挨户进行走访，征求意见和进行宣传，当有的住户提出问题时，他就做一些解释，并告诉大家是一件大好事，一时做奉献，长久共享受，结果很快统一思想，形成共识，集中一天时间家家户户留人共同携手把楼内旧铁管道全部换成塑料管道，流水变顺畅，全楼居民拍手叫好。当然，类似的事情还有很多很多，如果要一一细说，三天三夜也讲不完……

刘云章一家以“德”字当头，自觉遵守党纪政纪和国家法律法规，树立正确的是非观和价值观，模范遵守社会公德、职业道德和家庭美德，刘云章老人用自己的实际行动诠释共产党员“创先争优”的永恒主题，他犹如一面耀眼的旗帜，引领激励着身边人做一个高尚的人、一个纯粹的人、一个真正的共产党人。

王　珊

王珊是一名幼儿教师。2013年5月19日是“全国助残日”，王珊和爱人决定将它作为人生中最重要的日子，婚礼上他们将一部分积蓄拿出来，携手向天津市残疾人协会捐款30000元人民币，同时向到场的亲朋好友发出倡议，呼吁大家尽自己的绵薄之力以实际行动为残疾人办好事、办实事。

王珊的家是世界上万千平凡的家庭之一，更是世界上万千温馨的家庭之一，生活上她与丈夫相互关心、尊重，工作上相互理解、支持。以积极的态度健康生活，不断加强环保意识，自觉维护公共环境，并且自觉地把思想认识落实到实践行动，以自身行动宣传环保，坚持从身边的每一件小事做起，如购买家电时支持环保节能产品，使用节能灯、养成随手关灯习惯，洗菜水用来拖地板和冲厕所、洗衣水用来拖地板刷鞋子，日常选择步行出行或骑车出行，将一件件原本废弃的“家用垃圾”进行低碳创意改装，使之重新派上用场，如月饼盒变糖罐、饮料瓶变花瓶、胶带圈变杯垫等等，不断以自身行为向身边的朋友、亲人宣传使用环保产品和践行环保行为的快乐和意义。和丈夫休息时间翻阅、学习、借鉴各种书籍，尝试自编各种五言七言诗和三字经。她的父亲、爷爷用自己手中的毛笔书写“爱心助残，有你有我”“爱护环境，人人有责”“绿色代表我们的生命”等积极口号，全家人将作品赠送社区物业、邻里朋友，激发更多的人加入到正能量的大家庭中，为弘扬家庭美德，集聚向上向善的社会正能量而努力。

附　　录

统计资料

内容见《天津红桥年鉴(2020)》。

报告选编

天津市红桥区人民代表大会常务委员会工作报告

——在天津市红桥区第十七届人民代表大会第四次会议上

2019年1月8日

红桥区人大常委会主任　高树彬

2018年主要工作回顾

2018年是全面贯彻落实党的十九大精神的开局之年，是改革开放40周年，也是决胜全面建成小康社会的关键一年。在区委的领导下，区人大常委会高举中国特色社会主义伟大旗帜，以习近平新时代中国特色社会主义思想为指导，深入学习贯彻党的十九大精神，扎实推进"五位一体"总体布局和"四个全面"战略布局，全面贯彻落实习近平总书记对天津工作提出的"三个着力"重要要求，坚持党的领导、人民当家做主、依法治国有机统一，紧扣市、区委工作要求和区十七届人大三次会议确定的目标任务，认真行使宪法和法律赋予的职权，为保障和促进区域经济社会持续健康发展作出了积极贡献。

一年来，召开常委会会议9次，听取和审议专项工作报告22项，作出决议、决定9项，提出审议意见6项，深入重点项目、民心工程、街道社区等80余个点位开展执法检查、考察和调研40余项。任免国家机关工作人员74人次，撤职1人，任命人民陪审员69人。备案审查规范性文件3件。

一、坚持以习近平新时代中国特色社会主义思想为指导，进一步坚定人大工作正确政治方向

人大及其常委会是党领导下的政治机关，坚定人大工作正确政治方向，是做好人大工作的重大政治原则。常委会坚持把党的领导贯穿于依法履职全过程、各方面，确保中央决策部署和市、区委工作要求全面贯彻和有效执行。

把学习宣传贯彻习近平新时代中国特色社会主义思想作为首要政治任务。常委会不断提高政治站位，牢固树立"四个意识"，坚定"四个自信"，坚决落实"两个维护"。一是党组成员带头学。党组每次会议的第一方面内容，都是传达学习习近平总书记重要讲话精神和党中央重要决策，传达市、区委工作部署。二是找准角度深入学。开展习近平总书记关于坚持和完善人民代表大会制度重要思想专题学习，先后举办辅导报告会、交流会、研讨会。三是多种形式全面学。组织机关干部开展学习研讨、观看会议直播、参加学习竞赛和网上答题活动20余次，组织代表开展专题学习、交流研讨、基层宣讲50余场。

坚持党的全面领导。一是坚决贯彻党中央决策部署和市、区委工作要求。以贯彻落实习近平总书记"三个着力"重要要求为主线，瞄准重点、采取措施，保证党中央重大决策、专项斗争和市、区委工作部署的有效落实。二是以政治建设为统领。分专题组织习近平新时代中国特色社会主义思想、习近平总书记关于坚持和完善人民代表大会制度的重要思想等方面的系统学习，党组会议坚持及时传达学习上级部署要求。三是坚持主动接受区委领导。坚持重大事项及时请示报告，全年5次向区委专题汇报加强和改进人大工作和建设事项，并有10余项重点工作专题请示或呈送专报，重要事情及时请示报告。围绕区委的工作指示、要求均专题研究，制定具体落实措施。

深入开展宪法宣传教育和贯彻实施。一是谋划部署及时。党组和常委会会议第一时间组织学习、开展宪法讲座，制定了宪法学习宣传和贯彻工作安排、人大代表宣讲宪法安排意见，全体代表接受宪法专题培训。二是宪法宣讲广泛。以"宪法集中宣讲月"为载体，主任会议成员率先学习、宣讲，200余名市、区两级代表宣讲宪法200余场，发放资料7000余份，受众数万人次。三是贯彻落实具体。制定我区实施宪法宣誓制度办法和区人大常委会任前法律知识考试实施办法，把激励和教育常委会任命人员忠于宪法、维护宪法、遵守法律落实落细。

扛起全面从严治党主体责任。突出问题导向，制定党组落实全面从严治党主体责任书和任务分解清单，推动形成横到边、纵到底的责任体系。一是巡视整改深入推进。建立巡视整改工作方案和台账，逐条逐项抓好落实。通过民主生活会、专题研讨等，持续肃清黄兴国和张泉芬、赵建国等人的恶劣影响，风清气正的机关政治生态进一步巩固。二是作风建设取得新成效。出台学习宣传贯彻纪律处分条例安排意见、深入贯彻和严格执行中央"八项规定"精神实施意见，严格机关管理考核制度，制定不作为不担当问题专项治理、集中整治形式主义官僚主义工作方案。采取集体谈话、警示教育、批评教育等形式，持续加强"四种形态"教育。三是机关党建继续加强。进一步推动"三会一课"和组织生活制度落实，严格执行"三重一大"和民主集中制规定要求，党内政治生活持续规范。

二、坚持围绕中心、服务大局，为加快红桥高质量发展献计出力

常委会坚持服从服务全区中心任务，主动调动人大资源优势，将人大工作融入全区工作大局。

聚智聚力支持棚改工程。一是主任会议成员全年10余次深入郭家菜园、西沽南、双环邨、群众影院、铃铛阁、单家面铺等棚改片区调研，担任指挥的副主任带领相关干部继续以主要精力从事拆迁工作。二是常委会专题听取棚改项目政府购买服务报告，组织代表深入多个片区考察调研，帮助出思路、想措施。三是代表以实地调研、提出建议、政策宣讲、慰问帮扶等形式助力棚改，特别是在郭家菜园搬迁安置中，部分人大代表投身一线，解决临时用电、道路清整等急难问题。

多措并举服务招商引资。一是以落实京津冀协同发展战略为重点，组织招商引资专项考察，推动优化营商环境。二是围绕"双万双服促发展"活动，定期深入20余家民营企业、重点工程走访，面对面问难处，心贴心商讨市场、融资、转型等方面问题，开展帮扶活动100余次，协调有关方面解决宏仁堂药业、复印技术研究所、第三烟草公司等企业提出的问题10余个。三是代表发挥优势，直接引进企业300余家，为红桥的进一步发展奠定基础。

真抓实干助力创文创卫。一是制定《区人大常委会结对包保社区创文创卫工作安排》，及时转发创建文明城市共建美好家园倡议书，组织全体代表学习全区创文创卫部署要求，确保研究落实不缺位。二是常委会听取我区创建文明城区，提升公共文化服务水平的报告，开展访察周活动，成立机关"创文创卫"志愿服务队，深入问题多、环境差、群众反映问题集中的旧楼区、背街里巷、重点楼门开展50余次访察服务活动。三是200余名代表多形式、多角度参与创文创卫，在清撤占路市场、清整社区环境、志愿巡逻服务等方面作出了积极贡献。

主动作为维护安全稳定。一是主任会议成员坚决落实区委部署，紧扣敏感时期、关键节点，认真落实信访积案化解包保机制，与有关部门逐人分析研究解决方法、稳控措施。开展综治网络信息化建设专题调研，推动有效利用现代信息技术健全治安防控体系。二是充分发挥人大信访窗口作用，全年受理群众来信来访309件次，接待群众393人次，坚持"事要解决，案结事了"，注重稳定来访群众情绪，推动协调有关部门妥善处理了一批疑难案件。三是持续开展消防法和消防条例执法检查，紧盯重点区域、重点行业、重点部位，推进安全隐患排查整治。

三、坚持真监督、做到真支持，着力增强监督工作针对性和实效性

依法行使监督权，是确保党的主张通过法定程序成为国家意志的重要途径。常委会始终坚持人大监督的性质和定位，发挥人大监督的特点和优势，推动监督与支持有机统一，保证宪法法律有效实施。

促进经济发展质量提升和动力变革。听取审议"十三五"规划中期评估和年度计划、预决算、审计等报告，专题调研国地税机构改革，深入分析我区经济发展趋势。制定监督国有资产管理时间表和路线图，听取区属国有企业资产管理情况报告，促进国有资产管理科学化、规范化。围绕落实京津冀协同发展战略进行考察，支持和促进政府加大交通、产业、生态等重点领域的区域协同。听取审议推进创新产业发展情况报告，对落实"海河英才"计划、科技人才引进培养服务工作开展考察，推动落实创新驱动发展战略，建设创新型城区。紧盯环保突出问题，听取审议年度环境质量状况和环境保护目标完成情况报告，对大气污染防治法、大气污染防治条例实施情况开展执法检查，提出严格落实法律规定，加大执法力度，促进绿色发展。

践行以人民为中心的发展思想。听取审议20项民心工程落实、城市职工社会保障、医联体建设及运行等报告，探索开展民生实事项目人大代表票决制，对养老服务基础设施建设、家庭医生签约服务进行考察，开展城镇企业职工养老保险条例执法检查。听取旧楼区物业管理长效机制建设情况报告，开展专题询问，对群众普遍关注的房地产项目产权证办理工作进行考察。紧密结合外地疫苗安全和个别教师虐待幼儿两个社会热点，及时增加监督议题，对我区疫苗安全管理、学前教育师德师风建设进行考察调研，积极回应群众关切的问题。全力推进文明红桥建设，围绕义务教育学校现代化、文化惠民、构建现代公共文化服务体系、非遗保护传承、全民健身等开展考察，推动提升教育文化体育工作水平。

着力加强对司法工作监督。听取审议区人民法院履行法定职能服务全区重点工作情况报告，加强对区人民法院信息化建设、家事审判创新和区人民检察院未成年人检察等工作监督，支持"两院"采取有效措施，聚焦全区重点任务，落实司法为民要求，服务中心大局。围绕贯彻实施"七五"普法规划和公共法律服务体系建设，推动形成良好法治氛围。

依法行使人事任免权。坚持党管干部原则，确保党组织推荐的人选通过法定程序成为国家政权机关的领导人员。认真履行政治责任，依照法律规定，圆满完成监察委、人大专门委员会人事任免、选举任务。修改《红桥区人大常委会人事任免办法》，进一步完善任免程序，对人大及其常委会任命人员依法全面实行宪法宣誓制度。

四、坚持为代表履职尽责做好服务，更好发挥代表主体作用

常委会坚持和尊重代表主体地位，完善履职规范，创新工作机制，拓展履职平台，更好发挥代表在参与管理地方国家事务中的重要作用。

进一步彰显"五比五看"活动实效。一是主题实践活动多。各街道人大工委赶节点、抓热点、促难点，创新手法开展"聊聊社区那些事儿"

“社区讲堂讲人大”“我为选民办件事”“代表进社区‘双创’齐参与”等特色鲜明的主题实践活动10场，举办内容丰富、高质高效的代表活动488次，推动解决社区道路拓宽、基础设施维护、卫生清整等群众身边的问题144余项。二是代表活动质量高。比学习体现政治性，学理论、用理论意识持续增强；比履职体现创新性，基层工作招法特点突出，发挥作用明显；比建功体现主动性，围绕服务京津冀协同发展、科技创新、对口帮扶等重大国家战略，涌现出一批劳动模范、行业能手和先进工作者；比奉献体现人民性，走访慰问选民407人次，捐赠款物11万元，救助困难群众141户，特别是在支持郭家菜园改造、汛期排水防险等方面展现了代表担当作为的良好形象；比自律体现规矩性，普法讲法学法活动不间断，法治意识进一步提升。

进一步密切代表与人民群众的联系。“双联系”机制全面落实，常委会组成人员采取座谈、走访、调研等方式，分别与150余名人大代表建立经常性联系。各街道人大工委深化“家站”建设，建成23个社区人大代表工作示范站，制定并实行代表接访日、代表联系选民、代表述职评议等10余项制度，探索出“接听记写四步工作法”等工作站运行机制，开展各项活动367次，185名代表参加，接待选民1400余人次，搜集反映意见建议100余条，人大工作更接地气、更得民心。74名区人大代表以积极负责的态度向选区报告履职情况，主动接受监督。

进一步完善代表建议督办机制。召开协调会、推动会、汇报会和开展现场考察90余次，认真督办代表提出的120件建议，其中有关房产证办理、背街里巷清整已体现在监督工作中，有关清撤占路市场、完善公交站点设置、消除校园火灾隐患、助力“厕所革命”等一批重点建议，在政府及相关部门的积极落实下，已经得到顺利解决或加快推进。针对一些建议办理过程缺乏监督、办理结果公开性不够等堵点痛点，制定《红桥区人大常委会实施代表建议办理“一题三单”制度试行办法》，列出情况提示单4件、办结反馈单52件，探索了代表建议办理工作的全程可监督。

进一步加强代表培训和管理。健全以政治素质为首的代表学习培训制度，全年举办“红桥人大讲堂”4场、常委会会前讲座4场、各项业务学习25场，围绕党中央精神、国家大政方针和法律法规、经济社会发展、医疗卫生体制改革、城镇企业职工养老保险等，组织代表全员学、常委会委员重点学、专委会委员深入学，其中以习近平新时代中国特色社会主义思想、中共十九大精神、宪法修正案以及中央各项重要部署精神宣讲为重点内容的学习培训占总数的65%以上。健全代表管理监督机制，加强代表履职档案建设，制定实施《红桥区人大代表辞去代表职务办法》，对80名代表开展履职谈话，对4名代表进行劝辞，保证代表有效履职。

进一步做好闭会期间代表履职服务保障。组织代表全面参与常委会、专委会、街道人大工委工作，采用小型分散、座谈研讨、明察暗访等方式，组织400余人次代表参加立法调研、考察检查、社会监督、征求意见活动，有效增进对全局工作的了解。聚焦棚户区改造、创文创卫等20项重点工作开展专题调研，192名代表参加，形成系列调研报告，推动政府及相关部门积极采纳和运用调研成果。年初开始，常委会表决使用了电子表决系统，更好地保障委员表达意愿、行使权利。扎实做好市人大代表服务工作，组织区选市人大代表参加学习培训、执法检查、会前考察活动18次，积极协助代表梳理、转交、督办意见建议19条。

五、坚持提高依法履职能力和水平，继续推动常委会自身建设和机关建设

新形势新情况给人大及其常委会提出了新任务新要求，常委会自觉加强思想引领，健全工作制度，不断提高履职能力。

加强履职能力建设。依法成立内务司法、财

政经济、教育科学文化卫生、城市建设环境保护4个专门委员会,制定专门委员会工作规则,密切与“一府一委两院”的沟通联系。修改完善人大、常委会、主任会议议事规则和常委会讨论决定重大事项相关规定,制定专题询问办法、考察和调研工作办法等制度,改进审议方式,健全决策程序。主任会议成员带头深入基层开展调查研究,形成调研成果,提高工作科学化水平。

指导推动街道人大工作和建设。全面贯彻落实党中央和市区委、市人大常委会推进基层人大工作和建设的部署要求,召开街道人大工作推动会,围绕政治素质、工作作风、履行职责、廉洁自律等提出明确要求,推动了街道和社区人大工作完善发展。主任会议成员进一步明确了街道人大工委联系点,指导各街道人大工委优化组织结构,提升工作效能。在区委及有关部门的支持下,加强街道人大工作人员配备,努力实现专岗专职。

深入推进机关建设。注重抓工作机制,完善了基层联系点、严格管理等多项制度,并抓好各项规定落实。着眼加强人大机关年轻干部培养锻炼,选派年轻干部参与棚户区改造、到社区任职,定期参加人大信访接待,定点联系基层社区。加强人大制度宣传和理论研究,扎实办好“一刊一网一微”,全年刊发各类文稿200余篇,不断提高人大工作影响力。

区人大常委会一年来取得的成绩,是在习近平新时代中国特色社会主义思想的科学指引下,在市、区委的正确领导下,全体区人大代表、常委会组成人员、专门委员会组成人员、各街道人大工委和机关工作人员团结协作、辛勤工作的结果,是“一府一委两院”自觉接受监督与人大常委会协同配合的结果,是全区广大人民群众充分信任、大力支持的结果。在此,我代表区人大常委会一并表示诚挚的敬意和衷心的感谢!

在总结成绩的同时,我们也清醒地看到存在的问题和差距:一是监督刚性有待进一步强化,“法治钢印”作用不够到位,支持多、监督少的情况还不同程度存在。盯重点、抓难点、跟热点开展监督还需要加强。二是代表作用发挥不平衡,履职服务机制还需进一步完善,调动代表积极参与、更好履职的措施还需进一步拓展,对代表的培训管理机制有待健全。三是人大常委会如何更好地适应新形势新任务的要求,进一步提高推动各项工作的素质能力,更好地服务代表还存在一定差距。这些需要在今后工作中采取有针对性的措施,切实加以解决。

2019年的主要任务

2019年是新中国成立70周年,是全面建成小康社会关键之年,是红桥推进高质量发展十分重要的一年,做好人大工作意义重大。区人大及其常委会要以习近平新时代中国特色社会主义思想为指导,深入贯彻党的十九大精神,坚持党的领导、人民当家做主、依法治国有机统一,以习近平总书记对天津工作提出的“三个着力”重要要求为元为纲,贯彻落实新发展理念,扎实推进“五位一体”总体布局、“四个全面”战略布局红桥实施,依法履职,与时俱进,为打造绿色城区、建设美丽红桥作出新贡献。

一、进一步加强党对人大工作的领导

常委会要始终把学习贯彻习近平新时代中国特色社会主义思想和党的十九大精神作为首要政治任务,深入学习贯彻习近平总书记关于坚持和完善人民代表大会制度的重要思想,切实增强“四个意识”,坚定“四个自信”,坚决落实“两个维护”,旗帜鲜明讲政治讲党性,确保人大工作沿着正确方向发展。要更加自觉增强党的观念,坚决维护区委总揽全局、协调各方的领导核心地位,严格执行请示报告制度,每年至少向区委作一次全面工作报告,切实做到一切重要工作、重要事项都在区委领导下进行。要以最坚决的态度、最有力的担当、最积极的行动支持、服务、保障全区工作大局,保证区委重要部署贯彻实施、落地生根。

二、进一步加大监督工作力度

坚持把监督工作放在“打造绿色城区，建设美丽红桥”的大格局中去谋划、去推进，实施正确监督、有效监督，做到监督动真格、支持有力度。完善监督机制，强化跟踪问效，完善“民生实事项目人大代表票决制”等刚性监督形式，支持和促进行政、监察、审判、检察机关履职尽责，保障经济社会发展。

继续坚持以推动落实棚户区改造、招商引资、创文创卫、安全稳定四场硬仗为主线，选准火力点，当好助攻手，全力促进创新发展、民生改善、公正法治。一是推动创新发展，加强对落实京津冀协同发展战略、高质量发展、创新产业发展、招商引资、民营企业发展、国有资产管理、全口径预算审查、环境保护、棚户区改造、背街里巷清整、安全稳定等经济发展和改革创新工作的监督。二是践行以人民为中心的发展思想，推动民生热点项目改善提升，围绕教育教学质量、学校安全管理、医联体建设、社会工作者队伍管理等开展考察检查。瞄准创文创卫，重点关注文明校园创建、基层体育公共服务体系建设、公共文化服务水平提升、养老服务等工作。三是推动公正法治，重点关注查处损害群众切实利益突出问题、扫黑除恶专项斗争开展情况、民事行政检察、人民陪审员队伍建设情况。探索设立专家顾问机制，提升人大监督和审查工作的针对性、权威性。

三、进一步发挥代表主体作用

坚持把尊重代表主体地位、提高代表素质能力、更好发挥代表作用，作为人大工作的重要基础和关键环节。一是以支持保障“四场硬仗”（棚户区改造、招商引资、创文创卫、安全稳定）为重点，深化开展“五比五看”活动，创新活动形式，提升代表工作活跃度。二是进一步加强人大代表之家和社区人大代表工作站建设，提炼总结工作经验，形成推广一套成熟的运行机制，充分发挥“小空间、大作用”的独特优势。三是继续举办好红桥人大讲堂，组织代表分专题培训，推动代表上讲坛，讲身边人、谈身边事。四是进一步做好代表建议督办工作，修订办理制度，发挥“一题三单”机制功效，强化跟踪督办。五是实行“三表一册”履职管理机制，建立代表联系群众、参加活动、处理问题登记制和代表履职手册，实现一人一档。六是以完善制度机制、突出活动特色、配强工作队伍为切入点和突破口，着力加强街道人大工作和建设。七是加强代表工作宣传，唱响代表好声音，在《天津日报 · 美丽红桥》、红桥有线定期开辟专栏，代表讲、讲代表，宣传代表履职事迹和特色活动。

四、进一步加强常委会自身建设和机关建设

常委会要不断适应新形势新任务新要求，提升履职能力，提高工作水平。一是坚持以政治建设为统领，组织好有针对性的政治理论学习。按照中央和市、区委统一部署开展“不忘初心、牢记使命”主题教育，不断强化理想信念和宗旨意识。二是深入贯彻新时代党的建设总要求，切实履行全面从严治党主体责任，持续抓好巡视整改任务落实，继续抓好修复净化政治生态以及集中整治形式主义官僚主义和不担当不作为专项治理，进一步严肃规范党内政治生活。三是按照政治站位高、工作能力强、服务保障好的要求，着力打造高素质机关干部队伍，切实加强机关建设。

人大工作肩负着党和人民的重托，任务艰巨、责任重大、使命光荣。让我们更加紧密地团结在以习近平为核心的党中央周围，在市、区委的坚强领导下，忠诚担当、锐意进取，推动人大工作与时俱进、创新发展，为全面建成高质量小康社会、打造绿色城区、建设美丽红桥作出新贡献，以优异成绩庆祝中华人民共和国成立70周年。

中国人民政治协商会议
天津市红桥区第十四届委员会常务委员会工作报告

——在政协天津市红桥区第十四届委员会第三次会议上

2019年1月7日

红桥区政协主席　杨　焕

2018年工作回顾

2018年是贯彻中共十九大精神的开局之年。一年来,在区委的正确领导下,区十四届政协及其常委会深入学习贯彻中共十九大和十九届二中、三中全会精神,深学笃用习近平总书记关于加强和改进人民政协工作的重要思想和中共中央《关于加强新时代人民政协党的建设工作的若干意见》,全面落实习近平总书记对天津工作提出的"三个着力"重要要求,紧紧围绕区委中心工作,本着区委想什么、政协就议什么,政府干什么、政协就帮什么,群众盼什么、政协就呼什么的工作要求,积极发挥委员主体作用,大力加强自身建设,在提高政治把握能力上,作政治坚定的表率;在提高调查研究能力上,作求真务实的表率;在提高联系群众能力上,作服务群众的表率;在提高合作共事能力上,作团结民主的表率,扎实做好政治协商、民主监督、参政议政的履职工作,为红桥区发展作出积极贡献。

一、坚持党的领导根本原则,提高政治站位,确保政协工作正确的政治方向

坚持中国共产党的领导。坚定不移坚持党的全面领导,坚持人民政协性质定位,把深入学习贯彻习近平新时代中国特色社会主义思想贯穿政协思想政治建设始终,旗帜鲜明讲政治,聚焦党和国家中心任务,围绕统筹推进"五位一体"总体布局和协调推进"四个全面"战略布局协商议政。围绕《习近平新时代中国特色社会主义思想三十讲》,广泛开展理论宣讲,牢固树立"四个意识",增强"四个自信",增进"四个认同",坚决维护习近平总书记的核心地位,坚决维护党中央权威和集中统一领导,坚定不移贯彻执行党中央决策部署和对政协工作的要求,确保政协工作沿着正确的政治方向笃定前行。认真学习贯彻落实中共中央《关于加强新时代人民政协党的建设工作的若干意见》,按照新时代党的建设总要求,从实际出发,坚持政协工作到哪里、党建工作就延伸到哪里,不断加强区政协党的建设,巩固和发展最广泛的爱国统一战线,以党的建设引领政协工作。

坚持在中共红桥区委领导下开展工作。主动接受中共红桥区委领导,严格执行重大问题请示报告制度。将全国政协系统习近平总书记关于加强和改进人民政协工作的重要思想理论研讨会和党的建设工作座谈会议精神及时向区委常委会作专题汇报,区政协年度工作要点、协商计划、全委会议和常委会议筹备召开等重大事项向区委请示报告。坚持区政协党组工作向区委述职,自觉把区政协工作纳入区委整体工作部署。认真落实区委重要决策部署,及时反馈政协委员的意见建议,保证区委对政协工作的集中统一领导落实到履职工作全过程,做到区委有号召、政协有行动,区委有部署、政协有落实。

发挥政协党组领导核心作用。区政协党组牢固树立"抓好党建是最大政绩"的鲜明理念,全面肩负起实现党对人民政协领导的重大政治责任,发挥好把方向、管大局、保落实的重要作用,确保把党中央大政方针和决策部署不折不扣贯彻落实到政协全部工作之中。完善政协党组织设置，按照党中央文件要求和市委常委会议精神，设立区政协机关党组，组建八个专委会党组织，实现党的领导在政协全覆盖。认真履行全面从严治党主体责任和监督责任，制定“两个清单”，细化分解指标，按时上报完成情况。严格执行党组工作规则，坚持民主集中制，认真落实“三重一大”、双重组织生活和谈心谈话等制度，加强对机关党建工作的领导，严肃党内政治生活，培育正气充盈的党内政治文化。修订完善《政协红桥区委员会党组议事规则》《政协红桥区委员会党组“三重一大”议事规则》《政协红桥区委员会党组进一步落实全面从严治党要求实施办法》等10项制度，努力形成符合政协特点、适应新时代要求、有利于履行职能的工作机制和制度体系。党组成员认真履行“一岗双责”，通过“关键少数”带动全体党员干部。

二、主动围绕中心服务大局，助力四大攻坚战，在美丽红桥建设中担当作为

全力助推棚户区改造。聚焦市区棚户区改造“三年清零”行动计划，举政协之力加快推进红桥棚改建设，3名驻会副主席、9名政协委员在拆迁岗位上率先垂范、主动作为，区政协承担的丁字沽南北大街、同义庄、丁字沽平房区等10个片区共完成棚户区改造搬迁6100余户，其中搁置了十余年的丁字沽南北大街片区1708户于2018年12月19日实现清零。全国政协副主席马飚，市政协主席盛茂林，副主席黎昌晋及市政协经济委员会、民族和宗教委员会、港澳台侨和外事委员会到我区调研棚户区改造工作，区政协三位副主席先后在市政协系统助力棚改工作会议上作大会发言和书面交流。针对困扰棚户区改造的“拆迁难”问题，向市政协提交了“坚持以人民为中心的发展思想破解棚户区拆迁改造难题”的建议。组织委员走访丁字沽北大街、西于庄、西站、同义庄改造拆迁片、郭家菜园，对棚户区改造推进情况进行民主监督，深入丁字沽南北大街拆迁现场，入户宣讲政策、倾听诉求、提出建议。法律界别委员发挥优势，为棚改居民提供现场法律咨询服务，用实际行动为加快征迁工作加油助力。

积极助推创文创卫工作。认真贯彻落实区创文创卫工作推动大会精神和工作方案要求，落实区委包保责任，做好邵公庄街道双创工作的协调推动。细化分解包保工作任务，做到政协领导班子成员与街道社区、机关干部与居委会工作人员“精准对接”，严格按照时间要求，真正沉下基层、干在实处，组织部分政协委员为社区捐资购置打草机，解决社区燃眉之急，为实现“双创”双成贡献力量。突出督查重点，坚持问题导向，对创文创卫工作中发现的不作为不担当问题敢于动真碰硬，及时向区委反映，1名社区工作人员因履职不力被街道解除劳动合同。向区政协委员发放《发挥委员履职作用 全力助推“双创”双成》倡议，营造全社会关心、支持、参与、推动“双创”的浓厚氛围，形成人人了解“双创”，人人支持“双创”，人人参与“双创”，为“双创”争做贡献的良好局面。

借势助推区域经济发展。充分发挥区政协委员的自身优势，开展“四个一”活动。集中智慧，为美丽红桥建设献一计。围绕经济社会发展提出46条建议，围绕民计民生改善提出77条建议，围绕城市建设提出39条建议，为提升全区经济质量献计出力。创新思路，为壮大区域经济招一商。发挥委员企业的示范引领作用，引进中冶集团有限公司第一总部、旭海大药房有限公司、华莱士餐饮集团天津分公司等10余家企业入驻红桥。深入走访，为帮扶委员企业支一招。突出“双万双服促发展”活动主题，以“直奔现场、直奔问题”活动为载体，坚持定期走访联系企业，多次深入中海油天津化工研究设计院、天津津酒集团等对口联系企业，协调解决企业员工宿舍楼产权登记等实际问题。组织召开支企座谈会，邀请20余家企业负责人交流座谈，介绍招商引资项目及市、区服务企业政策，支持帮扶委员企业成长。情系百姓，为惠民生献爱心办一事。组织委员走进邵公庄街道西四社区体察民情、反映民意，开展医疗义诊、法律咨询、文化惠民、扶贫帮困等活动。“三八妇女节”组织妇女界别委员深入养老院开展社会帮扶。动员和组织委员及机关党员干部以多种形式联系帮扶困难群众，累计捐款捐物20.6万余元。

坚决维护区域和谐稳定局面。认真落实区委、区政府信访维稳包保任务，定期开展接访下访，化解历史积案3件。对9名退役军人、居民，重点走访，耐心听取诉求，积极协调有关部门及时有效解决，实现零进京、零进市的工作目标。在区政协承担的棚改项目动迁过程中，注重做好居民的搬迁维稳工作，特别是对丁字沽南北大街片区清零工作中的12户滞留户，政协委员逐一入户倾听诉求、劝解撤诉，啃下了“硬骨头”，未出现群体性事件和集访群访事件。立足自身职能，发挥民族宗教界委员作用，积极参加民族团结月活动，在“盖德尔夜”走访慰问穆斯林群众，促进民族团结、宗教和睦、社会和谐。做好区政协机关信访接待工作。

三、发挥协商民主重要渠道作用，凝聚人心促进发展，不断提高协商议政实效

强化政治协商。坚持以制定实施年度协商工作计划为抓手，把协商民主体现在政协履行职能全过程、贯穿于开展工作各方面，形成了全委会议整体协商、常委会专题协商、主席会重点协商、专委会对口协商和提案办理协商的多层次协商议政格局，拓宽了协商形式，提高了协商密度。围绕区域经济发展、文明城区创建、教文卫体社会事业建设等事关全局的重要问题和民计民生的实际问题，组织委员开展专题调研，先后形成调研建议19篇。在政协红桥区第十四届委员会第二次全体会议和第十次常委会第二次专题议政会议上，各民主党派、工商联、各专委会作会议发言，建净言、献良策。区委、区政府主要领导高度重视政协工作，出席区政协各类协商会议，对委员提出的意见建议给予充分肯定，协商议政的质量和水平不断提升。

强化民主监督。认真贯彻中央和市、区委关于加强人民政协民主监督工作的有关要求，围绕区委、区政府重点工作和社会关注、群众关切的热点难点问题，发挥协商式监督特色优势，努力提高监督实效。组织政协委员参加全市政法系统工作情况民主评议、全区区级领导干部民主测评以及区纪委2018年对全区各部门述职述廉现场评议工作；组织部分委员参加市“扫黑除恶专项斗争”第五督导组民主监督评议座谈会；应邀对以穆某为首的全国首例“套路贷”涉黑案件审理判决、我区教育系统公开招聘教师进行现场监督；推荐5名政协委员担任公安红桥分局监督员；配合区税务局，开展税收相关政策问题宣传、咨询活动。尊重委员在建言献策活动中的主体作用，委员提案的质量进一步提高，区十四届政协二次全会共立案169件，其中33件提案被评为优秀提案，为区委、区政府科学决策提供有益参考。

强化参政议政。坚持科学发展，关注民计民生，不断加强参政议政能力。接待全国政协副主席刘奇葆到我区三岔河口思源广场，调研考察大运河开发建设情况。积极搭建知情明政平台，邀请区政府有关部门负责人通报区情；组织委员参观和苑街道综治网格信息化管理中心；组织工会、工商联、经济界别委员赴空客A320天津总装公司和天津海鸥手表厂参观学习；组织委员到天津正融科技大厦、天津天地伟业数码科技有限公司考察调研，拓宽委员参政议政的视野和思路，为委员发挥主体作用创造良好条件。围绕“完善改造提升青少年民族博览园”开展深入调研，为打造民族爱国教育基地建言献策。主动为市民族文化宫建设过程中出现的问题进行协调服务，为推进重建项目如期竣工作出积极努力。配合市政协推动建立清真牛羊肉生产加工销售规范化市场管理体系，组织委员积极建言，把好食品“入口关”。充分发挥社情民意信息“直通车”作用，深入邵公庄街道委员联络中心、和苑街道营和园社区和芥园街道泉春里社区，开展调研走访。针对居民反映的子女入托难、物业管理不到位、市场外溢、路灯不亮、环境污染等问题形成8期重点社情民意专报，其中5期得到区政府有关领导批示，3期反映的问题已得到圆满解决。

四、夯实履职能力建设工作基础，加强两支队伍建设，努力提升政协履职效能

加强和改进政协学习教育。深入开展习近平总书记关于加强和改进人民政协工作的重要思想学习研讨活动，传达学习、贯彻落实中共中央《关于加强新时代人民政协党的建设工作的若干意见》和全国政协系统党的建设工作座谈会精神，形成了《用习近平治国理政中所蕴含的现代思维方式开创人民政协工作新局面》等一批研究成果，以理论武装促进了工作提升。市政协主席盛茂林、副主席尚斌义先后到区政协调研、指导、推动研讨活动，并对下一步政协工作提出明确要求。在全国政协副主席万钢参加的天津市政协学习习近平总书记关于加强和改进人民政协工作的重要思想理论研讨会上，红桥区政协作为全市四个典型之一进行了发言。开设"红桥政协大讲堂"，通过专题辅导、集中学习、座谈交流、理论测试等形式，培育和践行社会主义核心价值观，专题学习新修订的《中华人民共和国宪法》《中华人民共和国监察法》和《中国人民政治协商会议章程》，传达全国"两会"精神，不断提升政治理论水平。开展"不忘初心、牢记使命"主题党日活动，组织各专委会党组织书记和部分委员到天津盘山烈士陵园学习参观，重温入党誓词。组织党员委员聆听王辅成教授以"活着树一面旗帜倒下铸一座丰碑"为题的党课，激励担当作为、甘于奉献。邀请上海交大继教学院特聘教授于长滨老师为部分委员和机关党员干部作题为"改变世界的一带一路"专题讲座，开阔视野、激发干劲。

加强委员队伍建设。着眼新时代新要求，严格落实委员履职工作规则，调整充实委员队伍，召开2018年政协工作会议，对委员履职提出"五个一"要求，即每年至少参加一次专委会活动、一次学习活动，每年提交一件提案、一篇社情民意信息、一篇年度履职体会，引导委员履职尽责，交出优秀的"委员作业"。建立委员补课机制，规范委员履职，提高参政议政能力水平。坚持主席、副主席联系委员制度，走访委员及委员所在单位，参加专委会和界别小组开展的各项活动。支持委员开展富有特色的活动，举办纪念改革开放40周年"奋进新时代 奋进新征程 政协委员展风采"主题演讲；与天津音乐学院、区教育局、区环保局等单位联合举办童声嘹亮"美丽中国我是行动者"红桥区少年儿童"6·5"环境日环保教育宣誓唱响活动；区政协文史委创作完成了36万字的《三条石》电视连续剧剧本；多名委员参与《红桥运河文化讲坛》节目录制，取得较好社会反响。

提高机关自身建设。坚持党要管党、全面从严治党，推进政协党的政治建设、思想建设、组织建设、作风建设、纪律建设、制度建设，坚决肃清黄兴国、张泉芬、赵建国、杨茂顺、李可等恶劣影响，持续净化和修复政治生态。巩固深化"两学一做"学习教育常态化、制度化，创建学习型机关，坚持周学习、季检查、年度总结，确保学习频次，提高学习质量。深入开展"维护核心、铸就忠诚、担当作为、抓实支部"主题教育实践活动，狠抓不作为不担当专项治理，按照"文过我手无差错、事交我办请放心"的工作标准，把"严细实"要求贯穿工作全过程，严格评议机关干部履职情况，现场述职、当场划票，推动机关工作提质增效。坚持用制度管权管事管人管物，进一步推动工作纪律真正严起来、实起来。认真筹建政协文史展室，先后到天津市、兄弟区政协文史馆学习借鉴工作经验，做好文史资料征集。加强内外宣传工作，精心打造机关党建文化墙，建立并更新学习宣传栏和学习园地8期，出刊《红桥政协信息》79期，发布政协微信公众号动态64条，在人民政协网、《天津日报》《今晚报》《天津政协》杂志、北方网、美丽红桥微信公众号等新闻媒体刊发稿件10余篇，进一步扩大政协工作的影响力。

过去一年政协工作取得的成绩，得益于市政协的具体指导和中共红桥区委的正确领导，得益于区人大、区政府及社会各方面的大力支持，得益于区政协各参加单位和全体政协委员的共同努力、团结合作。在此，我代表区十四届政协常委会表示衷心的感谢！

我们也清醒看到,政协工作中还存在着差距和不足,主要是:学习习近平总书记关于加强和改进人民政协工作的重要思想还需要进一步深化,党的建设还需要进一步加强,建言资政的质量还需要进一步提高,委员履职能力建设还需要进一步深化,机关服务水平还需要进一步提高。对这些问题,我们要高度重视,认真研究解决。

2019 年主要任务

2019 年是中华人民共和国和人民政协成立 70 周年,是棚户区改造“三年清零”行动计划的收官之年,也是全力打造绿色城区、建设美丽红桥的关键一年。今年区政协工作的总体要求是:全面贯彻习近平新时代中国特色社会主义思想和中共十九大、十九届二中、三中全会精神,以习近平总书记关于加强和改进人民政协工作的重要思想为指导,认真落实中共中央关于加强新时代人民政协党的建设工作的部署要求,增强人民政协工作的时代感,准确把握人民政协处于凝心聚力第一线、决策咨询第一线、协商民主第一线、国家治理第一线、是党和国家一线工作的重要组成部分的要求,在市政协的指导下,紧紧围绕区委全会的决策部署,真诚协商、务实监督、深入议政,更加富有成效地履行政协职能,加强政协党的建设,进一步开创政协工作新局面,为助推红桥区发展贡献智慧和力量。

一、坚持中国共产党领导,深入学习贯彻习近平新时代中国特色社会主义思想

全面加强党对政协的领导,坚持用习近平新时代中国特色社会主义思想武装头脑,真正学懂弄通做实,把好履职“方向盘”。把深入学习习近平总书记关于加强和改进人民政协工作的重要思想作为理论学习、思想武装的重点任务,牢固树立“四个意识”,更加坚定“四个自信”,做到“两个坚决维护”。继续推动理论学习制度化、常态化,实现委员学习全覆盖。建立以政协党组理论学习中心组学习为引领,主席会议集体学习、常委会学习讲座、委员培训学习、报告会相结合为重点的学习制度体系,切实增进各党派团体和各族各界人士对中国共产党和中国特色社会主义的政治认同、思想认同、理论认同、情感认同,夯实团结奋斗的共同思想基础。

二、严格遵守政治纪律,主动接受市政协指导和区委领导

认真学习贯彻《政协章程》和中共中央《关于加强新时代人民政协党的建设工作的若干意见》,抓好区政协党的建设重点工作任务的落实。提高政治站位,认真贯彻中共中央、全国政协、市政协和区委的有关部署要求,不断加强与市政协工作的对口联系。主动接受区委领导,发挥区政协党组织作用,实现党的组织对党员委员的全覆盖、党的工作对政协委员的全覆盖。结合政协党建工作特点规律,进一步强化制度建设和实践,探索实行政协党组成员联系界别委员、党员委员联系党外委员、党员委员组织关系一方隶属、参加双重组织生活、党员常委履职建言点评、党的建设工作专题会议等制度,为提高政协工作质量和水平提供坚强政治保证。坚持把纪律挺在前面,坚定不移推动全面从严治党向纵深发展,进一步加强对党员委员的教育、管理和监督,充分发挥党员委员尤其是党员领导干部在坚持党对政协工作全面领导中的模范引领作用,影响带动广大委员守纪律、讲规矩、重品行。

三、加强思想政治引领,广泛凝聚共识增进团结

坚持寓思想政治引领于团结民主之中,逐步建立建言资政和思想政治引领“双向发力”的制度、程序和机制。深化与各民主党派、人民团体和无党派人士的合作共事,鼓励和支持他们以政协为平台协商议政,组织开展学习教育、调研考察等活动,使广大委员通过履职实践,领悟习近平新时代中国特色社会主义思想的新境界、亲身体会现代化天津、美丽红桥建设的新变化。牢牢把握团结和民主两大主题,健全完善走访看望委员制度和谈心谈话制度,重视委员反映的社情民意信息和来信来访,主动倾听党外委员心声、交换看法、沟通思想、解疑释惑,及时处理回应委员关切。认真贯彻落实党的民族和宗教政策,进一步加强与民族宗教界委员联系，切实促进民族团结、宗教和顺。密切与非公有制经济人士、新的社会阶层人士、港澳台侨代表人士联系，建立亲清新型政商关系，吸引更多人士到红桥投资兴业。以庆祝中华人民共和国成立70周年和纪念人民政协成立70周年为契机，组织开展座谈交流、“奋进新时代 奋进新征程 政协委员展风采”主题演讲、书法绘画展等系列活动，在政协委员中普及《永远跟党走》歌曲，讲好政协故事，传递党的声音，凝聚共识、凝聚人心，唱响新时代主旋律。

四、着重提高工作质量，贡献政协智慧和力量

聚焦区委中心工作履职尽责，提高服务大局的能力和水平，发出履职“好声音”。服务中心促发展，在助推打好棚户区改造、创文创卫、招商引资、安全稳定四场硬仗中发挥政协委员作用。建言资政出实招，在围绕美丽红桥建设协商议政中发挥政协委员优势。深入一线摸实情，在大兴调研之风开展调研活动中发挥政协委员智慧。建立务虚会制度，在主席会议和专委会层面，对政协的工作定期进行分析研究，活跃思想，集思广益，推动工作。建立部门情况通报制度，就难点热点问题邀请区有关部门介绍工作进展，为更好地知情参政创造条件。积极探索民主监督精准化，开展监督性履职活动。

五、认真落实履职新要求，抓好政协自身建设

以习近平总书记关于加强和改进人民政协工作的重要思想为指导，激活政协履职“动力源”。抓好委员队伍建设，以“红桥政协大讲堂”为载体，改进培训方式，丰富培训内容，邀请高水平专家为委员进行专题辅导。完善委员履职档案，引导督促委员主动完成“五个一”要求、做好“委员作业”，常委交好履职报告。严格执行《政协红桥区第十四届委员会委员履职管理办法》，进一步深化“四个一”活动，开展优秀政协委员、优秀提案评选。发挥专委会基础性作用，组织召开各专委会工作座谈会，定期向常委会议报告专委会工作，组织委员开展经常性履职活动，夯实政协履职基础。发挥界别优势作用，调动参政议政积极性。强化提案办理，着力加强提案督办。开展理论研究，总结积累经验，推进实践探索。建成政协文史展室。着力提高区政协机关服务保障水平，完善工作制度，巩固“维护核心、铸就忠诚、担当作为、抓实支部”主题教育实践活动成果，深化不作为不担当问题专项治理。加强党风廉政建设，支持派驻纪检监察组开展工作，从根本上铲除圈子文化、码头文化、好人主义滋生蔓延的深层土壤，彻底肃清黄兴国、张泉芬、赵建国、杨茂顺、李可恶劣影响和流毒，努力营造风清气正弊绝的良好政治生态。

风起正扬帆，撸袖绘新篇。新时代、新使命、新征程要有新思路、新气象、新作为。让我们紧密团结在以习近平为核心的中共中央周围，高举新时代中国特色社会主义思想伟大旗帜，在中共红桥区委的正确领导下，不忘初心，牢记使命，同心同德、开拓创新，忠诚履职、担当作为，努力推动建言资政与凝聚共识比翼齐飞，为建设美丽红桥继续贡献力量！

中国共产党天津市红桥区第十一届纪律检查委员会第六次全体会议工作报告

2019年2月2日

红桥区纪委书记、监察委主任　芮永玲

这次全会的主要任务是：以习近平新时代中国特色社会主义思想为指导，深入贯彻落实党的十九大精神，认真学习贯彻习近平总书记在十九届中央纪委三次全会上的重要讲话和中央纪委三次全会精神，落实市委十一届五次全会、市纪委十一届五次全会和区委十一届十一次全会部署，回顾2018年全区纪检监察工作，部署2019年任务。

一、2018年工作回顾

2018年，在市纪委监委和区委坚强领导下，全区纪检监察组织坚持以习近平新时代中国特色社会主义思想为指导，树牢"四个意识"，坚定"四个自信"，践行"两个维护"，忠实履行党章和宪法赋予的职责，坚持稳中求进工作总基调，稳扎稳打，积极作为，不断提升全区纪检监察工作质量和水平，为打造绿色城区、建设美丽红桥提供坚强政治保证。

（一）把政治建设摆在首位，深入学习贯彻习近平新时代中国特色社会主义思想

把学习贯彻习近平新时代中国特色社会主义思想和党的十九大精神作为首要政治任务。坚持在学懂弄通做实上下功夫，把习近平新时代中国特色社会主义思想作为区纪委常委会、理论中心组和机关党委首要学习内容，努力做到深学笃行、融会贯通，用以指导纪检监察工作实践。召开区纪委十一届四次全会，以习近平新时代中国特色社会主义思想为指引，部署推动全区全面从严治党、党风廉政建设和反腐败工作。多次召开全区纪检监察干部会议，及时传达学习习近平总书记在两会期间重要讲话精神和中央纪委省区市纪检监察工作座谈会精神等重要部署要求，着力推进纪检监察工作高质量发展。立足职责定位，把学习贯彻落实情况作为监督检查重点内容，推动习近平新时代中国特色社会主义思想和党的十九大精神在红桥落地生根。

把"两个维护"作为根本政治任务。坚决维护习近平总书记党中央的核心、全党的核心地位，坚决维护党中央权威和集中统一领导。突出政治建设，及时传达学习党中央关于秦岭北麓西安境内违建别墅问题专项治理情况通报精神，加大对习近平总书记重要指示批示精神和党中央重大决策部署贯彻执行情况的监督检查力度，在全区纪检监察系统开展贯彻落实习近平总书记"三个着力"重要要求自查自纠，坚守纪检监察机关政治属性，强化纪检监察干部政治意识。严明政治纪律和政治规矩，严肃查处4起违反政治纪律问题。

着力修复净化全区政治生态。充分认识红桥区政治生态遭到严重破坏的复杂形势，协助区委分析研判全区政治生态，持续肃清黄兴国、张泉芬、赵建国恶劣影响，组织召开赵建国严重违纪违法案件通报会。制定加强对区管单位党组织领导班子民主生活会监督的实施意见，变督导为监督，紧盯会前、会中、会后每一个环节，严肃党内政治生活。贯彻区委关于加强政治文化建设的工作方案，提升改版"廉韵津沽·清风红桥"网站，启动运营"新风红桥"微信公众号，举办"破庸腐之习 尚勤廉之风"主题漫画展，教育引导广大党员守好清廉底线，筑牢思想防线。严把选人用人政治关、品行关、作风关、廉洁关，针

对干部选拔、评优评先、干部因私出国(境)、社区组织换届等回复廉政意见3489人次。

(二)深化纪检监察体制改革,推进制度优势不断转化为治理效能

蹄疾步稳推进监察体制改革。区委扛起改革主体责任,区委书记担任“施工队长”,亲自谋划部署、亲自组织推动。按期挂牌成立区监察委员会,与区纪委合署办公,统筹做好内设机构人员配置,调整安排合署办公场所,组织实施全区纪检监察干部业务能力提升培训工程,推动人员、职能、理念深度融合。推进监察职能向基层延伸,出台实施意见,区监委向街道派出监察组,在社区设置纪检监察员;赋予派驻机构部分监察职能,5个派驻纪检组更名为派驻纪检监察组。认真履行监督调查处置职责,探索运用监察法赋予的调查手段,使用各类调查措施2551次,做到应试尽试。独立实施全市首例看守所留置措施,全年留置7人。理顺工作机制,规范业务流程,与检察机关实现顺畅衔接,推进纪法贯通。强化证据意识,加强审理工作,严格审核把关,提高案件质量和水平。

推进派驻机构改革。区委召开全区派驻纪检监察机构和基层单位纪检监察工作会议,压实监督责任。制定派驻机构管理工作规定,加强对派驻监督工作的领导、指导和支持力度。各派驻组充分发挥“探头”作用,全年参加(列席)被监督单位班子会议313次,叫停议题15次,提出整改建议73条,对驻在部门领导班子议事决策过程进行全程监督。结合监督情况建立1100余名科级干部廉政档案,动态把握、精准分析驻在部门“树木”与“森林”情况。全年各派驻纪检监察组处置问题线索181件,立案81件,处分57人。

(三)发挥巡察“利剑”作用,保持震慑常在

突出政治巡察。贯彻中央巡视工作方针,制定十一届区委巡察工作计划和年度工作要点,创新巡察方式,健全制度机制,统筹推进四轮常规巡察,发现问题294个,提出整改意见和建议182条,移交问题线索46件。落实中央和市委巡视巡察上下联动部署,积极开展统配巡察,配合开展协作巡察,把巡察触角延伸到基层科所站队和社区党组织,推动巡察监督“一竿子插到底”。严肃查处区档案局党组在巡察工作中弄虚作假行为,严明巡察工作政治纪律。

抓实整改工作。创新巡察成果运用,巡察结果分别向被巡察党组织分管区级领导、被巡察单位党政主要领导、被巡察党组织领导班子和党员干部三个层面反馈,全面压实被巡察党组织整改责任。集中整改结束后,及时组织整改评价检查,对整改效果不明显的2个单位,向区纪委提出问责建议。区纪委执纪监督室、派驻纪检监察组主动加强对巡察整改情况的日常监督,做到问题整改不到位,监督检查不结束。对已巡察单位适时杀出“回马枪”,组织开展“回头看”,持续发挥震慑作用。

(四)坚持“以人民为中心”的发展思想,坚决整治群众身边腐败和作风问题

严查群众身边“微腐败”。大力开展扶贫助困领域腐败和作风问题专项治理,聚焦我区20项民心工程中的精准帮扶项目,严肃查处落实两个责任不力、贪占冒领、优亲厚友、形式主义等问题,对2016年以来受理的扶贫助困领域腐败和作风问题线索进行“大起底”和“回头看”。全年查处群众身边“微腐败”问题68件次,处理42人次,处分29人次。加强社区组织换届工作纪律监督,确保选出好班子、带出好队伍,夯实党在基层的执政根基。组织对我区对口协作帮扶的甘肃省合水县、碌曲县两地开展专项监督检查,工作情况被《中国纪检监察报》报道。

深挖黑恶势力“保护伞”。坚决贯彻党中央和市区委扫黑除恶决策部署,制定细化工作方案和工作措施,成立扫黑除恶监督执纪问责工作推进领导小组,实行领导班子成员包片包案制度,全面筛查公安机关查处的涉黑涉恶案件,深挖黑恶势力背后的“保护伞”。把棚户区改造、扶贫助困、社区治理、市场管理等重要工程、重点领域纳入查处重点,张贴发放2.4万册扫黑除恶宣传挂图和宣传折页,形成强大舆论声势。组织问题线索大起底,与政法机关建立问题线索快速移交

和反馈机制，处置涉黑问题线索19件。对红桥区查处的全国首例“套路贷”涉黑案件专案专办，合力攻坚，对其中的“保护伞”问题紧盯不放，立案审查调查6人。

（五）锲而不舍纠“四风”、改作风，推动作风建设向深向实

深入贯彻落实中央“八项规定”及实施细则精神。重要节点反复重申纪律要求，分批次通报我区查处的违反中央“八项规定”精神问题典型案例21人次。充实监督力量，组建432人的社会监督员队伍，组织深入辖区262个重点点位，开展明察暗访103次，组织30个重点单位进行交互检查。全年查处违反中央“八项规定”精神问题28件次，处分21人次，处理8人次。

深入推进不作为不担当问题专项治理三年行动。协助区委制定全区《关于深入开展不作为不担当问题专项治理三年行动方案（2018-2020年）》，协调推动专项治理问责追责、宣传教育、督促检查和建章立制各项工作有序开展。结合治理重点分批次、分阶段对全区各部门各单位开展督查4次，就督查中发现的问题在全区点名道姓通报反馈；挂牌督办重点问题线索24件次。全年查处各类不作为不担当问题299件次，处分64人次，处理334人次。严肃整治表态多调门高、行动少落实差等形式主义官僚主义问题，查处51件次，处分32人次，处理23人次。

（六）把监督挺在前面，全面加强党的纪律建设

做细做实日常监督。充分发挥执纪监督室、派驻纪检监察组、巡察机构综合监督职能，通过谈话函询、走访调研、参加会议、专项巡察检查等方式加强日常监督。落实市纪委关于加强监督工作的意见，探索推进纪律监督、监察监督、派驻监督、巡察监督联动贯通。全面加强纪律建设，采取专题授课、基层宣讲，以及在区纪委网站和微信公众号开设专栏、在线答题等方式组织全区各单位深入学习宣传、贯彻落实《中华人民共和国监察法》和新修订的《中国共产党纪律处分条例》，促使广大党员干部懂法纪、明规矩，知敬畏、存戒惧。在区级理论学习中心组、区委党校主体班次开设廉政专题党课，重要时间节点发送廉政短信7236人次，把纪律规矩教育融入日常、开展经常。

推动主体责任落地落实。协助区委推进全面从严治党，发挥参谋助手作用。年初组织区、处两级领导干部和全区各级党组织全覆盖签订党风廉政建设目标责任书暨工作任务台账和领导干部廉洁自律承诺书（“两书一台账”），年底组织召开区纪委十一届五次全会开展专题述责述廉，区级领导带队组成21个考评组，全面检查区级部门党政领导班子及班子成员主体责任落实情况，形成推动主体责任落实的有力抓手和载体。加强新任职领导干部廉政教育，对79名新提拔交流的区管领导干部开展集体廉政谈话。对2017年度主体责任考核排名靠后的11个单位党组织主要负责人进行集体约谈，并对整改落实情况进行监督检查。充分运用全区主体责任监管平台，加强对全区各单位领导班子和领导干部履责情况的实时动态监督。坚持失责必问、问责必严，对62人次实施问责，其中处分46人次，处理16人次。

精准实践“四种形态”。贯彻惩前毖后、治病救人方针，精准实践运用“四种形态”，督促基层党组织在运用第一种形态上下更大功夫，加强对党员干部的日常教育管理监督。全区共运用“四种形态”处置730人次，其中第一种形态626人次，占比85.7%，第二种形态80人，占比11.0%，第三种形态18人，占比为2.5%，第四种形态6人，占比为0.8%。

（七）贯彻稳中求进基本工作方针，在标本兼治上下功夫

保持高压态势。畅通信访举报渠道，在双环邨街道新佳园东里社区召开现场推动会，积极推进纪检监察信访举报四级平台建设。全年受理来电来信来访1812件次，其中检举控告类信访举报389件次。持之以恒减存量、遏增量，处置问题线索449件次，其中初核321件次，谈话函询33件，了结150件；立案160件，处分94人，

挽回经济损失 438 万余元。调整反腐败协调小组成员，搭建协调互通机制。强化追逃追赃工作落实，制定工作方案和工作办法，织密防逃追逃网络。开展全区纪检监察系统“执纪审查安全工作月”活动，组织 2 次专项检查，组建全区安全联络员队伍，确保守住“安全底线”。

注重做好“后半篇文章”。落实市委以案促教、以案促建、以案促改工作办法，一体推进不敢腐、不能腐、不想腐。召开全区领导干部警示教育大会，通报 2017 年以来查处的典型案例，组织观看《为了政治生态的海晏河清》警示教育片。制定典型案例通报曝光制度、警示教育专题民主生活会制度，对我区查处的 42 起典型违纪违法案例中的 62 人进行公开通报曝光，达到惩处一个、教育一片的效果。下发纪律检查建议书 13 件，监察建议书 7 件，监督检查建议函 6 件，推动发案单位剖析问题根源、堵塞制度漏洞、健全制度机制。

（八）坚持打铁必须自身硬，锻造忠诚坚定、担当尽责、遵纪守法、清正廉洁的纪检监察队伍

突出政治建设。成立机关党委，组建 5 个党支部，加强党建引领，通过开展理论学习、交流研讨、主题党日、专题组织生活会等方式，不断推进“两学一做”学习教育制度化常态化。开展“讲忠诚 讲奉献”专题学习讨论，激发纪检监察干部使命担当、责任意识、奉献精神，在机关形成创先争优的良好氛围。

增强履职本领。加大教育培训力度，通过外请专家老师授课、选派上级参训等方式，组织培训 1100 余人次，着力提高纪检监察干部依纪依法反腐败的本领。组织开展纪检监察系统“聚主业 解难题 树新风”大调研活动，组建 36 个课题组，以深入调研推动各项工作取得扎实成效。制定机关信息化建设工作计划，推进网站和微信公众号平台、视频会议系统建设，提升纪检监察工作信息化水平。

严防“灯下黑”。认真落实监察法和监督执纪工作规则要求，完善内控机制，加强内部监督，不断提升各项工作规范化水平。开展区纪委监委机关不作为不担当问题专项治理三年行动，紧盯纪检监察干部作风不严不实等问题，全年共处置举报纪检监察干部问题线索 12 件，函询 8 件，第一种形态处理 1 人。

一年来，在市纪委和区委坚强领导下，我区全面从严治党取得新成效。实际工作中，我们坚持边探索边实践边思考，形成了一些认识和体会。一是要牢牢把握政治机关的政治属性。纪检监察机关是党的政治机关，要首先从政治上看问题，把“两个维护”贯彻执行到纪检监察工作全过程，始终在政治立场、政治方向、政治原则、政治道路上与党中央保持高度一致。二是要自觉围绕中心、服务大局。要坚持党中央和市区委决策部署到哪里、纪检监察工作就跟进到哪里，自觉把区纪委监委的工作职责摆进全区工作大局中去谋划、去考量，围绕全区棚户区改造、招商引资、创文创卫、安全稳定四场硬仗履职尽责，坚持靶向监督、精准监督，确保党的好政策在红桥开花结果。三是要以改革创新为动力。要不断深化改革，深化转职能、转方式、转作风，聚焦主责主业，切实履行工作职责。改革中出现的问题，必须靠进一步深化改革来解决。要适应新时代新形势新要求，积极开拓创新，推动纪检监察工作高质量发展。四是要始终站稳人民立场。人民群众反对什么、痛恨什么，我们就坚决防范和纠正什么。人民群众对“四风”问题不满意，我们就把监督检查中央“八项规定”及实施细则精神落实情况作为重点任务和经常性工作，驰而不息纠“四风”、改作风；人民群众反对腐败、痛恨腐败，我们就和腐败行为做坚决斗争。五是要在坚持中深化、在深化中发展。全面从严治党永远在路上，必须保持历史耐心和战略定力，不刮风、不搞运动，坚持不断发展论和发展阶段论相统一，既立足当前，又谋划长远，一茬压着一茬推进，一锤接着一锤敲，推动全面从严治党、党风廉政建设和反腐败斗争向纵深发展。

同时，也要清醒地看到，我区党风廉政建设和反腐败斗争形势依然严峻复杂，全面从严治党永远在路上。一是肃清黄兴国、张泉芬、赵建国

恶劣影响,净化和修复政治生态工作依然艰巨繁重。针对全区面上推动的部署要求多,针对个别单位、党员个体采取有针对性的教育提醒少,缺少对党组织、党员干部的深层次触动,尽管查处了一些违反政治纪律的典型案例,但“后半篇文章”效果发挥还不明显。二是全面从严治党主体责任在一些基层党组织还没有得到很好地落实。对“一把手”抓得还不够牢,压力传导不到位,班子副职落实“一岗双责”意识不强。三是应对“四风”问题新表现的整治招法不多。对怎么治理深层次的形式主义官僚主义问题缺乏行之有效的举措,整治的力度还不够大。四是纪检监察组织建设还存在薄弱环节。有的基层纪检监察组织人员配备不齐全,国企、学校、社区纪检监察力量薄弱;纪检监察干部纪法贯通、法法衔接意识不强,能力素质亟待提升。对这些问题,必须引起高度重视,切实加以解决。

二、2019 年工作任务

2019 年是新中国成立 70 周年,是我市全面建成高质量小康社会的关键之年,也是我区推动高质量发展、加快实现城区转型升级的重要一年。全区纪检监察工作要以习近平新时代中国特色社会主义思想为指导,全面贯彻党的十九大和十九届二中、三中全会精神,深入贯彻落实习近平总书记对天津工作提出的“三个着力”重要要求和在天津考察工作时的重要讲话精神,按照十九届中央纪委三次全会、市委十一届五次全会、市纪委十一届五次全会和区委十一届十一次全会要求,增强“四个意识”,坚定“四个自信”,做到“两个维护”,坚持稳中求进工作总基调,以党的政治建设为统领,协助党委推进全面从严治党,一体推进不敢腐、不能腐、不想腐,取得全面从严治党更大战略性成果,巩固发展反腐败斗争压倒性胜利,推动新时代红桥纪检监察工作高质量发展,为打造绿色城区、建设美丽红桥提供坚强政治保障,以优异成绩庆祝中华人民共和国成立 70 周年。

习近平总书记在十九届中央纪委三次全会上的重要讲话,从战略和全局高度,深刻总结改革开放 40 年党进行自我革命,永葆先进性和纯洁性的“五个必须”宝贵经验,把我们党对全面从严治党的规律性认识提升到全新高度,为我们在新时代持续推进全面从严治党、持续推进党风廉政建设和反腐败斗争指明了前进方向。赵乐际在中央纪委全会上的工作报告系统总结改革开放 40 年来纪检监察工作五条重要经验,为做好新时代纪检监察工作提供了重要遵循。我们一定要深刻理解、长期坚持、自觉运用,在新的历史实践中不断深化发展,推进党的十九大全面从严治党战略部署在红桥深入实践。

推进新时代纪检监察工作高质量发展,必须坚持稳中求进工作总基调。“稳”就是保持政治定力,稳住高压态势,力度不减、尺度不松、节奏不变,把“严”字长期坚持下去,将反腐败斗争进行到底。“进”就是坚持问题导向,持续深化改革,勇于探索创新,力求在重点难点问题上有所突破,在关键领域和环节有所进展。全区纪检监察组织要一以贯之用习近平新时代中国特色社会主义思想武装头脑、指导实践、推动工作,一以贯之坚定践行“两个维护”,一以贯之贯彻落实全面从严治党的方针和要求,把握“稳”的内涵,强化“进”的措施,持续深化转职能、转方式、转作风,使各项工作思路举措更加科学、更加严密、更加有效。

(一)强化政治监督,不断加强党的政治建设

持之以恒学习贯彻习近平新时代中国特色社会主义思想。坚持原原本本学、融会贯通学、结合实际学,自觉运用蕴含其中的科学立场观点方法指导实践、推动工作。强化监督检查,对搞形式、走过场的严肃批评、追责问责,推动全区各级党组织真正学懂弄通做实。

牢牢把握“两个维护”根本政治任务。强化对习近平总书记“三个着力”重要要求和考察天津时的重要讲话精神、系列重要指示批示精神,以及贯彻新发展理念、全面深化改革、打好“三大攻坚战”、推进京津冀协同发展、支持民营经济发展、落实减税降费政策等党中央重大决策部署执

行情况的监督检查,严肃查处不敬畏、不在乎、喊口号、装样子等问题,坚决纠正上有政策、下有对策,有令不行、有禁不止的行为。严明政治纪律和政治规矩,聚焦“七个有之”,严肃查处政治上离心离德、思想上蜕化变质、组织上拉帮结派、行动上阳奉阴违等问题,坚决维护党中央权威。

久久为功推动全区政治生态根本好转。深入贯彻市委净化政治生态工作意见,深化中央巡视“回头看”反馈意见和市委专项巡视反馈意见整改,加强政治生态建设检查考核,坚决肃清黄兴国、张泉芬、赵建国恶劣影响。严把选人用人政治标准,扎实做好党风廉政意见回复,把选人用人情况作为日常监督、专项检查和巡察重点内容。严肃党内政治生活,重点加强对领导班子特别是主要领导干部贯彻执行新形势下党内政治生活若干准则情况的监督检查,加强民主生活会监督,增强党内政治生活的政治性、时代性、原则性、战斗性。发展积极健康的党内政治文化,持续整治码头文化、圈子文化和好人主义,传承中华优秀传统文化和红色文化,弘扬忠诚老实、公道正派、实事求是、清正廉洁等价值观。

(二)履行好协助职责,一体推进“两个责任”落实

当好“参谋助手”。自觉接受同级党委领导,加强请示报告,主动做好党风廉政建设和反腐败斗争形势分析以及政治生态研判等工作,充分发挥组织协调、监督推动作用,切实履行好协助职责。强化对下级党组织监督,督促落实主体责任,统筹抓好党的建设,提高管党治党水平。

牵牢“牛鼻子”。用好主体责任监管平台,突出抓好党委(党组)主体责任,特别是第一责任人责任,推动落实领导班子成员“一岗双责”。强化主体责任检查考核,深入开展述责述廉工作,对排名靠后的进行约谈。落实监督执纪“四种形态”实施办法,督促各级党组织领导班子在用好第一种形态上下更大功夫,使咬耳扯袖、红脸出汗成为常态,对运用第一种形态月报告全年统计为零的,严肃约谈党组织主要负责人。

用好问责利器。加大问责力度,对管党治党责任落实不力的,既追究主体责任,又追究监督责任。重大问题该发现没发现的就是失职,发现问题不报告不处置的就是渎职,坚决防止监督责任缺失缺位。实施精准问责,查清责任主体、找准问责重点、作出精准处置,防止问责不力或者问责泛化。

(三)把监督挺在前面,切实履行监督第一职责

做细做实日常监督。贯通运用“四种形态”,突出用好谈话函询,做到“应谈尽谈”、谈查结合,对函询结果抽查核实比例不低于10%,对欺瞒组织的严肃处理。紧盯关键领域和环节,聚焦“关键少数”,突出监督重点,创新监督方式,精准有效开展监督。积极涵养监督文化,强化“严管就是厚爱,监督就是信任”的思想认识,让党员干部习惯在受监督和约束的环境下工作生活。结合日常监督开展情况完善廉政档案,并动态更新。

构建监督工作整体格局。统筹监督力量,完善制度机制,围绕主体责任落实、政治生态研判、问题线索移交处置、巡视巡察整改等方面,强化信息共享、联动贯通,提高监督工作整体效能。推动党内监督同国家机关监督、民主监督、司法监督、群众监督、舆论监督有机结合,把权力置于严密监督之下。

(四)突出政治巡察,提高巡察监督实效

坚持政治巡察定位。聚焦“两个维护”,查找政治偏差,着力发现落实党的路线方针政策和党中央重大决策部署方面存在的责任问题、腐败问题、作风问题。提高巡察工作灵活性和精准度,统筹安排常规巡察、专项巡察、机动式巡察,推动巡察全面覆盖科所站队和社区。创新思路举措,把巡察工作与日常监督、专项治理、政治生态建设考核评价等结合起来,增强监督实效。认真做好区委巡察与市委巡视对接联动,共同推进全面从严治党向纵深发展。

抓实巡察整改工作。健全巡察反馈制度,落实分管领导约谈机制,完善纪检监察机关、组织部门加强整改日常监督工作机制,有效发挥执纪

监督部门与派驻机构监督检查整改落实作用。加强集中整改督查督办，强化整改评价实效，适时开展“回头看”，确保整改见底到位。加大追责问责力度，对整改责任不落实、敷衍整改的严肃问责，典型问题一律通报曝光。

（五）持续向群众身边不正之风和腐败问题亮剑，让群众感受更多全面从严治党成效

严查群众身边“微腐败”。聚焦全区20项民生实事项目，以及扶贫协作和支援合作工作，对贪污挪用、截留私分、优亲厚友、虚报冒领等问题从快从重查处。加大民生领域整治力度，着力解决教育医疗、环境保护、食品药品安全、棚户区改造等方面存在的侵害群众利益问题，对吃拿卡要、盘剥克扣、私分滥发、挥霍浪费的决不手软。紧盯社区基层组织，对社区两委班子成员开展“过筛子”式监督“回头看”。

强化扫黑除恶专项斗争中监督执纪问责工作。强化深挖彻查，敢于攻坚碰硬，落实领导干部包片包案制度，对涉黑涉恶腐败、“保护伞”、失职渎职等问题决不放过。强化统筹协调，完善线索双向移送反馈和协同办案机制，对重点案件主动介入、快查快结。坚决清除包庇、纵容黑恶势力的腐败分子，严肃查处助长黑恶势力坐大成势、干预和阻挠案件调查处理等问题，为红桥区打造“无黑”城区提供有力保障。

（六）疾风厉势治庸治懒治无为，深化构建作风建设长效机制

驰而不息纠“四风”、改作风。持续督促落实中央“八项规定”及实施细则精神，严肃查处滥发津贴补贴、违规收送礼品礼金、违规使用公务用车、公款吃喝等突出问题，对国企、金融、教育、卫生等重点领域问题开展专项治理。深挖细查隐形变异“四风”问题，对党的十九大后仍不收敛不收手的严查严办，点名道姓通报曝光，释放越往后越严的强烈信号。

根除形式主义官僚主义和不作为不担当顽疾。挂牌成立区委集中整治形式主义官僚主义和不作为不担当问题专项治理领导小组办公室，实体化运行，加大专项治理工作力度。对市委巡视移交的不作为不担当问题线索快查快办、严肃问责，以坚定决心和鲜明态度向“腾挪闪避绕”“庸懒散浮拖”等问题“开刀问斩”。聚焦重点领域和部门，严肃查处空泛表态、应景造势、敷衍塞责、出工不出力等突出问题，对典型问题挂牌督办，以疾风厉势持续掀起“问责风暴”。要为敢于担当的干部撑腰鼓劲，落实纠错容错机制，严肃查处恶意举报行为，对受到诬告或失实举报的，及时澄清正名，保护干部干事创业积极性。

（七）有力削减存量、有效遏制增量，巩固发展反腐败斗争压倒性胜利

保持高压态势再发力。进一步完善信访举报四级平台，畅通信访举报渠道。紧盯重大工程、重点领域、关键岗位，依法查处贪污贿赂、滥用职权、玩忽职守、徇私舞弊等职务违法和职务犯罪。按照市纪委部署要求开展人防系统腐败问题专项治理。严肃查处领导干部利用“影子公司”、名贵特产类特殊资源和违规干预金融活动谋取私利等行为，坚决清除甘于被“围猎”的腐败分子，推动构建亲清新型政商关系。严明机构改革期间各项纪律，严肃查处重大事项不请示报告、超职数配备人员、违规处置国有资产等各类违纪违法行为。充分发挥反腐败协调小组统筹协调作用，及时研究解决工作中遇到的重难点问题，不断增强反腐败工作合力。坚持安全、文明办案，一手抓审查调查、一手抓安全工作，压实“四级责任”；加强硬件建设，3月底前区纪委监委机关全部建成符合标准的谈话室，推进街道谈话场所建设并达标，抓好“走读式”谈话安全这个重中之重。持续抓好追逃追赃工作。

推进标本兼治。深化以案促教、以案促改、以案促建机制，用足用好“六书两报告两建议”，对典型案件制发高质量的纪律检查建议书和监察建议书，督促发案单位补齐制度短板。加大对处分决定执行情况的监督检查力度，不定期开展抽查，绝不允许“打白条”，维护党纪法规的严肃性。充分发挥区反腐败警示教育基地作用，更新完善警示教育内容，把参观警示教育基地纳入区委党校全部主体班次学习内容。强化典型案例

通报曝光制度和警示教育专题民主生活会制度落实，加大对基层党组织开展警示教育情况的监督检查力度，推动警示教育常态化。

（八）持续推进改革创新，完善纪检监察体制机制

继续深化“三转”。进一步做细做实“两个为主”的制度机制，深入调研解决基层纪检监察工作中的重点难点问题，配齐配强街道纪检监察干部，街道纪工委书记不再由党工委专职副书记兼任，推动街道纪工委聚焦主责主业。强化对全区纪检监察组织的领导和指导，加强日常管理和监督，完善对基层纪检监察组织和基层纪检监察干部的考核机制，解决“温差”“时差”“偏差”问题。加大干部交流和教育培训力度，提高执纪监督和审查调查能力。

持续深化监察体制改革。全面贯彻监察法，推动监察职能向基层延伸，把法定监察对象全部纳入监督范围。建立健全统一决策、一体运行、相互制约的执纪执法工作机制，严格执行监督执纪工作规则等规定。规范监督执纪问责和监督调查处置工作制度，健全监察调查与刑事司法衔接机制，形成与审判机关、检察机关、执法部门互相配合互相制约的体制机制。

完善派驻监督机制。深化派驻机构改革，适应全区机构改革需要，调整派驻机构设置，确保派驻监督不留死角、没有空白。完善派驻机构工作规则，强化上级纪委对下级党组织和领导干部监督，健全执纪监督部门与派驻机构定期会商、信息共享、情况通报等制度。加强指导督促、教育培训和考核评价，实现管理监督、业务建设、队伍建设“一体化”。探索完善区属企事业单位纪检监察领导体制和运行机制。

（九）坚持从严从实，打造一支政治过硬、本领高强的纪检监察铁军

不断加强政治建设。坚持以习近平新时代中国特色社会主义思想武装头脑、指导实践、推动工作，带头树牢“四个意识”，坚定“四个自信”，做到“两个维护”，建设让党放心、人民满意的模范机关。扎实开展“不忘初心、牢记使命”主题教育，巩固“维护核心、铸就忠诚、担当作为、抓实支部”主题教育实践活动成果，强化忠诚教育，不断提高政治站位、政治觉悟。

提升能力素质水平。着力提高调查研究能力，领导干部要带头深入基层、了解实情，发现问题、破解难题。着力提高专业能力，创新培训方式，采取领导干部授课、集中轮训、以干代训等方式，开展分层分类培训，提高执行政策水平、执纪执法水平、思想政治工作水平。加快信息化建设步伐，按市纪委统一部署统筹推进全区纪检监察系统信息化建设，接入市纪检监察综合业务平台，促进信息技术与纪检监察业务深度融合，以科技手段助推执纪执法更加规范高效。

强化作风纪律要求。坚持高标准、严要求，从严从实加强作风建设和纪律建设。强化督查督办和量化管理，深入开展机关内部不作为不担当问题专项治理。坚持刀刃向内，对反映纪检监察干部的问题线索严肃认真对待，该初核初核，该立案立案，杜绝“一谈了之”“一函了之”，对执纪违纪、执法违法者“零容忍”，坚决防止“灯下黑”。建立特约监察员队伍，自觉接受党内监督和其他各方面监督。

天津市红桥区人民检察院工作报告

——在红桥区第十七届人民代表大会第四次会议上

2019年1月8日

红桥区人民检察院检察长　张春明

过去一年主要工作的回顾

一年来，在区委和市检察院的领导下，在区人大及其常委会的监督下，深入贯彻落实党的十九大、十九届二中、三中全会精神，以习近平新时代中国特色社会主义思想为指导，牢固树立“四个意识”，坚决践行“两个维护”，严格落实“三个着力”重要要求，围绕市区委统一部署，以深化不作为不担当问题专项治理三年行动为切入点，以打造绿色城区、建设美丽红桥为着力点，忠实履行宪法和法律赋予的检察职责，为全区经济社会协调发展提供有力司法保障。

一、牢牢把握坚持党的绝对领导这一最高原则，确保检察工作正确政治方向

检察机关是人民民主专政的“刀把子”，必须时刻听从党的指挥，始终掌握在党和人民手中。

一是准确把握检察机关的政治属性。严格落实讲政治的要求，把学习习近平新时代中国特色社会主义思想作为首课，综合运用集中培训、专题研讨、辅导讲座等形式，不断夯实检察干警践行“两个维护”的理论根基。牢固树立“四个意识”，严格执行重大案件和事项请示报告制度，切实把各项检察工作置于党的绝对领导之下。认真贯彻全国、全市两会精神，开展宪法修正案宣讲活动，举行宪法宣誓仪式，坚定中国特色社会主义检察制度自信。

二是认真落实意识形态工作责任制。院领导班子旗帜鲜明地站在意识形态工作第一线，带头抓思想理论建设，带头管宣传阵地、把舆论导向，牢牢掌控意识形态工作主动权。全年共发布各类宣传作品656篇，在中央电视台、中央政法委等各类国家级媒体平台上刊发作品104次，并荣获全国检察机关新媒体创意大赛金奖和“检察机关恢复重建40周年新媒体作品大赛”一等奖，持续传播正能量，唱响主旋律。

三是深入推进扫黑除恶专项斗争。深刻认识扫黑除恶专项斗争对于维护党的执政地位、维护社会主义制度的重要性，以创建“无黑”城市、“无黑”城区为目标，依法从快批捕、起诉了一批黑恶势力犯罪案件，并成功办理了全国首例“套路贷”涉黑案件。在近10小时的庭审中，公诉人始终精神饱满，慷慨激昂，用有力、有据的指控，对被告人形成压倒性的气势和强有力的震慑，为国家打出了声威，给群众壮起了胆气，实现了政治效果、社会效果和法律效果的有机统一，得到市、区领导们的充分肯定。

二、牢牢把握维护国家安全和社会稳定这一首要任务，全力推动平安红桥、法治红桥建设

坚持总体国家安全观，在事关全区经济社会发展稳定的重要敏感案件的处理上，关键时刻敢担当，压力面前顾大局。

一是坚决捍卫国家政治安全。派遣干警赴菲律宾对公安部挂牌督办的特大跨国电信诈骗案展开调查取证，在反华势力的阻挠下，引导公安机关圆满完成境外证据转化、案发现场查验等工作，并协助遣返35名中国台湾犯罪嫌疑人。依法打击邪教组织犯罪活动。积极维护“全国两会”“上合组织峰会”等重要敏感时期区域经济社会的和谐稳定。

二是全力维护区域社会稳定。严厉打击影响社会大局稳定、侵害群众生命和财产安全的杀人、强奸、抢劫等暴力犯罪和盗抢骗等多发性侵财犯罪,重点打击非法经营、非法集资、金融诈骗等破坏市场经济秩序的刑事犯罪,积极参与扫黄打非、涉爆涉枪和电信网络诈骗等专项行动,依法批准逮捕犯罪嫌疑人 602 人,提起公诉 730 人,营造了平安、稳定、法治化的社会环境。

三是主动融入共建共治共享的社会治理格局。借鉴“枫桥经验”,综合运用依法疏导、释法说理、刑事和解和司法救助等措施,健全检察环节的纠纷化解机制。建设 12309“一站式”检察服务中心,提升改造远程视频接访系统,深化律师参与化解和代理控告申诉案件等制度,连续 13 年保持涉检进京非正常上访为零。全面落实“谁执法谁普法”责任制,积极参与“七五”普法,深化检察官以案说法、文书说理等制度,持续开展“送法进社区”和法律宣传周等活动,促进法治红桥建设。

三、牢牢把握服务经济社会发展大局这一重要职责,努力营造公正、透明、可预期的法治环境

主动把检察工作置于服务全区经济社会发展大局中来谋划来推进,树立监督者更要接受监督的自觉性。

主动服务保障中心工作。积极践行《服务“双万双服”十项措施》,绑定兴泰吉昌置业公司等区重点税源企业定期走访、上门服务,推动检察工作与企业司法需求有效对接。继续为全区棚户区改造等重点工程提供优质的法律服务和司法保障。深入开展“创文创卫”工作,全年共进行帮扶慰问、义务执勤、社区清整和志愿服务等 50 余次,充分展现检察机关在服务全区创新发展大局中的责任担当。

主动接受社会监督。邀请全国、市、区各级人大代表、政协委员 121 人次参加专题调研、检察开放日和不起诉公开宣布等活动。加大检务公开力度,畅通案件查询、阅卷预约渠道,公开法律文书 548 件,发布案件程序性信息 1634 件,并利用“两微一端”对本院开展的重大活动进行网络直播,取得良好社会效果。

四、牢牢把握国家法律监督机关这一宪法定位,切实维护社会公平正义

坚持宪法定位,强化对司法活动的法律监督,努力让人民群众在每一个司法案件中都感受到公平正义。

全面加强刑事检察监督。严格认定事实、审查证据和适用法律。不断强化和完善监督立案、追加逮捕、追加起诉、提出纠正意见和制发检察建议等工作,在“两个专项”立案监督活动中监督立案 8 件,在全市名列前茅。做到了敢于监督、善于监督、依法监督,切实维护司法公正、公信。

积极开展未成年人检察监督。严格落实未成年人刑事诉讼特殊程序,积极推行亲情会见、社会调查、心理测评、案后帮教等制度。重点开展了封存未成年人犯罪记录、法律援助、帮扶矫治等工作。并深入全区 33 所中小学开展“法治进校园”巡讲,为青少年健康成长撑起一片检察蓝天。

持续强化刑事执行检察监督。深入推进对全区 11 个司法所社区矫正工作的监督考核,做好交付执行检察监督。大力推进羁押必要性审查工作,持续强化对刑罚执行和监管活动的监督检查,确保监管场所实现连续 8605 天安全无事故。

着力深化民事行政检察监督。综合运用抗诉、检察建议等措施切实增强监督实效。对裁判正确的民事行政申诉案件,依法做好释法说理,服判息诉工作。1 则精品案例入选最高人民检察院案例选。

大力推进公益诉讼监督。以食品药品安全、生态环境和国有资产流失为工作重点,对贩卖濒危野生动物制品、大气污染及药品监管失职等犯罪进行立案审查,并以开展联合行动、制发检察建议等方式,积极回应人民群众对美好生活向往的新期待。

五、牢牢把握改革创新这一强大动力,坚定不移推动检察工作向更高水平发展

面对改革任务叠加的多重考验，遵循司法规律，加快攻坚进度，推动改革创新向纵深发展。

一是落实检察改革任务。深入推进司法责任制改革，健全司法办案权力清单，实现分类管理到人，司法责任到岗，绩效考核量化，有效提高了办案效率；以内设机构改革为突破口，实行捕诉合一工作机制，构建专业化、专门化刑事诉讼办案机构；积极配合国家监察体制改革，制订《关于加强职务犯罪案件衔接配合的意见》，推动反腐败斗争从压倒性态势向压倒性胜利转化。

二是完善司法办案机制。深化以审判为中心的刑事诉讼制度改革，构建新型诉侦、诉审、诉辩关系，进一步完善以证据为核心的刑事指控体系，提升证据审查能力，发挥审前主导和过滤功能，积极应用多媒体举证示证，提高当庭指控犯罪能力。继续深化认罪认罚从宽制度，全年案件适用率达69.73%，成功构建了速裁程序、简易程序、普通程序在内的立体化多元诉讼体系。

三是推进"智慧检务"建设。坚持以服务办案、方便群众为导向，以实用、管用、好用为标准，充分运用人工智能等现代科技，打造"百人互动"普法VR教学系统、ASP公益诉讼机器人和检察工作网等，全面构建了互联网、人工智能与检察工作深度融合的"智慧检务"应用体系。

六、牢牢把握全面从严治党这一政治责任，着力打造一支既政治过硬又本领高强的检察队伍

按照习近平总书记"五个过硬"的重要要求，努力建设一支信念坚定、司法为民、敢于担当、清正廉洁的检察队伍。

一是全面加强政治建警。认真落实管党治党主体责任，自觉把政治建设摆在首位，严格执行新形势下党内政治生活若干准则，彻底肃清黄兴国、张泉芬、赵建国恶劣影响，坚决纠正形式主义、官僚主义种种新表现，在全院建立风清气正的良好政治生态。深入推进"两学一做"学习教育常态化制度化，开展"学红色经典，颂时代精神"和"不忘初心，牢记使命"系列活动激发干警干事创业的潜能。

二是大力提升履职能力。聚焦检察工作实际需要，健全教、学、练、战一体化教育培训机制，采取交任务、压担子、搭梯子的方式，加强对高层次检察人才的培养、管理和使用，促进队伍素质全面提升。全年共获得国家级荣誉11项，市、区级荣誉24项。其中，一名干警获全国检察业务竞赛业务能手称号，两名干警获全市检察业务竞赛十佳标兵称号，14篇调研成果获国家级奖项或在同级刊物上刊发。

三是持之以恒正风肃纪。坚持以上率下，出台贯彻中央"八项规定"及其实施细则的实施办法，坚决防止"四风"反弹回潮。进一步推进不作为不担当问题专项治理三年行动，形成任务清单和责任清单，确保明责有限、履责有痕、问责有据；进一步深化全面从严治检，组织开展学习教育、自查自纠、集中整改、专项督察等，大力推进廉政教育和检务督查常态化。

过去一年，我们取得的每一项成绩都离不开区委、市检察院的正确领导和区人大及其常委会的监督、支持，离不开社会各界的关心帮助，在此，我代表区检察院表示崇高的敬意和衷心的感谢！

在总结成绩的同时，我们也清醒地看到工作中存在的问题和不足：一是对新时代经济社会发展的新变化理解把握得还不够深刻，服务区域发展大局的思路和举措仍需深化细化实化；二是对人民群众日益增长的民主、法治、公平等新需要，法律监督工作开展还不充分、不平衡；三是科技强检步伐仍需加快，人工智能、大数据等现代科技与检察工作深度融合还有差距；四是与全面从严治党、全面从严治检的高标准相比，检察队伍政治素质、业务本领和纪律作风还有一些不相适应的地方。

今年的主要工作打算

2019年，检察工作的总体思路是：更加紧密地团结在以习近平同志为核心的党中央周围，高举习近平新时代中国特色社会主义思想的伟大旗帜，全面贯彻党的十九大和十九届二中、三中全会精神，准确把握检察工作在决胜全面建成小康社会伟大事业中的定位，以依法治国为目标，以司法改革为动力，忠实履行法律赋予的检察职责，为打造绿色城区、建设美丽红桥提供更高水平的司法保障。

一是举旗定向，以讲政治为“纲”，着力护航经济社会发展

深入贯彻习近平新时代中国特色社会主义思想，以蓬勃的朝气彰显“四个自信”，以良好的业绩践行“四个意识”。把讲政治的要求融入各项检察业务、落到每个司法办案环节。以开展不作为不担当问题专项治理三年行动为切入点，综合利用打击、服务、监督等检察职能，为区域经济社会创新发展保驾护航。

二是司法为民，以顾大局为“元”，着力维护社会和谐稳定

坚持以人民为中心，准确把握检察机关保障和促进经济社会协调健康发展的切入点和着力点，持续深入开展扫黑除恶专项斗争，严厉打击侵害群众人身和财产安全的各类犯罪，在事关全区大局的各类事务中，敢于担当、勇于负责，在构筑红桥区和谐稳定的良好法治环境工作中展现检察新作为。

三是牢记使命，以谋发展为“要”，着力提升法律监督实效

牢牢把握检察工作维护社会公平正义的使命担当，全面加强刑事、刑事执行、民事行政、公益诉讼、未成年人检察监督。正确把握检察监督“量”与“质”的关系，强化法律政策理论研究，进一步提升监督精细化、规范化水平。以“智慧检务”建设为强大引擎，让法律监督工作驶上健康发展的快速路。

四是严管厚爱，以重自强为“本”，着力打造过硬检察队伍

树立“严管厚爱”的工作理念，进一步深化全面从严治党，强化检务督查，把纪律作风建设摆在更加突出的位置；进一步完善科学、合理的队伍培养考核机制，重点培养一批忠于党、忠于人民、忠于法律、具有较强专业知识、适应经济社会发展的复合型拔尖人才，更多地涌现在全市乃至全国有影响的业务精英。

新时代呼唤新作为，新的一年，我们将高举中国特色社会主义伟大旗帜，沿着习近平新时代中国特色社会主义思想指引的前进方向，围绕区委和市检察院的决策部署，按照本次人代会的决议精神，不忘初心，真抓实干，为实现红桥经济社会发展新跨越而努力奋斗，以优异成绩向新中国成立70周年献礼。

天津市红桥区人民法院工作报告

——在天津市红桥区第十七届人民代表大会第四次会议上

2019年1月8日

红桥区人民法院院长 刘 莉

过去一年主要工作的回顾

2018年以来,在区委、区人大和上级法院的领导、监督和指导下,区人民法院以习近平新时代中国特色社会主义思想为指导,深入贯彻党的十九大及十九届二中、三中全会精神,以"三个着力"重要要求为元为纲,认真履行宪法和法律赋予的职责,全面落实市区委决策部署,各项工作取得新突破,为全区改革发展稳定提供了有力的司法保障。全年受理各类案件14222件,审执结13556件,同比分别增长5.9%和6.4%;结案率95.3%,诉讼标的总额达到39.8亿元。

一、充分履行审判职能,保障发展稳定大局

自觉将法院工作与全区整体工作对标对表,同规划、同部署,在红桥蓬勃发展中充分体现法院担当。

开展扫黑除恶,维护社会安全稳定。把开展扫黑除恶专项斗争作为重大政治任务抓紧抓好,加强与公安、检察机关沟通配合,精心组织、周密部署,圆满完成穆某等32人全国首例"套路贷"涉黑案件的审理工作,共召开7次庭前会议,起草证据分析报告20余万字,撰写判决书8万余字,形成卷宗60册,打造了涉黑涉众案件"一天内完成庭审、一小时完成宣判"的审理标杆,主犯穆某等32名被告人被依法判处有期徒刑24年至10个月不等,形成扫黑除恶强大声势,中央电视台等媒体进行了专题报道,被最高人民法院评为年度十大典型案例。坚持"扫黑"与"打伞"并重,对发现的案件线索依法及时移送,纵深推进"无黑"城市创建。顺利完成55名被告人虚开增值税专用发票案、长安医院16名医护人员医保诈骗案等涉众型犯罪及"善心汇"成员组织领导传销活动案等新类型犯罪案件的审判工作,全年审结各类刑事案件399件。

支持棚改工程,助力百姓安居梦圆。选派精兵强将,多次赴各棚改片区巡回服务,围绕难点问题开展法律论证,排除风险隐患。完善涉棚改行政非诉审查案件办理机制,依法准予行政机关强制执行907件,有力推动了单家面铺、双环报春里、丁字沽北大街等棚改片区的全面清零。主动担当作为,对162件涉棚改的继承、租赁等案件开辟绿色通道;用足司法手段,强制腾房、司法强迁25件,"路记烧鸡"等棚改疑难案件妥善解决,彰显了法律权威。将派出法庭咨询调解职能延伸至铃铛阁、西沽南、运输六场等重点棚改片区,接待咨询5230人次,诉前调解、司法确认275件。特别是在郭家菜园搬迁安置中,仅用三个半天时间调解了最后6户滞留居民矛盾纠纷,确保了百年郭家菜园13天内全部搬迁。

重视产权保护,营造法治营商环境。积极贯彻"津八条""红十条",平等对待各类市场主体,依法妥善审结大胡同集团、欧亚达公司、红星美凯龙公司租赁合同及各类房地产、担保、股权转让等经济纠纷940件,维护公平竞争的市场秩序。审结民间借贷、金融借款案件668件,防范打击虚假诉讼,避免职业放贷人利用诉讼程序将非法利益合法化。积极参与"双万双服促发展"活动,院领导带头深入物美公司、八戒产业园区、中投保公司等,围绕合同管理、知识产权、劳动争议等热点问题开展法律帮扶,增强企业依法经营

能力。

监督依法行政,推动法治政府建设。全年审结行政诉讼案件118件,同比上升90.3%。积极推进行政机关负责人出庭应诉,完善行政诉讼协调机制,推动行政争议实质性化解,41件案件协调撤诉解决。通过发布《行政审判白皮书》、召开防范化解行政争议府院联席会议、开展行政执法培训等形式,促进行政机关提升依法行政能力。

二、牢固树立宗旨意识,完善为民利民举措

着力践行“以人民为中心”发展思想,立足审判职能,察民情、惠民生、解民忧,不断增强人民群众获得感和幸福感。

妥善审理涉民生案件。审结婚姻家庭、医疗教育、就业创业等民生领域案件1181件。妥善审结泰达和泓、海河华鼎业主群体维权案、“怡乡春竹”农民工集体讨薪案,切实保障民生权益。持续推进家事审判改革,新建符合家事审判特点的“合字形”审判法台和专用心理咨询室,融情理法于一体,促进家庭矛盾妥善化解。家事案件服判息诉率93.2%,离婚案件调解和好率37.7%,家事审判庭被评为“全国法院家事审判工作先进集体”。做好国家赔偿自赔案件集中管辖工作,在最高人民法院专题会议上做经验介绍。加强司法救助工作,全年缓减免交诉讼费3.4万元,依法救助30人次,让人民群众切实感受到司法的温暖。

决战决胜“基本解决执行难”。积极推动建立全区“基本解决执行难”联席会议机制,协同查人找物、联合信用惩戒,多方联动治理“执行难”。综合运用夜间蹲守、假日突袭等多样化方式,持续开展涉民生、涉金融等系列专项执行行动。以人民群众反映强烈的腾房案件等“老大难”类案为主攻点,执结光荣道、估衣街等涉及城市管理、消防隐患治理多个领域的疑难复杂案件。全年执结案件3007件,实际执结率达到76.2%,高于全国平均水平22个百分点,执行到位金额31983.8万元。执行局干警累计加班11550小时,出动警力1200余人次,执行足迹遍布全国,里程近10万公里。不断加大惩戒力度,全年罚款、司法拘留35人次,移送追究刑事责任3人,限制出境、限制高消费2499人次,将1150人纳入失信被执行人名单,454人慑于压力自动履行义务,《被限制出入境,“老赖”主动还钱》等典型案例被中央电视台《朝闻天下》《新闻直播间》等栏目多轮次报道。

积极开展信访积案攻坚。落实“战区制、主官上”要求,拉网式排查苗头隐患,建立动态管理台账,重大案件实行院领导包案,“火力全开”攻坚化解信访积案。构建完善信访工作例会、院长预约接访、重大信访事项协调化解机制,与各有关部门协调联动,促使23件信访积案、难案得到彻底化解。积极运用“三同步”原则妥善处理重大敏感案事件,全年未发生安全稳定和舆情风险。

三、积极推进改革创新,促进公正高效权威

着力以改革促提升,以创新求进步,在法院改革事业中大胆探索、先行先试、勇立潮头。

统筹推进综合配套改革。深化以审判为中心的刑事诉讼制度改革,认真落实“三项规程”,运用刑事速裁程序、认罪认罚从宽制度审结案件232件,全年召开庭前会议46次、证人出庭12人次,推动庭审实质化。落实司法标准化,在婚姻家庭、劳动争议、交通事故案件中实行要素式审判,强化繁简分流,民事简易程序适用率达到87.6%。继续完善法官办案责任制,坚持放权与监督相结合,充分发挥个性化考评激励导向作用,多项审判质效指标全市领先。推进电子档案扫描、公证电话送达等审判辅助事务外包,切实提高司法效率。

创新矛盾纠纷多元化解。主动适应社会主要矛盾变化和人民群众司法需求,传承发扬“枫桥经验”,聘请29名人民调解员,运用“E调解”信息化技术实现远程调解,着力打造一体化诉调对接平台,非诉化解矛盾纠纷687件,诉讼调撤案件6050件,调撤率74.2%。全国法院坚持发展“枫桥经验”研讨会、全市坚持发展新时代“枫桥经验”现场会先后在我院召开,工作经验得到与会各方肯定，并入选第五批《人民法院司法改革案例选编》，成为全国唯一一家两次入选司改案例的基层法院。

全力打造“智慧法院”。建成全新的智能化诉讼服务中心，设置3D导航指引、智能导诉机器人“小红妹”，开发诉状自助生成一体机、诉讼风险评估机、自助立案一体机和智能“云柜”系统，建成“E服务”和“E公开”平台，为群众提供开放、动态、透明、便捷的诉讼体验。建成28个全程同步录音录像的科技法庭，在庭审中引入智能语音识别系统，自动生成庭审记录，极大提高庭审效率。建成现代化执行指挥中心，实现执行活动实时指挥调度和有效监督。反映智慧法院建设成果的专题片在最高人民法院公众号播发。部分全国和本市人大代表、政协委员到我院考察智慧法院建设等有关工作，给予高度评价。

四、切实加强自身建设，打造忠诚担当队伍

落实管党治党责任，不断加强思想引领、保持政治定力，切实提高正规化、专业化、职业化水平。

坚持党的绝对领导。坚持用习近平新时代中国特色社会主义思想武装头脑，党组中心组集体学习26次，院庭领导带头讲党课36次，举办“维护核心、铸就忠诚”党员教育培训班、“宪法在我心中”主题演讲比赛等多种形式的教育活动，进一步增强干警“四个意识”，坚决践行“两个维护”。全面落实《政法机关党组织向党委请示报告重大事项规定》，确保法院工作始终与中央、市区委的要求同心、同向、同步。结合内设机构改革和新型审判团队建设，完成机关党委换届选举工作，调整优化12个党支部，以党建带队建、促审判，使基层党组织成为带领干警开拓进取的坚强战斗堡垒。

全面狠抓从严治院。制定《落实全面从严治党主体责任的实施意见》及责任清单，层层压实责任。以隐性超审限案件治理、信访积案化解为切入点，深入开展“不作为不担当”问题专项治理三年行动及“规范司法行为、促进形象公正”专项活动。围绕庭审规范、窗口接待、会风会纪、考勤管理等方面，开展审务督查43次，实名通报6次，提醒谈话48次。进一步深化廉洁司法教育，坚持正面典型引领与反面典型警示相结合，让干警知敬畏、明底线。

着力提升司法能力。坚持开展审判流程、庭审质量、裁判文书及案件评查355件次，评查结果全院通报并与绩效挂钩，推行审限届满预警提示和庭审直播，倒逼法官提升司法能力。院庭长回归审判一线带头办理重大复杂疑难案件8298件，占结案总数的61.2%。完善《法官会议规则》，全年召开法官会议92次，举办类案审判、文书制作、审判流程等系列专题培训，促进业务交流、统一审判尺度。

自觉接受各界监督。向区人大常委会报告服务全区重点工作、信息化建设、家事审判等工作情况，落实人大评议法官庭审制度，邀请人大代表、机关干部、各界群众参观考察、旁听庭审、见证执行800余人次。积极推进司法民主，增选人民陪审员69名，陪审员参审案件1228件，一审陪审率96.9%。积极落实普法责任制，举办法院开放日，深入武警中队、新华中学、绮水苑社区等开展法治宣讲20余次。打造全媒体宣传矩阵，全面入驻抖音、快手、澎湃政务平台，全年100余篇新闻稿件刊登于中央、市主要媒体，新媒体指数在全区排名前列。

过去一年，区法院顺利迁入新址，整体面貌焕然一新，各项工作继续在全市保持领先水平，作为全市唯一候选单位参评全国优秀法院并已公示。这些成绩的取得，是区委正确领导，人大有力监督，政府、政协和社会各界关心支持的结果。在此，我谨代表全院干警，向关心、支持法院事业发展的各位领导、各位代表，表示衷心的感谢和崇高的敬意！

回顾一年来的工作，我们也清醒地认识到，法院工作仍存在差距和不足：一是主动服务全区改革发展稳定大局的总体规划还需更加完善，具体招法还需更加丰富。二是审判任务压力持续加大，应对措施仍需进一步加强。三是面对司法责任制改革新要求，少数法官司法能力不足、个别案件质效不高等问题仍然存在，队伍建设还需长抓不懈。对此，我们将高度重视，采取有效措施，切实加以解决。

2019 年的工作打算

2019 年是全面建成小康社会关键之年，也是我区推动高质量发展、加快实现城区转型升级的重要一年。区人民法院的总体工作思路是：坚持以习近平新时代中国特色社会主义思想为指导，深入贯彻落实中央和市区委各项决策部署，以政治建设为统领、以服务大局为先导、以司法办案为中心、以自身建设为基石，深化改革、公正为民，为建设“美丽红桥”提供更加坚强有力的司法服务与保障。

一是精准发力，以更大作为服务发展大局。深入推进扫黑除恶专项斗争，严厉打击严重威胁人民群众生命和财产安全的各类刑事犯罪活动，切实维护社会稳定。继续把服务保障棚户区改造工程作为重要政治任务，扛起司法责任，助力“三年清零”目标如期完成。牢固树立新发展理念，积极发挥司法引领导向作用，依法加强产权保护，深入企业延伸服务，持续改善法治营商环境，有效激发民营经济活力。优化环境资源审判，妥善处理城市环境综合整治、老旧小区提升改造等工作中产生的矛盾纠纷，为绿色文明城区建设保驾护航。

二是践行宗旨，以更实举措回应群众需求。聚焦审判主业，妥善审理涉众、涉民生各类案件，织密扎牢民生司法保障网。继续传承发扬“枫桥经验”，深化诉调对接，推动以家事调解为代表，涵盖医疗、交通事故等各个专业化领域的多元化联调机制建设，推广“E 调解”远程信息化调解系统应用，更加方便、快捷、智能地服务人民群众。加大执行攻坚力度，完善法院联动执行长效机制，推动社会信用体系建设，着力破解涉诉信访难题，努力回应和满足人民群众新期待。

三是明确导向，以更高标准深化司法改革。继续推进司法责任制配套改革，完善法官业绩考评、权益保障和违法审判责任追究，进一步落实“让审理者裁判、由裁判者负责”。继续抓好以审判为中心的刑事诉讼制度改革，推进刑事案件律师辩护全覆盖。积极应对案件持续增长态势，推动司法改革与信息化建设深度融合，破解影响司法公正、制约司法能力的深层次问题，进一步促进审判提质增效。加大司法公开和普法宣传的广度深度，推进庭审直播常态化，使案件审理成为生动的法治公开课，弘扬社会主义核心价值观，传递司法正能量。

四是政治建院，以更严要求锻造法院铁军。深入学习贯彻习近平新时代中国特色社会主义思想，始终把政治建设摆在首位，确保绝对忠诚可靠。紧紧依靠党的领导做好大要案审理、营商环境保障、司法改革等重点工作。认真落实全面从严治党新要求，持续深入开展“不作为不担当”专项治理，不断加强纪律作风整顿，健全常态化监督问责机制。推进法院文化建设，强化业务培训，提升智能化办公办案应用能力，努力建设一支忠诚可靠、业务精湛、清正廉洁的新时代法院队伍。

新的一年，区人民法院将在区委正确领导和区人大有力监督下，认真贯彻落实本次大会决议，凝心聚力、担当作为，努力让人民群众在每一个司法案件中感受到公平正义，为“打造绿色城区、建设美丽红桥”做出新的更大的贡献，以优异成绩迎接新中国成立 70 周年！

红桥区人民法院工作报告相关用语说明

1.“套路贷”是指以非法占有为目的，犯罪分子假借“民间借贷”“小额贷款”的幌子，以无抵押、利息低为诱饵，诱骗或强迫借款人陷入借贷圈套，通过“虚增债务”“制造资金走账流水”

"肆意认定违约""转单平账""虚假诉讼"等精心设计的套路手段，达到非法占有他人财产，攫取巨额经济利益目的的一种新型犯罪活动。"套路贷"犯罪活动通常采取非法拘禁、殴打、侮辱等暴力手段或滋扰借款人及其亲友正常生活秩序等软暴力手段，严重侵犯被害人人身和财产安全，破坏经济建设和社会稳定，危害性极大。

2."津八条"即2017年11月本市出台的《关于营造企业家创业发展良好环境的规定》，从依法保护企业家财产权、完善企业家激励机制等八个方面，提供大量具体利好政策。"红十条"即红桥区出台的《关于营造企业家创业发展良好环境的实施办法》，是包含推动涉企审批便利化、依法保护企业家自主经营权、完善人才保障机制等10大项、36子项的惠企政策"套餐"。

3."'合字形'审判法台"　家事法庭在设计中摒弃了传统的对簿公堂模式，将法的严肃刚性与家庭的温馨柔性有机结合，突出"人和家合"氛围，法台整体结构呈现一个"合"字。法台中间设有升降台，用于播放双方当事人恋爱、婚姻生活中的美好片段或者孩子的影像，促使双方当事人互相理解、重修旧好。该法台获得外观专利证书，红桥法院也成为全市首家拥有专利权的基层法院。

4."三同步原则"　2017年以来，中央政法委两次印发文件，强调在政法工作中要做好依法办理、舆论引导、社会面管控"三同步"工作。其中依法办理是前提和基础，舆论引导是关键，社会面管控是保障。

5."三项规程"　为深入推进以审判为中心的刑事诉讼制度改革，最高人民法院制定了《人民法院办理刑事案件庭前会议规程（试行）》《人民法院办理刑事案件排除非法证据规程（试行）》和《人民法院办理刑事案件第一审普通程序法庭调查规程（试行）》，简称"三项规程"，于2018年1月1日起试行。"三项规程"进一步明确和细化了庭前会议、非法证据排除、法庭调查等关键环节、关键事项的基本规程，有助于解决证人出庭难、非法证据排除难、疑罪从无难等问题。

6."E调解"是红桥法院自主研发的智慧法院建设成果，主要解决了当事人虽有调解意愿，但不便或不愿来法院面对面调解的问题。通过E调解系统，无论对方当事人身处何处，只要有网络、有电脑或有手机，就能以"面对面+键对键"方式，突破时间、空间和地域局限，实现了跨界融合、互联互通，将"线下"的调解工作延伸至"线上"，打造纠纷调解的"互联网+"新模式。目前，E调解系统在诉前调解中广泛应用，并在诉讼案件调解中也收到良好效果。

7."智能导诉机器人小红妹"　天津法院系统首款投入使用的智能导诉机器人，因长相可爱、声音甜美，又在红桥法院服务，被亲切地称为"小红妹"。"小红妹"采用"人工+智能"的模式，能听会说会走、能思考会判断，深受群众欢迎。

8."诉状自助生成一体机"　当事人通过扫描身份证读取身份信息，再填写勾选与自己诉讼相关的问题和内容，就可以自动生成一份起诉状，主要解决当事人不会写诉状以及写诉状不规范等问题。

9."诉讼风险评估机"　当事人到法院打官司，非常关心能否胜诉、有多大胜诉概率，为此红桥法院自主开发了诉讼风险评估机，当事人只要根据本人实际情况回答预先设定的十余个问题，设备就会自动生成诉讼风险评估结果，这对于降低当事人心理预期，引导其理性诉讼有较好的作用。

10."自助立案一体机"　能够为群众和律师提供自助立案登记、案件审理进度查询、司法公开等诉讼服务，当事人通过扫描身份证就可以查询到本人在全市法院范围内的所有诉讼案件情况。

11."智能'云柜'系统"　为解决当事人向法官递交材料但法官正在开庭或外出调查、难以亲自接收的问题，红桥法院引进智能"云柜"系统，当事人到法院递交诉讼材料时，可以在系统上勾选递交材料的种类和数量，经签字确认后直接将材料放入云柜，系统会自动给承办法官发送信息提醒查收材料，极大地方便了当事人。

关于红桥区 2018 年预算执行情况和 2019 年预算草案的报告

——在红桥区第十七届人民代表大会第四次会议上

2019 年 1 月 8 日

红桥区财政局局长　范树健

受区人民政府委托，现将红桥区 2018 年预算执行情况和 2019 年预算草案的报告提请大会审议，并请区政协委员和其他列席会议的人员提出意见。

一、2018 年预算执行情况

今年以来，区财政工作以习近平新时代中国特色社会主义新思想和党的十九大精神为指引，切实增强“四个意识”，严格按照市委、市政府和区委、区政府决策部署，克难攻坚，努力拼搏，积极发挥财政职能作用，深入挖掘增收潜力，调整优化支出结构，有效推进棚改融资，全力支持稳增长、促改革、调结构、惠民生、防风险各项工作，有力促进了经济社会持续健康发展，实现了全区财政平稳有序运行。较好地完成了确定的财政预算任务。

（一）公共预算收支情况

1. 财政收入

2018 年区级公共财政预算收入预计完成 18. 20 亿元，完成年初区人大批准预算 18. 20 亿元的 100%，比上年实际完成增长 5. 3%。

2. 财政支出

2018 年区级公共财政预算支出预计完成 35. 31 亿元，完成区人大常委会批准调整预算的 100%。

主要支出项目预计完成情况：一般公共服务支出 45200 万元；公共安全支出 42300 万元；教育支出 91100 万元；科学技术支出 1200 万元；文化体育与传媒支出 2500 万元；社会保障和就业支出 95000 万元；医疗卫生与计划生育支出 30250 万元；节能环保支出 2100 万元；城乡社区支出 25500 万元；资源勘探信息等支出 4500 万元；援助其他地区支出 600 万元；国土海洋气象等支出 2800 万元；住房保障支出 2850 万元；粮油物资储备支出 500 万元；其他支出 4800 万元；债务付息支出 1900 万元。

3. 财政收支平衡情况

2018 年区级一般公共预算收入为 18. 20 亿元，加上市财政转移支付补助、上年结余、预算稳定调节基金，预计我区累计一般公共预算财力为 35. 31 亿元。调整后区级一般公共预算支出为 35. 31 亿元，保证了当年一般公共预算财政收支平衡。

（二）基金预算收支情况

2018 年新增地方政府专项债务收入 54. 00 亿元，按照财政部要求，相应增加政府性基金预算支出 54. 00 亿元，此外需安排专项债务利息 7700 万元，安排债券发行费 704 万元，政府性基金预算支出预计完成 54. 84 亿元。

2018 年新增地方政府专项债务收入 54. 00 亿元，加上上年结余、调入资金，预计我区累计政府性基金预算财力可达到 54. 85 亿元，调整后区级政府性基金预算支出为 54. 84 亿元，保证当年收支平衡略有结余。

（三）国有资本经营预算收支情况

2018年区级国有资本经营预算收入预计完成200万元,区级国有资本经营预算支出预计完成200万元。

(四)社会保险基金收支情况

2018年无区级社会保险基金收支预算,按照财政体制市财政统筹安排编制社会保险基金预算。

(五)政府债务收支情况

我区2018年新增政府债券额度54.00亿元,全部为专项债券,用于西于庄、丁字沽及西沽南棚户区改造项目。

(六)市转移支付资金执行情况

1. 2018年市对我区一般转移支付和专项转移支付公共财政预算资金预计完成82964万元。主要项目:一般公共服务支出851万元;教育支出15261万元;科学技术支出1328万元;文化体育与传媒支出1070万元;社会保障和就业支出42833万元;医疗卫生与计划生育支出10310万元;节能环保支出1598万元;城乡社区支出7485万元;资源勘探信息等支出1426万元;商业服务业支出802万元。

2. 2018年市对我区一般转移支付和专项转移支付政府性基金预算资金预计完成2398万元。其中:其他支出2398万元。

财政预算实际收支执行情况,待市与区财政结算完成后,再通过财政决算报告向区人大常委会作专题报告。

(七)主要工作

1. 强化收入动态管理,依法治税应收尽收

落实收入目标责任制,密切关注财政收入动态,认真分析财政收入形势,重点强化对本区200户重点企业税收收入情况进行统计、服务与监控。对零散税源加强管理进行依法征收,做到应收尽收,努力扩大税源基础。

2. 发挥财政职能作用,转型升级取得新进展

以落实"天津八条"和"红桥十条"为契机,以"双万双服促发展"活动为抓手,积极落实财政金融相关政策,支持区内企业发展、转型升级。拨付专项资金7019万元,用于扶持科技、金融企业,支持楼宇经济、商业设施改造等工作。专项设立1000万元基金助推"双万双扶促发展"活动。完成1家企业股改,兑付企业股改上市奖励资金约500万元,支持企业发展。

3. 公共服务能力提升,民计民生持续改善

市、区两级财政安排民生专项资金86.32亿元,占财政预算总支出的87.49%。保障财政对民生支出资金的投入,促进了全区公共事业健康发展。其中:安排专项资金19277万元,用于三条石小学建设启动、五十一中学新校区加固整修、师范附小南校区改造、进城务工人员随迁子女接受义务教育、老年大学设备购置、特殊教育仪器设备提升、校园足球专项经费、城区扩大学前教育资源奖补专项经费等;安排专项资金1825万元,用于支持文体惠民工程,提升基层公共文化服务、运河桃花商贸旅游节活动;安排专项资金57625万元,用于就业补助、完善社会救助体系,落实最低生活保障和残疾人"两补"补贴制度、残疾人专职委员、社区工作者提高薪资经费、社区服务群众经费、养老服务、军转干部补助;安排专项资金24030万元,用于社区清整、占路市场拆除、提升菜市场等双创经费、旧楼区综合提升改造、煤改电改燃、大气污染防治、海源道和勤俭道支道工程以及消防支队建设等;在棚户区改造方面,组织发行全国首支棚改专项债,募集资金54.00亿元,有力促进全区棚改工作。

4. 财政管理改革稳步加强,资金使用效益不断提高

一是深化预算管理制度改革。加强财政预算管理精细化,积极稳妥推进预算信息公开和部门预算信息公开。自觉接受人大监督,提高预算透明度。配合审计部门做好预算执行和其他财政财务收支审计、认真贯彻落实人大审查决定和审计部门的审计建议,完善相关预算管理制度和办法,不断提高财政预算管理水平。二是深化财

政投入方式改革。不断规范采购管理,加快政府购买棚改服务推广应用,政府采购规模实现新突破。2018 年采购项目 395 个,采购预算 465.86 亿元,中标金额 443.06 亿元,节约资金 22.80 亿元,节约率 4.89%。三是完善本级国库集中支付电子对账体系建设,实现我区全部一、二级预算单位集中支付全部上线,动态监控所有实行集中支付预算单位,保证资金按规定使用。推进公务卡结算业务改革,加大公务卡结算业务推进力度,加强银行账户管理。

2018 年财政工作在全区各部门的大力支持和积极配合下,较好地完成了各项目标任务。同时我们也清醒看到,预算执行和财政工作中还存在一些问题和不足,主要表现在:

经济结构调整和减税降费政策叠加,财政增收困难加大;财政支出刚性增长,收支平衡压力较大;个别项目支出固化、资金使用效益有待提高;多元化筹资渠道不够顺畅,项目支出过度依赖财政资金。

综合分析,今后一段时期财政收入增收困难与财政支出刚性增长并存,财政收支平衡矛盾更加突出,预算收支安排依然是紧平衡。全区要牢固树立过紧日子的思想意识,勤俭节约、艰苦奋斗,精打细算、量入为出,更加注重支出绩效,把宝贵的资金更多用于为发展增添后劲、为民生雪中送炭。

二、2019 年预算草案

(一)指导思想

坚持以习近平新时代中国特色社会主义思想为指导,全面贯彻党的十九大精神和中央经济工作会议决策部署,以习近平总书记对天津工作提出的“三个着力”重要要求为元为纲,深入落实市委、市政府部署要求,坚持稳中求进工作总基调,贯彻新发展理念,推进“五位一体”总体布局、“四个全面”战略布局的实施,合理安排支出预算的总量与结构,加快推进财政改革,全面实施预算绩效管理,促进经济社会持续健康发展。

(二)预算草案

1. 一般公共预算

2019 年区级一般公共预算收入 19.11 亿元,比上年预计完成 18.20 亿元增长 5%。一般公共预算支出预计完成 36.00 亿元。

主要支出项目情况:一般公共服务支出 42000 万元;公共安全支出 43000 万元;教育支出 92000 万元;科学技术支出 2000 万元;文化体育与传媒支出 2800 万元;社会保障和就业支出 98000 万元;医疗卫生与计划生育支出 32000 万元;节能环保支出 2500 万元;城乡社区支出 28000 万元;资源勘探信息等支出 4000 万元;援助其他地区支出 600 万元;国土海洋气象等支出 3000 万元;住房保障支出 2800 万元;粮油物资储备支出 500 万元;其他支出 4900 万元;债务付息支出 1900 万元。

全年一般公共预算收入,加上市财政转移支付补助、动用历年结余、调入资金后,预计财力 36.00 亿元,保证当年一般公共预算收支平衡。

2. 政府性基金预算

2019 年政府性基金预算收支为零。

专项债务相关支出待市财政制定统一政策后遵照执行。

3. 国有资本经营预算

2019 年预计国有资本经营预算收入 500 万元,国有资本经营预算支出 500 万元。

4. 社会保险基金预算

2019 年无区级社会保险基金收支预算,按照财政体制市财政统筹安排编制社会保险基金预算。

5. 市对我区专项转移支付及一般性转移支付预计情况

2019 年市对我区提前告知一般转移支付及专项转移支付资金 29894 万元。其中主要项目:教育支出 11799 万元;文化体育与传媒支出 828 万元;社会保障和就业支出 14025 万元;医疗卫生与计划生育支出 3242 万元(市对区提前告知数,随着市下达项目支出情况再进行调整)。

在预算的编制过程中,我们对影响预算的收支因素作了多方面的考虑。但是,随着情况的变化,会出现新的影响财政收支的因素,我们将按照《预算法》的有关规定,视情况对财政预算提出调整意见,并提请区人大常委会审议,获得批准后,再调整收支预算。

三、保证措施

一是挖掘收财政收入潜力,确保收入持续稳健增长。牢固树立组织收入工作"一盘棋"思想,加强重点税源动态分析工作。强化非税收入管理,实现非税收入及时足额入库,确保经济发展成果及时体现为财政增收。

二是服务经济发展,加快转型升级。集中财政优势资源,支持结构调整和经济转型升级,加快楼宇经济、金融保险企业和科技型中小企业发展,盘活优化存量资产,提高国资收益财政贡献率,用好、用活各类财政扶持政策,提升招商引资效益和规模,为驻区企业创造宽松的经济发展环境,积极培育税源,为财政增收奠定基础。

三是持续优化支出结构,保障改善民生。深化落实"八项规定",严控"三公"经费,把保障和改善民生放在财政工作的突出位置。坚持教育优先发展战略,推进社区卫生基础设施建设,促进文化体育事业发展,加大旧楼改造及市容整治资金的投入力度,健全基本公共服务体系,使经济发展成果转化为广大人民群众的"获得感"和"幸福感"。

四是完善改革创新机制,加强预算绩效管理。以建立全过程预算绩效管理机制为目标,大力推进预算绩效管理,强化支出责任,建立科学、合理的财政支出绩效评价管理体系,切实提高财政资金使用效益。

各位代表,2019 年财政改革发展任务艰巨、责任重大。我们一定要在区委的正确领导下,严格贯彻落实《中华人民共和国监督法》《中华人民共和国预算法》等法律法规,自觉接受人大代表对财政工作的监督和指导,认真听取政协委员的意见和建议,在全区各部门的共同努力下,不忘初心,牢记使命,凝心聚力,苦干实干。为打造绿色城区、建设美丽红桥继续努力奋斗。

红桥史话

丁家立：一位淘金者的多面人生

美国学者丁家立在家乡波士顿市几乎无人知晓，在中国则大名鼎鼎，早已被载入近代高等教育史册。带着上帝的福音、带着改造中国社会的梦想，丁家立来到古老东方。像来华的西方人一样，必须面对现实环境和生存条件，必须接受被改造，尽管你承认或不承认，这是一条客观规律，也是一道必须迈的门槛。顺应历史发展潮流，从事中国人需要的事业，才会青史留名。诸如人们耳熟能详的：璞尔生、马根济、马吉芬、德璀琳、汉纳根、阿尔伯特·起士林、雷鸣远、桑志华、理查德·施泰因（傅莱）、爱泼斯坦等等，概莫能外。丁家立是他们中间突出的一位，在华近四十年，命运如过山车一般，展现出淘金者的多面人生。

敢于叛逆的传教士

丁家立 Charles DanielTenney（1857—1930），美国马萨诸塞州波士顿市郊人。丁氏家族是英国移民中的旺族，后代遍及全美各地。父亲丹尼尔·丁大学毕业后，担任牛津郡基督教长老会的专职牧师。曾与教友一起创建西部女子神学院，校董会推荐为第一任董事长，生活稳定，体面而尊贵。受家庭影响，17 岁的丁家立进入父亲毕业的达特茅斯（Dartmouth）大学读书，获文学学士学位。毕业后，曾一度担任过教员。1879 年丁家立进入俄亥俄州欧柏林神学院学习神学，还兼预科班数学教员，很希望将来成为父亲那样的人物。

当时，欧柏林神学院学生史鼎盛给美国外国使团委员会写信，请求准许该院学生社团参与对外传教，并创建了一支由十二名同学组成的团队，赴东方去转送上帝的福音。丁家立是该团体的骨干成员。西方各国强迫清政府接受一系列不平等条约，为传教传播提供了法律依据。很快，史鼎盛的请求被批准，学生团队被冠以“欧柏林中国团”。1881 年史鼎盛先期来华做准备。

丁家立在大学时代照片，翻拍于《丁家立档案》

1882 年 3 月，丁家立与安娜小姐结婚。这年秋天，丁家立获神学硕士。他怀着奉献上帝的信念，以公理会神职人员身份，携新婚妻子来到中国，在山西太原史鼎盛购买下的房子中落脚。在太原、太谷设立布道中心，力劝当地富绅捐资兴学，收效甚微。事业不顺，丁家立与上司史鼎盛发生严重冲突，他“感到自己无法切实地领会教义的考量标准”，要打破困局，就必须遵循早期传教士的成功秘诀：先让地方缙绅和社会精英皈依，然后引导大众效法，事半功倍。并提出改革教仪，希望赋予新含义，与史鼎盛争论不休。面临窘境，丁家立陷入深思，怎样才能在中国立足呢？在抉择中，他没有选择当逃掉，而是思考如何在中国生存、生根！为此，他与妻子去上海考察，决定改变现状、换一种活法，遂与牧师职业分道扬镳。

1886 年秋，丁家立正式提出辞去公理会传教士职位，携带妻子来天津治病，从此命运发生了根本性的变化。天津是洋务运动最前沿，这里有英、法、美三国租界；有直隶总督李鸿章的办公行馆；有聘请洋员教习，开办的电报、水师、武备学堂，以及医学馆。轮船招商局引进蒸汽机商船、开办天津机械局、使用大机器开采开滦煤矿，办铁路，使用蒸汽机车运输煤炭。建设大沽船坞、筹办北洋水师，天津已成为西学东渐的桥头堡、军事重镇、重要的商埠港口，以及北方文化、工业、商业、教育、经济的中心。丁家立选择天津，表现出独特的眼光和睿智，为他的发展打开了一扇光明的窗子。

他窥测方向，以早期传教士马礼逊、傅兰雅为楷模，尝试从自己熟悉的教育入手，先立足，再图发展。并在英租界海大道达文波路（今建设路）北头租用了一幢楼房，创办了一所中国男子学校，主要教授英文、汉语、数学及商业基础知识，取名中西书院。并在招生启事中表示："专授英语，月修仅收洋五元，有愿来学者至馆面订也。"1887年2月开馆，还公布了章程。这是一家私立书院，规模不大，学生有数十人。丁家立自任院长，以培养官宦商贾人家子女为对象，通过接受西方商务教育，将来经营企业或商务"更为有效"。丁家立抱定办学信心，不顾他人冷眼，亲自讲授英文和西方文史、自然科学知识，编写《丁氏英文》等教材。在商埠港口天津，英语受到人们青睐，达官贵人逐渐地关注这家书院，愿意捐资、并送子女读书，天津怡和洋行出口部买办陈祝龄、轮船招商局董事长李国杰等均出其门下，书院风生水起，社会声望与日俱增。丁家立关心学生的就业与发展，与天津铁路总公司总办杨谷山议定，为官铁路预储人才；与津海关道周馥商定，一旦博文书院落成，学生一律移往肄业。到了九十年代中西书院进入收获季节，开始向西医学堂输送生源了。

李鸿章的家庭塾师敢于叛逆的传教士

1888年的一天，北洋大臣、直隶总督李鸿章派人送通知召见他，这使丁家立来说感到惊诧不已。在接见中，李鸿章慕名请丁家立做家庭教师，"每天午后花两个小时"给李氏的两个儿子和一个孙子讲授英语。在丁家立看来，受到"邀请实在是对他办书院之举的一种褒奖"。恰在此时，又收到母校授予的文学硕士学位，真可谓好事成双。

李鸿章住在直隶总督行馆（原南运河金华桥北，今大胡同南口）里，聘洋人给孩子们当老师，在同僚中引起轩然大波。李鸿章力排众议，一聘就是六年。讲堂设在书房里，由丁家立与一位华人讲师分别担任讲授英语与儒学学说。

李鸿章在公务之余，经常光顾书房，听一听丁家立的讲课，或听一听孩子们的琅琅读书。一次，有同学举手站起请丁家立讲解传教士所宣讲的教义。丁家立言简意赅地对基督教基本教义做了一番介绍。语音刚停，李鸿章便站起来叮嘱儿孙们说："这的确是一种非常不错的学说。可是不要忘记，你们是儒家弟子啊！"话语中包含了几分戒备。

1889年夏的一天，一股强烈地震打断了正常教学，周围的墙有的坍塌，房上瓦纷纷脱落，十分危险。大地还在颤动，紧急中丁家立快速掩护着学生们跑出书房，直奔院子的中央避难。李鸿章与哥哥李瀚章慌忙从公事房中狼狈逃出，见丁家立与孩子们站在院子中央很安全，便也加入其中，人们在颤抖中等待着大地恢复平静。稍视镇静，李鸿章便请丁家立给大家讲解一下地震及其成因。日子久了，孩子们也会告诉老师有关李鸿章对事物的看法。比如：对洋人的看法，最初与外国人接触时，李鸿章觉得他们比中国人实诚许多，后来的经历证明自己错了。仅用真诚、诚信来评价，他觉得中国人与洋人彼此彼此，没有什么区别。

直隶总督行馆大门前有一座铁桥码头，停放着一艘快马铁船，这是李鸿章去租界公干的交通工具。公事之余，他会造访中西书院，看一看在哪里读书的长孙，观看丁家立作物理实验。一次，李国杰上课开小差，被丁家立严厉体罚，大哭起来。恰在此时，被李鸿章撞个满眼。丁家立忐忑不安，李鸿章虽然宠爱孙子，但对老师的做法并无责怪，使丁家立充满敬重之心。中西书院有经纬仪、第一代腊桶录音和用玻璃针播放的留声机，以及一套用以科学演示的小仪器教具，李鸿章饶感兴趣，让丁家立讲解原理并给予演试。还命令一名随从唱一首中国歌曲用腊桶录音，由于不熟悉歌词，唱到一半就走调了，也忘了词，咯咯地傻笑起来。但机器在继续运转,那种破锣嗓子的突然停顿,以及傻笑都被记录下来。当播放这段录音时,李鸿章听得捧腹大笑,前仰后合。

当家庭教师,总督行馆每天都会差人带着马匹来接,丁家立招摇过市,身价倍增。他干脆将校务委托给助手搭理,自己专心家教。六年之中,丁家立熟练地掌握汉语,对孔子儒学有了新体验,中国人浩如烟海,对"中国社会和文化具有异乎寻常的吸收和同化能力",感到震惊,对中国社会有了清晰的认识。在他看来:"能够和当时位高权重的李鸿章总督建立这样的关系,对我本人来说有着得天独厚的好处。"混熟悉了,丁家立与李鸿章拉近距离,有机会结识许多封疆大吏和地方官员。比如:湖广总督张之洞、津海关道周馥、电报总局总办盛宣怀、天津知府胡鞠棻、小站练兵总理参谋营务处徐世昌,以及税务司德璀琳等人,这为他进入李鸿章幕府,在中国高教界崭露头角准备了无人企及的人脉条件。

中国高等教育的奠基人

1895年对于中国高等教育和丁家立来说,都是非常重要的年份。丁家立以教育立身,完成了由一名传教士向教育学者的华丽转身。同时,在美国驻天津领事馆谋得一个较低职位,向外交界挺进。在游走于教育与效忠本国政府服务之间,官至副领事,他放弃家教,活跃在外交舞台上。

4月,《马关条约》签订,引起国内舆论,一片哗然。在国难艰辛之际,中国思想界提出了练兵、筹饷、办厂、育才等图强变法的主张。7月,光绪皇帝下谕军机大臣等,就修铁路、造机器、练陆军、立学堂等等,严令各省将军、督抚"悉心筹划,酌度办法"。津海关道盛宣怀秉承李鸿章意旨召见丁家立,要求他关闭中西书院,把书院并入新设的官办大学中。"盼望已久"的丁家立,爽快答应了。从而搭上李氏幕府的末班车,选为新成员。丁家立与盛宣怀"考究再三","功课必期切近而易成"。酌议切磋"拟设天津头等学堂章程、功课、经费"与"拟设天津二等学堂章程、功课、经费"各款折,丁本人还撰写"天津大学堂规划书"。再三强调:建立天津头等学堂,即是"外国所谓大学堂也"。此议获得李鸿章的首肯。丁家立拟任总教习,负责延订中西教师,考取学生,购买机器和图书等事宜。他在天津《直报》、上海《申报》、香港《华字日报》等媒体上刊登面向全国招录新生广告,号召莘莘学子:"尚望及早奋兴,幸勿失此机缘也。"并与蔡绍基在天津中西书院面试招考学生后,即马不停蹄直奔上海、香港等地组织招考新生。

创办头等、二等学堂,每年所需经费55000余两,由盛宣怀旗下电报局、轮船招商局众商捐缴,及津海钞关米麦进口税中倡捐。粮台胡鞠棻与德璀琳接洽,筹资赎回抵押在德华银行的博文书院,作为办学场地。9月19日,盛宣怀将《拟设天津中西学堂章程禀》面呈直隶总督王文韶(时,李鸿章觐见皇帝,留京供职)。10月2日,光绪皇帝以"该衙门知道了",批复王文韶递呈的《奏为道员创办西学学堂倡捐集资不动公款折》。"朱批王折报四百里马递发回",天津头等学堂的创办得到大清最高统治者批准。与此同时,丁家立、蔡绍基等人组织录取的新生乘船北抵天津;盛宣怀清退临时占用书院的水师学堂人员,并忙着落实经费。接着,二等学堂三个班约90名学生、头等学堂一个班学生计10名,抵校报到。伍廷芳任头等学堂总办、蔡绍基任二等学堂总办。11月17日正式开学。

盛宣怀(前排坐者左3)与丁家立(前排坐者左2)于大学堂初创时期与部分教师合影

天津头等学堂设在博文书院旧址,地点位于梁家园(今海河中学、大沽南路花园一带),占地

110 亩，所建西式楼房“千门万户，极为宽敞”。计划四个班，每一年级一个班，每班 30 人，学制四年。课程“凡经史法律工程矿务天文算学，无不赅备”，还引西方田赛、径赛、球类等项目为学生体育正课。教育器材、教具、标本、图书馆等逐步完备。二等学堂为预科，为头等学堂输送生源。凡头等学堂毕业生皆可直接进入美国著名大学研究院深造，由此，“外国所谓大学堂”在天津诞生。

明信片中的天津头等学堂

1896 年 2 月，头等学堂正式命名为“天津大学堂”。这一年，丁家立离任美国驻津副领事职，关闭中西书院，任专职“大学堂总教习”。他聘请中外有专长的学者担任教授，例如：硕学鸿儒吴稚晖、罗瘿公、庄凌孙等人；外国教授如美籍学者 H. V. Fuller（福拉尔）、法籍学者 Seon. deGieler（吉德尔）、德籍学者 Suduig. Rozen（罗沙）等人，对教工关心备至。借鉴美国欧柏林大学、达特茅斯（Dartmouth）大学办学经验，参考耶鲁大学、英国伦敦林肯法律学院的办学模式，全面引进欧美大学理念，既讲究教学方法又注重教育质量，形成培养工科和法律人才的教育体系。在对待学生们的不同信仰问题上，丁家立灵活处理，努力维护信仰自由，使校园中信仰宗教与儒学的学生和睦相处。他认为：在天赋能力方面，中国学生记忆力惊人，可谓天字第一，故而因材施教，推行全英语教学制度。还组织学生参加《劝学篇》作者张之洞举办的讲演会，力倡汉语改革。大学堂在校学生：不但要学习四年公共课，还必须选修工程学、电学、矿物学、机械学、律例学五门专业中的一个专业。仅以“律例学”学生为例，须修完 20 门课，才能毕业。

明信片中的天津大学堂

丁家立亲撰《丁氏英文语法》《亚洲地理》等教材；组织、邀请有水师学堂、电报学堂、武备学堂等校学生参加的校际体育运动会。知名学者、岭南何守仁在《倡西学论》中评价说：“丁为掌教並延西国名士及香港书院之精，于洋文者数人，为分班教习之任。入其堂中，但见雍容之态，无闻喧嚷之声。将来人才造就当必以此为盛。”1899 年底，第一批毕业生学成，计 18 人。其中王崇惠获得盖有“钦差大臣关防”的大清皇帝钦字第一号大学堂考凭。大学堂至庚子前毕业及肄业生达 184 名，终结了中国没有自己培养大学生的历史。由此，丁家立以知名教育家被载入中国高等教育史册。

都统衙门里的“天津通”

1900 年的“庚子之乱”改变了天津大学堂和丁家立的命运。在隆隆地炮声中，丁家立成立自卫队，组织学生军训，以武装保卫校园。6 月，大清士兵和义和团没有进来，美国大兵却占领校园。校长出走，学生逃散，丁家立与 50 多名学生坚守。7 月，联军占领天津，校园成为德国兵营。30 日，“都统衙门”在直隶总督行馆成立。这是一个临时的军政府，下设若干部门，丁家立投身汉文秘书处，充任汉文秘书及部门首长（秘书长）。随着权利的扩大，汉文秘书部加称：汉文秘书部和不动产注册处。丁家立年薪 800 英镑，还配有卡宾枪一支和 400 发子弹，乱世之中成为显赫的殖民官员。

他久居津门，熟悉官府与列强各国情况、富有外交经验、又精通汉语，是军政府渴求的人才。

天津都统衙门,1900年7月,八国联军占领直隶总督行馆,辟为"临时军政府"所在地

丁家立一方面侦探舆情、提供镇压津人反抗对策,奉命撰写告谕,充当殖民机构代言人,推动扩大管辖区域,极力维护殖民统治;另一方面仍保持与大清官吏的接触管道,不断地递交来自民间的各类诉状,借助前传教士身份优势,受委出席福音堂在城区开展的慈善服务,帮助转交贫民要求发放大米的请愿书;还接待"上海救济善会"代表,商讨平粜粮食、掩埋尸骨事宜。同时,纠察、询问占领军违纪现象,提议涉及修路、消防、教育、金融等诸多问题,为缓解各类矛盾,尽职尽责,表现出一种开明和建设性,其风范在同僚中无人可比。10月,丁家立拜访回津接任直隶总督的老东家李鸿章,双方有过一次推心置腹地谈话。李表示说:如果他仍在北方担任直督总督,就不会发生眼下这种情况。而丁家立在力所能及的情况下,为李鸿章提供方便与帮助。

1901年1月,丁家立奉命发布拆除天津城墙"告谕",以街道狭窄为借口,实则是城池在军事上威胁租界安全,护城河卫生堪忧。他会同工程局代表找到一位叫曹剑秋的人,由他包揽拆除城墙工程,始建于明代的天津卫城墙由东、西、南、北四条马路所代替。还聘请私人企业工程师德雷克绘制了一张8∶1000英寸的天津地区地图,公共工程局缩小比例后,印制在木板或其他材料上,在各地出售。2月,奉命报告一些庙宇和学堂供公共教育使用的情况。调查后问题相当严重,文庙成了日军的马棚、三取书院被德军占领。他召集社会贤达座谈,力图恢复一些教育设施。但在八国联军割据下,"都统衙门"的权威及执行力很有限,最终只能维持现状,虽然发布了一纸由丁家立起草的保护辅仁、集贤、问津、三取、稽古书院的告谕,但难有作为。这一年,丁家立在英租界创办先农房地产公司。参股者有胡佛、康森、田夏礼、狄更生等人,公司注册在香港,以部分土地为投资,发行债券获得流动资金,从事建筑设计,房屋出租、买卖,经租代理等业务。由于华界大量人口涌入租界,房产需求刚性,公司以廉价买进大批租借地产,在"小白楼"核心区域修建先农里等大片建筑,建成后高价出租或出售,几年间获利十五到二十倍。还在北戴河设计别墅与承包建设,大发横财。丁家立一跃成为地产大亨。

原先农公司大楼,位于原英租界海大道(大沽路49号),建于1924年,今已不存

9月7日,《辛丑条约》签订,"都统衙门"进入倒计时。14日,丁家立宣布休假半年,这一举动可能与母校(6月24日)授予他荣誉法学博士称号有关,但他并没有返回母校。他游说、说服美国政府敦促德国方面解决天津大学堂校舍问题,还亲赴德国交涉,德外交部答复说"择地另建一所应需资若干德国出之"。第二年,丁家立到上海后,即致电直隶总督袁世凯报告情况,4月9日返回天津。很快丁家立以"从事教育"为由提出辞职,在人生歧途上,果断另辟蹊径,他不愿与"都统衙门"同归于尽,仍希望继续在中国待下去。临时军政府感谢他的贡献,授予金质勋章一枚。

几年后,丁家立对这段历史做了如下辩解。他说:"当时,非常有必要请一位既懂得语言,又了解风土人情的担当此职务,因为他可以充当一位中间的调解人,既可避免大众发生过激和不智行为,也可避免军阀们误解民众。”

回归教育“老本行”

1902年6月20《大公报》报道说:“都署汉文司员丁家立君,经大府聘为直隶全省学堂总教习。丁君已将汉文案差辞卸,前往保定迭见。津报兹悉,丁君到保后与慰帅面商诸事,尤以重建北洋大学堂为急图。”丁家立投靠袁世凯,认为:袁是一个实力雄厚、能力非凡的人。

奉委丁家立担任的职务有:直隶高等学堂总教习、直隶全省西学督导,兼保定学堂总教习。出入乘大轿,着二品官服,是直隶境内最有权势的外国人。同年,直隶省设立学务处,在天津、河间、顺德、大名、保定、宣化、永年、张家口、冀州等地开办普通学堂,旋改称普通中学,共计16所。丁家立负责训练、考核并委用各普通学堂的西学教员。直隶高等学堂是由保定畿辅学堂改建,于1902年4月开学。丁家立到保定后担任总教习,对聘请美国教员一手包办,并按二等学堂之制,改为4年,奏明为天津大学堂的预备学堂,毕业生不必经过入学考试,可直接升入大学堂读书。并把天津大学堂的管理方法,以及办学理念移植到直隶高等学堂,强调西学为中心,加重英文教学比重,与大学堂教育接轨。这样在直隶省形成普通学堂、高等学堂、天津大学堂的梯次递升,构建了一个完整的新式教育体系。为此,获得清政府赏给的二等第三级双龙宝星勋章。

1903年4月,天津大学堂在西沽武库新校址开学,仍聘丁家立为总教习,其主要精力仍在推行全省教育改革,使直省一跃成为全国新教育的标杆。随着,在洋务领域中历练成熟的留美幼童,以及大批欧美留学生归国,自办大学的民族意识觉醒,呼声高涨,预示着由外国人把持中国高教大权的时代行将成为过去。1905年天津大学堂更名为北洋大学堂。9月,清政府派遣五大臣“出洋考察”。直隶高等学堂学生吴樾利用暑假,携炸弹秘密潜入北京。24日,以刺杀手段阻挠五大臣出洋。此事牵连到总教习丁家立。

1906年2月,在各方压力下袁世凯解除丁家立直隶全省西学督导、保定直隶高等学堂总教习,以及北洋大学堂总教习职务,仅保留了“留美学堂监督”一职。4月,北洋大学堂全体学生撰《送丁公家立序》,为丁家立饯行。序中称丁家立不计私利、一心办学,盛赞“仁其昭昭”“尽瘁鞠躬”。丁家立把留美公事房设在波士顿剑桥镇,还在哈佛大学兼职授课。配合留美幼童梁敦彦、梁如浩主政的北洋大学堂,分别于1906年护送34名、1907年护送14名(还有北方其他省学生26名),即48名北洋学子赴美留学,是北洋大学堂公费派遣留学生最多时期。造就出诸如:王正廷、赵天麟、冯熙运、钟世铭、刘瑞恒、秦汾、马寅初、温宗禹、蔡远泽、齐国梁、李建勋、钱永铭等一代杰出的外交家、教育家、法学家、政治家、企业家、银行家、人口学家、医学专家,成为中国各个领域佼佼者。

1908年3月,丁家立辞去留美学堂监督一职,离开天津。《顺天时报》报道说“丁家立现充驻京使馆参赞已经来京”。他实际职务是中文秘书,重返外交舞台。1912年丁家立担任美国驻南京领事馆领事。后任驻上海国际鸦片联合会美国代表、秘书长、美国驻华公使馆一等秘书兼参赞、代理公使。1921年退休,获国民政府颁发的二等嘉禾勋章。1924年,丁家立来中国,访问北洋大学,受到师生们的热烈欢迎。

晚年丁家立

(井振武)

红桥区幼儿园一览表

表 20

编号	校　名	校长	校　址	邮政编码	电话
1	天津市红桥区第一幼儿园(五爱道园区)	赵慧雯	天津市红桥区丁字沽五爱道 26 号	300130	86513211
2	天津市红桥区第一幼儿园(西青道园区)	赵慧雯	天津市红桥区邵公庄建设里 2 条 7 号	300122	37327259
3	天津市红桥区第一幼儿园和苑园	赵慧雯	天津市红桥区第一幼儿园和苑西区鸿明道 3 号	300112	86555975
4	天津市红桥区第三幼儿园	陈云燕	天津市红桥区芥园道日园路 1 号 天津市红桥区怡闲道 28 号	300121	23726669
5	天津市红桥区第八幼	李韧兰	红桥区纪念馆路中嘉花园	300131	86513213
6	天津市红桥区第十幼儿园	姚葵花	红桥区丁字沽一号路东大楼 61 号	300130	86513258
7	天津市红桥区第十一幼	杜建茹	咸阳北路海源道 23 号/估衣街 16 号	300131	87703690
8	天津市红桥区第十四幼儿园	刘丽娟	红桥区西于庄洪湖南路 4 号	300130	86513218
9	天津市红桥区第十八幼儿园	于景然	天津市红桥区丁字沽新村 1 条 17 号	300130	86513219
10	天津市红桥区第十九幼儿园	王志玲	天津市红桥区佳园里佳园道 17 号	300134	86513221
11	天津市红桥区第二十幼儿园	赵慧雯	红桥区勤俭道植物园东里育苗路 5 号	300131	86513223
12	天津市红桥区第二十二幼	赵青	本溪路昌图道 2 号	300131	86513224
13	天津市红桥区第二十三幼儿园	齐亦文	红桥区千里堤佳园东里小区	300134	86513226
14	天津市红桥区第二十四幼儿园	贡然	天津市红桥区双环东路 6 号	300130	26640946
15	天津市红桥区西北角回民幼儿园	房克霞	红桥区西马路欢庆西胡同 20 号	300121	27561192
16	天津市红桥区艺术体育幼儿园	刘冰	红桥区湘潭道 68 号	300133	86513055

（区教育局提供）

红桥区小学一览表

表 21

编号	校 名	校长	校 址	邮政编码	电话
1	天津市红桥区工人新村小学	董连琴	天津市红桥区丁字沽五爱道 30 号	300130	86522139
2	天津市红桥区中心小学	郑 杰	天津市红桥区怡闲道 28 号	300121	27560981
3	天津市红桥区邵公庄小学	殷愫文	红桥区红旗路 30 号	300122	27323150
4	天津市红桥区跃进里小学	任 莹	天津市红桥区西青道幸福里平房 11 号	300122	27730125
5	天津市红桥区红桥小学	管承彪	天津市红桥区红桥北大街 105 号	300132	86513193
6	天津市红桥区外国语小学	沈凯虹	红桥区咸阳北路兴城南道 6 号	300134	86513176
7	天津市雷锋小学	王 冬	天津市红桥区中嘉花园绮水苑旁	300131	86513205
8	天津市红桥区桃花园小学	李春林	天津市红桥区红塔寺大道 1 号	300130	86513207
9	天津市红桥区培智学校	刘桂萍	红桥区丁字沽一号路四新道 9 号	300131	27326341
10	天津市红桥区洪湖里小学	王宝丽	天津市红桥区西于庄奋斗道	300130	86513181
11	天津市红桥区清源道小学	刘 晶	天津市红桥区咸阳北路清源道 2 号	300131	86513182
12	天津市红桥区佳春里小学	穆 铁	天津市红桥区佳春里小区	300134	86513184
13	天津市红桥区西站小学	高玉萍	天津市红桥区大丰东马路 35 号	300123	15722082705
14	天津市红桥区佳宁里小学	张 水	红桥区三号路佳宁里小区内	300134	86513180
15	天津市红桥区佳园里小学	孔维薇	天津市红桥区千里堤外佳园里中心路	300134	26661590
16	天津市红桥区实验小学	陶 冶	天津市红桥区丁字沽二号路 1 号	300131	86513135
17	天津师范学校附属小学	侯立岷	天津市红桥区水木天成团结路 1 号	300122	87786153
18	天津师范学校和苑附属小学	侯立岷	天津市红桥区和苑西区营玉路 8 号	300122	27733367
19	天津市红桥区丁字沽小学	庞 杰	天津市红桥区零号路 35 增 1	300131	86513198 转 8001
20	天津市红桥区文昌宫民族小学	陶 冶	天津市红桥区春雨路 1 号	300121	87726060
21	天津市求真小学	陶 冶	天津市红桥区勤俭道 10 号	300131	86513800

（区教育局提供）

红桥区中学一览表

表 22

编号	校　　名	校长	校　　址	邮政编码	电话
1	天津市第三中学	尹淑霞	天津市红桥区丁字沽一号路向东道	300131	86513074
2	天津市第五中学	郭文颖	天津市红桥区团结路 6 号	300122	86513077
3	天津市民族中学	刘　芃	天津市红桥区西青道 87 号	300122	27322498
4	天津市第五十一中学		天津市红桥区北大街 58 号	300132	27326961
5	天津市第八十中学	刘　扬	天津市红桥区光荣道 39 号	300132	26371337
6	天津市第八十九中学	王　健	天津市红桥区洪湖东路 1 号	300130	
7	天津市佳春中学	马树新	天津市红桥区佳春里 18 号	300134	86513110
8	天津市铃铛阁外国语中学	鞠知达	天津市红桥区复兴路 11 号	300121	27593005
9	天津市西青道中学	戴伟荣	天津市红桥区西青道 171 号	300122	27724746
10	天津市红桥区泰达实验中学	王　颖	天津市红桥区　赵家场大街 8 号	300123	87322337
11	天津市红桥区新华中学和苑学校	马　杰	天津市红桥区营玉路 6 号	300211	27731801
12	天津市红桥区体育学校	孙宗浩	天津市红桥区洪湖东路 1 号	300130	27329943
13	天津市方舟实验中学	王泽宽	天津市红桥区凤城路 2 号	300131	26583089
14	天津市怡和中学	张光宇	天津市红桥区习艺所南街 4 号	300121	86513090

（区教育局提供）

红桥区旅游景点一览表

表 23

景点名称	地　址	电　话	开放时间	交　通
估衣街	天津市红桥区新河北大街与北马路交口	87731866 万隆大胡同集团	8:00-18:00	37、600、606、658、856、903、907 等公交车均有停靠
西沽公园	天津市红桥区红桥北大街 3 号(光荣道与丁字沽一号路交口)	86516925	6:00-21:00	5、22、34、879 等公交车均有停靠
天津义和团纪念馆	天津市红桥区芥园道与怡华路交口	27573656	9:00-17:00	52、800、961 等公交车均有停靠
平津战役纪念馆	天津市红桥区平津路	26535418	-	-
福聚兴机器厂旧址	天津市红桥区三条石小马路 16 号	27270970	-	-
天津津酒文化园	红桥区丁字沽三号路(津酒集团内)	26583957	9:00-16:00	地铁一号线在勤俭道-津酒集团站下，公交 606、47、48 等均有停靠

（区文化和旅游局提供）

红桥区非物质文化遗产一览表

表 24

级　别	项 目 名 称
国家级非遗项目	回族重刀武术
	益德成闻药制作技艺
市级非遗项目	普乐虫八蜡庙高跷
	百忍京秧歌高跷
	大福来锅巴菜制作技艺
	耳朵眼炸糕制作技艺
	汇蚨源手工布艺技艺
	功力门武术
	回族武高跷
	银碳导引养生功
	紫雪散传统制作技艺
	津派玉雕
	至美斋酱牛肉制作技艺
区级非遗项目	榜书艺术
	天津老叫卖
	同心法鼓
	德馨斋路记烧鸡制作技艺
	庆发德汤面蒸饺制作技艺
	邵公庄(自立)萃韵老音乐会
	少林派“掌式门”
	高派葫芦押花传统手工技艺
	天津玻璃画染磨技艺
	一体多层镂空艺术木雕
	舒筋复骨传统诊疗技艺
	撒拉姬表演技艺
	妙众堂黑豆茸传统制作技艺
	津老味煎饼果子传统制作技艺
	赵氏正骨诊疗技艺
	何氏古琴制作技艺
	(清真)恩顺德小李烧鸡制作技艺
	郭氏古船模复制手工制作技艺
	(清真)马家药糖古法制作技艺
	(清真)马家豆根糖制作技艺
	天津白酒(津酒)传统酿造技艺
	口技
	张氏糖艺制作技艺

(区文化和旅游局提供)

红桥区大型餐饮企业一览表

（建筑面积 2000 平方米以上）

表 25

序号	企业名称	地　　址
1	红旗饭庄	红桥区临水道 11 号
2	民族饭庄	红桥区南运河北路
3	燕春楼	红桥区大胡同 2 号
4	会宾楼	红桥区西青道 94 号
5	刘家大院	红桥区丁字沽一号路与勤俭道交口
6	畅宾楼	红桥区南运河北路与龙悦道交口
7	宝轩渔府	红桥区青年路 11 号
8	东方之珠海鲜酒楼	红桥区河北大街 139 号

（区商务委提供）

红桥区医疗机构一览表

表 26

序号	单　位　名　称	单　位　地　址	电话号码
1	红桥医院	红桥区丁字沽一号路 44 号	26370187
2	红桥区中医医院	红桥区本溪路 28 号	86512204
3	红桥区疾病预防控制控制中心	红桥区咸阳路 21 号（3-5 层）	26370771
4	红桥区妇女儿童保健和计划生育服务中心	红桥区西北角欢庆西里 11 号	27560679
5	红桥区卫生计生综合监督所	红桥区咸阳路 21 号（6-7 层）	27332619
6	红桥区西于庄街社区卫生服务中心	红桥区西于庄街奋斗道 1 号	86513648
7	红桥区西沽街社区卫生服务中心	红桥区西沽教堂前街 21 号	86551479
8	红桥区丁字沽街社区卫生服务中心	红桥区丁字沽五爱道 14 号	26374915
9	红桥区芥园街社区卫生服务中心	红桥区芥园街春和路隆春里小区	27593882
10	红桥区铃铛阁街社区卫生服务中心	红桥区怡闲道 42 号	87722706
11	红桥区三条石街社区卫生服务中心	红桥区赵家场大街 6 号	87739835
12	红桥区邵公庄街社区卫生服务中心	红桥区西青道陵园路 6 号	27322573

续表

序号	单　位　名　称	单　位　地　址	电话号码
13	红桥区咸阳北路街社区卫生服务中心	红桥区丁字沽3号路73号	26547801
14	红桥区双环邨街社区卫生服务中心	红桥区佳园东里	26653325
15	红桥区和苑街社区卫生服务中心	天津市和苑西区鸿鸣道46-52号	27731220
16	红桥区口腔医院	红桥区赵家场大街御河湾底商24-25号	27273240
17	红桥区计划生育药具管理站	红桥区勤俭道202号	86515385
18	红桥区除害消杀服务管理站	红桥区勤俭道202号	86516254

（区卫生计生委提供）

公安红桥分局各派出所一览表

表27

窗口单位	详细地址	邮政编码	联系电话
大胡同派出所	红桥区北马路86号	300091	27270370
双环村派出所	红桥区佳东道6号	300134	26653088
芥园派出所	红桥区大丰路8号	300120	27325305
南头窑派出所	红桥区怡闲道30号	300121	27583928
三条石派出所	红桥区河北大街天桂里小区5号楼	300123	27270166
邵公庄派出所	红桥区邵公庄横街3号	300122	27320103
西沽派出所	红桥区海源道临湾园9号楼底商	300121	87786655
咸阳北路派出所	红桥区凤城路1号	300131	26370040 26378000
丁字沽派出所	红桥区丁字沽桃花堤大道9号	300130	26545651
西于庄派出所	红桥区增产大街90号	300132	26583000
光荣道派出所	红桥区五爱道24号	300130	26370254
西站地区 治安派出所	红桥区西站北广场管控中心二楼	300122	27274776
和苑派出所	红桥区鸿明道5号	300112	27320110

（公安红桥分局提供）

索　引

索　引

说明:1. 本索引采用条目主题分析索引方法,主题词词首按汉语拼音音序排列。
2. 本年鉴综述、特载、专记、文献选编、人物、统计资料、附录部分不作索引。

K

L

M

N

P

Q

R

S